Springer-Lehrbuch

Springer-Verlag Berlin Heidelberg GmbH

U. Blum · A. Karmann
M. Lehmann-Waffenschmidt
M. Thum · K. Wälde · B. Wieland
H. Wiesmeth

# Grundlagen der Volkswirtschaftslehre

Zweite, vollständig überarbeitete und erweiterte Auflage
mit 59 Abbildungen
und 4 Tabellen

Professor Dr. Ulrich Blum
Professor Dr. Alexander Karmann
Professor Dr. Marco Lehmann-Waffenschmidt
Professor Dr. Marcel Thum
Professor Dr. Klaus Wälde
Professor Dr. Hans Wiesmeth
Fakultät Wirtschaftswissenschaften

Professor Dr. Bernhard Wieland
Fakultät Verkehrswissenschaften

Technische Universität Dresden
Mommsenstraße 13
01062 Dresden

ISBN 978-3-540-00862-0    ISBN 978-3-642-55510-7 (eBook)
DOI 10.1007/978-3-642-55510-7

Bibliografische Information Der Deutschen Bibliothek
Die Deutsche Bibliothek verzeichnet diese Publikation in der Deutschen Nationalbibliografie; detaillierte bibliografische Daten sind im Internet über http://dnb.ddb.de abrufbar.

Dieses Werk ist urheberrechtlich geschützt. Die dadurch begründeten Rechte, insbesondere die der Übersetzung, des Nachdrucks, des Vortrags, der Entnahme von Abbildungen und Tabellen, der Funksendung, der Mikroverfilmung oder der Vervielfältigung auf anderen Wegen und der Speicherung in Datenverarbeitungsanlagen, bleiben, auch bei nur auszugsweiser Verwertung, vorbehalten. Eine Vervielfältigung dieses Werkes oder von Teilen dieses Werkes ist auch im Einzelfall nur in den Grenzen der gesetzlichen Bestimmungen des Urheberrechtsgesetzes der Bundesrepublik Deutschland vom 9. September 1965 in der jeweils geltenden Fassung zulässig. Sie ist grundsätzlich vergütungspflichtig. Zuwiderhandlungen unterliegen den Strafbestimmungen des Urheberrechtsgesetzes.

http://www.springer.de
© Springer-Verlag Berlin Heidelberg 2003
Ursprünglich erschienen bei Springer-Verlag Berlin Heidelberg New York 2003

Die Wiedergabe von Gebrauchsnamen, Handelsnamen, Warenbezeichnungen usw. in diesem Werk berechtigt auch ohne besondere Kennzeichnung nicht zu der Annahme, dass solche Namen im Sinne der Warenzeichen- und Markenschutz-Gesetzgebung als frei zu betrachten wären und daher von jedermann benutzt werden dürften.

Umschlaggestaltung: design & production GmbH, Heidelberg
SPIN 10921074    42/3130 – 5 4 3 2 1 0 – Gedruckt auf säurefreiem Papier

Den folgenden Personen sei Dank gesagt für die Unterstützung bei der Erstellung des Manuskripts zu diesem Buch: Andreas Bühn, Jörg Elzemann, Sabine Engelmann, Benita Flath, Cornelia Friedrich, Grit Gierke, Beate Grundig, Kristina Kurzmann, Gunther Markwardt, Olaf Posch und Steffi Wagner für wiederholte sorgfältige Einarbeitungen verschiedener Änderungen und für das Recherchieren von Daten, deren Aufarbeitung und graphischer Darstellung.

Die Autoren sind Professoren der Technischen Universität Dresden, Mitglieder der Fakultät Wirtschaftswissenschaften bzw. der Fakultät Verkehrswissenschaften „Friedrich List". Weitere Informationen zu ihren Lehr- und Forschungstätigkeiten sind unter der Homepage der Fakultät Wirtschaftswissenschaften http://www.tu-dresden.de/wiwi/homepage.html erhältlich oder können per E-Mail erfragt werden.

# Vorwort

In Vorworten zu neuen Büchern ist es üblich, die Frage zu stellen: Wozu dieses Buch? Mag dies in manchen Fällen eher rhetorisch gemeint sein, so erscheint diese Frage bei einem Lehrbuch über ein so etabliertes Gebiet wie die Volkswirtschaftslehre durchaus berechtigt. Die Antwort fällt freilich für das vorliegende Einführungslehrbuch eindeutig aus. Sowohl in der Auswahl der behandelten Gegenstände der Volkswirtschaftslehre, als auch in der methodisch-didaktischen Vermittlung versuchen die Autoren, neue Wege zu gehen.

Dazu motiviert hat sie unter anderem die Erfahrung, daß grundsätzlich eine Nachfrage nach volkswirtschaftlichen Kenntnissen auch bei Studierenden außerhalb der Wirtschaftswissenschaften besteht. So nehmen an der Einführungsveranstaltung zu den Grundlagen der Volkswirtschaftslehre, der die Konzeption des vorliegenden Einführungslehrbuchs zugrundeliegt, Studierende aller Fachbereiche in der Technischen Universität Dresden teil, von Jura bis Mathematik, von Politologie bis Maschinenbau.

Bei einer solchen heterogenen Hörerschaft entstehen unvermeidbare Probleme, die durch die unterschiedlichen Voraussetzungen in der formal-analytischen Ausbildung bedingt sind. Bewährt hat sich daher ein Dreiklang: Verbales Motivieren und Hinführen zu den Problemstellungen, graphische Verdeutlichung und schließlich mathematische Präzisierung. Die sieben Autoren, Professoren der Volkswirtschaftslehre der Fakultät Wirtschaftswissenschaften und der Fakultät Verkehrswissenschaften der Technischen Universität Dresden, haben versucht, diesen Problemen soweit wie möglich durch sorgsamen und wohlbedachten Einsatz des verwendeten formalen Instrumentariums zu begegnen.

Bei der Auswahl der Themen und Gegenstände des vorliegenden Lehrbuchs spielten zwei Gesichtspunkte eine gleichberechtigte Rolle. Zum einen sollte eine Einführung in die wichtigsten Teilgebiete der modernen Volkswirtschaftslehre gegeben werden, die dem Ziel eines Lehrbuchs entsprechend einen repräsentativen Überblick über das gesamte Fach bietet und auch für Studienanfänger außerhalb der Wirtschaftswissenschaften geeignet ist. Zum anderen sollte aber auch die fachliche Kompetenz der einzelnen Autoren, die alle aus unterschiedlichen Spezialgebieten der Volkswirtschaftslehre kommen, die Darstellung bereichern, ohne daß dabei der Charakter eines Einführungslehrbuchs verloren ginge. Die insgesamt gebotene Stoffmenge dürfte in der Regel für eine Vorlesung im Umfang von zwei Semesterwochenstunden zu groß sein. Die Autoren verstehen ihr Lehrbuch in diesem Fall nicht als Skript für eine 1:1-Umsetzung im Lehrbetrieb, sondern als Vorlage, aus der sich Lehrende bestimmte Themen für ihre jeweilige Veranstaltung auswählen können.

Dresden,
Februar 2003

*Ulrich Blum*
*Alexander Karmann*
*Marco Lehmann-Waffenschmidt*
*Marcel Thum*
*Klaus Wälde*
*Bernhard Wieland*
*Hans Wiesmeth*

# Inhaltsverzeichnis

**Einführung**
*Ulrich Blum* .................................................. 1

**Mikroökonomische Grundlagen**
*Hans Wiesmeth* ............................................... 21

**Märkte**
*Marco Lehmann-Waffenschmidt* ................................. 45

**Industrieökonomik**
*Marco Lehmann-Waffenschmidt* ................................. 61

**Grundlagen der Institutionenökonomie**
*Bernhard Wieland* ............................................ 83

**Politische Ökonomie**
*Marcel Thum* ................................................ 101

**Geldlehre**
*Alexander Karmann* .......................................... 121

**Makroökonomisches Gleichgewicht**
*Alexander Karmann* .......................................... 139

**Reale Außenwirtschaftslehre**
*Klaus Wälde* ................................................ 159

**Monetäre Außenwirtschaftslehre**
*Klaus Wälde* ................................................ 175

**Wachstum**
*Klaus Wälde* ................................................ 189

**Innovation und Evolution**
*Ulrich Blum, Marco Lehmann-Waffenschmidt* .......................203

**Mathematische Analyseinstrumente in den Wirtschaftswissenschaften**
*Alexander Karmann* ...............................................221

**Index** ..........................................................233

# Einführung

Ulrich Blum

Technische Universität Dresden, Fakultät Wirtschaftswissenschaften, Professor für VWL, insbes. Wirtschaftspolitik und Wirtschaftsforschung
(Blum@wipo.wiwi.tu-dresden.de)

## 1 Der Denkansatz der Volkswirtschaftslehre

Ökonomisches Denken besitzt eine eigene Qualität. Wird diese nicht begriffen, so ist es kaum möglich, die moderne Ökonomie - und auch ihre Erfolgsgeschichte - zu verstehen, die auch dazu führt, daß ökonomische Denkkategorien zunehmend andere Wissenschaftsbereiche erobern (vgl. [1]). Ziel dieses Beitrags ist es, in die vielen Facetten des volkswirtschaftlichen Denkens einzuführen. Zunächst stehen in diesem Abschnitt zwei Gesichtspunkte im Vordergrund:

(1) Der **Vergleich**: Ökonomisches Denken drückt sich darin aus, daß Zustände zueinander in Beziehung gesetzt werden; es ist mithin ein Denken in **Alternativen**. Diese können gleiche oder unterschiedliche Zeitpunkte betreffen, wodurch Dynamik einbezogen wird.
(2) Der **Eigennutz**: Das Individuum versucht, seinen Nutzen zu steigern; dies stellt die zentrale Antriebsfeder des Systems dar und ermöglicht es, Anreize zu setzen.

Ökonomisches Handeln besitzt immer diese beiden Grundlagen. Zu wissen, wie Ökonomen mit ihnen umgehen, zeugt von ökonomischer Kompetenz. In der Tat führt das Denken in Alternativen und die Frage nach ökonomisch richtigen Wahlentscheidungen in die ökonomischen Grundlagen ein. Man sieht die an folgender - typisch ökonomischer - Problemstellung: Ein Individuum besitzt ein Grundstück an einem See, das es mit einem Hotel bebaut. Ein zweites Individuum will an nämlichem See ebenfalls ein Hotel errichten, besitzt aber kein Grundstück. Welche Fragen stellte sich der Ökonom?

(A) Verfügt der glückliche Grundstücksbesitzer über einen Wettbewerbsvorsprung, weil er im Fall einer schwachen Nachfrage dadurch, daß ihm das Grundstück bereits gehört, den Preis stärker herabsetzen kann als sein Mitbewerber, ohne aus dem Markt ausscheiden zu müssen?
(B) Müßte der glückliche Eigner der Uferfläche nicht die Grundstückskosten bei seiner Kalkulation einrechnen, denn er hätte die Fläche auch verkaufen können - im Extremfall an den Mitbewerber?

(C) Wie müßten beide mit dem Marktrisiko umgehen? Welche Rolle spielt die Tatsache, daß einer bereits ein Grundstück besitzt, das der andere erst kaufen muß?
(D) Müßte der Markteintrittswillige sich nicht die Frage stellen, ob es angesichts dieser Bedingungen und der alternativen Investitionsmöglichkeiten sinnvoll ist, überhaupt als Wettbewerber aufzutreten?

Bei der Beantwortung derartiger Frage spielt der Begriff der Opportunität eine zentrale Rolle. Die sogenannten *Opportunitätskosten*[1]- „Günstigkeitskosten" - stellen einen entscheidenden Vergleichsmaßstab der ökonomischen Argumentation dar. Sie geben allgemein den Wert eines entgangenen Nutzens (konkret: Gewinns, Umsatz, usw.) an und werden damit letztlich zum Maßstab zur Beurteilung alternativer Handlungsmöglichkeiten oder Arrangements. Im Beispiel existieren sie bei beiden Marktteilnehmern: Der erste kann das Grundstück alternativ auch verkaufen und muß daher den Barwert in die Kalkulation einrechnen; der zweite könnte auch eine andere Investition realisieren.

Schließlich weist der obige Sachverhalt darauf hin, daß das ökonomische Denken in hohem Maße mit dem Konstrukt der *Optimierung* verbunden, also der Vorstellung, eine beste Lösung aus der Menge der Alternativen bei gegebenen Rahmenbedingungen erreichen zu können. Auch wenn dies in der Realität mangels beschränkter Erkenntnisfähigkeit nicht als grundsätzlich möglich erscheint, hat sich diese Vorstellung in starker oder schwacher (oft eher heuristischer) Form als zentrales Element etabliert.

Dieses Denken in Optimalitäten und Opportunitäten kontrastiert zunächst mit dem der Naturwissenschaften: Dort ist die Optimierung ein natürlicher Prozeß der Lösungsfindung, beispielsweise zur Beschreibung des Abrollens eines Körpers auf einer Oberfläche oder der Berechnung einer Pendelschwingung. Das dort verwendete formale Lösungsverfahren wird aber auch bei Ökonomen eingesetzt, um beispielsweise bei unterstellter Wahlfreiheit in der Zeit („Konsum heute oder Ersparnis mit Konsum morgen") die Aufteilung zu optimieren. Die Vorstellung geht dahin, daß in einer Verfassung der Freiheit das Eigennutzkalkül über den Wettbewerb diesen Optimierungsprozeß bewirkt, so daß sich effiziente Arrangements durch unsichtbare Hand ergeben. Damit gewinnen Freiheit und Wettbewerb eine moralische Qualität für die Gesellschaft (vgl. [5]). Offensichtlich unterstellen auch Ökonomen letztlich gültige Ordnungsprinzipien, solange sich alle „ökonomisch", insbesondere nicht bewußt verrückt verhalten.

---

[1] opportun stammt aus dem Lateinischen und bezieht sich auf den Sachverhalt, daß ein Wind, der in Richtung Hafen (portus) weht, für die Schiffe günstig ist

## 2 Volkswirtschaftslehre als Teildisziplin der Wissenschaften

Aristoteles unterschied die vier theoretischen Philosophien **Logik**, **Physik**, **Mathematik** und **Metaphysik** sowie die drei praktischen Philosophien **Ethik**, **Ökonomie** und **Politik**. Heute gliedert man anders:

(1) Die Wirtschaftswissenschaften sind eine Realwissenschaft, d. h., sie versuchen, Erscheinungen zu erforschen, die in der realen Welt tatsächlich auftreten (im Gegensatz beispielsweise zur Mathematik, die eine **Idealwissenschaft** ist).

(2) Die Wirtschaftswissenschaften sind eine **Sozialwissenschaft** (im Gegensatz zur **Naturwissenschaft**), d. h., sie versuchen, Entscheidungen und Handlungen von Individuen und Gruppen zu erforschen; diese sind interdependent, d. h., nicht unabhängig voneinander. Jede Handlung eines Individuums oder einer Gruppe betrifft auch andere, die zunächst mit der Handlung aktiv nichts zu tun haben, in meist nicht völlig bekannter Weise.

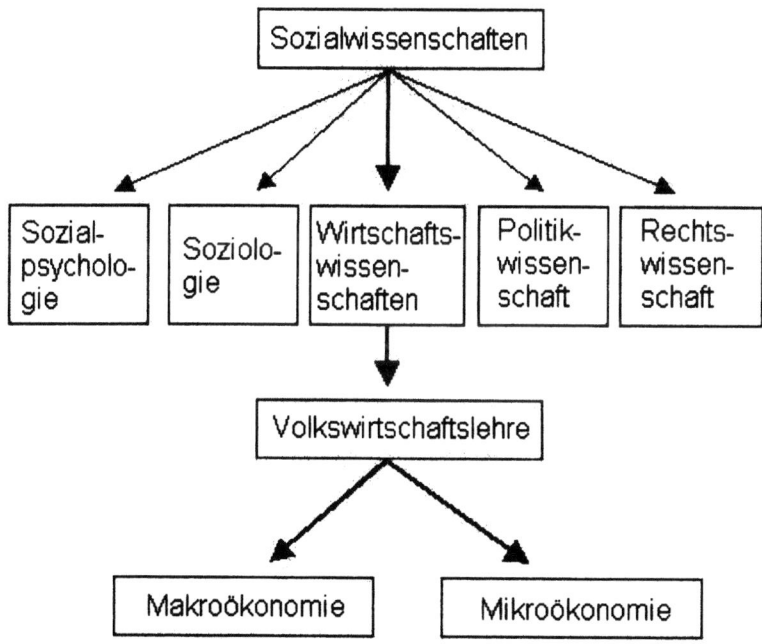

**Abb. 1.** Einordnung der Volkswirtschaftslehre

Die Volkswirtschaftslehre ist als Teilgebiet der Wirtschaftswissenschaften den Sozialwissenschaften zuzuordnen. Diese zählten früher, gemeinsam mit den Rechtswissenschaften und den Politikwissenschaften, zu den Staatswissenschaften, was an mancher Universitätsgliederung noch abgelesen werden kann.

Die Gebiete der Wirtschaftswissenschaften sind mannigfaltig. In der einfachsten Gliederung unterscheidet man zwischen Volkswirtschaftslehre und Betriebswirtschaftslehre. Die Volkswirtschaftslehre wiederum wird in einen makroökonomischen, d. h., gesamtwirtschaftlichen, und einen mikroökonomischen, d. h., einzelwirtschaftlichen Teil untergliedert, wobei diese Abgrenzung zunehmend zu verschwimmen beginnt. Zu jeder volkswirtschaftlichen Theorie existiert in der Regel auch eine Politik.

Klassische Untersuchungsfelder der Makroökonomik sind:

- Geldtheorie und -politik,
- Außenwirtschaftstheorie und -politik,
- Konjunktur- und Wachstumstheorie sowie -politik,
- Verteilungstheorie und -politik,
- Finanztheorie und -politik.

Klassische Untersuchungsfelder der Mikroökonomik sind:

- Produktionstheorie,
- Haushaltstheorie,
- Preistheorie.

Zwischen der Makro- und der Mikroebene hat sich inzwischen eine mittlere Mesoebene herausgebildet, die insbesondere folgende Gebiete umfaßt:

- regionale Strukturtheorie und -politik,
- sektorale Strukturtheorie und -politik.

Als Verknüpfung zur Betriebswirtschaftslehre entstand in jüngster Zeit die industrielle Organisationslehre, die sich vor allem mit der Frage befaßt, wie Angebotsstrukturen auf Wettbewerb und Effizienz wirken; damit entstand zugleich eine Verbindung zur eher makroökonomisch gelagerten Wettbewerbs- und Ordnungstheorie.

## 3 Volkswirtschaftliche Grundbegriffe

### 3.1 Haushalten und Wirtschaften

Der aus dem Griechischen abgeleitete Begriff der Ökonomie bezieht sich auf das Haushalten, also das Wirtschaften in einem eng umgrenzten Rahmen. Die Nationalökonomie stellt damit eine nationale Haushaltslehre dar. Die Erfordernis des Haushaltens ergibt sich aus der Erkenntnis, daß die Natur nur in seltenen Fällen Überfluß bereitstellt.[2] Die gesamte Umweltproblematik - sie betrachtet die knappen Umweltgüter wie saubere Luft, sauberes Wasser - gehört also ebenso zur Volkswirtschaftslehre wie etwa die Frage, ob die Transferleistungen für die neuen Bundesländer schon bald gekürzt werden sollen,

---

[2] Dies ist meist ein zeitlich begrenztes Unterfangen, weil es schnell durch Bevölkerungswachstum konterkariert wird.

weil die Mittel vielleicht anderweitig dringender benötigt werden. Damit erklärt sich:

**Wirtschaften:**
*Unter Wirtschaften versteht man das planvolle Handeln der Wirtschaftssubjekte zur Minderung der Güterknappheit mit dem Ziel, menschliche Bedürfnisse zu befriedigen, und die Realisierung dieser Pläne.*

Handlungsträger der Wirtschaft sind die **Wirtschaftssubjekte**, also Personen, Personengruppen und Institutionen, die durch ihre Pläne bzw. Realisierungen der Pläne den Wirtschaftsprozeß aktiv beeinflussen.

Als **Bedürfnis** bezeichnet man schließlich das Empfinden eines Mangels mit dem Bestreben, diesen Mangel zu beseitigen. Begriffe wie Mindestbedarf oder Überflußgesellschaft beinhalten Werturteile, die individuell unterschiedlich gewichtet werden. Sie spielen in der politischen Diskussion eine Rolle, etwa wenn es um die „Armutsgrenze", um die steuerliche Freistellung eines „Mindesteinkommens" oder um die Belastung der „Besserverdienenden" geht. Mit unserem Begriff eines Bedürfnisses, das aus dem Problem der Knappheit hervorgeht, haben sie aber wenig zu tun.

## 3.2 Güter

Alle Mittel, die Bedürfnisse des Menschen direkt oder indirekt befriedigen, nennt man **Güter**. Im Gegensatz zu dieser klassischen Definition wird in der Literatur weiterhin die Auffassung vertreten, daß das Ergebnis beliebiger Produktion ebenso ein Gut ist, auch wenn keine Bedürfnisbefriedigung damit verbunden ist. Damit stellt auch schwefeldioxydhaltige Emissionen ein „Gut" in einem allgemeineren Sinn dar.[3] Ferner ist ein Gemälde, das jemand in seiner Freizeit malt ohne daß es zum Verkauf, also zum Austausch angeboten werden soll, ein Gut gemäß unserer Definition.

Güter lassen sich einteilen in:

1. Sachgüter (Waren),
2. Dienstleistungen,
3. Besondere Rechte (Nutzungen, Forderungen).

Je nach Verwendung können Sachgüter in Konsum- oder Investitinsgüter, Inlands- oder Exportgüter, produzierte (Konsum- und Investitionsgüter) oder nicht produzierte (z. B. Bodenschätze) Güter unterschieden werden. Aus raumwirtschaftlicher Sicht wird auch die Transportfähigkeit als Unterscheidungskriterium genannt - in einfachster Form grenzt man lokale und internationale bzw. (international) nicht handelbare und handelbare Güter voneinander ab.

---

[3] Im angelsächsischen Bereich werden solche Kuppelprodukte der Güterklasse „bad" zugeordnet.

Es existieren häufig Güter, die (scheinbar) im Überfluß vorhanden sind, beispielsweise Luft. Diese bezeichnet man dann - im Gegensatz zu den knappen Gütern - als **freie Güter**. Oft zeigt sich jedoch, daß diese fehlende Knappheit ein Irrtum ist; Luft ist sicher frei, ist es aber auch gute Luft? Es bietet sich also folgende weitere Begrifflichkeit an: Unter dem **Knappheitsgrad** eines Gutes versteht man die Differenz zwischen dem verfügbaren Güteraufkommen und der nachgefragten Bedarfsmenge.

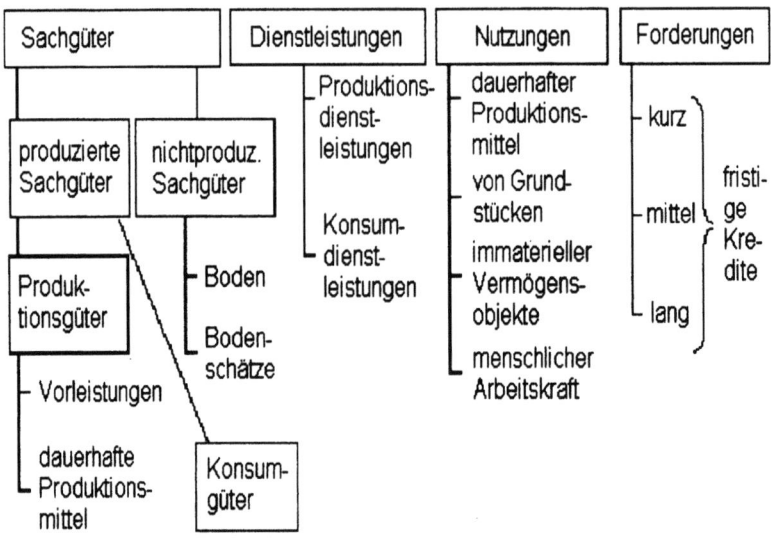

**Abb. 2.** Klassifizierung von Gütern nach dem Verwendungszweck

Bei den knappen Gütern kann man folgende Einteilungssystematiken heranziehen:

- Konsum- und Produktionsgüter,
- Ge- und Verbrauchsgüter.

Weitere Arten der Gütereinteilung beziehen sich auf die die Vergleichbarkeit und dieVerwendungsmöglichkeiten:

- **Homogene**, also gleichartige, und **heterogene** (inhomogene), also unterschiedliche Güter;
- **Substitutive** (substitutionale) Güter, die sich gegenseitig ersetzen können, und **komplementäre** Güter, die sich gegenseitig bedingen;
- **Normale** Güter, die gegenüber Preisänderungen das übliche zu erwartende Verhalten zeigen, daß nämlich bei steigendem Preis das Angebot steigt und die Nachfrage fällt, und **anomale** Güter, bei denen jeweils das Gegenteil der Fall ist;

- **Inferiore** Güter, die bei Einkommenserhöhung in der Nachfrage sinken, während bei **superioren** Güter die Nachfrage überproportional, bei **Engel-Gütern** unterproportional wächst, und schließlich **Sättigungsgüter**.

Neben den von privaten Unternehmen bereitgestellten **privaten Gütern** gibt es auch **öffentliche Güter** (vgl. Beitrag „Politische Ökonomie"). Diese bietet der Staat aufgrund politischer Entscheidung kollektiv an. Derartige Güter sind durch folgende Bedingungen gekennzeichnet:

(1) **Spezifisch öffentliche Güter**:
- Das Ausschlußprinzip, das besagt, daß nur diejenigen in den Genuß der Nutzung kommen, die hierfür bezahlt haben, greift nicht, so daß zugleich ein **free-rider** Problem entsteht.
- Eine Nutzungskonkurrenz unter den Konsumenten liegt nicht vor (dies nennt man auch das **non-rivalness-Prinzip**).

(2) **Meritorische Güter**, die eigentlich durch den Markt angeboten werden könnten, deren Bereitstellung der Staat allerdings aus Wohlfahrtsgesichtspunkten übernimmt, weil das Ausschlußprinzip nur auf Teile des Nutzens angewandt werden kann und dieser Anteil nicht individuell zurechenbar ist. Typische meritorische Güter sind freie Lehrmittel, Theater usw.

(3) Es existieren darüber hinaus Güter mit partieller Rivalität in Bezug auf die Nutzung, die aber einen Ausschluß erlauben und die als **Clubgut** bezeichnet werden, weil - analog zu einem Sportclub - ein Ausschluß möglich ist und eine partielle Nutzungskonkurrenz vorliegt.

Wenn die Wirtschaftssubjekte Güter nachfragen, stellt sich die Frage, inwieweit ihnen alle Informationen über deren Eigenschaften vorliegen. Als **Inspektionsgut** bezeichnet man ein Gut, bei dem der Konsument beim Kaufen auch alle Informationen über dessen Eigenschaften erhält, beispielsweise einer CD eines bekannten Interpreten. Können diese erst im Laufe der Nutzung gewonnen werden, so spricht man von einem **Erfahrungsgut**; dies gilt in der Regel für Versicherungen. Sind diese Informationen auch dann nicht vollständig verfügbar, handelt es sich um ein **Vertrauensgut**; ; typisch ist der Airbag, bei dem jedes Prüfen zwecklos ist, weil er damit unbrauchbar wird. Offensichtlich ist bei vielen Gütern die Informationsverteilung zwischen Käufern und Verkäufern asymmetrisch, d. h., bevorzugt werden meist letztere. Dies kann Anreize für das Herausbilden von Informationsmärkten liefern, wodurch sich Marktversagen abbauen läßt.

## 3.3 Produktion

Güter entstehen in einem betrieblichen Transformationsprozeß durch den Einsatz von Produktionsfaktoren. Unter **Produktion** versteht man also die Bereitstellung von Gütern, und als **Produktionsfaktoren (Inputs)** bezeichnet man die in eine Produktion eingehenden materiellen und immateriellen Mittel und Leistungen. Drei Produktionsfaktoren werden üblicherweise unterschieden, denen spezifische Entlohnungen zugeordnet werden können, nämlich

- Arbeit (Lohn),
- Kapital (Zins),
- Boden (Rente).

Neuerdings entwickelt sich **Wissen** zunehmend zu einem eigenständigen Produktionsfaktor, der steigende Entlohnungen verzeichnen kann und immer weniger an Kapital oder Arbeit gebunden ist.

### 3.4 Nutzen, Allokation und Effizienz

Alle Produktion dient letztlich über viele Stufen dazu, Bedürfnisse beim Kunden zu befriedigen; dies geschieht durch **Konsum**, also den Endverbrauch von Gütern, wodurch **Nutzen** gestiftet wird, also durch das Gut Bedürfnisse befriedigt werden.

Das gute Funktionieren einer Ökonomie hängt entscheidend davon ab, wie durch den Prozeß der **Allokation** Produktionsfaktoren bei der Erstellung zu Gütern und diese selbst wieder bei der Bereitstellung zum Verbrauch in der Wirtschaft zugeordnet werden. Eine Allokation ist sowohl der Verteilungsvorgang von Gütern, also von Sachgütern, (Dienst)Leistungen, Forderungen, Nutzungen auf unterschiedliche rivalisierende Verwendungszwecke als auch das Ergebnis dieser Verteilung. Als **Allokationsverfahren** bezeichnet man die Gesamtheit der Regelungen und Verhaltensweisen, aufgrund derer die Faktorallokation, also die Verteilung der Produktionsfaktoren auf die verschiedenen Produktionsbereiche und -verfahren, und die Konsumgüterallokation in einer Volkswirtschaft bewerkstelligt werden (vgl. hierzu den Beitrag „Mikroökonomische Grundlagen").

Offensichtlich liegt es nahe, nichts zu verschwenden: Unter dem **Rationalitätsprinzip** oder **ökonomischen Prinzip** versteht man zweierlei:

(1) Das **Minimumprinzip** besagt, daß die Erstellung (bzw. Nachfrage) von Gütern bei möglichst geringem mengenmäßigen Einsatz an Produktionsfaktoren (bzw. an Mitteln) erfolgen soll.
(2) Das **Maximumprinzip** besagt, daß die höchstmögliche Gütermenge bei vorgegebenen Inputmengen (bzw. Mitteln) erstellt (bzw. nachgefragt) werden soll.

Als Pareto-**effizient** oder Pareto-**optimal** werden dann Zustände bezeichnet, bei denen sich die Lage eines oder mehrerer Wirtschaftssubjekte nicht verbessern läßt, ohne die mindestens eines anderen zu verschlechtern. Seine individualbezogen Untermauerung erhält das Rationalitätsprinzip in der fiktiven Person des „homo oeconomicus". Diese handelt rational und ist Folge der mit der liberalen Marktökonomie und der gewollten Utopie der persönlichen Freiheit verbundenen Erkenntnismethode des methodologischen Individualismus.

## 3.5 Wirtschaftssystem

Wie gut dies funktioniert, hängt entscheidend von den wirtschaftlichen Umfeldbedingungen ab. Die Wirtschaftsordnung, durch Rechtsnormen, Institutionen, Kultur, Routinen usw. gestaltet, ist Ausdruck der internen Organisation eines **Wirtschaftssystems**. Als solches versteht man die im Rahmen einer gegebenen Wirtschaftsordnung planvoll und zielgerichtet agierenden Wirtschaftssubjekte, die verfügbaren Produktionsfaktoren und Güter sowie die wechselseitigen Beziehungen zwischen diesen Elementen. Das Handeln dieser Institutionen wird als **Wirtschaftspolitik** bezeichnet, die demzufolge alle Maßnahmen staatlicher Institutionen oder Verbände abdeckt, die das Wirtschaftsleben beeinflussen.

Im Idealbild der Ökonomie muß ein jeder die Kosten seines Handelns tragen, um dem Knappheitskalkül zum Durchbruch zu verhelfen. Die ist aber bekanntlich nicht immer der Fall, weil es durchaus möglich ist, Lasten abzuwälzen (als Umweltverschmutzer) oder Vorteile auf sich zu ziehen (im Rahmen des Wärmeklaus in einem Appartementhaus). Als **externe Effekte** (vgl. die Beiträge „Mikroökonomische Grundlagen" und „Politische Ökonomie") bezeichnet man demzufolge nichtkompensierte Vor- oder Nachteile, die Dritten durch die wirtschaftliche Aktivität entstehen. Im Fall von positiven externen Effekten spricht man auch von externen Erträgen, im Fall von negativen externen Effekten auch von externen Kosten. Externe Effekte verzerren die Allokation, so daß keine effizienten Allokationen auftreten. Es ist eine Aufgabe der Wirtschaftsordnung, durch eine **Internalisierung** derartige Externalitäten in die einzelwirtschaftliche Rechnung durch geeignete Maßnahmen zu erzwingen.

Wirtschaftssysteme unterscheiden sich durch verschiedene konstitutive Merkmale voneinander. Insbesondere die Elemente

- Eigentumsordnung (Staat, genossenschaftlich, privat),
- Planung und Lenkung (zentral - dezentral) und damit auch Preisbildung,
- Menschenbild (geschlossenes, meist positives, oder offenes)

werden in der Diskussion besonders herausgestrichen.

So kann es den individuellen Haushalten überlassen sein, welche Konsumgüter sie im Rahmen der ihnen offenstehenden Möglichkeiten erwerben. Man spricht in diesem Fall von **Konsumentensouveränität**. Des weiteren kann ein zentrales Planungsbüro jeder Produktionseinheit verbindliche Produktionsziele vorgeben, wie dies in einer **Zentralverwaltungswirtschaft** im Rahmen der Koordination der wirtschaftlichen Aktivitäten geschieht. Man kann aber auch in einem **marktwirtschaftlichen System** die Koordination der individuellen wirtschaftlichen Entscheidungen einem abstrakten Preismechanismus überlassen. In diesem Fall spricht man von einer **Dezentralisierung der wirtschaftlichen Entscheidungen**. Die damit einhergehende Konsumenten- und Produzentensouveränität bedarf offenbar der Verfügungsgewalt über die Produktionsmittel, sie bedarf des **Privateigentums** an den Produktionsmitteln (vgl. hierzu den Beitrag „Mikroökonomische Grundlagen").

Neben den beiden Extremformen der reinen Zentralverwaltungswirtschaft und der reinen Marktwirtschaft gibt es eine Vielfalt von denkbaren Mischformen. Eine derartige Mischform ist die **Soziale Marktwirtschaft**, mit der die Wirtschaftsordnung der Bundesrepublik Deutschland umschrieben wird. Die im Grundgesetz der Bundesrepublik enthaltenen Normen garantieren die Verwirklichung des **Individualprinzips** im wirtschaftlichen Bereich, also insbesondere Konsumfreiheit und Gewerbefreiheit. Zusammen mit der Gewährleistung des Privateigentums sind damit die grundlegenden Voraussetzungen für ein marktwirtschaftlich strukturiertes Wirtschaftssystem gegeben, obgleich im Grundgesetz eine bestimmte Wirtschaftsordnung nicht festgelegt wird.

Die erwähnte Verwirklichung des Individualprinzips ist allerdings an die Anerkennung gewisser **sozialer Prinzipien** gebunden. Darunter fallen etwa das Prinzip der Sozialstaatlichkeit, aus dem die Legitimität für eine aktive Wirtschaftspolitik abgeleitet wird, sowie die Sozialpflichtigkeit des Eigentums. Eine umfassende Sozialordnung deckt alle Lebensbereiche ab und reicht von der Sozialhilfe über den Mieterschutz bis zur Altersversorgung. Für weitere Aspekte vgl. etwa [4].

# 4 Dogmengeschichte und ökonomische Erkenntnis

## 4.1 Bedeutung geschichtlicher Prozesse für die Wirtschaftswissenschaften

Den Zugang zu einem Wissenschaftsgebiet gewinnt man in besonderem Maße dadurch, daß man sich den historischen Grundlagen der Disziplin widmet. Dies gilt sicher auch für die Volkswirtschaftslehre, die sich in ihren Bemühungen um logische Stringenz und Präzision stark den formalen Methoden verschrieben hat. Die damit einhergehende Verlagerung des Erkenntnisschwerpunkts hat zum einen zu einer Verringerung der Präsenz wirtschafts- und dogmengeschichtlicher Inhalte in den volkswirtschaftlichen Studiengängen geführt, zum anderen die Bedeutung der angelsächsischen Literatur scheinbar aufgewertet. Die Formalisierung der ökonomischen Disziplinen war eine Erfordernis angesichts komplexer werdender Fragestellungen und Umfeldbedingungen, und die Verweigerung deutscher Ökonomen Anfang des 20. Jh., diesen Weg zu gehen, hat dem Land ebenso Triumphe im Bereich der politischen Ökonomik beschert (Stichwort **Soziale Marktwirtschaft**) wie sie die Lehre vom „mainstream" abkoppelte. Auf der anderen Seite zeigt aber gerade diese Auseinandersetzung die Spannweite zwischen normativer Analytik und empirischer Sozialwissenschaft, der sich die Ökonomie als Wissenschaft stets ausgesetzt sieht. Daher stellt es eine große Faszination dar, die Gedankenwelt der großen Ökonomen, Philosophen und Staatswissenschaftler zu ergründen, die immer wieder zwischen dem Versuch, die Wirklichkeit zu erklären und der Frage, wie ökonomisches Handeln aussehen müßte, oszillierten.

Zu den wesentlichen Fragen, mit denen sich die Wirtschaftswissenschaften in ihrer Geschichte immer wieder befaßten, zählen:

(1) die Interaktion zwischen Individuum und Gesellschaft, insbesondere auch die Frage, inwieweit bestimmte Ideen (hier also ökonomische Konzeptionen) die Wirklichkeit beeinflußten bzw. im umgekehrten Sinne, wie gesellschaftliche Situationen, insbesondere Konflikte, neue Ideen hervorbrachten.
(2) wie Knappheit überwunden werden kann, d. h., welcher gesellschaftlichen Organisation es bedarf, und welche Verhaltensweisen innerhalb derartiger institutioneller Arrangements dann „effizient" sind. Hieran schließt sich unmittelbar die Frage an, wie Güter zu bewerten sind.
(3) die Frage der Eigentumsordnung, die natürlich mit der Knappheit von Ressourcen verknüpft ist; nicht umsonst existierten in der Geschichte unterschiedliche Eigentumsordnungen, beispielsweise die der Nomaden (mit Eigentum an Mobilien) oder die der Feldbauern (mit Mobilien und Immobilien), um nur zwei sehr konflikträchtige Möglichkeiten zu skizzieren. Die Eigentumsordnung besitzt auch einen wichtigen Bezug zu den Werthaltungen und damit zu der für die einzelnen Gesellschaften maßgeblichen Ethik.
(4) das Menschenbild; unterscheiden kann man zwischen einem offenen und einem geschlossenen Menschenbild. Im erstgenannten Fall besitzt der Mensch eine Vielzahl von Eigenschaften, unterschiedliche Anlagen und Begabungen, ist mit Individualität und mit Sozialverhalten ausgestattet, und die Bewertung seiner Verhaltensweisen ergibt sich weitgehend aus den Umfeldbedingungen und seiner Sozialisation. Im zweitgenannten Fall besitzt der Mensch konkrete Eigenschaften, er ist beispielsweise „gut". Ein Abweichen von diesem „Pfad" ist dann das Ergebnis gesellschaftlicher Störungen, die es zu beseitigen gilt.

## 4.2 Ethik und Moral in den Wirtschaftswissenschaften

Freie Märkte sind ein Kulturgut ersten Ranges, weil ihr Funktionieren in erheblichem Maß von Vertrauen abhängt. Diese **Reputation** der Marktteilnehmer ermöglicht erst, **Transaktionskosten**, d. h., Kosten der Institutionalisierung eines Markts, der Gewinnung erforderlicher Informationen und der Durchsetzung der Marktergebnisse, niedrig zu halten (vgl. hierzu auch den Beitrag „Grundlagen der Institutionenökonomie"). Große Handelsvölker, wie beispielsweise die Phönizier, oder Handelsbünde wie die der Hanse, verdankten ihren Erfolg einem Kaufmannsethos, das zunächst selbststabilisierend dadurch war, daß ein Verstoß dagegen (beispielsweise Nichtbezahlung einer Lieferung) zum Ausschluß und damit wirtschaftlichen Ruin führte. Nur in wenigen Fällen war daher der Griff zur Gewalt erforderlich.

Diese für das Funktionieren einer Marktwirtschaft erforderliche Reputation stellt gleichsam eine **Minimalmoral** dar. Wichtig ist aber, daß der Markt selbst keine moralischen Institute bereitstellt, weil diese nicht durch ihn selbst, sondern vielmehr durch seine Rahmenbedingungen gegeben werden, beispielsweise die Ausgangsausstattung (Vermögen, Einkommen, Intelligenz, Wissen) der am Markt beteiligten Haushalte und Unternehmen, die Gegenstand von Wertungen sein können. Diese scheinbare „Amoralität" wird marktwirtschaftlichen Ordnungen immer wieder zum Vorwurf gemacht.

Die Diskussion über die moralische Qualität von Wirtschaftsordnungen und -systemen läßt es als äußerst sinnvoll erscheinen, sich mit diesem Gebiet zu befassen. Zunächst stellt **Ethik** eine wissenschaftliche Disziplin dar, die Moral begründet und die Frage nach der Verbindlichkeit derselben für den einzelnen stellt. Ethik ist also ein Kompaß, der zeigt, wie der richtige Weg ermittelt werden kann, nicht, wie er aussieht (vgl. [6], S. 18 f.). Sie stellt den Versuch dar, Moral kritisch zu analysieren, im einfachsten Fall, zwischen „Gut" und „Böse" zu unterscheiden. **Moral** ist eine Anschauung von der sittlichen Qualität konkreter menschlicher Handlungen, die zeitlich und räumlich begrenzt und somit historisch und soziokulturell bedingt ist. Moral regelt also das menschliche Zusammenleben durch Normierung; die daraus gerinnenden wahrnehmbaren Sachverhalte stellen die sittliche Qualität dar. Durch moralische Urteilsfähigkeit gewinnt der Mensch **Moralität**. Als **Sitte** bezeichnet man schließlich Normen ohne primär ethischen Kontext, die Folge sozialer Gewohnheiten und Akzeptanz sind. So ist es Ausdruck von Moral, Waren beim Kauf zu bezahlen („Zahlungsmoral"); ob man dies mit Scheck, Kreditkarte oder bar tut, ist Teil der „Zahlungssitten".

## 4.3 Der ökonomische Wertbegriff in der Geschichte

Die lange Geschichte des ökonomischen Wertbegriffs (vgl. hierzu auch [2] Kap. 2, insbesondere auch die Literaturquellen für die Originalschriften) beginnt schon vor unserer Zeitrechnung. Aus theoretisch wissenschaftlicher Sicht befaßten sich bereits Philosophen wie Platon (427-347 v. Chr.), Xenophon (450-354 v. Chr.) und Aristoteles (384-322 v. Chr.) mit der Frage der Beziehung zwischen wirtschaftlichen Aktivitäten und den zugehörigen ethischen und gesellschaftlichen Normen. Insbesondere Xenophon verdanken wir durch sein Werk „Oikonomikus", das sich mit der Haushalts- und Geschäftsführung sowie der Beziehung zwischen Arbeitsteilung und Marktstruktur befaßte, den modernen Begriff der Ökonomie.

Für das Verständnis des volkswirtschaftlichen Konzepts von Aristoteles ist eine stationäre Wirtschaft, wie sie in der damaligen Welt vorhanden war, Voraussetzung: Über Jahrhunderte hinweg änderten sich Produktionstechnologien kaum, und auch das wirtschaftliche Wachstum ergab sich allenfalls aus Verbesserungen der „internationalen" Arbeitsteilung und eine Erhöhung des Faktorinput. In einer derartigen Situation ohne Expansion führt ein Zins auf Kredite, die Investitionen dienen, zu einer Umverteilung von Arbeit zu Kapital, dem unterstellt wird, daß es mehr Marktmacht besitze und dadurch in der Lage sei, die konstante Wertschöpfung (= Entlohnung) zu seinen Gunsten zu verändern, um die Zinsen bezahlen zu können. Daher trat Aristoteles für ein Zinsverbot ein; das Kapital darf also nicht entlohnt werden, besitzt damit keinen ökonomischen Wert. Bei der Arbeit erkennt er bereits die drei Wertansätze, nämlich den Gebrauchswert, den Tauschwert und den Arbeitswert. Er forderte einen gerechten Preis, wobei dieser einen Bezug zum Status des Handelnden bzw. des Erzeugers besitzen muß.

Diese Vorstellungen wurden von Thomas von Aquin (1225-1274) weitgehend übernommen, für den das Wirtschaften eine Realität der Schöpfung war, das dem Ziel der vollendeten Glückseligkeit untersteht und im Füreinander eine soziale Dimension erhält. Er erkannte bereits, daß Tausch auf freien Märkten nur dann stattfindet, wenn beide Tauschpartner einen Vorteil daraus erzielten, so daß sich dann der gerechte Preis als Ergebnis von zwei fair handelnden Marktpartnern ergibt. Den objektiven Wert eines Gutes bemaß er nach „labor et expensae", wobei er durchaus sah, daß die Tauschwerte hiervon abweichen könnten und damit einerseits Profitrenten andererseits auch Konkurse denkbar sind.

Der im Zeitalter des **Absolutismus** entstehende moderne (Finanz-) Staat hat den Wirtschaftswissenschaften erhebliche Entwicklungsimpulse gegeben. Erstmalig entstanden in dieser Zeit geschlossene Einnahmen-Ausgaben-Rechnungen für Volkswirtschaften, und es wurde postuliert, daß der Wohlstand eines Volkes von dem verfügbaren Bestand an Edelmetallen abhängt. Nähmen diese zu, so könne auch der Geldumlauf inflationsfrei steigen. Ziel dieser Wirtschaftsordnung war es folgerichtig, Außenhandelsüberschüsse zu erzielen, die durch den Import von Gold und Silber gedeckt wurden. In dieser Zeit des **Merkantilismus** entwickelte sich auch die wirtschaftswissenschaftliche Lehre der Physiokraten, die mit dem tableau économique (Francois Quesnay, 1694-1774) erstmalig die Input-Output-Beziehungen einer Volkswirtschaft darstellten. Sie postulierten, daß nur die Natur produktiv sei, und teilten die Gesellschaft in drei Klassen ein, nämlich die der Grundbesitzer, die der Pächter und die der Handwerker. Folgerichtig entstand ein Ausbeutungsprozeß der Grundbesitzer zu Lasten der Pächter, bei den Handwerkern wurde unterstellt, daß sie nur Werte umschlagen.

Die Vorstellung von produktiven und unproduktiven Arbeiten übernahmen auch die **Klassiker**, bei denen jedoch zwei Elemente als Quelle des Reichtums herausragen:

- der Grad der Arbeitsteilung und der Spezialisierung (Adam Smith, 1776),
- dem Kapitalumlauf (Jean Baptiste Say, 1803).

Darüber hinaus sahen sie den Wert eines Gutes als Ergebnis der Addition von Grundrente als Entlohnung des Bodens, Arbeitswert und Kapitalprofit an.

Karl Marx als der berühmteste **Antiklassiker** übernahm weitgehend die **Arbeitswertlehre** des Klassikers David Ricardo (1817) und unterschied zwischen dem Gebrauchswert eines Gutes, dem immanenten Wert als durchschnittliche gesellschaftlich notwendige Arbeitszeit und dem Tauschwert. Er analysierte den Kapitalismus auf Basis zwei interdependenter Klassen der Kapitalisten und der Arbeiter, wobei die Arbeiter das variable Kapital (= Arbeitsleistung), die Kapitalisten das konstante Kapital (= Verzehr an Kapital) bereitstellen. Da nur allein die Arbeit produktiv sei, die Kapitalisten aber in der Lage sind, sich den Mehrwert aus der Kombination von Arbeit und Kapital anzueignen, entstünde Ausbeutung. Die Entlohnung erfolgt also nicht nach dem Arbeitswert, sondern nach einem niedrigeren Wert, der es der Arbeiterklasse ermöglicht, sich zu reproduzieren.

Mit dem ausgehenden 19. und dem beginnenden 20. Jahrhundert entstand das, was wir heute als die **neoklassische Schule** bezeichnen. Ihre wichtigsten Elemente sind:

- das **marginalanalytische** Instrumentarium, also die Erkenntnis, daß nicht absolute Größen sondern Grenzgrößen für die ökonomische Allokation maßgeblich sind. Dies gilt gleichermaßen für die Konzeption von Grenzerträgen bei der Produktion (die allerdings bereits vorbereitet waren durch die Physiokraten, beispielsweise Turgot, oder die Klassiker, beispielsweise Ricardo). Hier sind insbesondere v. Thünen (1826) und Gossen (1854) zu nennen.
- der **Subjektivismus**, d. h., die Erkenntnis, daß die Werthaltung gegenüber Gütern allein eine subjektive ist, was insbesondere von der österreichischen Schule (Böhm-Bawerk und Menger) betont wurde.
- die Konzeption des **Gleichgewichts**, das vor allen Dingen den französischen Ökonomen Walras (1874) und die englischen Ökonomen Jevons und Marshall (1890) zu verdanken ist.
- die Konzeption der **Wohlfahrtstheorie**, als deren Begründer insbesondere Pareto (1916) zu sehen ist,
- die Konzeption der **externen Effekte**, die Pigou (1921) geschuldet ist.

### 4.4 Erkenntnisprozeß und Erklärungsansätze

#### Die Suche nach Wahrheit

Mit der Frage, was als „Wahrheit" angesehen werden kann, befaßt sich die Erkenntnistheorie. Ökonomische Relevanz besitzt diese wissenschaftliche Disziplin deshalb, weil sich bei jeder ökonomischen Konzeption die Frage stellt, inwieweit sie eine „wahre" Beschreibung der Realität enthält; darüber hinaus hängt hiervon auch die Verläßlichkeit von Folgerungen und Prognosen ab.

Historisch haben sich zwei unterschiedliche erkenntnistheoretische Vorgehensweisen herausgebildet, die auch die ökonomische Theorie beeinflußt haben, nämlich der **Empirismus** und der **Rationalismus**. Diese haben (vgl. den nächsten Unterabschnitt) in erheblichem Maß die Frage, wie Theorien gewonnen werden können, beeinflußt. Die Theoriebildung kann weiter untergliedert werden nach dem Kriterium, ob sie beschreibender Natur ist - dann spricht man von **positiven** Theorien, oder gestaltender Natur ist - dann liegt eine **normative** Theoriebildung vor.

Für die moderne ökonomische Forschung sind die folgenden drei wissenschaftstheoretischen Disziplinen von Bedeutung:

(1) der **Instrumentalismus** als spezielle Form der positiven Theoriebildung: Der Wert eines Modells ist nicht in seinen Annahmen begründet, sondern in seiner Prognosefähigkeit. Dieser Vorgehensweise hat sich vor allem die „Chicago School" verschrieben.
(2) der **Konstruktivismus**, der Wahrheit als das Ergebnis eines herrschaftsfreien Diskurses ansieht. Diese Richtung dominiert vor allen Dingen in der Wirtschaftspolitik dann, wenn unterschiedliche ökonomische Theorien zur Verfügung stehen, die auf eine zeit- und raumbestimmte Problemlage angewendet werden müssen.
(3) der **kritische Rationalismus**, der fordert, daß ökonomische Strukturen so aufgebaut werden müssen, daß sie falsifiziert werden können. Dieses „Denken in Modellen", das nämlich genau die **Falsifikationsmöglichkeit** eröffnet, hat weitgehend die moderne ökonomische Forschung bestimmt. Oft wird aber kritisiert, daß diese Modelle so aufgebaut sind, daß eine Falsifikation nicht mehr möglich ist - dann spricht man von **Modellplatonismus**.

## Logische Schließverfahren

Für die Entwicklung der Nationalökonomie in Deutschland ist vor allem die Kontroverse zwischen der **Jüngeren Historischen Schule** mit der **Österreichischen Schule** von Bedeutung. Die Jüngere Historische Schule streitet ab, daß eine einheitliche wissenschaftliche Erkenntnismethode existiert, und positioniert die Ökonomie als Kulturwissenschaft. In Gustav Friedrich Schmoller findet sie ihren Vordenker. Die historische Methode beruht auf der Bereitstellung gesichteten, geprüften und geordneten Beobachtungsmaterials, der Systematisierung der Beobachtungsphänomene durch Definition und Klassifikation und schließlich einer Kausalitätsanalyse; Ziel ist die **Verifizierung** und die Entdeckung neuer Wahrheiten. Diese **induktive** Wissenschaftskonzeption steht im diametralen Gegensatz zur **deduktiven** Konzeption der **Österreichischen Grenznutzenschule**, die in der Person von Carl Menger ihren großen Sprecher im Rahmen dieses Methodenstreits findet; dieser beklagt die Vermengung von Politik, Geschichte und reiner Theorie und moniert, daß die **deskriptive** Methode nicht ausreiche, das Phänomen Volkswirtschaft zu erfassen und daher **normative** Ansätze in die Diskussion wirft. Der Österreichischen Schule sind im wesentlichen die Hinwendung zum **Subjektivismus**, die nutzentheoretische Fundierung und die formal-mathematische Formulierung geschuldet.

Erst in der Neuzeit begannen sich die beiden Konzepte anzunähern. Zu verweisen ist die Verbindung von ordnungsökonomischem Denken aus der Freiburger Schule um Walter Eucken einerseits und den (alten) Institutionentheoretiker wie Ludwig v. Mises und Friedrich v. Hayek.

Es ist daher äußerst sinnvoll, als Ökonom wissenschaftliche Methoden zu beherrschen, um überprüfbare Aussagen zu erstellen. Zunächst ist hierzu eine **Theorie** erforderlich; hierunter versteht man ein System von Aussagen (Sätzen, Lehrsätzen, Theoremen, Hypothesen, Axiomen, Annahmen) über ein bestimmtes Forschungsgebiet und die hieraus ableitbaren Folgerungen. Theorien werden nach zwei Verfahren entwickelt:

(1) Als **Methode der Deduktion** wird die nach dem folgenden Prinzip durchgeführte Methode des Aufbaus einer Theorie bezeichnet: Gegeben sei ein System $S$ von Grundaussagen (Annahmen, Axiomen, Grundsätzen, Voraussetzungen, Prämissen, Postulaten, Hypothesen, mit Anfangs-, Rand- und Nebenbedingungen) über die Gegenstände eines bestimmten Forschungsgebietes. Dieses System $S$ wird gemäß dem folgenden Prinzip erweitert: Ein Satz $s$ über dieselben Gegenstände gehört dann und nur dann zur durch $S$ abgesteckten Theorie, wenn er eine logische Folge (Konsequenz) einer (oder mehrerer oder aller) Grundaussage(n) ist. Man sagt dann auch, daß $S$ den Satz $s$ impliziert oder daß $S$ eine hinreichende Bedingung für $s$ ist oder daß $s$ aus $S$ deduziert (abgeleitet, gefolgert) werden kann. Die häufig anzutreffende Behauptung, daß $s$ nur dann gilt, wenn $S$ gilt, ist falsch: $s$ kann möglicherweise aus einem ganz anderen System $S'$ von Grundannahmen ebenfalls folgen.
Die Folgerungen aus $S$ sind im Prinzip mit $S$ bereits gegeben, aber eben nur im Prinzip! Ein übermenschlich scharfer Geist würde zu jedem $S$ sofort die zugehörige Theorie angeben können, der Theoretiker ist oft schon zufrieden, wenn es ihm gelingt, einen kleinen Teil der Menge aller Konsequenzen aus $S$ zu deduzieren (vgl. [3], S. 336).
Die Aufstellung von **Antecedenzbedingungen** in Form von Randbedingungen, Annahmesystemen usw. sowie die Entdeckung von Hypothesen ist ein schöpferischer Vorgang, der irrationale Elemente (Intuition) enthalten kann (vgl. [7]).

(2) Die **Methode der (unvollständigen) Induktion** (nicht zu verwechseln mit dem Prinzip der vollständigen Induktion der Mathematik) besteht darin, von besonderen Sätzen, Aussagen und Erkenntnissen, die z. B. Ergebnisse von Beobachtungen, Experimenten usw. beschreiben, zu allgemeinen Sätzen, Hypothesen und Annahmen zu gelangen. Um diesen Vorgang nachvollziehbar zu machen, ist die Festlegung eines Induktionsprinzips wichtig, das die induktiven Schlüsse in eine zugängliche Form bringt.

Der Empiriker beobachtet also in einer Anzahl von Fällen, daß ein bestimmtes wirtschaftliches Ereignis unter bestimmten Bedingungen eintritt und folgert daraus die Existenz einer Gesetzmäßigkeit. Er kann aber nicht zeigen, daß die Gesetzmäßigkeit auch im besonderen Fall gilt, denn die ökonomischen Ereignisse sind historisch einmalig. Die Konstellation der Bedingungen, die zu einem Ereignis geführt haben, ist nicht reproduzierbar. Viele Wirtschaftstheoretiker sind der Meinung, daß die Begründung wirtschaftswissenschaftlicher

Aussagen mit der induktiven Methode unwissenschaftlich sei. Sie halten Deduktion für das probate Verfahren, wobei die Induktion für die Vorbereitung deduktiver Schlüsse Verwendung findet. Insgesamt ergibt sich der folgende **Zusammenhang**:

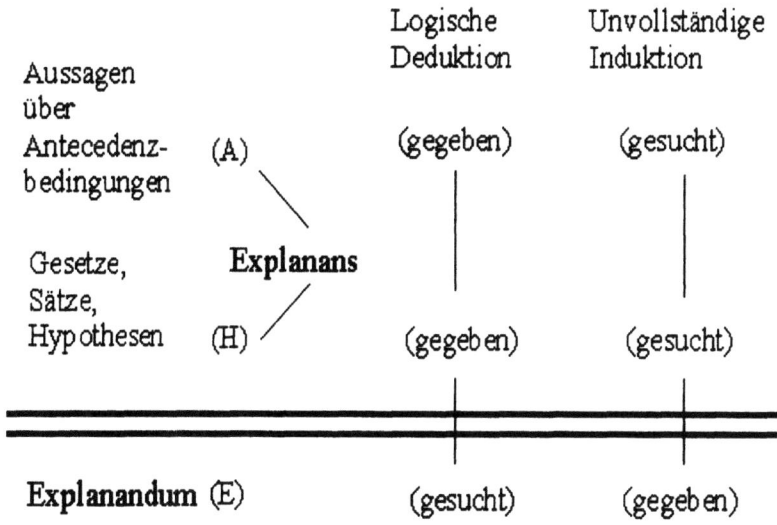

**Abb. 3.** Logische Schließverfahren

**Beispiel zur Deduktion:**

H Flüsse steigen, wenn ihnen durch Schneeschmelze Wasser zugeführt wird.
A1 Im Innern Afrikas fällt im Winter Schnee, der im Sommer schmilzt.
A2 Der Nil fließt durch das Innere Afrikas.
E Der Nil steigt im Sommer durch die Zuführung von Schmelzwasser aus dem Innern Afrikas.
H1 Wenn aus einem Gebiet heiße Winde kommen, dann ist dieses Gebiet selbst heiß.
H2 Schnee fällt nicht bei Hitze.
A1 Aus dem Innern Afrikas kommen im Sommer und Winter heiße Winde.
A2 Der Nil fließt durch das Innere Afrikas.
E1 Das Innere Afrikas ist im Sommer und Winter heiß, also kann dort kein Schnee fallen.
E2 Da der Nil durch ein Gebiet fließt, in dem kein Schnee fällt, kann sein Anstieg nicht durch Schneefall verursacht sein.

**Beispiel zur Induktion:**
In verschiedenen vollbeschäftigten Volkswirtschaften wird ein Ansteigen des Preisniveaus (beschrieben und berechnet durch eine geeignete Kennfunktion)

beobachtet (spezielle Aussage) bei gleichzeitig starkem Wachsen der Geldmenge. Der Induktionsschluß besteht darin, folgende Hypothese zu formulieren:
*„Wenn eine Volkswirtschaft vollbeschäftigt ist und wenn die Geldmenge durch starkes Anwachsen über das zur Versorgung der Wirtschaft notwendige Maß ansteigt, dann steigt ihr Preisniveau."*

**Beispiel einer unzulässigen Deduktion:**
Ein Naturwissenschaftler bringt einer Ratte bei, bei einem Klingelzeichen durch ein Labyrinth zur Futterstelle zu laufen. Anschließend hackt er ihr die Beine ab. Beim nächsten Klingelzeichen bewegt sie sich nicht zur Futterstelle. Der Naturwissenschaftler folgert, daß die Ratte mit den Beinen hört und daher nach dem Abhacken der Beine taub wird.

## Modelle, Modellbegriffe der Wirtschaftswissenschaften

Generell ist es für eine Erklärung wirtschaftlicher Phänomene notwendig, sich auf für den betrachteten Problemkreis wesentliche Zusammenhänge zu beschränken, eine vollständige Analyse der Realität ist in der Regel nicht möglich. Ökonomische **Modelle** und ökonomische **Theorien** beschreiben derartige Abbilder der wirtschaftlichen Realität. Dabei obliegt den Theorien der Versuch einer Erklärung der Realität, wohingegen die Modelle eher den Rahmen für umfassendere Gedankenexperimente liefern, mit deren Hilfe kompliziertere wirtschaftliche Vorgänge durchdrungen werden sollen, wie sie etwa für wirtschaftspolitische Entscheidungen vonnöten sind.

Modelle sind durch einer Menge von Annahmen darstellbar, die zielgerichtet zur Herleitung bestimmter Folgerungen zusammengestellt werden. Die Darstellung kann verbal, graphisch oder formal-analytisch ausfallen. An Annahmensysteme sind verschiedene Anforderungen zu stellen, nämlich daß sie

- Realitätsbezug haben,
- nur wohldefinierte Begriffe enthalten,
- widerspruchsfrei (konsistent) sind,
- logisch hinreichend sind und
- voneinander unabhängige Annahmen enthalten.

Als **Kausalität** bezeichnet man den Zusammenhang von Gegenständen und Ereignissen in Form von Ursache und Wirkungen. Seitens der Philosophie wird dies so verstanden, daß gesetzmäßige Verknüpfungen zwischen zwei Ereignissen bestehen, die auch Teil einer **Kausalkette** sein können. Damit ist die Kausalität eine der zentralen Annahmen materialistischer Philosophien. Dem gegenüber steht die **finale** Betrachtung, die ein Geschehen als von seinem Zweck her bestimmt ansieht.

In den Naturwissenschaften erfährt die Kausalität dahingehend eine Einschränkung, daß jedes Ereignis in gesetzmäßiger und experimentell feststellbarer Form von einem anderen abhängt. Durch die **Quantentheorie** wurde schließlich die lückenlose Geltung des Kausalitätsprinzips falsifiziert, d. h., das deterministische Verständnis wurde zugunsten einer stochastischen Interpretation verworfen. Dieser Ansatz gilt auch für die Sozial- und Wirtschaftswissenschaften.

Das Kausalitätsproblem der Wirtschaftswissenschaften besteht damit darin, daß aus einer empirisch feststellbaren **Korrelation** zwischen Variablen ohne zusätzliche Informationen nicht auf eine kausale Abhängigkeitsstruktur zwischen den Variablen geschlossen werden kann.

## Literaturverzeichnis

1. Becker G (1982) Ökonomische Erklärung menschlichen Verhaltens. J.C.B Mohr (Paul Siebeck), Tübingen
2. Blum U (2003) Volkswirtschaftslehre, 4. Auflage. Oldenbourg-Verlag, München
3. Eichhorn W (1972) Der Begriff Modell und Theorie in der Wirtschaftswissenschaft. Wirtschaftswissenschaftliches Studium, Heft 7 und 8
4. Folz HE (1994) Die Soziale Marktwirtschaft als Staatsziel? mvg Verlag, München
5. Hayek FA von (1945) Die Verwertung des Wissens in der Gesellschaft, Englisch: The use of knowledge in society, American Economic Review 35:519–530
6. Pieper A (1985) Ethik und Moral. Beck, München
7. Popper K (1969) Logik der Forschung. J.C.B. Mohr (Paul Siebeck) Tübingen.

# Mikroökonomische Grundlagen

Hans Wiesmeth

Technische Universität Dresden, Fakultät Wirtschaftswissenschaften, Professor für VWL, insbes. Allokationstheorie
(wiesmeth@rcs.urz.tu-dresden.de)

## 1 Einleitende Betrachtungen

### 1.1 Einordnung der Mikroökonomie

Die „klassische" Mikroökonomie beschäftigt sich grundlegend mit den ökonomischen Wahlhandlungen individueller Konsumenten und Produzenten. Entsprechend unterscheiden sich Haushaltstheorie und Produktionstheorie in ihren jeweiligen Untersuchungsfeldern. Beide Theoriebereiche sind allerdings durch ähnliche formale Vorgehensweisen gekennzeichnet ([2]).

Neben diesen beiden wichtigen Gruppen von Wirtschaftssubjekten kommt natürlich dem Staat in einem entwickelten Wirtschaftssystem eine substanzielle Rolle zu. Mit der Gestaltung der Rahmenbedingungen des Wirtschaftens etwa nimmt der Staat maßgeblichen Einfluß auf den eigentlichen Wirtschaftsprozeß. Der Beitrag „Politische Ökonomie" greift diese Aspekte mit weitergehenden Gedanken auf.

Die Preistheorie betrachtet als Teil der Mikroökonomie die Funktionsweise von Angebot und Nachfrage auf den Märkten und, wie der Name schon sagt, die *Preisbildung*. Die hier als Prämissen festgesetzten Sachverhalte unterliegen jedoch im Wettbewerbsprozeß Änderungen. Ziel der Wettbewerbstheorie ist die Erklärung dieser Sachverhalte. In diesem Beitrag untersuchen wir die Preisbildung nur unter den besonderen Gegebenheiten des „vollkommenen" oder „vollständigen" Wettbewerbs. Der Beitrag „Märkte" ist dann weiteren Marktformen und den damit jeweils einhergehenden Modifikationen der Preisbildung gewidmet.

Des weiteren beschränken wir uns hier auf Konsumenten und Produzenten eines *bestimmten* Landes und vernachlässigen grenzüberschreitende wirtschaftliche Aktivitäten, die vielmehr in den Beiträgen „Reale Außenwirtschaftslehre" und „Monetäre Außenwirtschaftslehre" thematisiert werden.

Nach dieser kurzen Betrachtung verschiedener Facetten der Mikroökonomie, die im Gegensatz zur Makroökonomie (vgl. den Beitrag „Makroökonomisches Gleichgewicht") ökonomische Entscheidungen von individuellen

Wirtschaftssubjekten (Konsumenten, Produzenten, Staat, Parteien, ...) zur Grundlage haben, ordnen wir im folgenden Abschnitt nun die Mikroökonomie selbst in den größeren Kontext der Volkswirtschaftslehre ein (vgl. hierzu auch Abbildung 1 im Beitrag „Einführung").

## 1.2 Die wirtschaftlichen Grundprobleme

Letztlich bedingt, wie schon im Beitrag „Einführung" erläutert, die Knappheit der Mittel, die Knappheit der Ressourcen, die einer Volkswirtschaft in einem bestimmten Zeitraum zur Verfügung stehen, die Notwendigkeit des Wirtschaftens. Da mit den Ressourcen auch die mit ihnen produzierten Güter knapp sind, führt dies zu Problemen im Konsum- und im Produktionssektor einer jeden Ökonomie, zu den *wirtschaftlichen Grundproblemen*, denen sich eine jede Volkswirtschaft in einer jeden Periode gegenübersieht. Folgende grundlegende Entscheidungen sind ständig zu treffen:

- **Was und wieviel ist zu produzieren?** Sollen zusätzliche Wohnungen einer bestimmten Größe errichtet werden? Wie viele Autos sollen im nächsten Jahr gebaut werden? Wie viele Tonnen Steinkohle sollen gefördert werden?
- **Wie, also unter Einsatz welcher Faktoren sind diese Güter zu produzieren?** Bevorzugen wir eine eher arbeitsintensive oder eine eher kapitalintensive Produktionsweise? Wollen wir eine artgerechte Tierhaltung oder eine extreme Massentierhaltung? Welche Umweltbelastungen sind noch erträglich?
- **Für wen sind diese Güter zu produzieren? Wer darf die erzeugten Güter konsumieren?** Soll eine kleine „Oberschicht" fast alle produzierten Güter erhalten oder tendieren wir eher in Richtung einer „Gleichverteilung"? Wie wollen wir den Zugang zu den Hochschulen in finanzieller Hinsicht gestalten? Welche Änderung der Steuertarife führen zu einer „gerechten" Verteilung der Lasten?

Alle drei Probleme faßt man unter dem schon erwähnten Oberbegriff *wirtschaftliche Grundprobleme* oder *Allokationsproblem(e)* zusammen. Gelegentlich werden auch die ersten beiden Grundprobleme als produktionstechnisches Allokationsproblem bezeichnet, das dritte ist dann ganz allgemein das *Verteilungsproblem*.

Wichtig ist die Interdependenz dieser Probleme: Im allgemeinen Fall wird eine separate Lösung eines dieser Grundprobleme unabhängig von den anderen nicht möglich sein. Beispielsweise wird der Versuch, zur Steigerung der Produktion bestimmter Güter die Arbeitszeiten zu verlängern, in einem freien Wirtschaftssystem nur bei entsprechendem Entgegenkommen bei der Lösung des Verteilungsproblems, also beispielsweise über höhere Löhne, realisierbar sein.

Diese letzten Überlegungen lassen erkennen, daß das Allokationsproblem, das in einem jeden Wirtschaftssystem auftritt, gelöst werden muß und tatsächlich auch ständig gelöst wird. Die realisierte Lösung wird dabei unter gewöhnlichen Anforderungen nicht immer „optimal" sein. So werden beispielsweise bei einer hohen Arbeitslosigkeit Ressourcen „vergeudet", die eigentlich zur Produktion beliebiger erwünschter Güter verwendet werden könnten und sollten. Die Tatsache, daß wir immer wieder mit gravierenden Umweltproblemen konfrontiert werden, bedeutet offenbar, daß die allokative Verwendung der knappen Umweltgüter ebenfalls nicht immer „optimal" erfolgt. Daraus ergeben sich zwei zentrale Fragestellungen der Volkswirtschaftslehre:

- Welche Forderungen sind an eine „optimale" Lösung der wirtschaftlichen Grundprobleme oder eine „optimale Allokation" zu stellen? Gibt es dann mehrere optimale Allokationen?
- Welche Mechanismen führen unter welchen Bedingungen zu einer optimalen Allokation?

Es ist die Aufgabe der Allokationstheorie, Methoden zu entwickeln und Verfahren zu beschreiben, welche die optimale Allokation der knappen Ressourcen und der mit ihnen produzierten Güter sicherstellen. Die Verteilungstheorie befaßt sich dann spezieller mit der Frage einer „gerechten" Allokation. Beide Themenkreise sind Gegenstand weiterführender Lehrveranstaltungen.

In dieser einleitenden Betrachtung werden wir den *Marktmechanismus* als ein Verfahren im Sinne der Allokationstheorie in seinen Grundlagen kennenlernen. Der Markt ist dabei diejenige Einrichtung, in der das Allokationsverfahren „dezentraler Tausch" stattfindet. Ein Markt kann organisiert (beispielsweise Börse, Wochenmarkt, organisierter Gebrauchtwagenmarkt zu bestimmter Zeit an bestimmtem Ort) oder informell sein (beispielsweise der „Gebrauchtwagenmarkt in Deutschland" allgemein).

Wir verstehen dagegen im Folgenden unter „Markt" immer den Markt für ein spezielles Gut. Die Tauschpartner agieren freiwillig auf diesem Markt auf eigene Initiative und ohne einen zentralen Koordinator. Die Koordinationsfunktion übernehmen die Preise. Die obigen zentralen Fragestellungen der Volkswirtschaftslehre stellen sich dann für den Marktmechanismus in folgender Form:

- Durch welche Optimalitätseigenschaften sind die Allokationsergebnisse des Marktmechanismus im „Idealfall" ausgezeichnet?
- Welche Rahmenbedingungen definieren diesen Idealfall? Welche Eingriffe in den Marktmechanismus führen zu einer speziellen optimale Allokation?

Der Begriff der optimalen Allokation kann hier nur andeutungsweise skizziert werden. Dabei werden normative Aspekte, Werturteile, von Bedeutung sein, für die sich die Frage der Akzeptanz in der Bevölkerung stellt. Weithin akzeptierte Kriterien werden in aller Regel zu einer Vielfalt möglicher „optimaler" Lösungen führen. Insgesamt wird dies von der Struktur des politischen Systems der betrachteten Ökonomie abhängen. Für ein demokratisches System werden individualistische Werturteile, welche auf die Einstellung der einzelnen

Individuen Rücksicht nehmen, eine größere Rolle spielen. Dies macht den Zusammenhang zwischen Wirtschaftsordnung und politischem System deutlich.

Eine andere Herangehensweise an das Allokationsproblem, die hier nur erwähnt werden soll, könnte zunächst die wünschenswerten, die optimalen Allokationen definieren und dann nach Wegen, nach Verfahren suchen, die zu einer dieser besonderen Lösungen führen. Dieser Weg soll hier nicht beschritten werden. Wir beschreiben vielmehr die Wirkungsweise des Marktmechanismus und analysieren die in diesem Kontext relevanten Allokationsergebnisse, nämlich die „Marktgleichgewichte".

Wirtschaftspolitische Zielstellungen führen im allgemeinen zu weiteren Anforderungen an das Allokationsergebnis. Teilziele, wie etwa Wachstum, Vollbeschäftigung und eine gerechte Einkommensverteilung, dienen diesem Zweck und beinhalten oft gesamtwirtschaftliche Größen, da diese nach allgemeiner Auffassung einen guten Einblick in den Zustand des wirtschaftlichen Geschehens erlauben. Folgerichtig haben sich unter dem Dach der Volkswirtschaftslehre weitere Theorien und Modelle entwickelt, die das makroökonomische Verhalten eines Wirtschaftssystems zu beschreiben und zu verstehen versuchen. Die Beiträge „Makroökonomisches Gleichgewicht" und „Wachstum" widmen sich derartigen Aspekten.

## 1.3 Marktwirtschaft und Mikroökonomie

Wir betrachten nun den „Marktmechanismus" oder „Preismechanismus" als spezielles Allokationsverfahren in einem marktwirtschaftlichen System. Ein „reines" marktwirtschaftliches System ist insbesondere gekennzeichnet durch Privateigentum an den Produktionsmitteln (Ressourcen und Unternehmen) sowie durch Märkte für alle Güter. Der Einfluß des Staates wird demnach zurückgedrängt auf die Gewährleistung der nötigen rechtlichen Rahmenbedingungen. Die Funktionsweise dieses marktwirtschaftlichen Allokationsverfahrens, dieses Lösungswegs für die wirtschaftlichen Grundprobleme, wird häufig wie folgt umschrieben:

**Marktwirtschaftliches Allokationsverfahren:**
*„Die (reine) Marktwirtschaft ist charakterisiert durch eine Dezentralisierung der wirtschaftlichen Entscheidungen über ein Preissystem."*

Damit wird klar, daß sich in einem reinen marktwirtschaftlichen System niemand, also auch keine staatliche Institution, umfassend Gedanken macht über die vollständige Lösung des Allokationsproblems. Die Vermittlung der relevanten, notwendigen Information geschieht folglich über das Preissystem. Eine unmittelbare Voraussetzung für das Funktionieren dieses Preismechanismus ist daher die Forderung, daß kein Wirtschaftssubjekt in der Lage sein darf, den Preismechanismus beeinflussen zu können. Monopolistische Unternehmer als alleinige Anbieter bestimmter Güter können die Preise dieser Güter in gewissen Grenzen setzen und verletzen aus diesem Grund diese Forderung (vgl. hierzu Abschnitt 3.2 im Beitrag „Märkte").

Eine weitere wichtige Voraussetzung ist das Privateigentum an den Produktionsmitteln. Es vermittelt den Anreiz, die „richtigen" Konsum- und Produktionsentscheidungen zu treffen. Der Hinweis auf die Art und Weise des Wirtschaftens in den volkseigenen Betrieben der ehemals sozialistischen Länder verdeutlicht die Relevanz des Privateigentums.

Ein tieferliegendes Problem bleibt zunächst offen: Wie kann das „Gesamtwohl" einer Volkswirtschaft vermehrt werden, wenn jedes einzelne Wirtschaftssubjekt seine eigenen wirtschaftlichen Entscheidungen trifft? Adam Smith hat vor mehr als 200 Jahren mit seiner Idee von der „unsichtbaren Hand" diese Problematik aufgegriffen, die auch heute immer wieder unter Schlagworten wie die „Kälte des Marktes" Anlaß zu Diskussionen gibt (vgl. auch Abschnitt 4.2 im Beitrag „Einführung"). Smith beschreibt deutlich, wie das Verfolgen des Eigennutzes auch zur Steigerung der Gesamtwohlfahrt beitragen kann (vgl. [4], Viertes Buch, Zweites Kapitel, S. 371). Wir werden auf diese Gedanken zum Ende dieses Beitrags zurückkommen, wenn wir die Eigenschaften einer Gleichgewichtsallokation genauer betrachten (vgl. Abschnitt 4.3).

Die obige Vorgabe der „Dezentralisierung der wirtschaftlichen Entscheidungen über ein Preissystem" erfordert ein genaues Studium der einzelwirtschaftlichen Entscheidungen, ein genaues Studium des ökonomischen Verhaltens der Produzenten und der Konsumenten. Die Mikroökonomie stellt Hypothesen über die ökonomischen Entscheidungen dieser Wirtschaftssubjekte auf und verwertet sie deduktiv. Eine besondere Bedeutung kommt weiter dem Preismechanismus zu. Hier ist, wie schon erwähnt, die Frage nach seiner Leistungsfähigkeit interessant, die Frage nach den normativen Eigenschaften der Allokationen, die über den Preismechanismus erreicht werden können. Ebenfalls wichtig ist das Problem der Funktionsfähigkeit des Preismechanismus: Welche Rahmenbedingungen müssen erfüllt sein, damit dieser Lösungsmechanismus „vernünftig" funktionieren und die „optimale" Verteilung der knappen Ressourcen und der mit ihnen produzierten Güter gewährleisten kann? Was geschieht in anderen Situationen?

## 2 Grundlagen der Haushaltstheorie

Nach der Erläuterung grundlegender Zusammenhänge beginnen wir nun mit der Beschreibung der ökonomischen Verhaltensweise von Haushalten, von individuellen Konsumenten. Mit einer Einführung wichtiger Begriffe bereitet dieses Kapitel den Boden für die nachfolgenden Betrachtungen zum Konsumentenverhalten.

### 2.1 Güterraum und Budgetmenge

Sei nun $n$ die Anzahl der betrachteten Güter, wobei der Einfachheit halber $n = 2$ gesetzt wird. Ein Vektor $x = (x_1, x_2) \in \mathbb{R}_+^2$ wird dann als Güterbündel oder als Konsumvektor bezeichnet. Güterbündel $x = (x_1, x_2) \in \mathbb{R}_+^2$ sind damit

Punkte im positiven Quadranten des $\mathbb{R}_+^2$, womit implizit die vollständige Teilbarkeit der Güter angenommen wird: Nach Festlegung einer Einheit für das betreffende Gut ist jede beliebige Gütermenge möglich. Diese Annahme vereinfacht die folgenden Überlegungen.

Ein Haushalt oder Konsument sieht sich nun dem Preissystem $p = (p_1, p_2) \in \mathbb{R}_+^2$ für die Güter gegenüber. Diese Formulierung bedeutet zunächst, daß dieser Haushalt diese Preise als gegeben, als Parameter seiner Entscheidung betrachtet, und somit nicht beeinflussen kann. Wir haben weiter oben festgestellt, daß dies eine wichtige Bedingung für das vernünftige Funktionieren des Preismechanismus ist. Hier wird diese Bedingung also als Annahme formuliert.

Die Begriffswahl „Haushalt oder Konsument" zeigt, daß je nach Betrachtungsweise und Aufgabenstellung ein Haushalt als Konsumeinheit auch mehrere Individuen umfassen kann. Die Bezeichnungen Konsument und Haushalt werden demzufolge in diesem Sinne gleichwertig verwandt.

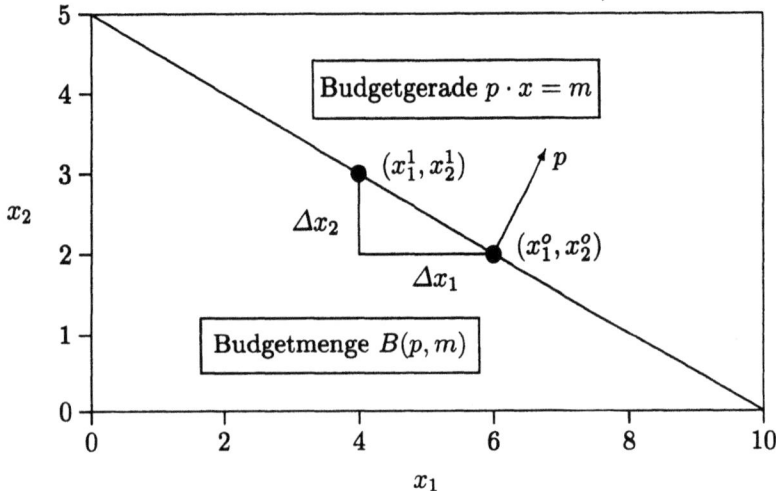

**Abb. 1.** Budgetmenge zu Preisen $p = (1, 2)$ und $m = 10$

Der betrachtete Haushalt ist nun weiter durch sein Budget $m$ charakterisiert, das er in der ebenfalls festgelegten Periode bezieht und das letztlich aus seinem persönlichen Anteil an den Produktionsmitteln resultiert. Bei Preisen $p \in \mathbb{R}_+^2$ ist seine Budgetmenge dann gegeben durch:

$$B(p, m) := \{x \in \mathbb{R}_+^2 : p \cdot x = p_1 x_1 + p_2 x_2 \leq m\}.$$

Im 2-Güter-Fall ist eine einfache graphische Darstellung mit Hilfe der Budgetgeraden $\{x \in \mathbb{R}_+^2 : p \cdot x = m\}$ mit Normalenvektor $p$ möglich (vgl. Abbildung 1). Dabei veranschaulicht diese Budgetgerade mit der Steigung $p_1/p_2$ (absolut gesehen) einen wichtigen Aspekt der anschließend zu behandelnden Entscheidungssituation des Haushalts: Sei $x^o = (x_1^o, x_2^o) \in \mathbb{R}_+^2$ ein Güterbündel auf der Budgetgeraden. Dann erfordert der Übergang von $(x_1^o, x_2^o)$ zu einem Güterbündel $(x_1^1, x_2^1)$ mit $x_2^1 = x_2^0 + 1$ Einheiten von Gut 2 wegen $-\Delta x_2/\Delta x_1 = p_1/p_2$ einen Verzicht auf $-\Delta x_1 = p_2/p_1$ Einheiten von Gut 1 (vgl. Abbildung 1). Man bezeichnet diesen Verzicht auch mit dem Begriff Opportunitätskosten, der Entscheidungssituationen allgemeinster Art prägt.

Es gilt nun, aus der Budgetmenge $B(p,m)$ ein bestimmtes, unter den gegebenen Umständen „optimales" Güterbündel $x^* = (x_1^*, x_2^*)$ auszuwählen. Das dazu notwendige Entscheidungskriterium wird im nächsten Abschnitt beschrieben.

## 2.2 Nutzenfunktion

Ökonomen nehmen im allgemeinen an, daß die Konsumenten mit den ihnen zur Verfügung stehenden Mitteln das für sie Beste tun (vgl. auch Abschnitt 3.4 im Beitrag „Einführung"). In unserem Rahmen bedeutet dieses Rationalitätspostulat, daß das „beste" Güterbündel $x^* = (x_1^*, x_2^*)$ in der Budgetmenge $B(p,m)$ gewählt wird. Dazu wird unterstellt, daß der betreffende Haushalt je zwei Güterbündel $x = (x_1, x_2) \in \mathbb{R}_+^2$ und $y = (y_1, y_2) \in \mathbb{R}_+^2$ vergleichend ordnen kann, also sagen kann, welches ihm lieber ist, oder ob er indifferent ist zwischen den beiden. Diese Ordnung wird üblicherweise durch eine Nutzenfunktion $u : \mathbb{R}_+^2 \to \mathbb{R}$ auf dem Güterraum $\mathbb{R}_+^2$ repräsentiert. Gilt dann $u(x) > u(y)$, so zieht der Haushalt das Güterbündel $x$ dem Güterbündel $y$ strikt vor. Gilt dagegen $u(x) = u(y)$, so ist der Haushalt indifferent zwischen den beiden Güterbündeln.

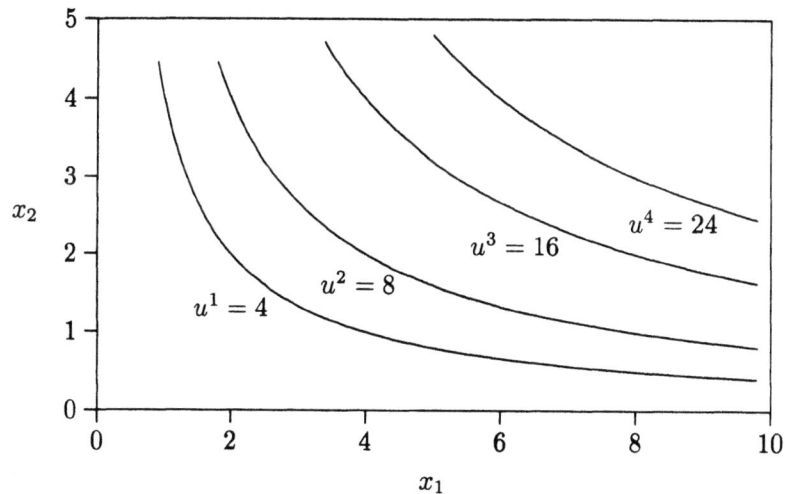

**Abb. 2.** Indifferenzkurvenbild der Nutzenfunktion $u(x_1, x_2) = x_1 \cdot x_2$

Relevant ist in diesem Zusammenhang das Konzept der *Indifferenzkurve* durch ein Güterbündel $x \in \mathbb{R}_+^2$. Die Indifferenzkurve zu $x$ ist gegeben durch $\{y \in \mathbb{R}_+^2 : u(x) = u(y)\}$. Durch jedes Güterbündel verläuft eine derartige Indifferenzkurve und das Indifferenzkurvenbild erlaubt somit im 2-Güter-Fall eine graphische Veranschaulichung einer vorgegebenen Nutzenfunktion (vgl. Abbildung 2). Spezielle Fälle sind perfekte Substitute, perfekte Komplemente, bzw. die Existenz eines Sättigungspunkts (vgl. [5], Abschnitt 3.4).

Folgende Annahmen, die für verschiedene der folgenden Ergebnisse in der einen oder anderen Form auch notwendig sind, werden typischerweise an eine Nutzenfunktion gestellt:

- **Monotonie:** Die Nutzenfunktion $u : \mathbb{R}_+^2 \to \mathbb{R}$ ist monoton, d. h., es gilt $u(x) \geq u(y)$ falls $x_i \geq y_i$ für $i = 1, 2$ mit wenigstens einer strikten Ungleichung.
- **Stetigkeit:** Die Nutzenfunktion $u : \mathbb{R}_+^2 \to \mathbb{R}$ ist stetig und hat „glatte" Indifferenzkurven (vgl. Abbildung 2 als Beispiel).
- **Konvexität:** Die Indifferenzkurven der Nutzenfunktion $u : \mathbb{R}_+^2 \to \mathbb{R}$ sind (streng) konvex, d. h., für je zwei verschiedene Güterbündel $x, y \in \mathbb{R}_+^2$ mit $u(x) \geq u(y)$ gilt $u(tx + (1-t)y) \geq (>) u(y)$ für alle $t$ mit $0 < t < 1$.

Diese drei zusätzlichen, plausiblen Eigenschaften charakterisieren eine „schöne" Nutzenfunktion, obwohl sie natürlich nicht gänzlich unproblematisch sind. So ist die Stetigkeit zunächst eine rein „technische" Eigenschaft, die viele der nachfolgenden Überlegungen erleichtert bzw. erst möglich macht. Wir wollen sie hier nicht vertiefend erörtern.

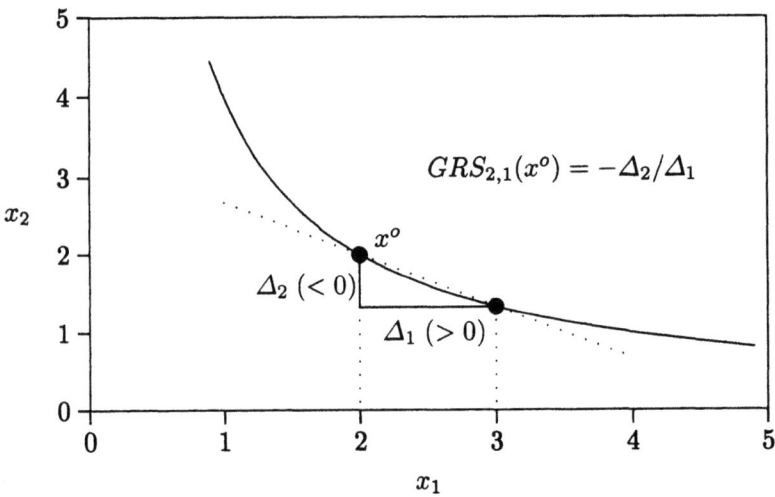

**Abb. 3.** Grenzrate der Substitution im Güterbündel $x^o$

Die Annahme der Monotonie schließlich beschränkt die Untersuchung auf „knappe" Güter, schließt also Sättigungspunkte aus. Natürlich kann es Sättigungspunkte geben. Allerdings werden sie typischerweise nicht in der Budgetmenge der Haushalte liegen, denn sonst würde sich das Knappheitsproblem nicht stellen. Insofern ist die Monotonieannahme plausibel. Man prüft dann leicht nach, daß sich im Fall einer monotonen Nutzenfunktion zwei verschiedene Indifferenzkurven nicht schneiden können, so daß also durch jedes Güterbündel genau eine Indifferenzkurve verläuft.

Interessant ist dann weiter vor allem die Forderung der Konvexität (vgl. Abbildung 2 für streng konvexe Indifferenzkurven), die eine alternative Interpretation über den Begriff der Grenzrate der Substitution im folgenden Sinn zuläßt:

**Grenzrate der Substitution:**
*Vorgegeben sei das Güterbündel $x^o = (x_1^o, x_2^o) \in \mathbb{R}_+^2$. Für eine kleine Erhöhung $\Delta x_1$ der Menge des ersten Gutes bezeichne $\Delta x_2$ ($< 0$) die maximale Menge an Gut 2, die der Konsument bereit wäre, für die zusätzliche Menge an Gut 1 aufzugeben. Der Quotient $-(\Delta x_2/\Delta x_1)$ ist dann die Grenzrate der Substitution(von Gut 2 für Gut 1) im Güterbündel $x^o$.*

Die Grenzrate der Substitution entspricht näherungsweise dem absoluten Betrag der Steigung der Indifferenzkurve in $x^o$. In Abbildung 3 entspricht der Betrag der Steigung der gestrichelten Geraden der Grenzrate der Substitution in $x^o$.

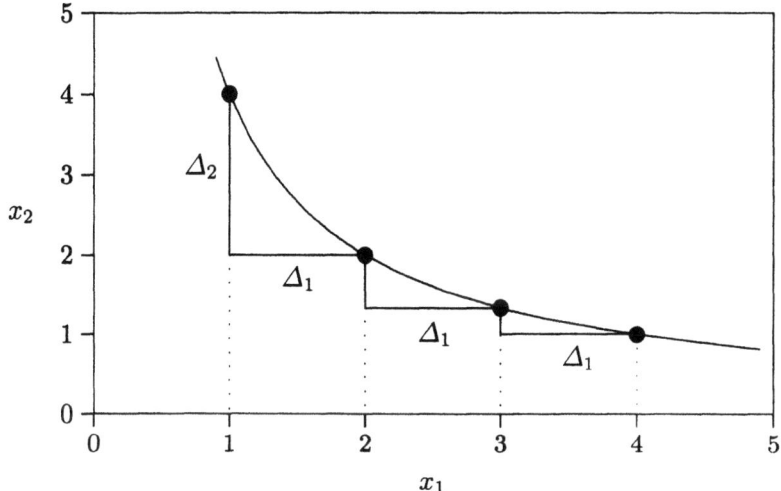

**Abb. 4.** Gesetz von der fallenden Grenzrate der Substitution

Ist die Nutzenfunktion nun monoton und sind die Indifferenzkurven streng konvex gekrümmt, so stellt man fest, daß die Grenzrate der Substitution mit zunehmendem Bestand an Gut 1 fällt. Umgekehrt führt die Akzeptanz dieses „Gesetzes von der fallenden Grenzrate der Substitution" zu konvexen Indifferenzkurven. In Abbildung 4 nimmt bei konstanter Vergrößerung der Menge des ersten Gutes um jeweils $\Delta_1$ Einheiten die Bereitschaft zum Verzicht auf weitere Einheiten des zweiten Gutes ab. Dies ist eine durchaus plausible Verhaltensweise, die damit die Annahme konvexer Indifferenzkurven aus ökonomischer Sicht begründet.

Ist schließlich eine stetig differenzierbare und monotone Nutzenfunktion vorgegeben, so leitet man daraus die Grenzrate der Substitution bei einem

Güterbündel $x^o = (x_1^o, x_2^o) \in \mathbb{R}_+^2$ durch implizite Differentiation ab. Man erhält:

$$-\frac{dx_2}{dx_1}\Big|_{x^o} = \frac{\partial u(x_1^o, x_2^o)/\partial x_1}{\partial u(x_1^o, x_2^o)/\partial x_2} = \frac{\text{GN}_1(x_1^o, x_2^o)}{\text{GN}_2(x_1^o, x_2^o)}.$$

Der Grenznutzen $\text{GN}_1(x_1^o, x_2^o)$ des ersten bzw. $\text{GN}_2(x_1^o, x_2^o)$ des zweiten Gutes in $(x_1^o, x_2^o)$ beschreibt den Nutzenzuwachs, den der Konsum einer zusätzlichen Einheit von Gut 1 bzw. Gut 2 ausgehend von $(x_1^o, x_2^o)$ bringt. Näherungsweise können die Grenznutzen durch die obigen partiellen Ableitungen beschrieben werden.

Man beachte, daß verschiedene Nutzenfunktionen zu demselben Indifferenzkurvenbild führen können, beispielsweise etwa die Funktionen $u^o(x_1, x_2) = x_1 \cdot x_2$, $u^1(x_1, x_2) = x_1^2 \cdot x_2^2$ und $u^2(x_1, x_2) = \sqrt{x_1 \cdot x_2}$. Man sagt, $u^o$ und $u^1$ (und $u^2$) sind „ordinal äquivalent". Allgemein gilt: Gibt es eine streng monoton steigende Funktion $f : Im(u^o) \mapsto \mathbb{R}$ mit $u^1(x_1, x_2) = f(u^o(x_1, x_2))$ für alle Güterbündel $(x_1, x_2) \in \mathbb{R}_+^2$, so sind die Nutzenfunktionen $u^o$ und $u^1$ ordinal äquivalent. $Im(u^o)$ bezeichnet dabei die Menge aller Werte, die $u^o$ annehmen kann. Beschäftigt man sich in der Haushaltstheorie also mit Entscheidungen eines Konsumenten, die lediglich von der Budgetmenge und dem Indifferenzkurvenbild abhängen, so ist es gleichgültig, welche der ordinal äquivalenten Nutzenfunktionen man zur Analyse der Entscheidung verwendet.

## 2.3 Maximierung der Nutzenfunktion

Betrachtet wird nun ein Konsument mit der Nutzenfunktion $u$ und dem Budget $m$, der Konsument ist also *charakterisiert* durch $(u, m)$. Weiter sei $p = (p_1, p_2) \in \mathbb{R}_+^2$ das vorgegebene Preissystem. Ist nun die Nutzenfunktion (streng) monoton und sind die Indifferenzkurven konvex gekrümmt, so liegt das in bezug auf die Höhe des Nutzenwertes optimale Güterbündel $x^\star = (x_1^\star, x_2^\star)$ zunächst auf der Budgetgeraden. Weiter verläuft die zu $x^\star$ gehörende Indifferenzkurve tangential zur Budgetgeraden. Genauer läßt sich die optimale Wahl so beschreiben durch die Gleichheit von Opportunitätskosten und Grenzrate der Substitution auf der Budgetgeraden (vgl. Abbildung 5). Für $x^\star$ gilt:

$$-\frac{dx_2}{dx_1}\Big|_{x^\star} = \frac{\partial u(x_1^\star, x_2^\star)/\partial x_1}{\partial u(x_1^\star, x_2^\star)/\partial x_2} = \frac{p_1}{p_2}.$$

Zusammen mit der Budgetbedingung $p \cdot x^\star = m$ führt dies zu zwei Gleichungen für die beiden Variablen $x_1^\star$ und $x_2^\star$ (vgl. Kapitel 3 im Beitrag „Mathematische Analyseinstrumente in den Wirtschaftswissenschaften" für die *Lagrange-Methode* zur allgemeinen Lösung dieses Maximierungsproblems).

Für die Nutzenfunktion $u(x_1, x_2) = x_1 \cdot x_2$ ergeben sich die Grenznutzen zu $\text{GN}_1(x_1, x_2) = x_2$ und $\text{GN}_2(x_1, x_2) = x_1$, so daß die obige Bedingung $x_2^\star/x_1^\star = p_1/p_2$ lautet. Zusammen mit der Budgetrestriktion $p_1 x_1^\star + p_2 x_2^\star = m$ erhält man daraus für $p = (1, 2)$ und $m = 10$ das nutzenmaximierende Güterbündel $x^\star = (5, 2.5)$ (vgl. Abbildung 5).

Hat man nun viele verschiedene Haushalte mit unterschiedlichen Budgets und Nutzenfunktionen, so zeigt dieses Ergebnis (bezeichnet als „2. Gossensches Gesetz") eine wichtige Koordinationsfunktion des Preissystems: Bei gegebenen Preisen wählen alle Konsumenten Güterbündel, so daß die jeweilige Grenzrate der Substitution übereinstimmt mit dem Preisverhältnis. Die optimalen Güterbündel selbst können und werden im allgemeinen Fall natürlich voneinander verschieden sein.

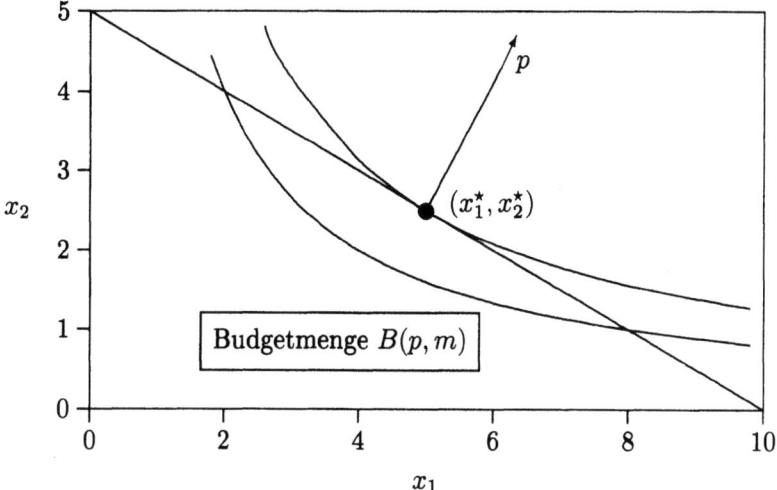

**Abb. 5.** Maximierung der Nutzenfunktion auf der Budgetmenge

## 2.4 Nachfragefunktionen

Ist die Nutzenfunktion $u$ „schön" (vgl. Abschnitt 2.2), so gibt es zu jedem Preissystem $p = (p_1, p_2) \in \mathbb{R}_+^2$ und zu jedem Budget $m > 0$ offenbar genau ein optimales Güterbündel $x(p_1, p_2, m) = (x_1(p_1, p_2, m), x_2(p_1, p_2, m))$ (vgl. Abbildung 5). Die *Nachfragefunktion* $x_i : (p_1, p_2, m) \mapsto x_i(p_1, p_2, m)$ für Gut $i, i = 1, 2$, ordnet jeder Preis-Einkommen-Situation $(p_1, p_2, m)$ die im optimalen Güterbündel nachgefragte Menge des $i$-ten Gutes zu. Im Fall der Nutzenfunktion $u(x_1, x_2) = x_1 \cdot x_2$ berechnet man die Nachfragefunktionen zu: $x_1(p_1, p_2, m) = m/(2p_1)$ und $x_2(p_1, p_2, m) = m/(2p_2)$. In diesem speziellen Fall ist die Nachfrage nach Gut 1 unabhängig von $p_2$ und umgekehrt.

Betrachtet man weiter zu fest vorgegebenen Preisen $p^o = (p_1^o, p_2^o)$ die Nachfragefunktionen $(x_1(p^o, m), x_2(p^o, m))$ allein als Funktion des Budgets $m$, so erhält man den *Einkommensexpansionspfad* $m \mapsto (x_1(p^o, m), x_2(p^o, m))$ sowie die *Engelkurven* $m \mapsto (x_i(p^o, m))$, für $i = 1, 2$. Normalerweise wird man erwarten, daß die Engelkurve für ein Gut steigend verlaufen wird, d. h., ein Haushalt wird von einem erwünschten Gut typischerweise mehr kaufen, wenn das Budget zunimmt. Man spricht dann von einem normalen Gut (vgl. die in Abschnitt 3.2 des Beitrags „Einführung" gegebene Klassifizierung der Güter). Für die obige Nutzenfunktion ergibt sich $m \mapsto (m/(2p_1^o), m/(2p_2^o))$ für den Einkommensexpansionspfad, offenbar eine Gerade im Güterraum $\mathbb{R}^2_+$ mit Steigung $p_1^o/p_2^o$. Diese Struktur resultiert aus den besonderen Eigenschaften der gewählten Nutzenfunktion $u(x_1, x_2) = x_1 \cdot x_2$.

Betrachtet man alternativ zu fest vorgegebenem Budget $m^o$ die Nachfragefunktionen $(x_1(p, m^o), x_2(p, m^o))$ allein als Funktion der Preise $p$, so erhält man die *Preisexpansionspfade* $p_i \mapsto (x_1(p_1, p_2, m^o), x_2(p_1, p_2, m^o))$ sowie die *partiellen Nachfragefunktionen* $p_1 \mapsto x_1(p_1, p_2^o, m^o)$ und $p_2 \mapsto x_2(p_1^o, p_2, m^o)$ bei zusätzlich festen Preisen $p_2^o$ bzw. $p_1^o$. Man beachte, daß eine Änderung des Preises $p_1$ bei der partiellen Nachfragefunktion $p_1 \mapsto x_1(p_1, p_2^o, m^o)$ zu einer *Bewegung* auf dieser Nachfragekurve führt, wohingegen eine Änderung des Preises $p_2^o$ bzw. des Budgets $m^o$ zu einer *Verlagerung* dieser Nachfragekurve führt. Im Fall des obigen Beispiels repräsentiert $p_1 \mapsto m^o/(2p_1)$ die (partielle) Nachfragefunktion des betrachteten Haushalts für Gut 1.

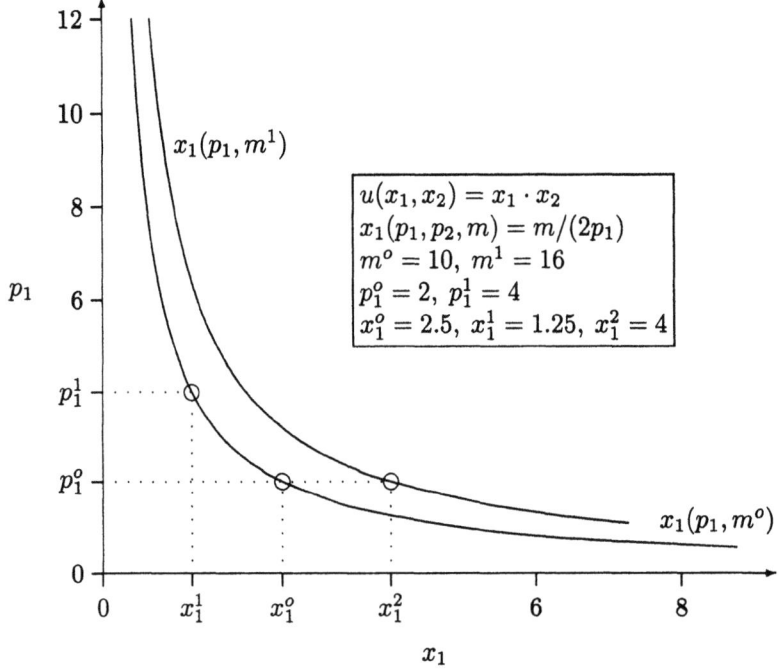

**Abb. 6.** Partielle Nachfragefunktion

Abbildung 6 zeigt diese Überlegungen für eine Preiserhöhung von $p_1^o$ zu $p_1^1$ bei konstantem Budget $m^o$ (Bewegung auf der Nachfragekurve) sowie für eine Erhöhung des Budgets von $m^o$ auf $m^1$ (Verlagerung der Nachfragekurve).

Normalerweise wird die partielle Nachfragekurve für ein Gut mit steigendem Preis des Gutes fallen, d. h., ein Haushalt wird von einem erwünschten Gut typischerweise weniger kaufen, wenn der Preis zunimmt. Man spricht vom „Gesetz der Nachfrage", das insbesondere für normale Güter gilt.

Eine wichtige ökonomische Determinante für eine Kaufentscheidung auf einem Markt ist damit der Preis: Handelt es sich um ein normales Gut, so nimmt die nachgefragte Menge ab, wenn der Preis steigt, und umgekehrt nimmt die nachgefragte Menge zu, wenn der Preis sinkt (vgl. Abbildung 6). Um nun festzustellen, wie sensibel die Nachfrage auf Preisänderungen reagiert, benötigt man ein Maß, das von der zugrundegelegten Mengeneinheit unabhängig ist, daß es also unerheblich ist, ob man Äpfel in Gramm, Pfund oder Stück mißt. Hierzu verwendet man das Konzept der „Preiselastizität der Nachfrage", kurz *Preiselastizität*.

Wir betrachten hierzu die Nachfragefunktion $x_i(p,m)$ eines Haushalts für Gut $i$, $i = 1, 2$, sowie eine (kleine) Änderung des Preises $p_i$ ausgehend von $p_i^o$. Diese Preisänderung $\Delta p_i$ ruft eine Änderung $\Delta x_i$ der Nachfrage ausgehend von $x_i^o = x_i(p^o, m^o)$ hervor. Genauer induziert die relative Preisänderung $\Delta p_i/p_i^o$ die relative Nachfrageänderung $\Delta x_i/x_i^o$. Die Elastizität $\epsilon_{ii}(p^o, m^o)$ ist dann definiert als diejenige reelle Zahl, für die gilt:

$$\epsilon_{ii}(p^o, m^o) \cdot \frac{\Delta p_i}{p_i^o} \cdot 100\% = \frac{\Delta x_i}{x_i^o} \cdot 100\%.$$

Damit führt eine Preiserhöhung um 1 Prozent zu einer Nachfrageänderung um gerade $\epsilon_{ii}(p^o, m^o)$ Prozent. Betrachtet man „kleine" Preisänderungen, so kann man die obigen Differenzenquotienten durch Differentialquotienten ersetzen. Eine einfache Umstellung führt schließlich zur folgenden Formel für die Elastizität in der Preis-Einkommen-Situation $(p^o, m^o)$ (vgl. auch Kapitel 1 im Beitrag „Mathematische Analyseinstrumente in den Wirtschaftswissenschaften"):

$$\epsilon_{ii}(p^o, m^o) = \frac{\partial x_i(p^o, m^o)}{\partial p_i} \cdot \frac{p_i^o}{x_i(p^o, m^o)}.$$

Man beachte, daß $\epsilon_{ii}(p^o, m^o)$ im Fall eines normalen Gutes negativ ist und Werte zwischen 0 und $-\infty$ annehmen kann. Ist der Wert der Elastizität im Intervall $]-1, 0[$, so spricht man vom „unelastischen" Bereich der Nachfrage, gilt $\epsilon_{ii}(p^o, m^o) < -1$, so befindet man sich im elastischen Bereich der Nachfrage, eine 1-prozentige Preiserhöhung führt hier zu einem höheren Rückgang der Nachfrage. Für die Nachfragefunktionen $x_i(p, m) = m/(2p_i)$, abgeleitet aus der Nutzenfunktion $u(x_1, x_2) = x_1 \cdot x_2$, erhält man $\epsilon_{ii}(p^o, m^o) = -1$ für alle Preis-Einkommen-Situationen $(p^o, m^o)$. Dagegen erhält man für eine Nachfragefunktion der Gestalt $x_i(p_i) = a - b \cdot p_i$ sowohl einen elastischen, als auch einen unelatischen Bereich.

Analog zur Preiselastizität definiert man die *Einkommenselastizität*. Für $x_i(p, m)$ ist die Einkommenselastizität an der Stelle $(p^o, m^o)$ gegeben durch:

$$\eta_i(p^o, m^o) = \frac{\partial x_i(p^o, m^o)}{\partial m} \cdot \frac{m^o}{x_i(p^o, m^o)}.$$

Die Einkommenselastizität gibt an, um wie viele Prozent sich die Nachfrage nach Gut $i$ ändert, wenn das Budget um 1 Prozent erhöht wird. Für die obigen (speziellen) Nachfragefunktionen $x_i(p, m) = m/(2p_i)$ errechnet man $\eta_i(p^o, m^o) = 1$ für alle Preis-Einkommen-Situationen $(p^o, m^o)$.

Natürlich wird die Nachfrage nach dem ersten Gut im allgemeinen abhängen vom Preis des zweiten Gutes und umgekehrt, wie es in den allgemeinen Nachfragefunktionen auch zum Ausdruck kommt. Um die „Nähe" der beiden Güter zu messen, bedient man sich des Begriffs der *Kreuzpreiselastizität*:

$$\epsilon_{ij}(p^o, m^o) = \frac{\partial x_i(p^o, m^o)}{\partial p_j} \cdot \frac{p_j^o}{x_i(p^o, m^o)}.$$

Die Kreuzpreiselastizität gibt also an, um wie viele Prozent die Nachfrage nach Gut $i$, $i = 1, 2$, sich ändert, wenn der Preis von Gut $j$, $j = 1, 2$, um 1 Prozent erhöht wird. Gilt $\epsilon_{ij}(p^o, m^o) > 0$, so gibt es eine *Substitutionsbeziehung* zwischen den Gütern $i$ und $j$ (wie etwa zwischen Butter und Margarine), gilt dagegen $\epsilon_{ij}(p^o, m^o) < 0$, so ist Gut $i$ ein *Komplement* zu Gut $j$ (wie etwa Computer-Hardware und Software).

Nach diesen grundsätzlichen Überlegungen zum ökonomischen Verhalten der Haushalte soll nun das ökonomische Verhalten der Produzenten untersucht werden. Aus dem Zusammenwirken der ökonomischen Entscheidungen der Konsumenten und der Produzenten resultiert dann, wie abschließend darzustellen sein wird, unter bestimmten Rahmenbedingungen eine „sinnvolle" Lösung der wirtschaftlichen Grundprobleme.

## 3 Grundzüge der Produktionstheorie

In der folgenden Betrachtung einiger einfacher Begriffe der Theorie der Unternehmung beschränken wir uns auf den Fall eines Produzenten, der unter Einsatz bestimmter Faktormengen (die uns hier nicht weiter interessieren) eine bestimmte Menge eines Gutes produzieren kann.

### 3.1 Gewinnmaximierung

Gegeben ist die *Kostenfunktion* $K : \mathbb{R}_+ \to \mathbb{R}_+$. Sie gibt die minimalen monetären Kosten $K(y)$ an, die bei gegebenen Faktorpreisen bei der Produktion von $y$ Einheiten des betreffenden Konsumguts (Gut 1 oder Gut 2) anfallen.

Beim Preis $p$ des Gutes führen Produktion und Verkauf von $y$ Einheiten des Gutes zum *Gewinn* $\pi(y) = py - K(y)$. Es wird demnach angenommen, daß das Unternehmen (neben den Preisen auf den Faktormärkten) auch den Preis auf dem Gütermarkt als gegeben ansieht. Insbesondere wird damit unterstellt, daß das Unternehmen hinreichend „klein" ist, so daß es mit seinen ökonomischen Entscheidungen diese Preise nicht beeinflussen kann. Diese Annahme berührt daher auch die Organisationsform der Unternehmen.

Eine weitere Bemerkung gilt der Zielsetzung „Gewinnmaximierung", die in der Realität gelegentlich von anderen Zielsetzungen, wie etwa der Vergrößerung des Marktanteils, überdeckt wird. Normalerweise wird aber keines dieser alternativen Ziele ohne hinreichende Gewinne über längere Zeit hinweg realisiert werden können. Eine weitere Rechtfertigung für die Gewinnmaximierung ist in den Eigentumsverhältnissen zu suchen: Unternehmen befinden sich in einem marktwirtschaftlichen System letztlich im Eigentum privater Haushalte und denen liegt etwas an einem möglichst hohen Einkommen. Die Beziehung zur Gewinnmaximierung ist damit offensichtlich.

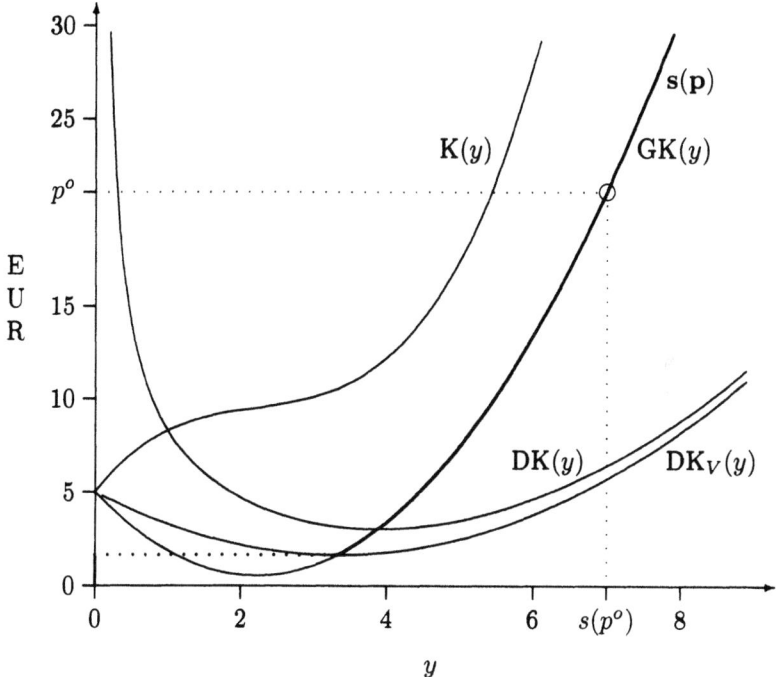

**Abb. 7.** Kostenfunktion und Angebotsfunktion

Zu unterscheiden ist noch zwischen kurz- und langfristiger Gewinnmaximierung, auch in Hinblick auf die Tatsache, daß manche Faktoren, wie etwa Grundstücke und Fabrikationsanlagen, kurzfristig nur sehr beschränkt in ihrem Einsatz variiert werden können. Auf diese Aspekte kann im Rahmen dieses Überblicks nicht weiter eingegangen werden. Genauer beschränken wir uns hier auf die kurzfristige Gewinnmaximierung, indem wir im Folgenden kurzfristig fixe Kosten, also Fixkosten $K_F$, zulassen.

Für die Herleitung der Angebotsfunktion zerlegt man die Kostenfunktion $K(y)$ in *variable Kosten* $K_V(y)$ und kurzfristig nicht änderbare *Fixkosten* $K_F$, also $K(y) = K_F + K_V(y)$. Daraus leitet man die *Durchschnittskostenfunktion* $DK(y) = K(y)/y$ und die *variable Durchschnittskostenfunktion* $DK_V(y) = K_V(y)/y$ ab. Die *Grenzkostenfunktion* $GK(y)$ gibt die Zusatzkosten an, die ausgehend von der Menge $y$ bei der Produktion einer zusätzlichen Einheit des Gutes anfallen. Diese Grenzkosten können durch die Ableitung der Kostenfunktion approximiert werden, so daß üblicherweise $GK(y) = K'(y)$ gesetzt wird. Abbildung 7 zeigt diese Kostenfunktionen für $K(y) := 0.3y^3 - 2y^2 + 5y + 5$. Man beachte, daß die Grenzkostenkurve

$GK(y) = 0.9y^2 - 4y^2 + 5$ die Durchschnittskostenkurven in derem jeweiligen Minimum schneidet.

### 3.2 Angebotsfunktion

Die Angebotsentscheidungen eines Unternehmens werden zum einen bestimmt durch technologische Beschränkungen, wie sie etwa in der Struktur der Kostenfunktion zum Ausdruck kommen, zum andern durch die Marktform, die die Nachfrage nach dem Produkt des Unternehmens festlegt. Hier befassen wir uns mit der Situation des noch genauer zu betrachtenden „vollkommenen" oder „vollständigen" Wettbewerbs (vgl. Abschnitt 4.2), üblicherweise charakterisiert durch eine große Zahl „kleiner" Unternehmen, die alle dasselbe Gut produzieren und - aufgrund der unterstellten vollkommenen Information - zu demselben Preis anbieten. Der Preis, der Marktpreis, wird dabei als gegeben betrachtet, so daß letztlich nur die Ausbringungsmenge von den einzelnen Unternehmen festzulegen ist.

Ist nun $K(y)$ die Kostenfunktion eines derartigen Unternehmens, so führt die Gewinnmaximierung $\max_y \pi(y)$ beim Güterpreis $p^o$ in formaler Hinsicht zur Bedingung (Bedingung 1. Odnung): $p^o = GK(y^o)$ oder „Preis = Grenzkosten", mit dem Angebot $s(p^o) = y^0$. Natürlich gilt dies nur, falls $p^o \geq DK_V(y^o)$; andernfalls ist das (kurzfristige) Angebot 0 (vgl. Abbildung 7). Gilt darüber hinaus $p^o \geq DK(y^o)$, so erzielt das Unternehmen einen Gewinn. Bei einem Marktpreis $p$ zwischen den variablen Durchschnittskosten und den (gesamten) Durchschnittskosten für die betreffende Produktionsmenge macht das Unternehmen zwar Verluste, dennoch decken die erzielten Erlöse einen Teil der Fixkosten, so daß das Unternehmen kurzfristig die Produktion aufrecht erhalten wird.

Soviel zu einer einführenden Beschreibung der wirtschaftlichen Handlungen der Wirtschaftssubjekte in einem marktwirtschaftlichen System. Offen bleibt noch eine grundlegende Darstellung der Funktionsweise sowie der Leistungsfähigkeit des Preismechanismus in diesem vergleichsweise klar strukturierten Wirtschaftssystem.

## 4 Das kompetitive Gleichgewicht

Die wesentlichen Aspekte des kompetitiven Gleichgewichts können hier nur kurz angegeben werden. Für eine ausführlichere Darstellung vergleiche man die entsprechenden Abschnitte in [3] oder [5], Kap. 15 und 16 sowie die weiterführende Literatur.

### 4.1 Marktnachfrage und Marktangebot

Bezeichnet $x_i^h(p_1, p_2, m^h)$ die Nachfrage von Haushalt $h$, $h = 1, \ldots, H$, nach Gut $i$, $i = 1, 2$ in Abhängigkeit von den Preisen ($p = (p_1, p_2)$), so ist

Mikroökonomische Grundlagen 37

$$X_i(p,m) = X_i(p_1, p_2, m^1, \ldots, m^H) = \sum_{h=1}^{H} x_i^h(p_1, p_2, m^h)$$

die *Marktnachfrage* nach Gut $i$, $i = 1, 2$. Man beachte, daß diese aggregierte Nachfrage im allgemeinen Fall abhängt von den Preisen $p = (p_1, p_2)$ aller Güter und den Einkommen $(m^1, \ldots, m^H)$ aller Haushalte. Dies macht nochmals die Interdependenz der wirtschaftlichen Entscheidungen deutlich. Häufig konzentriert man sich allerdings auf die Untersuchung der *partiellen Nachfragefunktionen* $D_i(p_i) := X_i(p_i, p_j^o, m^o)$ bei der der Preis $p_j^o$ des anderen Gutes sowie die Budgets $m^o = (m^1, \ldots, m^H)$ der Haushalte konstant gehalten werden. Eine Änderung dieser Parameter führt dann zu einer Verlagerung der partiellen Nachfragekurve, wohingegen die Änderung des Preises $p_i$ zu einer Bewegung längs der Nachfragekurve $D_i(p_i)$ führt. Analog zur individuellen Nachfrage eines Haushalts kann man auch die Preiselastizität der Marktnachfrage einführen. Sie ist für Produktionsentscheidungen von erheblichem Interesse und Grundlage jeder Marktanalyse.

Auch in bezug auf das Marktangebot für Gut $i, i = 1, 2$, beschränkt man sich bei vielen Untersuchungen häufig auf die *partielle Angebotsfunktion* $S_i(p_i)$ in Abhängigkeit vom Preis $p_i$ des betrachteten Gutes $i$. Ähnlich wie die Marktnachfrage ergibt sie sich durch „horizontale" Addition der individuellen Angebotsfunktionen. Das Marktangebot steigt mit steigendem Preis des betreffenden Gutes.

Abbildung 8 zeigt die fallende Marktnachfrage und das steigende Marktangebot für Gut 1 auf der Grundlage folgender Annahmen: Es gibt 100 identische Konsumenten mit der Nutzenfunktion $u(x_1, x_2) = x_1 \cdot x_2$ und einem Budget $m = 10$, und es gibt 30 identische Anbieter von Gut 1 mit der Kostenfuktion $K(y) = 0.3y^3 - 2y^2 + 5y + 5$ (vgl. auch Abbildung 7).

## 4.2 Marktgleichgewicht

Gegeben seien nun die (partiellen) Marktnachfrage- und Marktangebotsfunktionen $D_i(p_i)$ und $S_i(p_i)$ für Gut $i$ in Abhängigkeit vom Preis $p_i$. Alle anderen ökonomischen Größen, die diese Funktionen beeinflussen können, insbesondere auch der Preis des anderen Gutes, werden demnach als vorgegebene Parameter angesehen. Ein Preis $p_i^\star$ mit $D_i(p_i^\star) = S_i(p_i^\star)$ definiert dann ein *(partielles) Gleichgewicht* auf dem Markt für Gut $i$. $p_i^\star$ wird als *Gleichgewichtspreis* bezeichnet und $X_i^\star = D_i(p_i^\star) = S_i(p_i^\star)$ ist die zugehörige *Gleichgewichtsmenge*. Diese setzt sich einerseits zusammen aus den nachgefragten Mengen aller Haushalte, andererseits aus den von allen Unternehmen der Branche angebotenen Mengen.

Analog spricht man von einem *vollständigen Gleichgewicht* $(p^\star, X_1^\star, X_2^\star)$, wenn die Preise $(p_1^\star, p_2^\star)$ beide Märkte ins Gleichgewicht bringen, d. h., es gilt: $X_i^\star = D_i(p^\star) = S_i(p^\star)$ für $i = 1, 2$. Wegen $X_1^\star = \sum_h x_1^h(p^\star, m^h) = \sum_j s_1^j(p^\star)$ und $X_2^\star = \sum_h x_2^h(p^\star, m^h) = \sum_k s_2^k(p^\star)$ führt dieses Gleichgewicht zu einer *Gleichgewichtsallokation* $z^\star$ mit

$$z^* = [(x_1^h(p^*, m^h), x_2^h(p^*, m^h))_h, s_1^j(p^*)_j, s_2^k(p^*)_k].$$

Diese Allokation stellt offenbar eine Lösung der wirtschaftlichen Grundprobleme dar: In $z^*$ wird genau festgelegt, wieviel von den einzelnen Gütern wie zu produzieren ist, und wer diese Güter in welchem Umfang konsumieren darf. Der Vektor $m = (m^1, \ldots, m^H)$ der Einkommensverteilung wird dabei immer noch als exogen gegeben angenommen. In einem wirklich allgemeinen Gleichgewichtsmodell müssen natürlich auch diese Budgets als Konsequenzen ökonomischer Entscheidungen (beispielsweise bezüglich der Höhe des Arbeitsangebots) angesehen werden. Dies kann hier nicht weiter verfolgt werden.

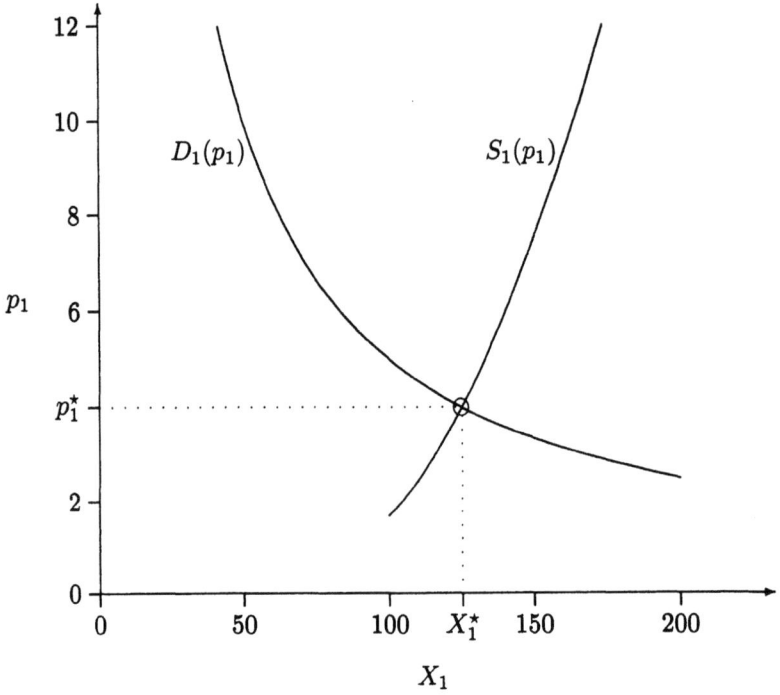

**Abb. 8.** Marktgleichgewicht

Abbildung 8 illustriert das Marktgleichgewicht auf dem Markt für Gut 1. Aufgrund der Unabhängigkeit der Nachfrage für Gut 1 vom Preis $p_2$ wegen der speziellen Nutzenfunktion (vgl. Abschnitt 2.4) ist dieses partielle Gleichgewicht auch zugleich Teil des vollständigen Gleichgewichts in dem betrachteten Marktsystem. Der Gleichgewichtspreis errechnet sich zu $p_1^* \approx 4$, die Gleichgewichtsmenge zu $X_1^* \approx 125.28$ Einheiten des ersten Gutes.

In welchem Sinn können wir im Fall $D_i(p_i^*) = S_i(p_i^*)$ oder im Fall von $D_i(p^*) = S_i(p^*)$ für $i = 1, 2$ von einem (partiellen oder vollständigen) „Gleichgewicht" sprechen? Wodurch ist vor allem der Begriff „Gleichgewicht" gerechtfertigt? Ausschlaggebend sind die folgenden beiden Eigenschaften (hier für ein partielles Gleichgewicht formuliert):

- **Ausgleich der Pläne:** Faßt man $D_i(p_i)$ bzw. $S_i(p_i)$ als die geplanten Mengen auf, welche die Wirtschaftssubjekte bei diesem Preis insgesamt nachfragen, bzw. anbieten wollen, so kommen beim Gleichgewichtspreis $p_i^*$ diese Pläne zum Ausgleich, sie werden *kompatibel* und es gibt keine Notwendigkeit, diese Pläne zu revidieren.
- **Stabilität:** Liegt der tatsächliche Preis $p_i$ über dem Gleichgewichtspreis $p_i^*$, so gilt $D_i(p_i) < S_i(p_i)$, zumindest bei „normal" verlaufenden Nachfrage- und Angebotskurven (vgl. Abbildung 8). Nicht alle Anbieter werden deshalb zum Zug kommen, es gibt ein *Überschußangebot*. Um dennoch ihr Angebot verkaufen zu können, werden einige Anbieter den Preis reduzieren, es kommt zu einer Preisänderung in Richtung des gleichgewichtigen Preises $p_i^*$. Eine entsprechende Überlegung gilt im Falle eines Preises $p_i$ mit $D_i(p_i) > S_i(p_i)$, also im Falle einer *Überschußnachfrage*.

Eine weitere Frage betrifft die Rahmenbedingungen, die für das Funktionieren des Marktmechanismus relevant sind. Hierbei sind vor allem die folgenden Voraussetzungen für einen „vollkommenen" oder „vollständigen" Wettbewerb zu beachten:

**Voraussetzungen für den vollkommenen Wettbewerb:**
*Auf dem Markt für das betreffende Gut treten viele „kleine" Nachfrager und Anbieter einander gegenüber. Alle Marktteilnehmer sind vollständig informiert über die Preise und die Eigenschaften des Gutes, das in einer homogenen Ausprägung angeboten wird. Der Marktzutritt ist frei für alle Nachfrager und Anbieter, und es gibt keine persönliche Präferenz einzelner Marktteilnehmer für andere.*

Diese Annahmen erlauben eine Formulierung der Nachfrage- und Angebotsfunktion als Funktion allein der Preise (und der Einkommensverteilung im Fall der Nachfragefunktion). Man überlegt sich leicht Gegenbeispiele, wenn etwa die Bedingung der Markttransparenz oder die Homogenitätsbedingung verletzt ist. Im ersten Fall kann der „Grad der Uninformiertheit" der Verbraucher relevant sein für das Angebot, im letzten Fall wird etwa die „Bekanntheit einer Marke" eine wichtige Rolle für die Marktnachfrage spielen.

Wichtig aber sind diese Bedingungen noch aus einem anderen Grund: Wir hatten uns eingangs überlegt, daß in einem marktwirtschaftlichen System dem Preissystem die Rolle der Informationsübertragung zufällt. Dabei wurde festgehalten, daß das Preissystem diese Rolle höchstens dann zufriedenstellend erfüllen können wird, wenn kein Wirtschaftssubjekt das Preissystem beeinflussen, zu seinen Gunsten verzerren kann. Die Annahme eines im obigen Sinn vollkommenen oder vollständigen Marktes liegt gerade dieser Überlegung zugrunde. Es ist klar, daß ein „mächtiger" Marktteilnehmer den Preis des Gutes ebenso beeinflussen kann, wie ein Unternehmer, der ein zu den Produkten seiner Konkurrenten leicht differenziertes Gut anbietet, oder wie ein Unternehmer, der die „Uninformiertheit" der Haushalte über die Preisgestaltung auszunützen versucht (vgl. hierzu auch Kapitel 3 im Beitrag „Märkte").

Insgesamt kommen wir so zum Begriff des *kompetitiven Gleichgewichts*, das den Ausgleich der einzelwirtschaftlichen Pläne aller Haushalte und Unternehmen unter den Rahmenbedingungen des vollkommenen Wettbewerbs ermöglicht:

**Kompetitives Gleichgewicht:**
*Ein vollständiges Gleichgewicht, das sich unter den Gegebenheiten des vollkommenen Wettbewerbs auf allen Märkten einstellt, wird auch als „kompetitives Gleichgewicht" bezeichnet. Der unter diesen Bedingungen voll leistungsfähige Preismechanismus bringt dabei die interdependenten einzelwirtschaftlichen Pläne zum Ausgleich, die einzelwirtschaftlichen Entscheidungen der Wirtschaftssubjekte werden über das Preissystem koordiniert.*

Der Begriff des kompetitiven Gleichgewichts ist daher eng verknüpft mit dem Wirken des Preismechanismus. Allerdings ist bis jetzt, wie schon erwähnt, offengeblieben, woher die Haushalte ihr Budget beziehen und wie sich die Verteilung dieser Budgets ergibt. Der folgende Abschnitt wird noch deutlicher zeigen, daß das Verteilungsproblem getrennt von dem produktionstechnischen Allokationsproblem zu behandeln ist.

## 4.3 Effizienzeigenschaft des kompetitiven Gleichgewichts

In diesem Abschnitt wollen wir der Frage nachgehen, durch welche Eigenschaften kompetitive Gleichgewichte, die ja aus dem Wirken des Preismechanismus resultieren, ausgezeichnet sind. Genauer untersuchen wir die besonderen Merkmale der Gleichgewichtsallokationen, die sie als „optimale" Lösungen der wirtschaftlichen Grundprobleme qualifizieren. Damit schließt sich der Kreis zu den eingangs aufgeworfenen grundsätzlichen Fragen zur Wirkungsweise des Marktmechanismus (vgl. Abschnitt 1.2).

Vorgegeben ist ein gesamtwirtschaftliches Gleichgewicht $(X_i^\star)_i$ mit Preisen $p^\star = (p_1^\star, p_2^\star) \in \mathbb{R}_+^2$ und der zugeordneten Gleichgewichtsallokation $z^\star$. Die Abhängigkeit vom Vektor $m = (m^1, \ldots, m^H)$ der individuellen Budgets wird hier der Einfachheit halber in der formalen Darstellung unterdrückt. Da die aggregierte Nachfrage sich aus der Addition der einzelwirtschaftlichen Nachfragen ergibt, erhalten wir unmittelbar folgendes Ergebnis für die individuellen Grenzraten der Substitution (vgl. Abschnitt 2.3):

$$\frac{u_1^h(x^h(p^\star, m^h))}{u_2^h(x^h(p^\star, m^h))} = \frac{\mathrm{GN}_1^h(x^h(p^\star, m^h))}{\mathrm{GN}_2^h(x^h(p^\star, m^h))} = \frac{p_1^\star}{p_2^\star}$$

für jeden Haushalt $h = 1, \ldots, H$. Andererseits gilt für einen Anbieter des Gutes $i$, daß die Grenzkosten $\mathrm{GK}_i(s_i(p_i))$ seines Angebots $s_i(p_i)$ im Gewinnmaximum dem Preis $p_i$ entsprechen (vgl. Abschnitt 3.2). Folglich erhält man mit je einem Anbieter der beiden hier betrachteten Güter die folgende Beziehung:

$$\frac{\mathrm{GK}_1(s_1(p_1^\star))}{\mathrm{GK}_2(s_2(p_2^\star))} = \frac{p_1^\star}{p_2^\star}.$$

Faßt man nun beide Ergebnisse für die Nachfrageseite und die Angebotsseite zusammen, so ergibt sich unmittelbar für das kompetitive Gleichgewicht:

$$\frac{\mathrm{GN}_1^h(x^h(p^\star,m^h))}{\mathrm{GN}_2^h(x^h(p^\star,m^h))} = \frac{p_1^\star}{p_2^\star} = \frac{\mathrm{GK}_1(s_1(p_1^\star))}{\mathrm{GK}_2(s_2(p_2^\star))}.$$

Diese Beziehung, die für jeden Haushalt und für alle Anbieter der beiden Güter gilt, ist nun ausschlaggebend für die Effizienzeigenschaft der Gleichgewichtsallokation $z^\star$. Dazu nehmen wir an, daß diese Gleichheit für einen bestimmten Haushalt $h$ und für zwei bestimmte Anbieter der beiden Güter bei einer anderen Allokation $z$ verletzt sei, es gelte vielmehr

$$\frac{\mathrm{GN}_1^h(x^h)}{\mathrm{GN}_2^h(x^h)} < \frac{\mathrm{GK}_1(s_1)}{\mathrm{GK}_2(s_2)}$$

für die Allokation $z$, also für eine andere Lösung der wirtschaftlichen Grundprobleme. Dann sind folgende Maßnahmen durchführbar: Wir produzieren 1 Einheit des ersten Gutes weniger im ersten Unternehmen. Mit den frei werdenden Mitteln in Höhe der Grenzkosten $\mathrm{GK}_1(s_1)$ können zusätzlich $\mathrm{GK}_1(s_1)/\mathrm{GK}_2(s_2)$ Einheiten des Gutes 2 produziert werden. Diese zusätzlichen Einheiten werden Haushalt $h$ als Ersatz für die abgezogene Einheit von Gut 1 zur Verfügung gestellt. Obige Ungleichung garantiert dann, daß sich dieser Haushalt besser steht als zuvor. Genauer erhalten wir für die Nutzenänderung von Haushalt $h$:

$$\Delta u^h = \mathrm{GN}_1(x^h)\Delta x_1 + \mathrm{GN}_2(x^h)\Delta x_2 = -\mathrm{GN}_1(x^h) + \mathrm{GN}_2(x^h) \cdot \frac{\mathrm{GK}_1(s_1)}{\mathrm{GK}_2(s_2)} > 0.$$

Berücksichtigt man noch, daß sich bei den übrigen Haushalten nichts geändert hat, so erhält man eine *Pareto-Verbesserung* in dem Sinne, daß es gelungen ist, wenigstens einen Haushalt besserzustellen, ohne die anderen in eine schlechtere Position zu bringen. Da diese Überlegung weiter auf der unterstellten Ungleichung beruht, die im Gleichgewicht gerade nicht gilt, zeigt sich so die „Pareto-Effizienz" der Gleichgewichtsallokation.

Bemerkenswert ist dieses Ergebnis vor allem in Hinblick auf die unterstellten Rahmenbedingungen: Jeder Haushalt verfolgt als Ziel allein die Maximierung des individuellen Nutzens (wobei allerdings auch altruistische Motive eine Rolle spielen können) und kümmert sich dabei nicht, jedenfalls nicht explizit, um das Wohlergehen der anderen Haushalte. Und dennoch trägt er im Sinne dieses Effizienzresultats mit seinem „egoistischen" Handeln zur Gesamtwohlfahrt bei. Dies entspricht der Vorstellung vom Wirken der *unsichtbaren Hand* von Adam Smith, die dieser schon vor mehr als 200 Jahren skizziert hat (vgl. [4]): Jeder verfolgt seine eigenen Ziele und erreicht, gleichsam von einer unsichtbaren Hand geführt, ein Ziel, das er gar nicht angestrebt hat (vgl. auch [3], Kap. 2).

**Pareto-Effizienz:**
*Eine Allokation, eine Lösung der wirtschaftlichen Grundprobleme, ist „Paretoeffizient" (manchmal auch nur als „effizient" bezeichnet), wenn es keine andere Lösung der wirtschaftlichen Grundprobleme gibt, welche wenigstens einen Haushalt besserstellt, ohne die Situation irgendeines anderen Haushalts zu verschlechtern.*

Dieses Kriterium der Pareto-Effizienz beruht auf einem individualistischen Werturteil, es berücksichtigt letztlich die Situation eines jeden einzelnen Haushalts. Demzufolge ist es einem demokratisch strukturierten politischen System angemessen. Die breite Akzeptanz, die dieses Kriterium in der Bevölkerung erfahren dürfte, ist allerdings mit dem Nachteil erkauft, daß im allgemeinen viele Allokationen die Eigenschaft der Pareto-Effizienz erfüllen. Demzufolge stellt sich nach wie vor das Problem der Wahl einer bestimmten effizienten Allokation. Dies, letztlich eine Aufgabe der Wirtschaftspolitik, kann hier nicht weiter betrachtet werden.

Zusätzlich ist bei diesen „Effizienzüberlegungen" zu beachten, daß die resultierende Gleichgewichtsallokation $(x^h(p^\star, m^h)_h)$ der Güter abhängig ist von der Einkommensverteilung $(m^h)_h$. Konkret bedeutet dies, daß das Verteilungsproblem, nach David Ricardo das wichtigste Problem der Ökonomie, zwar über den Preismechanismus, wie auch die übrigen wirtschaftlichen Grundprobleme, gelöst wird, daß jedoch diese Lösung abhängt von der ursprünglichen Situation der einzelnen Haushalte. Insbesondere wird das Privateigentum, also auch die Verteilung der Anteile an den Produktionsmitteln, eine Rolle spielen für das Allokationsergebnis des Marktmechanismus. Insofern wird die resultierende Gleichgewichtsallokation nicht immer uneingeschränkt „gerecht" sein.

Das Verteilungsproblem erfordert deshalb im allgemeinen eine separate Betrachtung, die auch in vielen Facetten der Wirtschaftspolitik, vor allem in der Verteilungspolitik, deutlich wird. Auch die Finanzwissenschaft befaßt sich u. a. mit dieser Problematik.

## 5 Marktmechanismus und externe Effekte

Die im letzten Abschnitt demonstrierte Leistungsfähigkeit des Marktmechanismus ist abhängig von bestimmten Rahmenbedingungen. Zum Teil haben wir diese schon angesprochen, so wie beispielsweise den vollkommenen oder vollständigen Wettbewerb. Auf eine weitere wichtige Voraussetzung soll abschließend noch hingewiesen werden. Es ist dies die in diesem Beitrag stillschweigend getroffene Annahme, daß sowohl die Nutzenfunktionen der Haushalte als auch die Kostenfunktionen der Unternehmen nur von den eigenen Entscheidungsvariablen abhängen. Im anderen Fall spricht man von *externen Effekten* oder *Externalitäten*, denen wir uns noch kurz zuwenden wollen.

**Externe Effekte:**
*In dem hier betrachteten Kontext spricht man dann von externen Effekten,*

*wenn in die Nutzenfunktion eines Haushalts oder die Kostenfunktion eines Unternehmens reale Variable eingehen, die durch Aktivitäten anderer Wirtschaftssubjekte festgelegt werden, ohne daß sich diese besonders dieses Effekts bewußt werden.*

Diese Definition (vgl. [1], S. 17 oder [6], S. 55) macht die Problematik externer Efekte deutlich. Es geht folglich um Effekte, die ohne weitere Maßnahmen nicht vollständig in das Marktsystem integriert werden und die damit die Leistungsfähigkeit des Marktmechanismus beeinträchtigen können.

Externe Effekte treten beispielsweise im Umweltbereich auf: Die Belastung der Luft mit Abgasen oder der Gewässer mit Schadstoffen führt offenbar zu den genannten externen Effekten. Folglich sind für die Allokation der „Umweltgüter" die Rahmenbedingungen des Marktmechanismus anzupassen, um die damit einhergehenden externen Effekte zu „internalisieren".

„Öffentliche Güter" sind durch eine besondere Form von externen Effekten charakterisiert. Wer ein öffentliches Gut anbietet, stellt es allen Haushalten gleichzeitig zur Verfügung. In diesem Sinne kann niemand von dem Angebot ausgeschlossen werden, darüber hinaus beeinträchtigt ein weiterer Nachfrager das Angebot nicht. Die Landesverteidigung kann als ein öffentliches Gut betrachtet werden, jedoch gehören auch viele Umweltgüter, beispielsweise die Ozonschicht in der höheren Atmosphäre, zu dieser besonderen Kategorie von Gütern.

Es ist selbstverständlich, daß man auch für öffentliche Güter als Sonderfall externer Effekte spezielle Allokationsverfahren benötigt. Der Beitrag „Politische Ökonomie" geht im Ansatz darauf ein (vgl. auch [1] und [6] für die Allokation von Umweltgütern).

## 6 Zusammenfassung

In diesem Beitrag haben wir die Grundlagen des Marktmechanismus als Allokationsverfahren zur Lösung der wirtschaftlichen Grundprobleme kennengelernt. Die „Dezentralisierung der wirtschaftlichen Entscheidungen über ein Preissystem" führte zunächst zur Betrachtung der Konsumentscheidungen eines Haushalts. Im Modell werden diese gesteuert über die Charakteristika des Haushalts in der Form der Nutzenfunktion und des Budgets sowie über die aus Sicht des Haushalts nicht beeinflußbaren Güterpreise. Im optimalen Güterbündel entspricht die Grenzrate der Substitution dem Preisverhältnis, das wiederum für alle Haushalte identisch ist.

Diese Koordinationsfunktion des Preismechanismus zeigt sich auch bei den Entscheidungen der Produzenten. Die Zielsetzung der Gewinnmaximierung, motiviert durch die Eigentumsverhältnisse, führt ebenfalls zu einer engen Ausrichtung der Produktionsentscheidung an den relevanten Preisen.

Nachfrageentscheidungen und Produktionsentscheidungen führen im kompetitiven Gleichgewicht zu einer Lösung der wirtschaftlichen Grundprobleme, die durch die besondere Eigenschaft der Pareto-Effizienz ausgezeichnet ist.

Die Leistungsfähigkeit des Marktmechanismus hängt ab von verschiedenen Rahmenbedingungen. So beruht das marktwirtschaftliche System auf Privateigentum an den Produktionsmitteln. Dadurch werden die nötigen Anreize vermittelt, sorgfältig überlegte Konsum- und Produktionsentscheidungen zu treffen. Zusätzlich garantieren die Bedingungen des vollkommenen Wettbewerbs, daß kein Haushalt und kein Unternehmen das Preissystem beeinflussen und zu seinen Gunsten verzerren kann. Auch dies ist ein wichtige Voraussetzung für das optimale Wirken des Preismechanismus (vgl. hierzu auch den Beitrag „Märkte").

Darüber hinaus können insbesondere externe Effekte und öffentliche Güter die Leistungsfähigkeit des Preismechanismus behindern, weil diese Effekte ohne weitere Maßnahmen nicht im Preissystem enthalten sind. Hier sind demnach korrigierende Eingriffe nötig, beispielsweise im Bereich der Umweltökonomie.

Weitere Probleme ergeben sich für den Marktmechanismus darüber hinaus in Form zunehmender Skalenerträge oder in Form unvollständiger Marktsysteme. Erstere spielen in vielen Produktionsbereichen eine wichtige Rolle, letztere charakterisieren insbesondere die Finanzmärkte. Diese und andere relevante Themenbereiche können hier nicht weiter betrachtet werden.

## Literaturverzeichnis

1. Baumol W, Oates W (1988) The theory of environmental policy. Cambridge University Press, Cambridge
2. Becker G (1982) Ökonomische Erklärung menschlichen Verhaltens. J.C.B. Mohr (Paul Siebeck), Tübingen
3. Blum U (2003) Volkswirtschaftslehre, 4. Auflage. Oldenbourg-Verlag, München
4. Smith A (1776) Der Wohlstand der Nationen, Deutscher Taschenbuch Verlag, München
5. Varian H (1989) Grundzüge der Mikroökonomie, Oldenbourg-Verlag, München
6. Wiesmeth H (2002) Umweltökonomie: Theorie und Praxis im Gleichgewicht. Springer-Verlag, Berlin Heidelberg New York

# Märkte

Marco Lehmann-Waffenschmidt

Technische Universität Dresden, Fakultät Wirtschaftswissenschaften, Professor für VWL, insbes. Managerial Economics
lw@rcs.urz.tu-dresden.de

Das Thema „Märkte" gehört zum Bereich der Mikroökonomie. Es greift den im Beitrag „Mikroökoomische Grundlagen" behandelten Themenkreis auf und erweitert ihn in die Richtung verschiedener Marktformen. Insbesondere wird die Preisbildung auf solchen Märkten eine Rolle spielen, die nicht den Bedingungen des vollkommenen oder vollständigen Wettbewerbs genügen.

## 1 Wettbewerb

Wettbewerb findet statt zwischen den Teilnehmern einer Marktseite, also der Angebots- oder der Nachfrageseite des Marktes, die durch das Erreichenwollen desselben Ziels (z. B. das gleiche Gut zu einem möglichst hohen Preis und / oder in möglichst großer Menge an die Nachfrager zu verkaufen) in Rivalität miteinander geraten. Durch Wirtschafts-Handlungen versuchen die Wettbewerber, das eigene Interesse zu fördern - evtl. zu Lasten der Interessen anderer Teilnehmer der eigenen Marktseite. In entwickelten Marktwirtschaften müssen dabei allerdings Regeln zum Schutz des Wettbewerbs, der Wirtschaftssubjekte und der Umwelt beachtet werden.

Wettbewerb besteht im Prinzip aus einer Abfolge von Innovations- und Transferprozessen. Durch Innovation werden neue Produkte oder Produktvarianten in den Markt eingeführt, wodurch anschließend Marktanteile von nichtinnovativen an innovative Unternehmen transferiert werden. D. h., Wettbewerber versuchen, durch neue Produkte und Verfahren eine Sonderstellung zu erreichen, die ihnen - zumindest vorübergehend - höhere Gewinne bringt („Innovatorenrente"). Nach Hayek (vgl. [2])) bündelt Wettbewerb dezentrales Wissen am Markt und stellt einen Prozeß mit offenem Ausgang in dem Sinne dar, daß seine Ergebnisse nicht prognostiziert werden können.

Die Suche nach Wettbewerbsvorteilen kann aber auch darin bestehen, daß mehrere Wettbewerber sich darauf einigen, den Wettbewerb durch gegenseitiges Wohlverhalten zu beschränken („Kartellbildung"). Ein weiterer Weg zum

Schaffen von Wettbewerbsvorteilen, der auch im Beitrag „Politische Ökonomie" angesprochen wird, kann im Bemühen um staatliche Bevorzugung bestehen („rent seeking") - z. B. in Form von Sonderregelungen, Förderungen u. ä. (historisch in Deutschland z. B. beim Privileg der Monopolstellung der Porzellan- oder Zündholzherstellung).

**Klassifikation von Marktformen**

Welche Erscheinungsformen eines Marktes gibt es im Wirtschaftsleben, und wie kann man sie klassifizieren? Man kann die verschiedenen möglichen Erscheinungsformen systematisch gliedern nach

- Art der Marktobjekte oder nach
- unterschiedlichen Verhaltensweisen der am Marktgeschehen Beteiligten

**Klassifikation nach Art der Marktobjekte**

Es gibt hier wiederum verschiedene Möglichkeiten, z. B. nach / als:

- Verwendungszweck
- Branchengliederung (amtliche Statistik, unterschiedliche Feinabstufungen möglich)
  - Markt für Erzeugnisse der chemischen Industrie
  - Markt für Produkte des Maschinenbaus
  - Markt für Agrarerzeugnisse usw.
- Modernes Kriterium (im Sinne des Wettbewerbsrechts): Relevante Märkte

Marktobjekte sind nicht immer „homogen", bilden also nicht immer „Elementarmärkte". Welche „heterogenen" Produktvarianten eines „Produkttyps" gehören noch zum selben „relevanten Markt" („unvollkommener Markt") bzw. bilden eigene neue Märkte? Gehören Mountain-Bikes und Tourenfahrräder zum selben Markt? Oder gehören „Städtetouren" z. B. nach Paris oder nach London zum selben Markt? Gehören Hongkong und New York noch dazu? Wo endet die Nachbarschaft „verwandter" Wirtschaftsobjekte, die sie zum selben Markt gehören läßt, auf dem also dieselben Anbieter um dieselben Nachfrager konkurrieren?

Diese Frage ist von entscheidender Bedeutung bei kartellrechtlichen Prüfungen von Fusionierungsanträgen großer Unternehmen.[1] Ob die Wahrscheinlichkeit einer Ablehnung eines Fusionsantrags größer oder kleiner ist in Abhängigkeit von einer größeren oder kleineren Bestimmung des relevanten Marktes, hängt von der Produktpalette des fusionierten Unternehmens ab. Je enger

---

[1] Mit der Begründung einer zu befürchtenden marktbeherrschenden Stellung hat das Bundeskartellamt Ende 1996 gegen die geplante Fusion von Tchibo und Eduscho sowie gegen die Übernahme einer Pressevertriebsfirma durch den Springer-Konzern Einspruch erhoben.

der „relevante Markt" bestimmt wird, desto wahrscheinlicher ist eine Genehmigung des Fusionsantrages dann, wenn das fusionierte Unternehmen eine breite Produktpalette hat, weil sich die vergrößerte Marktmacht des fusionierten Unternehmens auf verschiedene relevante Märkte verteilt und keine marktbeherrschende Stellung auf einem solchen eng definierten Markt zu erwarten ist. Umgekehrt besteht bei einer kleinen Produktpalette die Gefahr einer marktbeherrschenden Stellung des fusionierten Unternehmens, wenn die Abgrenzung relevanter Märkte eng ausfällt. Aber wie wird nun die „Nähe" verschiedener Produkte einer Angebotspalette bestimmt?

Eine Möglichkeit, die „Nähe" zweier Produktvarianten zu messen, liefert die im Beitrag „mikroökonomische Grundlagen" eingeführte Kreuzpreiselastizität. Damit wird bestimmt, wie die Nachfrage nach einem Wirtschaftsobjekt reagiert, wenn - im Gegensatz zur Preiselastizität der Nachfrage nicht der eigene Preis, sondern - der Preis eines anderen Wirtschaftsobjektes verändert wird.

So bedeutet ein positiver Wert der Kreuzpreiselastizität eine Substitutionsbeziehung der beiden Wirtschaftsobjekte, also eine „Nachbarschaft" der beiden Güter in den Augen der Konsumenten. Je größer dieser Wert ist, desto enger sind sie „benachbart", d. h., insbesondere zum selben Markt gehörend. Wo ist aber die Grenze, ab der keine Zugehörigkeit mehr zum selben „relevanten" Markt besteht? Bei einem Wert von 3.0, bei 0.5 bei 0.1 ...? Diese Frage kann nur im Einzelfall auf empirischem Wege entschieden werden.

Ein negativer Wert der Kreuzpreiselastizität bedeutet, daß die betrachteten Wirtschaftsobjekte komplementär sind, d. h., sich in den Augen der Konsumenten ergänzen, so daß bei einer Preiserhöhung für das erste auch die Nachfrage nach dem zweiten zurückgeht, obwohl sich der Preis des zweiten Gutes nicht geändert hat (Beispiel: Hardware und Software, Auto und Autoreifen).[2]

### Klassifikation nach den Verhaltensweisen der am Marktgeschehen Beteiligten

Nach diesem Klassifikationssystem werden verschiedene Marktformen unterschieden nach Anzahl und relativer Größe („Marktanteil") der Beteiligten auf der Anbieter- bzw. auf der Nachfragerseite des Marktes. Wir betrachten das morphologische Marktformen-Schema (vgl. Tabelle 1) unter der Annahme, daß die Akteure auf jeweils einer Marktseite gleich groß sind.

Tabelle 1 zeigt auf der Diagonale Marktformen mit vergleichbaren Verhältnissen auf beiden Marktseiten. Bei den Marktformen rechts oben sowie links

---

[2] Ein ähnliches, aber neueres Konzept zur Analyse der Zugehörigkeit zweier Produkte zum selben relevanten Markt ist das „Bedarfsmarktkonzept", das im Prinzip auch auf der Austauschbarkeit der in Frage stehenden Produkte in den Augen des „verständigen Nachfragers" beruht. Hiernach gehört z. B. Silber- und Edelstahlbesteck nicht mehr zum selben Markt, da aufgrund des Preisunterschiedes ein Edelstahlbesteck-Bedarf nicht durch Silberbesteck befriedigt werden kann.

unten gibt einer „den Ton an" auf einer Marktseite; auf der anderen Marktseite hat keiner der Akteure ein Gewicht, dort herrscht also eine „atomistische Struktur". Rechts unten finden wird das Polypol oder den „Konkurrenz-Markt", der auch Voraussetzung für den „vollkommenen Wettbewerb" (vgl. Beitrag „Mikroökonomische Grundlagen") ist. Auf beiden Marktseiten hat kein einzelner Akteur Einfluß auf die Handlungsmöglichkeiten der anderen Marktteilnehmer, insbesondere auch nicht auf den Marktpreis. Darüber hinaus hat kein Anbieter eine Einflußmöglichkeit auf die Absatzsituation seiner Mitkonkurrenten.

Tabelle 1. Das einfache morphologische Marktformen-Schema

| Anbieter | Nachfrager | | |
|---|---|---|---|
| | ein großer | wenige mittlere | viele kleine |
| ein großer | bilaterales Monopol | beschränktes Monopol | Monopol |
| wenige mittlere | beschränktes Monopson | bilaterales Oligopol | Oligopol |
| viele kleine | Monopson | Oligopson | Polypol |

Im folgenden Kapitel befassen wir uns mit Änderungen der Marktstruktur, die für eine sich dynamisch entwickelnde Wirtschaft nicht ungewöhnlich sind und die insbesondere auch durch die eingangs erwähnten Innovations- und Transferprozesse hervorgerufen werden können.

## 2 Änderungen der Marktstruktur

Märkte können neu entstehen oder verschwinden, und bestehende Marktstrukturen können sich im Zeitverlauf verändern, also die Zahl der Anbieter und der Nachfrager sowie deren jeweilige Anteile an den gesamten Markttransaktionen. Letzteres kann zum einen durch dirigistische Eingriffe des Staats geschehen, wenn z. B. bestimmten Anbietern Privilegien oder das Monopolrecht zugesprochen (bzw. aberkannt) werden (historisch in Deutschland z. B. bei der Porzellan- und Zündholzherstellung sowie bei Telekommunikations-

und Postdienstleistungen) oder der Staat als einziger, oder zumindest dominierender, Nachfrager auf einem Markt auftritt (Monopson). Oder die Marktstruktur kann sich in einem evolutorischen Prozeß auf „selbstorganisierende" Weise verändern.

Bevor dieser letztgenannte Aspekt näher betrachtet wird, noch ein Hinweis auf das Verschwinden oder Neuentstehen ganzer Märkte (Branchen). Während ein Markt offensichtlich schon dann verschwindet, wenn lediglich eine Marktseite ausfällt, kann ein Markt natürlich nur dann neu entstehen, wenn beide Marktseiten vorhanden sind. Verschwinden kann die Anbieterseite eines bestehenden Marktes beispielsweise dann, wenn benötigte Ressourcen nicht mehr vorhanden sind (z. B. Fang bestimmter Tierarten, Führungen im Schiefen Turm von Pisa vor der Sanierung), die Anbieteraktivität staatlicherseits verboten wird (z. B. Kernkraftwerkbau in bestimmten Ländern, Herstellung von bestimmten Pflanzenschutzmitteln), die Angebotsfunktion zur Null-Funktion wird, weil das Gewinnkalkül für alle Anbieter infolge der Kostenentwicklung der Produktionsfaktoren (z. B. bestimmte Dienstleistungen in „Hochlohnländern") keine Anbieteraktivität mehr rechtfertigt oder das gehandelte Gut zu einem „freien" Gut wird (z. B. bestimmte Softwareprodukte, Wasser in plötzlich wasserreichen Gebieten).

Die Nachfrageseite eines Marktes kann beispielsweise verschwinden, wenn sie staatlicherseits untersagt wird (z. B. Nachfrage nach Kernkraftwerken, seltenen Tierarten, bestimmten Waffen), das gehandelte Gut ein Komplementärgut eines anderen Gutes ist, dessen Angebotsseite nicht (mehr) existiert (z. B. Märkte für verschiedene Solartechnologiekomponenten in Entwicklungsländern), wenn sich die ethisch-moralische Einstellung der Nachfrager verändert (z. B. bei Kriegsspielzeug, Gewaltvideos) oder die Kaufkraft der Konsumenten so stark nachläßt, daß die Nachfragefunktion zur Null-Funktion wird (z. B. bestimmte Dienstleistungen, hochwertige Produkte in verarmenden Regionen).

Neu entstehen Märkte beispielsweise durch eine Produktinnovation, die zugleich technisch und ökonomisch realisierbar ist und auf eine kaufkräftige Nachfrage stößt, oder wenn evolutorische Prozesse, wie sie gerade oben genannt wurden, umgekehrt verlaufen und zugleich Nachfrage und Angebot auf untergegangenen, oder bisher noch nicht bestehenden, Märkten (wieder) zum Leben erwachen (z. B. Nostalgieprodukte, Automobilmarkt in China).

Nun zur selbstorganisierten Änderung von Marktstrukturen auf bereits bestehenden Märkten, die also durch freiwillige und nicht zentral koordinierte Aktivitäten von Wirtschaftssubjekten hervorgerufen werden. In den Wirtschaftswissenschaften wird dieses Thema hauptsächlich für die Anbieterseite und zudem entweder unter dem Aspekt der dadurch sekundär veränderten Wettbewerbsstruktur des betrachteten Marktes oder unter dem Aspekt der ökonomischen Motive der beteiligten Akteure analysiert. Einen großen Raum nehmen dabei die Theorie und Praxis der Wettbewerbspolitik des Staates bzw. der Europäischen Staatengemeinschaft ein (Wettbewerbsschutz, insb. Kartellgesetzgebung und -kontrolle, Fusions- und Kollusionskontrolle, in Deutschland auch nach dem „Gesetz gegen Wettbewerbsbeschränkungen" (GWB) von 1957, Anti-Trust-Gesetzgebung in den USA seit 1890, Mißbrauchsaufsicht über marktbeherrschende Unternehmen, Patentrecht), worauf aber hier nicht näher eingegangen werden kann (siehe z. B. [3] oder [1]; eine aktuelle und umfassende Informationsquelle zu wettbewerbsrechtlichen Verfahren in Deutschland findet man auch unter der Web-Seite des Bundeskartellamtes in Berlin http://www.bundeskartellamt.de).

Die wichtigsten Beispiele für marktstrukturändernde selbstorganisierte Prozesse in Richtung auf stärkere Konzentration der Angebotsmarktseite sind Fusionen, Kartellbildungen (Kollusionen) und strategische Allianzen, die im folgenden kurz dargestellt werden.

**Fusionen**

Fusionen können z. B. als freundliche oder feindliche „takeovers" vollzogen werden, die durch „Mergers- and Acquisitions" -Beratungsdienstleistungen zur Unternehmens-Neuorientierung oder -umorientierung vermittelt sein können. Bei einer feindlichen Übernahme strebt ein Käufer gegen den Willen der Entscheidungsträger des zu übernehmenden Unternehmens die Mehrheitsbeteiligung an, was durch allmähliches Erhöhen der Beteiligungsquote, durch ein veröffentlichtes Übernahmeangebot oder durch Kooperation mit bisherigen Anteilseignern erreicht werden kann. Feindliche Übernahmen bergen allerdings häufig die Gefahr, aufgrund kurzfristig orientierter Gewinnziele auf riskanten Finanzierungskonstruktionen zu beruhen. Man klassifiziert feindliche Übernahmen nach den Übernahmetaktiken, von denen die wichtigsten drei gerade genannt wurden, der Finanzierungsweise und den Zielen der Aufkäufer. Häufig weisen feindliche Übernahmen, wie gerade gesagt, riskante Finanzierungsweisen auf, indem der Kaufpreis zum überwiegenden Teil mit Fremdkapital finanziert wird („leveraged buy out"). Dies geschieht mit der Zielsetzung einer erhöhten „Hebelwirkung" der Rendite des eingesetzten Eigenkapitals durch das Fremdkapital, die z. B. durch einen baldigen Wiederverkauf des erworbenen Unternehmens realisiert werden kann. Diese Vorgehensweise der schnellen „Gewinnabschöpfung" durch baldigen Wiederverkauf (von Einzelteilen) der übernommenen Unternehmung („asset stripping"), kann durch das sog. „green mailing" variiert werden, bei dem schon allein die Drohung, eine bestehende Minderheitsbeteiligung aufzustocken, dazu führt, daß das bedrohte Unternehmen die Minderheitsbeteiligung zu einem überhöhten Preis zurückkauft.

Eine für das zu übernehmende Unternehmen in der Regel positive Zielsetzung des Aufkäufers ist dessen Wunsch nach Diversifikation, d. h., die Ausweitung seiner Geschäftstätigkeit auf neue Produkte und Märkte.

Es bestehen die folgenden offensichtlichen Risiken und Nachteile für das übernommene Unternehmen: Austausch des Managements, genereller Beschäftigungsabbau, kurzfristige Strategieorientierung, d. h., Unterlassen kostenintensiver Investitionen, Zerschlagung der Unternehmensstruktur und

Weiterverkauf der rentabelsten Unternehmensteile mit der Folge eines entsprechenden Bonitätsverlustes und höhere Zinsaufwendungen für Fremdkapital. Für einen Aufkäufer, der an einer Gewinnabschöpfung interessiert ist, liegt das Hauptrisiko im Scheitern des Wiederverkaufs zu den angestrebten Bedingungen. Für die Gesamtwirtschaft bedeuten (feindliche) Übernahmen in der Regel eine Erhöhung der Marktkonzentration und eine entsprechende Verringerung des Wettbewerbs, da Unternehmen in der Regel von Konkurrenten übernommen werden. Zudem beeinflussen Übernahmegerüchte an den Börsen die Kurse zu einem erheblichen Grad, so daß die Gefahr von Kursmanipulationen gegeben ist.

Demgegenüber können gelungene freundliche oder feindliche Unternehmensübernahmen nach den „neoklassischen Fusionstheorien" dann Vorteile bringen, wenn dadurch eine effiziente Allokation von Ressourcen in den beteiligten Unternehmen erzielt wird, indem durch Skalenerträge infolge höherer Produktionsmengen sowie durch Risikominderung und Steuervorteile „Synergieeffekte" erreicht werden können, die jedes Unternehmen für sich alleine nicht realisieren könnte. Auch das bloße Bedrohen durch eine Übernahme kann das Management des bedrohten Unternehmens zu effizienterem Arbeitem veranlassen. Allerdings zeigt der empirische Befund keine Bestätigung dieser Effizienzgewinnungshypothese, sondern lediglich eine Zunahme der politischen und der Markt-Macht der größeren Unternehmen. Dies macht die Notwendigkeit ständiger Wettbewerbskontrollen deutlich.

Ein weiterer Erklärungsansatz für die Tatsache, daß feindliche Firmenübernahmen stattfinden, obwohl davon in der Regel die Aktionäre des übernommenen Unternehmens durch einen Kursanstieg profitieren, liegt in den sog. „Managertheorien der Fusion". Demnach liegen Fusionen im Interesse der Manager der beteiligten Unternehmen, weil Manager primär Wachstums- und nicht Gewinnziele verfolgen.

**Kartellbildung**

Eine drastische Auswirkung auf die Wettbewerbsstruktur eines bestehenden Marktes hat die Bildung von Kartellen bzw. Kollusionen. Eine Kollusion bedeutet ein gemeinsames wettbewerbsbeschränkendes Verhalten von Akteuren derselben Marktseite (zumeist der Anbieterseite) zur Erzielung gemeinsamer Vorteile, das in der Regel zu Lasten der anderen Marktseite geht. Liegt diesem Verhalten eine explizite Vereinbarung der Beteiligten zugrunde, spricht man von einem Kartell. Dieses gemeinsame Verhalten kann sich auf alle relevanten Parameter beziehen wie Absatz- und Faktoreinkaufspreise und -mengen sowie Service-Angebot, Werbestrategien, Forschungs- und Entwicklungsaktivitäten usw. Im Extremfall der gemeinsamen Gewinnmaximierung und eines entsprechenden Preis- und Mengenverhaltens der Unternehmen eines Oligopols spricht man von einem „Quasi-Monopol". (Die theoretischen Probleme interner Streitigkeiten über die Verteilung der erwirtschafteten Erträge werden durch Modelle der Spieltheorie wie das Bargaining Modell oder kooperative spieltheoretische Modelle analysiert.) Kartelle stehen unter einem ständigen Instabilitäts-Risiko, da es für einzelne Kartellmitglieder von Vorteil sein kann, zu Lasten der anderen Kartellmitglieder von den gemeinsamen Vereinbarungen abzuweichen, solange dies nicht von den anderen bemerkt wird („Trittbrettfahrerverhalten").

Auf oligopolistischen Märkten gibt es zudem das Phänomen der Preisführerschaft bestimmter (marktbeherrschender, da kostengünstig produzierender oder besonders innovativer) Unternehmen, bei der die anderen Anbieter dem Preisführer in dessen Preispolitik unmittelbar nachfolgen - sei es aufgrund einer expliziten Absprache oder durch informelle Verhaltensabstimmung.

Eine Gefahr für die Gewinnsituation eines Oligopols stellt der Markteintritt von neuen Konkurrenten dar. Auch wenn keine gesetzlichen oder sonstige administrative Zugangsbeschränkungen (z. B. Zunftwesen im Mittelalter, Qualifizierungsvoraussetzungen für Handwerker heute, Standlizenzen auf dem Weihnachtsmarkt usw.) vorliegen, kann ein Oligopol neue Konkurrenten z. B. durch sog. „limit pricing" -Kollusionsverhalten abschrecken. Der von den Kartellmitgliedern erhobene „limit price" liegt so deutlich unter dem Monopolpreis, daß er verhindert, daß ein neuer Konkurrent Gewinnchancen hat, selbst wenn er bereit ist, unter seiner mindestoptimalen Betriebsgröße zu produzieren. Es kann aber auch allein schon die Drohung eines Kartells, den Preis zu senken, als Abschreckung ausreichen, wenn diese Drohung durch Selbstbindungen wie z. B. Kapazitätserweiterungsinvestitionen glaubhaft gemacht wird. Weitere Abschreckungsmethoden sind Patente und erhöhte Produktdifferenzierung durch die Kartellunternehmen, da die Chancen neuer Konkurrenten, in einem Marktsegment Fuß zu fassen, durch eine Erweiterung der Produktpalette der etablierten Anbieter verringert wird.

**Strategische Allianzen**

Als letzte Aktivität, mit der Unternehmen die Wettbewerbsstruktur eines Marktes verändern können, ohne daß sich die Anzahl der Marktteilnehmer ändert, seien strategische Allianzen genannt. Bei einer strategischen Allianz bleiben die beteiligten Unternehmen selbständig und konkurrieren weiterhin miteinander, koordinieren aber ihre Aktivitäten in bestimmten Geschäftsfeldern. Dies kann sich in unterschiedlicher Bindungsintensität der Beteiligten z. B. auf gemeinsame Forschungs- und Entwicklungsaktivitäten, auf Produktion und Vermarktung, auf Lizenzvergaben oder auf gemeinsam finanzierte Unternehmungen beziehen. Dabei muß es sich nicht immer um horizontale Kooperationen zwischen Wettbewerbern um gleiche Geschäftsfelder handeln, sondern es kann auch zu vertikalen Verbindungen zwischen Abnehmern und Zulieferern kommen.

Eine strategische Allianz erlaubt es den Allianzpartnern, fixe oder versunkene, also nicht mehr rückgängig zu machende, Kosten auf mehrere Schultern zu verteilen und zudem Skalen- und Lerneffekte durch den Zugang zu neuen Technologien und Märkten sowie eine breitere Risikostreuung zu realisieren.

Treten strategische Allianzen in oligopolistischen Märkten auf, gibt es hauptsächlich zwei Aspekte des Effizienzgewinns: gegenseitige „negative externe Effekte" der Allianzpartner werden „internalisiert", d. h., die Partner schalten gegenseitige Behinderungen aus, und „strategische Vorteile" hinsichtlich der relevanten Geschäftsparameter (Preise, Menge, Qualität, Paket-Angebote, Innovationen usw.) können realisiert werden.

Wie wirken strategische Allianzen auf den Wettbewerb? Zunächst ist festzustellen, daß infolge der komplexeren und evtl. märkteübergreifenden Kooperationsstruktur strategischer Allianzen mehr als ein Markt betroffen sein kann. Beschränkt man sich in der theoretischen Analyse auf den Fall strategischer Allianzen in einem Oligopolmarkt, zeigt sich, daß strategische Allianzen einiger weniger Unternehmen den Wettbewerb erhöhen, während Allianzen, die weite Teile einer Branche umfassen, den Wettbewerb eher einschränken und damit negative Wohlfahrtswirkungen auf die Gesamtökonomie haben können, falls die Effizienzgewinne die Konsumentenwohlfahrtsverluste nicht kompensieren.

## 3 Modellanalyse dreier wichtiger Marktformen

### 3.1 Vollkommener Wettbewerb

Unterstellt man ein homogenes Polypol mit freiem Marktzutritt sowie mit vollständig informierten Marktteilnehmern ohne persönliche Präferenzen für andere Marktteilnehmer, so sind die Voraussetzungen des vollkommenen Wettbewerbs gegeben (vgl. auch Abschnitt 4.2 im Beitrag „Mikroökonomische Grundlagen").

Da kein einzelner Marktteilnehmer sowohl der Anbieter- als auch der Nachfragerseite wegen seines geringen Marktanteils Einfluß auf den Marktpreis nehmen kann, handeln alle Marktteilnehmer als Mengenanpasser. D. h., sie passen ihre Mengen-Nachfrage bzw. -Angebote gemäß ihrem jeweiligen Optimierungs-Kalkül dem als fixes Datum angesehenen Marktpreis an. Man spricht in diesem Zusammenhang auch von „atomistischer Konkurrenz".

Das „kompetitive Gleichgewicht" oder auch „Konkurrenzmarktgleichgewicht" führt dann zu einer Lösung der wirtschaftlichen Grundprobleme. Im Beitrag „Mikroökonomische Grundlagen" (vgl. dort insbesondere Kapitel 4 werden weitere Einzelheiten zum Begriff und zu den Eigenschaften eines kompetitiven Gleichgewichts erörtert. Als wichtigstes Ergebnis soll hier nur auf die „Pareto-Effizienz" der Gleichgewichtsallokation hingewiesen werden.

### 3.2 Monopol

Reale Beispiele für Monopole findet man vor allem bei den sogenannten „natürlichen Monopolen", bei denen steigende Skalenerträge aus der Natur der Herstellungsbedingungen des jeweiligen Produkts selbst entstehen wie z. B.

bei der Eisenbahn, Post, Lebensmittelhandel, Telefonversorgung (vor allem im Festnetzbereich), Energieversorgung („regionale Monopole") und teilweise in der Luft- und Raumfahrtindustrie (Großraumpassagierflugzeuge, Trägerraketensysteme usw.). „Administrierte Monopole" wie z. B. das deutsche Zündholzmonopol für Swedish Match, das in Deutschland von 1930 bis 1983 bestand, beruhen dagegen auf einer Privilegienvergabe seitens öffentlicher Stellen.

Der Monopolist kann entweder den Marktpreis oder seine Absatzmenge nach eigenem Gutdünken als Datum für die Nachfrager setzen. Die jeweils andere Größe wird dann von der Nachfrageseite des Marktes bestimmt. Hier nehmen wir an, der Monopolist setze seine Angebotsmenge autonom. Als rationales Wirtschaftssubjekt läßt er sich dabei von einem Gewinnkalkül leiten, der ihm zunächst seine gewinnmaximale Angebotsmenge errechnet. Durch die Nachfrageseite des Marktes wird dann der Preis bestimmt, zu dem diese Angebotsmenge von den Nachfragern insgesamt aufgenommen wird. Im Fall des vollkommenen Wettbewerbs bestimmt jeder Anbieter zwar auch seine gewinnmaximierende Angebotsmenge individuell, kann aber den Markt-Preis damit nicht beeinflussen.

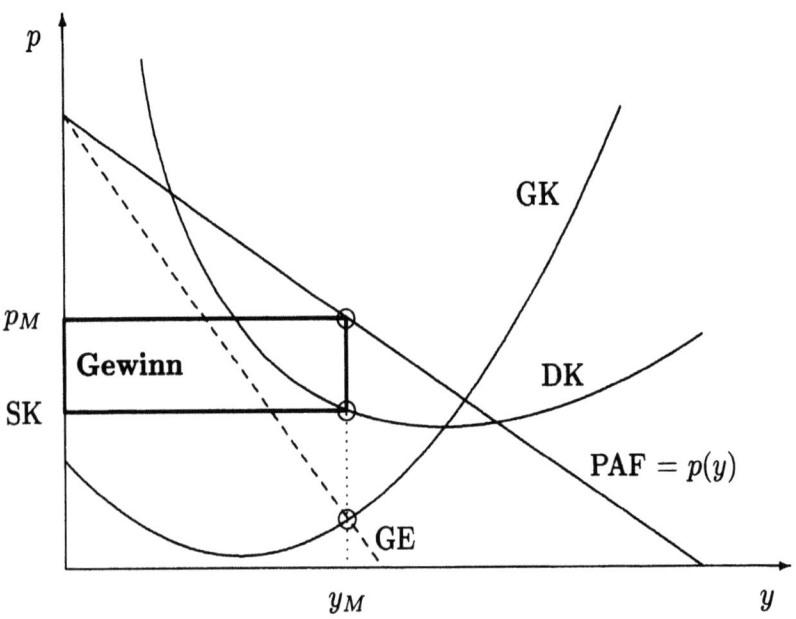

**Abb. 1.** Der Cournot-Punkt $C$ im Monopol

Ist nun $D(p)$ die (fallend verlaufende) Marktnachfragefunktion für das Gut des Monopolisten, so bezeichne $p(y)$ die inverse Marktnachfrage oder die „Preis-Absatz-Funktion" (PAF). Definitionsgemäß gilt also $D(p(y)) = y$ und $p(D(p)) = p$. Weiter sei $K(y)$ die Kostenfunktion des Monopoisten. Die selbstgesetzte Aufgabe des Monopolisten lautet dann:

$$max_y G(y) = E(y) - K(y)$$

mit dem Gewinn $G(y)$ als Differenz zwischen Erlös $E(y) = p(y) \cdot y$ und Kosten $K(y)$ bei der Absatzmenge $y$ des Gutes.

Die notwendige Bedingung 1. Ordnung (unter angenommener Gültigkeit der Bedingung 2. Ordnung) für ein Gewinnmaximum $y_M$ ergibt:

$$G'(y_M) = E'(y_M) - K'(y_M) = \text{GE}(y_M) - \text{GK}(y_M)$$

mit dem Grenzerlös $\text{GE}(y) = E'(y) = p(y) + p'(y) \cdot y$ und den Grenzkosten $\text{GK}(y) = K'(y)$. Man vergleiche den Beitrag „Mikroökonomische Grundlagen" für eine weitergehende Betrachtung der verschiedenen Kostenkonzepte.

Abbildung 1 zeigt den „Cournot-Punkt" $C$ im Monopol mit den Koordinaten $(y_M, p_M)$, wobei die gewinnmaximierende Menge $y_M$ die Mengenkoordinate des Schnittpunkts von Grenzerlös- und Grenzkostenkurve ist, $p_M$ der Marktpreis pro Stück und $SK$ die Durchschnitts- oder Stückkosten bei der Gesamtmenge $y_M$ sind. Die schraffierte Rechtecksfläche $G$ in Abbildung 1 repräsentiert den Gewinn des Monopolisten bei $y_M$ und $p_M$. Man beachte, daß $p_M > \text{DK}(y_M)$ gilt, so daß ein positiver Stückgewinn in Höhe von $p_M - \text{DK}(y_M) = p_M - SK$ entsteht. Der Gesamtgewinn bei Absatz der Menge $y_M$ ist folglich $(p_M - \text{DK}(y_M)) \cdot y_M$.

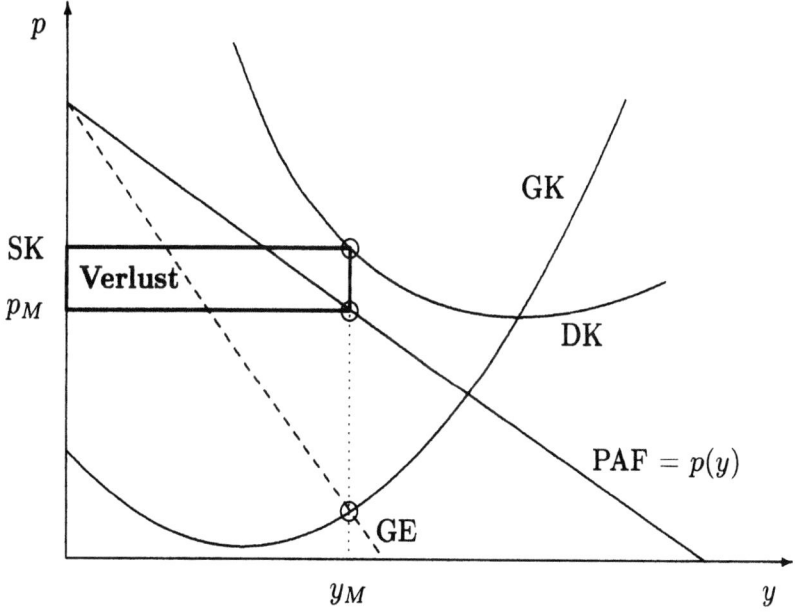

**Abb. 2.** Verlust im Monopol

Für die graphische Darstellung in Abbildung 1 beachte man, daß $p(y)$ eine Gerade darstellt, also $p(y) = a - by$. Dabei ist $a$ der Achsenabschnitt für $y = 0$, und $b$ ist der absolute Betrag der Steigung. Für den Erlös erhält man folglich $E(y) = ay - by^2$, so daß für den Grenzerlös $\text{GE}(y) = a - 2by$ gilt. Die Grenzerlöskurve weist somit denselben Achsenabschnitt $a$ auf für $y = 0$, hat aber im Vergleich zu $p(y)$ die doppelte Steigung.

Der Gewinn des Monopolisten hängt natürlich vom konkreten Verlauf der Preis-Absatz-Kurve sowie den verschiedenen Kostenkurven ab. Bei entsprechender Lage der Durchschnittskostenkurve kann er trotz „Gewinnmaximierung" sogar Verluste machen, d. h., er minimiert dann lediglich die Verluste, um beispielsweise einen Teil der Fixkosten abzudecken. Im Beispiel von Abbildung 2 beträgt der Gesamtverlust $(SK - p_M) \cdot y_M$.

## 3.3 Oligopol

Es gibt im Oligopolfall so wenige Anbieter, daß jede Preis- und Mengenentscheidung eines Anbieters die Gewinnbedingungen der anderen Anbieter verändern kann und demzufolge Reaktionen bei ihnen auslöst.[3] Dies muß der agierende Anbieter von vornherein in sein Kalkül mit einbeziehen usw. Dabei ist für die verschiedenen Modelle zu beachten, daß es einmal Reaktionen eines Oligopolisten auf absolute Werte der Mengen- und Preisentscheidungen der Mitkonkurrenten gibt, und zum anderen Reaktionen auf (evtl. sogar nur marginale = infinitesimal kleine) Änderungen dieser Werte. Außerdem gibt es gegenseitige Vermutungen der Mitkonkurrenten über das Verhalten der jeweils anderen. Die einfachste Reaktionshypothese eines Anbieters über das Reaktionsverhalten eines anderen Anbieters auf eine (infinitesimale) Mengenänderung des ersten Anbieters ist: Der andere reagiert nicht auf „kleine" (infinitesimale) Änderungen in den Angebotsmengen des ersten. Dies ist die sogenannte „Cournot-Nash-Reaktionshypothese".

Annahmen an das Grundmodell der Oligopoltheorie (im Spezialfall eines Duopols):

- Auf einem homogenen Markt (z. B. „Mineralwasser einer Quelle") bieten zwei Anbieter $i = 1, 2$ die Mengen $y_1$ und $y_2$ an.
- Jeder Anbieter $i = 1, 2$ maximiert seinen Gewinn und stellt dabei gemäß seiner persönlichen Reaktionshypothese das Verhalten des Konkurrenten in Rechnung.
- $y_j(y_i)$ ist die „erwartete Reaktionsfunktion", d. h., die von Anbieter $i$ erwartete absolute Ausbringungsmenge des Anbieters $j$, wenn $i$ die Menge $y_i$ anbietet.

Die von $i$ erwartete Mengenänderungsreaktion des Anbieters $j$ auf eine infinitesimale Mengenänderung von $i$ ist $dy_j(y_i)/dy_i$ mit $i, j = 1, 2$ und $i \neq j$.

Die Preis-Absatz-Funktion, der sich die beiden Anbieter gegenübersehen, ist $p(y) = p(y_1 + y_2)$. Bringt also Duopolist $i$ das Angebot $y_i$ auf den Markt, so ist sein Gewinn gegeben durch $G_i(y_i) = y_i \cdot p(y_i + y_j(y_i)) - K(y_i)$. Ziel ist die gewinnmaximierende Wahl von $y_i$.

---

[3] Oligopolistische Marktformen findet man heute z. B. im Weltmarkt für Rohöl, im Kraftstoffmarkt der Bundesrepublik, in den Märkten für Import-Obst und -Kaffee, Pharmazeutika, Telekommunikation sowie dem Markt für Luft- und Raumfahrtprodukte.

Die notwendige Bedingung 1. Ordnung für die erfolgreiche Gewinnmaximierung lautet:

$$\frac{dG_i}{dy_i} = p(y) + p'(y) \cdot \left(1 + \frac{dy_j(y_i)}{dy_i}\right) \cdot y_i - K'(y_i) = 0.$$

Die Cournot-Nash-Reaktionshypothese läßt sich durch $dy_j(y_i)/dy_i = 0$ für $i, j = 1, 2$ formal zum Ausdruck bringen. Damit vereinfacht sich die allgemeine notwendige Bedingung 1. Ordnung für die Gewinnmaximierung zu:

$$\frac{dG_i(y_i)}{dy_i} = p(y) + p'(y) \cdot y_i - K'(y_i) = 0.$$

Das Ergebnis führt zur „Reaktionskurve" $R_i(y_j) = y_i(y_j)$ von Anbieter $i$, $i, j = 1, 2$. $R_i(y_j)$ ist die „optimale (gewinnmaximierende) Antwort" von Anbieter $i$ auf die Menge $y_j$ des anderen Anbieters.

**Das Cournot-Nash-Gleichgewicht in einem linearen Modell**

Es sei die Preis-Absatz-Funktion eines Duopols gegeben durch die lineare Funktion $p(y) = a - by$ mit $y = y_1 + y_2$. Weiter sei $K(y_i) = cy_i$ die Kostenfunktion für Unternehmen $i$, $i = 1, 2$. Es gelte $a > c > 0$. Daraus folgt für den Gewinn: $G_i(y_i) = (a - by) \cdot y_i - cy_i$.

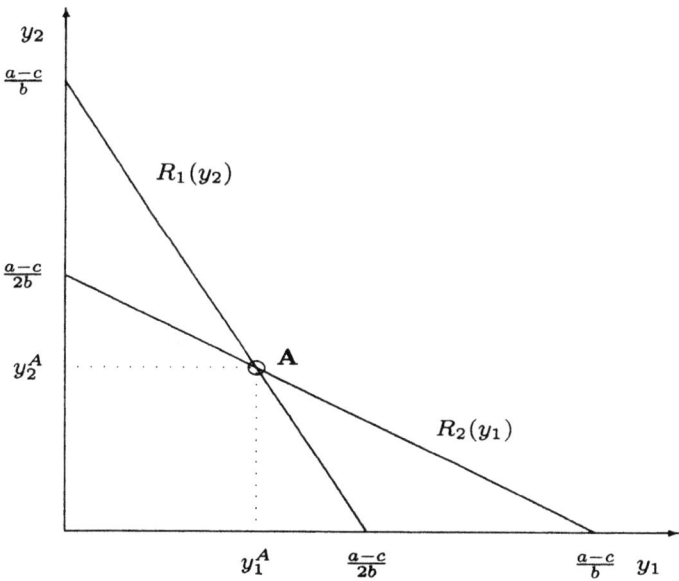

**Abb. 3.** Cournot-Nash-Gleichgewicht im linearen Fall

Die Gültigkeit der Cournot-Nash-Reaktionshypothese wird unterstellt. Da beide Unternehmen identische Kostenfunktionen haben, liegt der Spezialfall des symmetrischen Dyopols vor, bei dem die später abgeleiteten Reaktionsfunktionen $R_1(y_2)$ und $R_2(y_1)$ symmetrisch im Diagramm liegen (vgl. die Abbildungen 3 und 4).

Die obige Bedingung 1. Ordnung für die Gewinnmaximierung ergibt sich in diesem Fall zu:

$$\frac{dG_i(y_i)}{dy_i} = a - c - by_j - 2by_i = 0 \text{ für } i,j = 1,2, \ i \neq j.$$

Aus dieser Gewinnmaximierungsbedingung kann man die Reaktionsfunktionen $R_i(y_j)$ der Dyopolisten ableiten: Für Anbieter $i$ errechnet sich die gewinnmaximierende Antwort auf $y_j$ zu:

$$R_i(y_j) = \frac{a-c}{2b} - \frac{y_j}{2}, \ i,j = 1,2, \ i \neq j.$$

Augrund der unterstellten Symmetrie ergeben sich strukturell identische Reaktionskurven, die sich in einem Punkt $A$ mit $y_1^A = y_2^A$ schneiden (vgl. Abbildung 3).

Nicht verwechseln darf man die „erwartete Mengenänderungsreaktion" $dy_j(y_i)/dy_i$ oder die „erwartete Reaktionsfunktion" $y_j(y_i)$ mit der „Reaktionsfunktion" $R_1(y_2)$ oder $R_2(y_1)$. Die ersten beiden Konzepte beschreiben die Vermutung von Anbieter $i$ über die Mengen-Reaktionsweise von Anbieter $j$ auf eine Mengenänderung bzw. eine absolute Angebotsmenge von $i$. Die „Reaktionsfunktionen" beschreiben hier dagegen die gewinnmaximierende Mengenreaktion eines Anbieters, wenn der andere Anbieter eine bestimmte Angebotsmenge gewählt hat und zugleich angenommen wird, daß jeder Anbieter vom anderen glaubt, daß jener nicht mehr auf Mengenänderungen reagiert. Dies entspricht der Cournot-Nash-Reaktionshypothese.

Welche Mengen werden nun von den beiden Anbietern letztlich auf dem Markt angeboten? Das „Cournot-Nash-Gleichgewicht" ist im Mengenreaktionsdiagramm von Abbildung 3 im Schnittpunkt $A$ der beiden Reaktionsanpassungskurven realisiert. Die Koordinaten $y_1^A$ und $y_2^A$ von $A$ stellen die jeweiligen gewinnmaximalen Angebotsmengen der beiden Dyopolisten dar. Da die Reaktionskurven im hier behandelten Spezialfall symmetrisch liegen, sind die Koordinaten des Gleichgewichts $A$ identisch.

### Ökonomische Interpretation des Gleichgewichts A

In $A$ erfüllen bzw. stabilisieren sich gerade die gegenseitigen Erwartungen der beiden Anbieter. D. h., bei der Ausbringungsmenge $y_1^A$ von Anbieter 1 reagiert Anbieter 2 mit der Menge $y_2^A$ als gewinnmaximaler Reaktion, und Anbieter 1 reagiert auf diese Menge $y_2^A$ wiederum gerade mit der Menge $y_1^A$, auf die sich Anbieter 2 ja ursprünglich auch eingestellt hat. Es gibt also für keinen Anbieter eine Notwendigkeit, seine Verhaltenspläne zu ändern, wenn $A$ realisiert ist, d. h., $A$ ist „stabil". Der Schnittpunkt $A$ stellt also hinsichtlich folgender konstituierender Gesichtspunkte ein Gleichgewicht dar: Er ist ein „balancierter" Zustand (die Erwartungen bzw. die Pläne erfüllen sich gegenseitig), und er ist „stabil" (kein Akteur hat in $A$ Anlass, sein Verhalten zu ändern). (Vgl. auch den Beitrag „Mikroökonomische Grundlagen"zu den Eigenschaften eines „Gleichgewichts".)

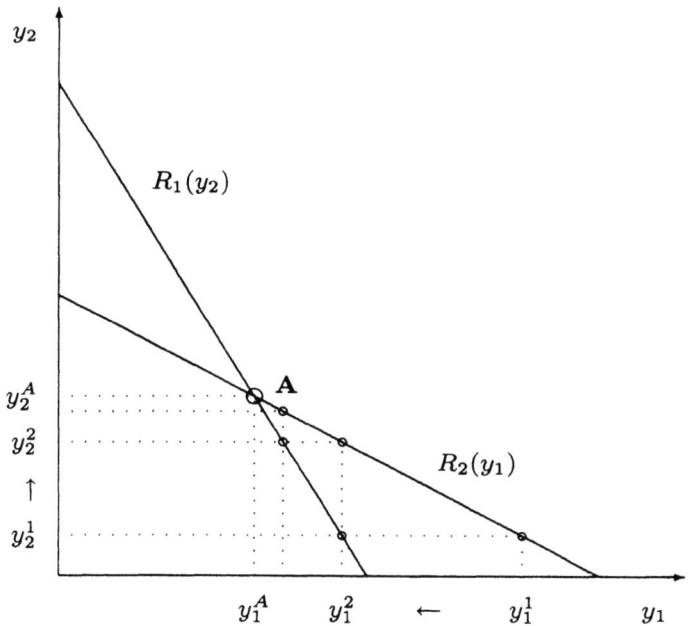

**Abb. 4.** Dynamische Anpassung an das Cournot-Nash-Gleichgewicht

$A$ hat aber nicht nur die gerade erwähnte „statische" Stabilitätseigenschaft, daß von $A$ ausgehend kein Anbieter Anlass hat, $A$ zu verlassen, sondern auch eine „dynamische" Stabilitätseigenschaft. Bei „falschen" Angebotsmengen abweichend von $y_1^A$ und $y_2^A$ kommt ein Anpassungsprozeß in Gang, der wieder zurück zu $A$ führt. Dieser Konvergenzprozeß wird vollständig bestimmt durch die Reaktionsfunktionen $R_1$ und $R_2$, und er hat sogar die weitergehende Eigenschaft, „global stabil" zu sein, d. h., er führt zu (konvergiert in) $A$, egal von wo aus man startet. Dies wird im folgenden letzten Absatz dieses Kapitels erläutert.

Wird von Anbieter 1 z. B. anstatt die (in bezug auf die gleichgewichtige Menge $y_1^A$) zu große Menge $y_1^1$ angeboten, entwickelt sich folgende gegenseitige Anpassungsdynamik, die in Abbildung 4 durch eine Treppenfunktion dargestellt wird: Anbieter 2 reagiert gemäß seiner Reaktionsfunktion $R_2$ auf $y_1^1$ mit der (zu kleinen) Menge $y_2^1 = R_2(y_1^1)$. Anbieter 1 re-reagiert darauf mit $y_1^2 = R_1(y_2^1)$, worauf Anbieter 2 wiederum mit $y_2^2 = R_2(y_1^2)$ re-reagiert usw. Diese dynamische Anpassung konvergiert offensichtlich wieder in $A$, dem Cournot-Nash-Gleichgewicht dieses Beispiels. Formal sieht der Konvergenzprozeß wie folgt aus:

$$y_1^1 \xrightarrow{R_2} y_2^1 \xrightarrow{R_1} y_1^2 \xrightarrow{R_2} y_2^2 \xrightarrow{R_1} \ldots \longrightarrow (y_1^A, y_2^A).$$

## 4 Zusammenfassung

Im Beitrag „Märkte" findet der Leser zunächst eine systematische Übersicht über Klassifikationsmethoden von Marktformen. Wie sich die Marktstruktur verändern kann durch evolutorische Prozesse auf der Angebots- und / oder der Nachfrageseite, behandelt das 2. Kapitel. Insbesondere werden die drei wichtigsten Strukturänderungsprozesse auf der Angebotsseite durch Fusionen, Kartelle und strategische Allianzen von Firmen behandelt. Im 3. Kapitel werden die Grundmodelle zu den beiden besonders wichtigen Marktformen des Monopols und des Oligopols vorgestellt.

## Literaturverzeichnis

1. Hardes HD (1994) Wettbewerbspolitik in Deutschland und in der EU. WiSt. 9:440–445
2. Hayek F von (1945) The use of information in society. American Economic Review 35:519–530
3. Schmidt I (2001) Wettbewerbspolitik und Kartellrecht: Eine Einführung, 7. Auflage. Lucius & Lucius, Stuttgart
4. Wied-Nebbeling S (1997) Markt- und Preistheorie, 3. Auflage. Springer-Verlag, Berlin Heidelberg New York

# Industrieökonomik

Marco Lehmann-Waffenschmidt

Technische Universität Dresden, Fakultät Wirtschaftswissenschaften, Professor für VWL, insbes. Managerial Economics
lw@rcs.urz.tu-dresden.de

## 1 Einleitung

Die „Industrieökonomik" (im Angelsächsischen industrial economics oder industrial organization) ist ein neuer und bedeutender Zweig der Wirtschaftswissenschaft, der sich mit der Angebotsseite der Wirtschaft beschäftigt. Genauer wir unter „Industrieökonomik"die mikroökonomische Theorie und Empirie der dynamischen Wechselwirkung zwischen Unternehmen, Branchen und Märkten verstanden, wobei zudem der wettbewerbstheoretischen und -politischen Orientierung ein besonderes Gewicht zukommt (vgl. [1]). Wesentliche Wurzeln der modernen Industrieökonomik gehen zurück auf die bahnbrechenden Arbeiten von Cournot zur Oligopoltheorie in der ersten Hälfte des 19. Jahrhunderts. Weitere Meilensteine in der Entwicklung der Industrieökonomik zu einem eigenen Forschungsgebiet innerhalb der Wirtschaftswissenschaften waren in den frühen 30er Jahren des 20. Jahrhunderts die von Chamberlin entwickelte Theorie der unvollständigen, oder monopolistischen, Konkurrenz sowie die Arbeiten von Clark und von Mason in den vierziger Jahren, vor allem aber die Studien von J. Bain in der zweiten Hälfte der 50er Jahre.

Bain löste mit seinen Arbeiten eine Entwicklung aus, die die Industrieökonomik für mehr als zwei Jahrzehnte prägen sollte. Kernelement dieser Entwicklung war das sogenannte „Marktstruktur-Marktverhalten-Marktergebnis-Paradigma" („SVE-Paradigma", engl. Structure-Conduct-Performance (SCP) paradigm). Danach beeinflußt die Marktstruktur (Anbieterzahl, Konzentrationsgrad der Anbieterseite, Skaleneffekte, Grad der Produktdifferenzierung) das Verhalten der Akteure auf einem Markt (Preispolitik der Anbieter, Forschungs- und Entwicklungsaktivitäten, Investitionen in Anlagen- und Humankapital, Werbung), das wiederum das (wohlfahrtsökonomische und unternehmensindividuelle) Ergebnis bestimmt (Unternehmenseffizienz, Ertragskraft, Relation zwischen Preis und Grenzkosten, Rate des technischen Fortschritts, Produktdifferenzierung, Gewinnverteilung). Im Kern behandelte diese „alte Industrieökonomik", wie sie von ihren Gegnern genannt wird, die Frage nach einem vermuteten „trade-off" zwischen Effizienz durch Unternehmenskonzentration einerseits und einer dem Prinzip der Demokratie entsprechenden dezentralen Wettbewerbsstruktur der Angebotsseite andererseits. Eines der Hauptziele dieses Ansatzes war es, wettbewerbspolitische Implikationen abzuleiten.

Zunehmende Kritik an diesem Ansatz wurde ab den 70er Jahren u. a. von Vertretern der berühmten Chicago School und später von evolutorischen Ökonomen wie Richard Nelson und Sidney Winter vorgebracht, die grundsätzlich die Erklärungstauglichkeit des branchenbezogenen und vor allem empirisch orientierten Marktstruktur-Marktverhalten-Marktergebnis-Paradigmas anzweifelten. Das gemeinsame Argument aller Kritiker lautete, daß nicht nur Einflüsse in einer gerichteten Wirkungskette zwischen Marktstruktur, Marktverhalten und Marktergebnis bestimmend seien, sondern wechselweise Einflüsse und Feedback-Wirkungen, die die Analyse komplexer machen als die Hypothese einer einseitigen Wirkungsrichtung. Daneben wurde auch die mangelnde Berücksichtigung unternehmensspezifischer Eigenschaften des SVE-Paradigmas kritisiert sowie seine „Theorielosigkeit" und die vorwiegend statische Betrachtungsweise, die Investitionen von Unternehmen in Sach- und Humankapital nicht den erforderlichen Stellenwert in der Analyse gibt.

Wie nun die „alte Industrieökonomik" gegen die „neue" genau abzugrenzen ist, kann nicht eindeutig gesagt werden. Die endogene Bestimmung von Marktstruktur und Marktverhalten durch Feedback-Einflüsse wurde u. a. seit den 50er Jahren im sogenannten „Harvard-SVE-Ansatz" berücksichtigt. Ab den siebziger Jahren wurde als „neue Industrieökonomik" die Ausrichtung der theoretischen Analyse auf strategische Interaktionen in Oligopolen unter Berücksichtigung vollkommener oder unvollkommener Information gesehen, die auf Ökonomen wie Cournot, Bertrand, Chamberlin, Hotelling, Neumann und Morgenstern sowie Nash und viele andere zurückgeht. Seit Beginn der 80er Jahre hat sich das Forschungsinteresse, u. a. auch bedingt durch den neuen Ansatz der Evolutorischen Ökonomik, zudem zu einer eingehenderen Analyse dynamischer Prozesse hin verschoben. Die Analyse der Erzeugung und der wirtschaftlichen Nutzung des technischen Fortschritts stehen hier im Zentrum. Außerdem wandte sich die industrieökonomische Forschung verstärkt unternehmensstrategischen Aktivitäten zu und bewegte sich damit in den Schnittmengenbereich von Mikroökonomie, Betriebswirtschaftslehre und Theorie der Wettbewerbspolitik (vgl. [1] und [5]).

In diesem Beitrag soll eine Auswahl zentraler Themen aus dem Spektrum der modernen Industrieökonomik als Teilgebiet der Mikroökonomik vorgestellt werden, wobei allerdings wettbewerbspolitische Implikationen und Regulierungsansätze aus Platzgründen hier nicht ausführlich behandelt werden können. Zumindest in seinen ersten Abschnitten schließt dieses Kapitel teilweise an den Beitrag „Märkte" an. So beginnen wir in Kapitel 2 mit der Analyse eines wichtigen Spezialfalls des Monopols (vgl. Abschnitt 3.2 im Beitrag „Märkte"), dem sogenannten „natürlichen Monopol". Kapitel 3 setzt die Analyse des Cournot-Oligopol-Modells aus Abschnitt 3.3 im Beitrag „Märkte" fort durch das Stackelberg- und das Bertrand-Modell. Dabei wird zur

Vereinfachung der Darstellung anstatt des allgemeinen Falls mit $n$ Anbietern jeweils der einfachere Duopolfall-Fall nur zweier Konkurrenten behandelt. Unternehmen, die im Wettbewerb stehen, haben einen Anreiz, durch Kooperation den Wettbewerbsdruck zu verringern. Welche Kollusions-Strategien am verbreitetsten sind - sowohl wettbewerbsrechtlich zulässige als auch unzulässige - und welche Funktionszusammenhänge dabei bestehen, wird in Kapitel 4 untersucht. Strategien von bereits am Markt etablierten Anbietern zur Verdrängung von Konkurrenten oder zur Behinderung potentieller Konkurrenten werden in Kapitel 5 behandelt. Literatur zur Vertiefung dieser Themen findet man in Lehrbüchern zur Industrieökonomik bzw. industrial economics (z. B. [6], worauf sich die folgende Darstellung teilweise bezieht, oder auch [2]). Der wohl wichtigste Motor dynamischer Prozesse in Unternehmen und Märkten sind technologische Innovationen. Das fünfte und abschließende Kapitel gibt eine kurze Übersicht über einige Grundmodelle und Ergebnisse des wichtigen Zweigs der modernen Innovationsökonomik. Diese ausschließlich auf optimalem Handeln der beteiligten Akteure beruhenden Modelle werden im Beitrag „Innovation und Evolution" durch zwei Modelle weitergeführt, die zwar auch auf individuellem, aber nicht mehr notwendig optimalem Handeln der Akteure beruhen. Leider können hier aus Platzgründen zwei weitere wichtige Themen aus dem Schnittmengenbereich der Industrieökonomik und Innovationsökonomik, Netzwerke und Standardisierung, nicht behandelt werden.

## 2 Natürliches Monopol und Wettbewerb um den Markt

Die Frage, wie es zur Bildung eines Monopols auf einem Markt kommen kann, läßt sich in einem wichtigen Spezialfall einfach beantworten: Wenn ein Unternehmen auf Grund einer Subadditivität der Kosten das betreffende Produkt kostengünstiger herstellen kann als mehrere Anbieter: Wenn $x = x_1 + x_2 + \ldots + x_n$ die gesamte Angebotsmenge von $n$ Unternehmen ist, so liegt Subadditivität der Kosten dann vor, wenn $K(x) < K_1(x_1) + \ldots + K_n(x_n)$, wobei $K(x)$ die Kosten der Herstellung durch einen Monopolisten und $K_i(x_i)$ die Herstellungskosten des Unternehmens $i$ bezeichnen. Eine hinreichende Bedingung hierfür ist das Vorliegen von steigenden Skalenerträgen bzw. sinkenden Durchschnittskosten, was wiederum z. B. bei konstanten Grenzkosten und positiven Fixkosten eintritt. Beispiele findet man u. a. typischerweise bei sogenannten „leitungs- oder netzgebundenen" Gütern und Dienstleistungen wie z. B. der Telekommunikation, dem Schienenverkehr oder der Wasser- und Stromversorgung sowie auf Märkten für komplexe Hochtechnologie-Produkte (Luft- und Raumfahrt, Biotechnologie usw.).

Unter welchen Marktbedingungen kann sich ein natürliches Monopol überhaupt bilden, und für welche Angebotsmenge bzw. welchen Anbieterpreis entscheidet sich ein natürlicher Monopolist? Grundsätzlich können wir zwei Fälle unterscheiden: Im linken Teil der Abbildung 1 fallen die (langfristigen) Grenz- (GK) und Durchschnittskosten (DK) über den gesamten Definitionsbereich ($x$

ist die Mengenachse, $p$ die Preisachse). Diesen Fall bezeichnet man als strenge Subadditivität. Der rechte Teil der Abbildung 1 zeigt den Spezialfall konstanter Grenz- und Durchschnittskosten ab einer bestimmten Menge. In Abbildung 2 steigen die zunächst fallende Grenzkosten- und Durchschnittskostenkurve vor dem Schnittpunkt mit der Nachfragegeraden PAF (Preis-Absatz-Funktion des Monopolisten) wieder an (schwache Subadditivität). Während es also im ersten Fall von Abbildung 1 (linker Teil) gar keine mindestoptimale Betriebsgröße (MOG) gibt, liegt die MOG als minimaler $x$-Wert des Minimums der Durchschnittkosten im Fall von Abbildung 1 (rechter Teil) und im Fall von Abbildung 2 noch links von $x_{DK}$, dem Schnittpunkt der Durchschnittkostenkurve mit der PAF. Im gezeichneten Beispiel wird selbst die Menge $x_{DK}$ kostengünstiger von einem Unternehmen hergestellt als von zwei (geschweige denn von drei oder mehr), wie der Größenvergleich der jeweils zugehörigen Kostenkoordinaten sofort zeigt.

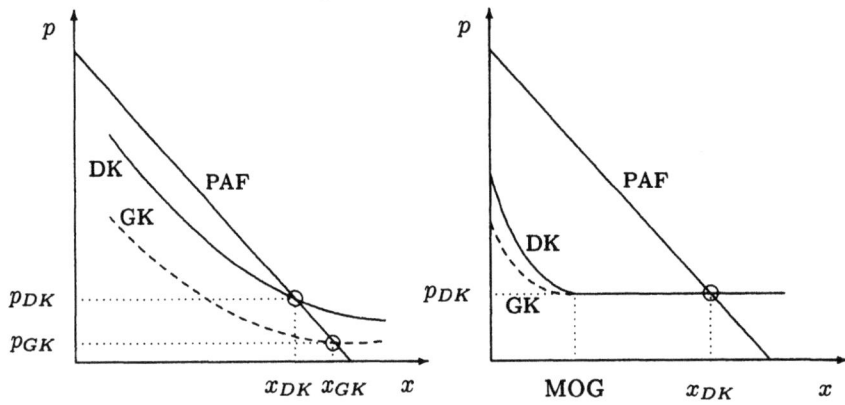

**Abb. 1.** Schwach monoton fallende Grenz- und Durchschnittskosten

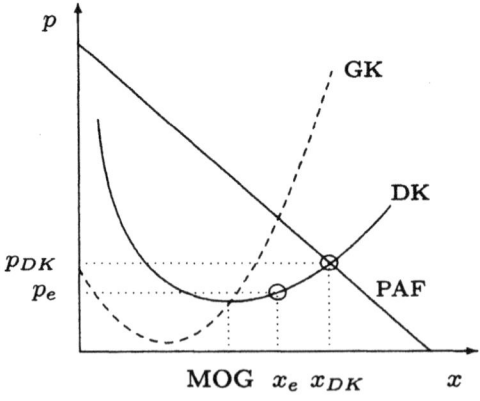

**Abb. 2.** Natürliches Monopol mit nicht monotonen Grenzkosten

Wie sind nun die Antworten auf die beiden oben gestellten Fragen? Wir nehmen zunächst an, der analysierte Markt sei „vollständig angreifbar" (contestable market), d. h., es gebe keine Marktzutrittsschranken im Sinne von Investitionskosten für neu in den Markt eintretende Unternehmen, die als irreversible, oder „versunkene", Kosten („sunk costs") bei einem späteren Marktaustritt verloren wären. In diesem Fall besteht ein hoher potentieller Wettbewerb durch potentielle Mitkonkurrenten. Diese Annahme erscheint im Fall eines natürlichen Monopols zwar als nicht sehr realistisch, aber grundsätzlich sind z. B. natürliche Monopole bei netzgebundenen Infrastrukturgütern wie Telekommunikationsdienstleistungen oder Stromversorgung mit Hilfe von Durchleitungsrechten für potentielle Mitkonkurrenten durchaus angreifbar, wie sich auch in vielen Volkswirtschaften in den letzten Jahren erwiesen hat.

Im Fall von Abbildung 1 (linker Teil) bietet der natürliche Monopolist die Menge $x_{DK}$ zum Stückpreis von $p_{DK}$ auf dem Markt an. Bei einer kleineren Angebotsmenge würden Übergewinne Konkurrenten auf den Markt locken, und eine größere Menge würde dem Monopolisten einen Stückverlust bringen. Es handelt sich aber nur um eine second-best-Lösung, da nicht die first-best wohlfahrtsoptimale Lösung „Preis = Grenzkosten" wie im Fall vollkommener Konkurrenz realisiert wurde (vgl. auch den Beitrag „Mikroökonomische Grundlagen"). Diese first-best-Lösung wird nun aber offensichtlich doch realisiert im Fall von Abbildung 1 (rechter Teil), da Grenz- und Durchschnittskosten ab MOG übereinstimmen. Beide Fälle bezeichnen ein stabiles natürliches Monopol, also ein stabiles Gleichgewicht.

Im Fall von Abbildung 2 führt ein natürliches Monopol zu Marktversagen. Zum einen würde die first-best-Lösung „Preis = Grenzkosten" offensichtlich Übergewinne des Monopolisten zur Folge haben, da die Durchschnittskosten hier unter den Grenzkosten liegen, und dieser Übergewinn würden neue Konkurrenten anziehen. Aber auch die Idee, die second-best-Lösung zu realisieren als natürlicher Monopolist, führt in diesem Fall zu keiner stabilen Situation. Zwar existieren keine Übergewinne, weil $p_{DK} = DK(x_{DK})$, aber es gibt einen „profitablen Eintrittsplan" für potentielle Konkurrenten: Mit einer kleineren Menge $x_e$ und dem Preis $p_e = DK(x_e)$ kann ein Konkurrent den Monopolisten verdrängen.

Falls Marktzutrittsschranken bestehen, besteht aus wohlfahrtsökonomischer Hinsicht ein Dilemma: Einerseits wird sich ein Monopolist auf Grund seiner unbestreitbaren Marktmacht nicht wohlfahrtsoptimal, sondern im eigenen Interesse optimal verhalten, zum anderen aber würde jede andere Marktstruktur z. B. durch eine Zerschlagung des Monopols auf Grund der Subadditivität der Kosten Allokationsverluste mit sich bringen. Hier kommt das Instrument staatlicher Regulierung ins Spiel. Im Fall von Abbildung 1 (linker Teil), der in Abbildung 3 nochmals abgebildet wird, verursacht der Monopolist mit seiner Monopolpreisstrategie $p_M$ und $x_M$ einen dead-weight loss, also einen unwiederbringlichen gesellschaftlichen ökonomischen Verlust, gegenüber dem Fall Preis = Grenzkosten. (Die wohlfahrtsökonomische Analyse des dead-weight loss kann hier aus Platzgründen nicht ausgeführt werden.) Da der Pareto-optimale Preis $p_{GK} = GK(x_{GK})$ zu Verlusten des Unternehmens in Höhe der Differenz $DK(x_{GK}) - p_{GK}$ führt, muß dieser Verlust durch

Subventionen staatlicherseits kompensiert werden, wenn man eine dauerhafte first-best-Lösung implementieren will. Da Subventionen aber durch Steuern finanziert werden müssen, entstehen durch den Kaufkraftabzug bei den Konsumenten auf anderen Märkten eventuell neue Verzerrungen in dem Sinne, daß dort dann der jeweilige Preis nicht mehr mit den Grenzkosten übereinstimmt. Eine Alternative wäre, dem Monopolisten die für ihn gerade kostendeckende, wenn auch nicht gewinnmaximierende, Preispolitik $p_{DK}$ zu gestatten.

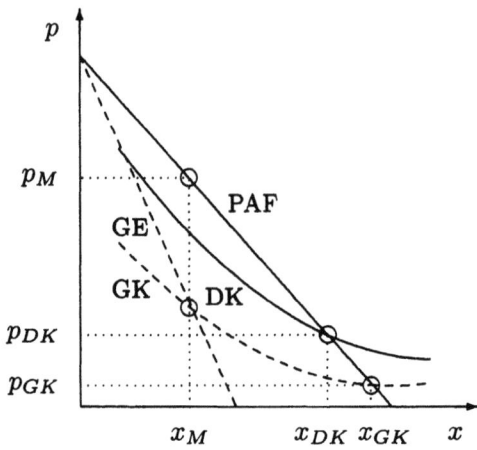

**Abb. 3.** Regulierung im natürlichen Monopol mit fallenden Grenzkosten

Im Fall von Abbildung 3 wird der Monopolist in der Menge $x_{GK}$ zwar nicht seinen Gewinn maximieren, aber es ist ihm zumutbar, diese Menge anzubieten und so den Pareto-optimalen Preis $p_{GK}$ und die Pareto-optimale Menge $x_{GK}$ zu realisieren, da immer noch übernormale Gewinne anfallen. Alternativ könnte man auch in diesem Fall dem Monopolisten die kleinere Menge $x_{DK}$ mit dem größeren Preis $p_{DK}$ vorschreiben.

# 3 Die Oligopoltheorien von Stackelberg und von Bertrand

Als Weiterführung des Cournot-Duopol-Modells, das in Abschnitt 3.3 des Beitrags „Märkte" behandelt wurde, sollen in diesem Abschnitt zwei Oligopolmodelle, bzw. jeweils deren vereinfachte spezielle Form als Duopolmodelle, behandelt werden, die im Zentrum der „neuen" spieltheoretischen Industrieökonomik stehen. Um die Analyse für den Leser leichter zugänglich zu machen, werden allerdings beide Modelle hier in vereinfachter Form behandelt. Das Modell Heinrich von Stackelbergs ist wie das Cournot-Modell zu den Oligopolmodellen mit Mengenstrategie zu rechnen, das Modell von Bertrand ist ein Preisstrategie-Oligopol-Modell. Beide Modelle sind Oligopolmodelle auf dem vollkommenen Markt, oder homogene Oligopolmodelle, so daß insbesondere nur ein Preis am Markt herrschen kann.

## 3.1 Das Stackelberg Duopol-Modell

Das Stackelberg-Oligopol(Duopol)-Modell verallgemeinert das Cournot-Duopol-Modell in der Weise, daß die restriktive „Cournot-Nash-Reaktionshypothese", wonach konkurrierende Oligopolisten immer annehmen, ihre Mengenentscheidung verändere die der Mitkonkurrenten nicht (also $dx_B/dx_A = 0$), aufgegeben wird. Der „klügere" Duopolist („leader") erkennt, daß sein Mitkonkurrent als „follower" stets seine Mengenentscheidung an der vom leader-Anbieter übrig gelassenen Restnachfrage ausrichtet. Der leader-Anbieter kann also bei seinem Gewinnkalkül die Unabhängigkeitsposition einnehmen und seinen Gewinn unter der Prämisse eines follower-Verhaltens seines Mitkonkurrenten maximieren. Welche optimalen Mengenentscheidungen treffen nun beide Stackelberg-Duopolisten?

Wir nehmen für unsere Analyse eine kostenlose Produktion für beide Duopolisten an. $A$ sei der leader-, $B$ der follower-Anbieter. (Die Modellanalyse läßt sich ohne prinzipielle Probleme auf den Fall mit Produktionskosten verallgemeinern und mit einigem rechnerischen Aufwand auch auf den Fall mit $n$ Oligopolisten.)

Die Gesamtnachfragefunktion dieses Marktes ist dann gegeben durch $p = a - (x_A + x_B)$ mit der Sättigungsmenge $a$ und den Angebotsmengen $x_A$ und $x_B$. $A$ kalkuliert seinen Gewinn nach der allgemeinen Gleichung $G_A = x_A \cdot (a - x_A - x_B)$. $A$ weiß nun etwas über $x_B$: $B$ wird in seiner Abhängigkeitsposition sein „Monopolistenoptimum" über die ihm von $A$ gelassene Restnachfrage, also die PAF$_B$, bestimmen. Da die Grenzkosten 0 sind und die Grenzerlösgerade die doppelte Steigung hat wie die PAF$_B$, ist demnach die optimale Reaktionsmenge des $B$ $x_B = (1/2) \cdot (a - x_A)$, da $(a - x_A)$ die Sättigungsmenge des $B$ ist. Eingesetzt in die Gleichung für $G_A$ ergibt sich also:

$$G_A = x_A \cdot (a - x_A - \frac{1}{2}(a - x_A)) = x_A \cdot \frac{1}{2}(a - x_A) = \frac{1}{2}ax_A - \frac{1}{2}x_A^2.$$

Daraus folgt als notwendige Gewinnmaximierungsbedingung 1. Ordnung für $A$ (die hinreichende Bedingung 2. Ordnung ist ebenfalls gegeben): $dG_A/dx_A = (1/2)a - x_A = 0$, woraus $x_A = (1/2)a$ folgt. Für den follower $B$ ergibt sich unmittelbar:

$$x_B = \frac{1}{2}(a - x_A) = \frac{1}{2}(a - \frac{1}{2}a) = \frac{1}{4}a.$$

Angebotsmenge und Gewinn des Stackelberg-leaders $A$ sind also jeweils doppelt so groß wie die Angebotsmenge und der Gewinn des Stackelberg-followers $B$.

Woran erkennt man nun in dieser Analyse, daß der Reaktionskoeffizient $dx_B/dx_A$ im Gegensatz zum Cournot-Model nicht Null ist? Dazu muß man die Gewinngleichung des $A$ ausführlicher schreiben $G_A = x_A \cdot (a - x_A - x_B(x_A))$. Dann wird die notwendige Gewinnmaximierungsbedingung 1. Ordnung zu:

$$dG_A/dx_A = a - 2x_A - x_B - x_A \cdot dx_B/dx_A = 0.$$

Aus der Reaktionsmenge des $B$ $x_B = (1/2)(a - x_A)$ läßt sich der Reaktionskoeffizient $dx_B/dx_A$ direkt errechnen als $dx_B/dx_A = -1/2$. Setzt man in die notwendige Gewinnmaximierungsbedingung 1. Ordnung ein, so erhält man: $dG_A/dx_A = a - 2x_A - x_B + (1/2)x_A = 0$. Ersetzt man $x_B$ durch $B$'s Reaktionsgleichung, so erhält man: $0 = a - (3/2)x_A - (1/2)(a - x_A)$, woraus wie vorhin auch folgt: $x_A = (1/2)a$.

Eine weitere Parallele zum Cournot-Modell läßt sich beobachten: Diese optimalen Mengen $x_A$ und $x_B$ entsprechen den Mengen im dynamischen Cournot-Modell (vgl. Beitrag „Märkte", Abschnitt 3.3) nach dem erstmaligen Eintreten des $B$. In wohlfahrtsökonomischer Hinsicht ist die Stackelberg-Lösung mit einer Gesamtmarktversorgung von 3/4 der Sättigungsmenge besser als die Cournot-2/3-Lösung.

Aber was ist, wenn $B$ gar nicht die Abhängigkeitsposition akzeptiert? Dies ist nicht unwahrscheinlich, da sich der Stackelberg leader ganz offensichtlich in seinem Gewinn besser stellt als der follower. Dann tritt der sogenannte „Bowley"-Fall ein, wonach beide Konkurrenten jeweils die Unabhängigkeitsposition einnehmen und $(1/2)a$ anbieten. Dies hat zur Folge, daß der Marktpreis und damit die Gewinne von $A$ und $B$ zu 0 werden (nur bei $p = 0$ wird die gesamte Sättigungsmenge am Markt nachgefragt). Dieser Fall hat also eine instabile Lösung, denn jeder versucht, durch eine Mengenbeschränkung einen positiven Marktpreis zu erreichen. Dann stellt sich wieder das Cournot-Nash-Gleichgewicht ein, das aber ebenfalls instabil wird, falls beide Konkurrenten nun wieder die Unabhängigkeitsposition einnehmen wollen.

### 3.2 Das Bertrand-Duopol-Modell

Eine ganz neue Perspektive eröffnet der Modellansatz von Bertrand, der in seiner ursprünglichen Fassung aus dem Ende des 19. Jahrhunderts stammt. Die beiden Duopolisten haben wie vorher keine Produktionskosten und fühlen sich wie im Cournot-Modell in einer autonomen Position, glauben also nicht, daß der Mitkonkurrent auf Änderungen reagiert, wobei es sich dieses Mal aber nicht um Mengenänderungen, sondern um Preisänderungen handelt. Diese „Bertrand-Annahme" bedeutet also in Analogie zur mengenbezogenen Cournot-Nash-Annahme, daß $A$ glaubt, daß $dp_B/dp_A = 0$, und $B$ glaubt, daß $dp_A/dp_B = 0$. Von noch größerer Relevanz für die Lösung des Bertrand-Gleichgewichts $(p_A^\star, p_B^\star)$ ist aber die Tatsache, die aus der Annahme eines vollkommenen Marktes resultiert, daß immer nur ein Preis am Markt existieren kann. Zu welchem Preis kommt es im Bertrand-Duopol-Modell?

Wir betrachten die Anfangssituation, daß nur $A$ auf dem Markt anbietet, der seinen Monopolpreis $p_M^A$ mit der zugehörigen Monopolmenge $x_M^A$ setzt. Die Monopolrente lockt einen Anbieter $B$ auf den Markt, der nun im Prinzip drei Möglichkeiten für seine Preissetzung $p_B$ hat ( - man beachte, daß $A$ annahmegemäß keine Preisreaktion auf $B$'s Preissetzung zeigt):

- $B$ setzt seinen Preis $p_B$ in derselben Höhe wie $A$, also $p_B = p_M^A$. Dann verteilt sich auf dem vollkommenen Markt die Nachfrage auf beide Anbieter gleichmäßig, d. h., $A$ und $B$ finden jeweils Nachfrage in Höhe von $(1/2)x_M^A$.

- $p_B > p_M^A$. $B$ erhält keine Nachfrage und scheidet wieder aus dem Markt aus. In Abbildung 4 zeigt das fett gezeichnete Stück der Marktnachfrage oberhalb von $p_M^A$ $A$'s PAF für Preise größer als $p_M^A$.
- $p_B < p_M^A$. $B$ erhält die gesamte Nachfrage gemäß dem in der linken Hälfte des Diagramms von Abbildung 4 fett gezeichneten Teil der Marktnachfrage als $\text{PAF}_B$.

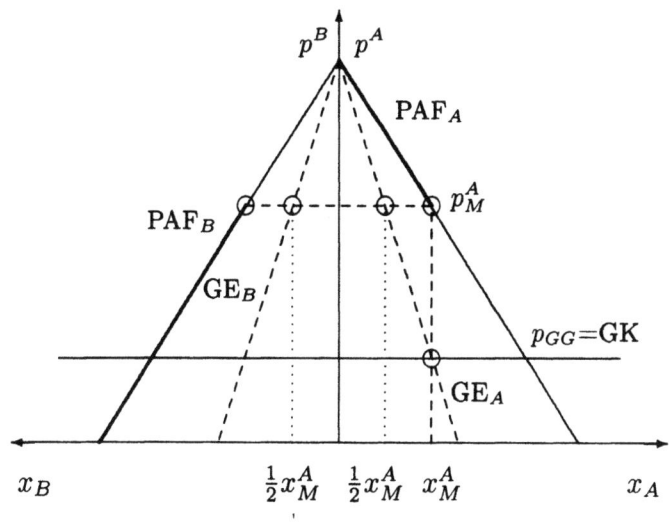

**Abb. 4.** Das Bertrand-Duopol-Modell

$B$ wird in dieser Situation die dritte Lösung wählen, also den Preis des $A$ unterbieten, um der Monopollösung wenigstens nahe zu kommen. Aber selbst wenn diese Preisunterbietung nur infinitesimal klein ist, entsteht wegen der Bertrand-Annahme und der Tatsache, daß zu jedem Zeitpunkt nur ein Preis am Markt herrschen kann, zwangsläufig ein gegenseitiger Unterbietungsprozeß, der erst zum Stillstand kommt, wenn sich der Preis auf die Grenzkosten reduziert hat ($p_{GG}$ in Abbildung 4). Dieser Prozeß kann über die Zeit ablaufen, es kann aber auch so sein, daß beide Duopolisten diesen Prozeß nur gedanklich (in infinitesimaler Zeit) vollziehen und gleich der Preis $p_{GG}$ auf dem Markt erscheint. Die Bertrand-Lösung ist auch stabil, da keiner Anlaß hat, davon abzuweichen: Eine Erhöhung des eigenen Preises würde ein Wegbrechen der gesamten Nachfrage bedeuten, eine Senkung Verluste. Damit hat die Bertrand-Oligopol-Lösung im homogenen Markt dieselben wohlfahrtsökonomischen Eigenschaften wie die Konkurrenzmarkt-Lösung. Allerdings liegt die Kritik am Bertrand-Model auf der Hand, daß reale Akteure doch mit Preisreaktionen des jeweils anderen auf eigene Preisaktionen rechnen und dadurch eine anderes Ergebnis entsteht. Dennoch kann man der Wert des Bertrand-Modells in dieser klassischen Form als Ausgangspunkt eines Lernprozesses der Akteure ansehen, die sich am Anfang ihrer strategischen Interaktion am

Markt noch nicht über die Interdependenzen ihrer Preisentscheidungen im klaren sind.

Eine andere Möglichkeit für Bertrand-Konkurrenten, sich der Lösung $p = GK$ zu entziehen, besteht in kollusivem Verhalten durch eine Absprache. Die Grundzüge einer Theorie kollusiven Verhaltens von Anbietern findet der Leser im folgenden Kapitel 4.

## 4 Kollusives Verhalten von Anbietern

Ein möglicher Weg für konkurrierende Anbieter auf einem Markt, die Zwänge und den Druck des Wettbewerbs für sich zu lockern, oder ganz zu vermeiden, besteht darin, untereinander zu kooperieren mit dem Ziel einer Wettbewerbsbeschränkung zum Vorteil der Beteiligten. (Wichtige Beispiele dafür wurden bereits in Kapitel 2 des Beitrags „Märkte" behandelt.) Ein solches kollusives, oder kooperatives, Verhalten kann unterschiedliche Formen annehmen, die wiederum in der wettbewerbsrechtlichen Praxis von verschiedenen Staaten unterschiedlich behandelt werden - von einer Duldung bis hin zu einem strikten und strafbewehrten Verbot des betreffenden kollusiven Verhaltens. Da Absprachen erfahrungsgemäß um so schwieriger zu treffen und zu überprüfen sind, je größer die Beteiligtenzahl ist, beschränken wir uns bei der Analyse hier auf den Fall, daß bereits eine oligopolistische Marktstruktur mit wenigen interdependenten Anbietern auf einem homogenen Markt vorliegt.

Grundsätzlich kann sich kooperatives Verhalten zwischen Unternehmen zur Wettbewerbsbeschränkung auf alle unternehmensrelevanten Aktionsvariablen beziehen, von der Preis- und Mengenentscheidung über Investitionen und Forschungs- und Entwicklungsaktivitäten bis zu den Serviceleistungen und der Werbung. Auch das Prozedere der Realisierung einer Kooperation kann sich unterscheiden von einer „tacit collusion", bei der nur Signale gegeben werden, über Meinungsäußerungen und Empfehlungen bis hin zu einer organisierten Zusammenarbeit, die in ihrer Intensität von strategischen Allianzen und Kartellen bis zu Fusionen von Unternehmen reichen kann.[1] Wir wollen in diesem Abschnitt einige Grundmodelle des Funktionierens solcher Kooperationsverfahren kennenlernen.

### 4.1 Preisführerschaft

Ein von den übrigen Oligopolisten anerkanntes Preisführer-Unternehmen setzt durch seine Preissetzung Signale, denen die anderen Konkurrenten folgen. Dabei kann die Koordination explizit in einer organisierten Form erfolgen, also

---

[1] Allerdings entspricht diese Reihenfolge in den meisten Staaten nicht dem Grad der Illegalität nach der wettbewerbsrechtlichen Behandlung. Fusionen stehen zwar in der Regel unter der Aufsicht der Wettbewerbsbehörden, können aber, wie viele Beispiele gezeigt haben, durchaus auch in spektakulären Fällen genehmigt werden. Organisierte Kartelle dagegen sind tendenziell überall verboten.

durch ein Kartell oder aber durch eine sogenannte barometrischen Preisführerschaft, bei der die übrigen Unternehmen den Signalen des Preisführers folgen. Eine barometrische Preisführerschaft kann auch implizit, also ohne organisierte Koordination, realisiert werden. Häufig wird ein dominierendes Unternehmen, also das kostengünstigste oder das umsatzstärkste Unternehmen, zum Preisführer. Hier wollen wir nun ein Modell zur dominierenden Preisführerschaft durch das kostengünstigste Unternehmen betrachten. Wir gehen wieder vom Duopolfall aus (vgl. Abbildung 5).

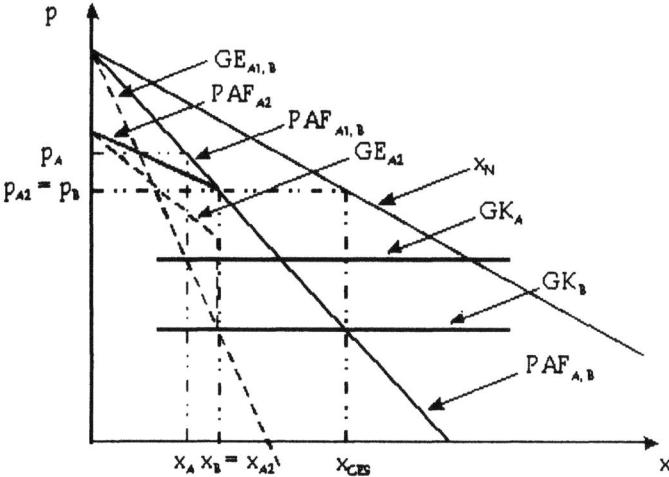

**Abb. 5.** Preisführerschaft des kostengünstigeren Unternehmens im Duopol

Das Modell zeigt, daß der kostengünstigere Anbieter $B$ zum dominierenden Preisführer wird. Beide Duopolisten $A$ und $B$ bieten ein nahes Substitut an, so daß im Prinzip auch verschiedene Preise am Markt herrschen können. Falls $A$ und $B$ denselben Preis verlangen würden, teilen sie sich die Gesamtnachfrage $x_N$ gemäß der identischen Teilnachfragefunktion $PAF_A = PAF_B$. $B$ kalkuliert aber gemäß seiner niedrigeren Grenzkostenfunktion $GK_B$ seine optimale Menge $x_B$ zum Preis $p_B$, und $A$ kommt bei seiner Kalkulation auf den höheren Preis $p_A$ und die niedrigere Menge $x_A$. Damit ist für $A$ für Preise über $p_B$ nicht mehr die $PAF_A$ relevant – die ja nur auf der Grundlage identischer Preise von $A$ und $B$ gilt –, sondern die neue geknickte $PAF_{A2}$, die zeigt, daß für höhere Preise $p_A$ über den konstant bleibenden Preis $p_B$ die Teilnachfrage, die auf $A$ entfällt, rascher abnimmt als $PAF_A$. Für Preise $p_A$ unterhalb von $p_B$ gilt für $A$ und $B$ jeweils noch die $PAF_A = PAF_B$, da $B$ einer Preissenkung von $A$ stets folgen würde, zumal $B$ dank geringerer Kosten die besseren Möglichkeiten zu Preissenkungen hat. Zur $PAF_{A2}$ gehört die geknickte Grenzerlöskurve $GE_{A2}$, deren Schnittpunkt mit $GK_A$ in ihrer Sprungstelle liegt. Damit bewegt sich $A$ in seinem neu kalkulierten Optimum doch wieder in $p_{A2} = p_B$, folgt also dem kostengünstigeren Unternehmen $B$ in seiner Preispolitik.

### 4.2 Was macht Kartelle instabil?

Kartelle werden zu dem Zweck realisiert, den gemeinsamen Gewinn der Kartellmitglieder zu maximieren. Bei einem Preis- oder Mengenkartell bedeutet dies in der Regel, daß Monopolmenge bzw. Monopolpreis angestrebt werden, so daß die einzelnen Kartellmitglieder anteilig den Monopolübergewinn erhalten. Kartelle sind grundsätzlich der Gefahr ausgesetzt, durch das Verhalten ihrer Mitglieder wieder zu zerfallen. Denn schließlich bedeutet eine erfolgreiche Kartellabsprache letztlich immer, daß sich die Mitglieder an bestimmte Beschränkungen halten müssen, wobei deren Nichteinhaltung aber für jedes einzelne Mitglied einen Vorteil bringen würde. In der Sprache der Spieltheorie lautet dieses mit dem Begriff des „Gefangenen-Dilemmas" belegte Grunddilemma kooperativen Verhaltens, daß gemeinsame Kooperationsgewinne nur durch Verzicht auf Trittbrettfahrer-Verhalten bei allen Beteiligten zu erzielen sind. Da das Trittbrettfahrer-Verhalten aber für jeden einzelnen einen Anreiz darstellt, indem er sich dadurch besser stellt, solange sich alle anderen an die Absprachen halten, ist die gesamte Kooperation gefährdet.

Eine Anbieterkartellabsprache ist um so instabiler, je mehr Mitglieder das Kartell zählt, je mehr Uneinigkeit über die Zielsetzung des Kartells herrscht, je unterschiedlicher die individuelle Kostensituation der einzelnen Anbieter ist, je geringer die Marktnachfrage wird, je geringer die Markteintritts- und Marktaustrittsschranken sind, je größer die Gefahr der Entdeckung des Kartells durch die Wettbewerbsbehörden ist und je geringer die Gefahr für einen Trittbrettfahrer ist, von den übrigen entdeckt zu werden, und je weniger gegenseitiges Vertrauen und je mehr Konkurrenzdenken zwischen den Kartellmitgliedern besteht. Wie sich das Kalkül für einen Trittbrettfahrer eines Kartells, das den Preis für alle Kartellmitglieder festlegt und jedem Mitglied eine bestimmte Mengenquote zuteilt, darstellt, zeigt die folgende Modellüberlegung.

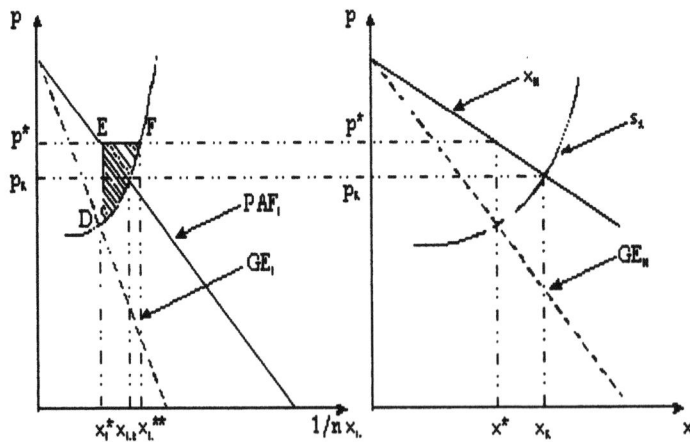

**Abb. 6.** Trittbrettfahren im Preiskartell

Bei den beiden Diagrammen von Abbildung 6 sind die Preisachsen im selben Maßstab gezeichnet, die Mengenachsen nicht. Das rechte Diagramm zeigt die Gesamtmarktsituation eines Anbieterkartells mit $n$ Mitgliedern, das den Monopolpreis $p^*$ festlegen kann. Zum Vergleich werden auch Konkurrenzmarktpreis $p_k$ und Konkurrenzmarktmenge $x_k$ angegeben ($s_A$ ist die aggregierte Angebotskurve, also die aggregierte Grenzkostenkurve, ). Im linken Diagramm wird die Marktsituation auf die Ebene eines einzelnen Anbieters $i$ übertragen. Die Marktgesamtnachfrage $x_N$ und die gesamte Monopolmenge $x^*$ werden zu jeweils $1/n$-tel auf die $n$ Kartellmitglieder aufgeteilt, d. h., die individuelle Teilnachfragefunktion $\text{PAF}_i$ ist $1/n$-tel der Marktgesamtnachfrage $x_N$, und $i$ setzt die Menge $x_i^*$ ab zum Monopolpreis $p^*$. Dies entspricht auch genau seinem individuellen Gewinnoptimum, da $x_i^*$ die Mengenkoordinate des Schnittpunkts der $\text{GK}_i$ und der $\text{GE}_i$ ist. Dies gilt, da die $x_N$-Gerade und die $s_A$-Kurve durch horizontale Addition aller n individuellen $\text{PAF}_i$-Geraden und $\text{GK}_i$-Kurven entstehen. Zum Vergleich ist entsprechend auch die individuelle Angebotsmenge $x_{i,k}$ im Konkurrenzfall eingezeichnet, die der Mengenkoordinate des Schnittpunkts der $\text{PAF}_i$ mit der $\text{GK}_i$-Kurve entspricht.

Obwohl für jedes einzelne Mitglied $i$ des Kartells so ein Gewinnoptimum erreicht wird, wenn $i$ mit seiner Teilnachfrage- und Grenzkostenfunktion wie ein Monopolist optimiert, kann sich Anbieter $i$ in dieser Situation als Trittbrettfahrer noch besser stellen, indem er sich als Mengenanpasser bei $p^*$ verhält, also die Menge $x_i^t$ anbietet, bei der die individuellen Grenzkosten $\text{GK}_i$ gerade $p^*$ betragen. Gegenüber der kartellquotierten Menge $x_i^*$ erhöht $i$ seinen Gewinn damit um den Inhalt der schraffierten Fläche DEF, die eine zusätzliche Produzentenrente darstellt. Durch $i$'s Bruch der Kartellquotenabsprache erhöht sich jetzt das Gesamtangebot am Markt, und dies wird zu einer Senkung des Monopol-/Kartellpreises $p^*$ (man verschiebe $s_A$ im rechten Diagramm von Abbildung 6 nach rechts) und / oder zu einer Senkung der verkauften Mengen der anderen Kartellmitglieder führen ($\text{PAF}_j$ für $j$ ($i$ verschiebt sich nach innen). Wenn aber das Kartell viele Mitglieder umfaßt oder die Gesamtmarktnachfrage noch wächst, fallen die Konsequenzen von $i$'s Trittbrettfahren nicht auf - allerdings nur so lange, wie nicht auch andere Kartellmitglieder auf dieselbe Idee kommen und die Quotenabsprache durchbrechen. Die letzte Konsequenz davon ist das Auseinanderbrechen des Kartells.

# 5 Strategien von Anbietern zur Verdrängung von Konkurrenten oder zur Behinderung potentieller Konkurrenten

Am Markt bereits etablierte Anbieter haben in der Regel das Bedürfnis, potentielle, oder bereits in den Markt eingetretene, Neuanbieter vom Markt fernzuhalten bzw. wieder zu verdrängen, um ihre eigene Marktstellung langfristig zu sichern. In diesem Kapitel lernen wir einige Behinderungs- und Verdrängungsstrategien zum Erreichen solcher Ziele von Unternehmen kennen.

## 5.1 Das Limit Pricing-Modell

Der sogenannte „Limit-Preis",[2] den ein am Markt etablierter Monopolist oder ein Kartell finden möchte, um jeden potentiellen „Angreifer" abzuschrecken, läßt sich in folgendem Diagramm bestimmen:

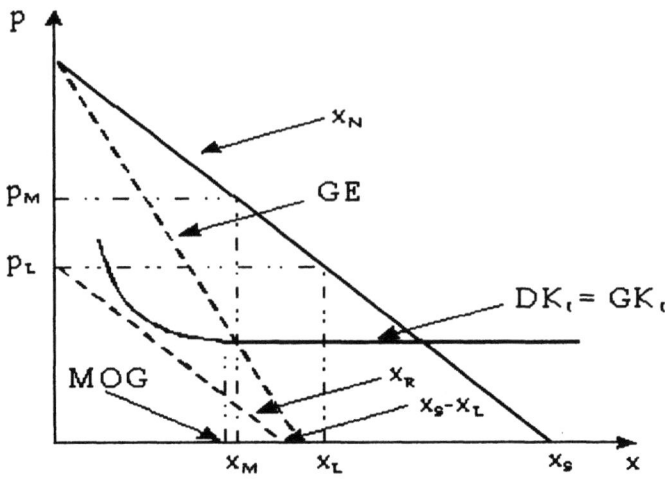

**Abb. 7.** Der Limit Preis

Der Monopolist bzw. das monopolistisch am Markt agierende Kartell habe den Monopolpreis $p_M$ und die Monopolmenge $x_M$ am Markt bereits realisiert. Die langfristige Durchschnittskostenkurve des Monopolisten sei ab der mindestoptimalen Betriebsgröße MOG konstant. Der potentielle Konkurrent arbeitet mit derselben langfristigen Durchschnittkostenkurve und unterstellt dem Etablierten (Cournot-Annahme), daß der seine Gesamtmenge am Markt nicht ändern wird auf Grund der Aktivitäten des Neueindringlings, also weder nachgeben und sich mit der Restmenge begnügen wird, die er ihm nach seinem Markteintritt übrigläßt, noch einen Preiskampf beginnen wird. Damit bleibt dem Neuanbieter nur die Restmenge, die er Monopolist zu jedem alternativen Preis nach seinem Angebot $x_M$ übrigläßt.

Der Limit-Preis ist nun der maximale Preis $p_L$, der dem potentiellen Neuanbieter zu keinem Preis eine Restnachfrage übrigläßt, die von ihm kostendeckend produziert werden könnte. In Abbildung 7 ist dies $p_L$, der Reservationspreis der Restnachfrage-Funktion $x_R$ zur Menge $x_L$. Genauer wird $x_R$ so

---

[2] Die Übernahme der angelsächsischen Begriffe in diesem Abschnitt geschieht nicht aus einem Bekenntnis zu einem vermeintlich fashionablen Neudeutsch oder der Überzeugung, die englischen Begriffe träfen den Sachverhalt besser als die deutschen, sondern weil dies die Standardbezeichnungen in der durchweg englischen Literatur zur Industrieökonomik sind und so für den Leser ein höherer Wiedererkennungswert möglich wird.

konstruiert, daß es als nach links parallelverschobenes Stück der Marktnachfrage $x_N$ unterhalb $p_L$ die Durchschnittskostenfunktion gerade nicht mehr tangiert (daher auch die Bezeichnung „Tangentenlösung" für $(p_L, x_L)$.

## 5.2 Die Predatory Pricing-Strategie

Mit der predatory pricing-Strategie (predator = Räuber) versuchen Unternehmen, die bereits länger am Markt etabliert sind (die „incumbents"), bereits erfolgreiche, oder potentielle, Neueindringlinge durch Preisunterbietungen wieder zu verdrängen bzw. vom Markteintritt abzuhalten. Dabei entstehen Verluste auf beiden Seiten, so daß sich der Preiskampf keineswegs immer lohnt. Man kann im Modell zeigen, daß es sich für ein Unternehmen nur dann lohnt, einen Preiskampf zu beginnen, wenn es kostengünstiger produzieren kann als seine Gegner oder zumindest einen solchen Eindruck erwecken kann.

Ineffiziente Anbieter werden auch bei vollkommener Konkurrenz aus dem Markt gedrängt. Aber es gibt deutliche Unterschiede: Der vollkommene Konkurrenzmarkt ist zugangsoffen, und der Preis muß gleich sein den Grenzkosten. Im Fall eines Oligopol-Markts trifft beides nicht zu, denn ein predatory pricing lohnt eben nur, wenn die „Siegerprämie" darin besteht, über längere Zeit nach dem Sieg einen überhöhten Preis zu verlangen, der die Verluste während des Preiskampfs (über)kompensiert. Und dies setzt im Gegensatz zu einem vollkommenen Markt Markteintritts- und Marktaustrittsschranken voraus. Gerade dieser letzte Aspekt aber macht die predatory pricing-Strategie unattraktiv, weil von Markteintritts- und Marktaustrittsschranken beide gegnerischen Seiten in gleichem Maße betroffen sein können, so daß Preiskämpfe lange dauern können und entsprechend verlustreich sind. So haben z. B. Gerichtsklagen gegen predatory pricing in den USA üblicherweise wenig Chancen, weil die Gerichte aus diesen Gründen davon ausgehen, daß eine predatory pricing-Strategie in ihrem Erfolg unsicher und daher unplausibel sei.

## 5.3 Self-Commitment

Die limit-pricing-Strategie hat einen gravierenden Nachteil, sie stellt möglicherweise keine glaubwürdige Drohung dar. Denn wenn der Eindringling erst einmal in den Markt eingetreten ist, wird es für den Etablierten auf Dauer nicht attraktiv sein, $x_M$ zum Preis $p_L$ anzubieten, schon gar nicht, wenn $p_L$ dem Niveau bei vollkommener Konkurrenz entspricht. Statt dessen wird der Etablierte seine Menge reduzieren, um einen höheren Preis zu erzielen.

Gegen diese Form der Unglaubwürdigkeit der Drohung gibt es aber ein wirksames Gegenmittel, das self-commitment (Selbstbindung oder Selbstverpflichtung). Im Fall des limit pricing besteht eine wirksame self-commitment-Strategie für den Etablierten daraus, mit einer sogenannten „inflexiblen Produktionstechnologie" eine Kapazität aufzubauen - und dies auch glaubhaft nach außen zu signalisieren - , die er dann auf Grund der inflexiblen Struktur der Technologie bei der Produktion auch vollständig realisieren muß. Ein

Neueindringling hat also Grund, an die Drohung der limit pricing-Strategie zu glauben.

Eine andere Art, self-commitment zu realisieren, besteht darin, beim Markteintritt „sunk costs" zu realisieren, also Investitionen zu treffen, die so spezifisch für den betreffenden Zweck und das betreffende Unternehmen sind (Spezialmaschinen, Spezial-know-how, Forschungs- und Entwicklungsausgaben), daß ein Verkauf später nicht mehr möglich ist, weil kein Markt dafür existiert, oder die sich schlicht nicht weitergeben lassen (personengebundener Kundenstamm, Werbeausgaben, die Kosten einer vor Gericht erstrittenen Erlaubnis).

Weitere Beispiele für self-commitment findet man in bestimmten Strategien einer breiten Produktdifferenzierung, also einer weitgehenden Besetzung von Marktnischen durch den Etablierten, wobei es für den Etablierten zu einer echten Selbstbindung auf Grund von sunk costs nicht möglich sein darf, seine Produktpalette nach einem Markteintritt eines neuen Konkurrenten bald wieder zu ändern.

## 5.4 Unvollständige und unvollkommene Information

Bei den bisherigen Modellüberlegungen dieses Abschnitts galt immer, daß (1) alle Beteiligten alle Informationen hatten über ihre eigenen Handlungsmöglichkeiten und die Ziele und Handlungsmöglichkeiten der anderen Beteiligten („complete information") sowie (2) über die Entscheidungen, die andere zuvor getroffen hatten („perfect information"). Gibt man diese weitgehende Annahme in ihrem ersten Teil auf, so spricht man von „unvollständiger Information" (incomplete information), gibt man sie im zweiten Teil auf, von „unvollkommener Information" (imperfect information). Unvollständig bzw. unvollkommen ist der Informationsstand immer schon dann, wenn die Bedingung der vollständigen bzw. vollkommenen Information nicht voll und ganz erfüllt ist. Tatsächlich können Strategien, die bei vollkommener und / oder vollständiger Information nicht wirksam sind, bei Einschränkungen des Informationsstands der Beteiligten doch interessant werden. Dann hängt die Entscheidung, ob eine betreffende Strategie angewendet wird oder nicht, davon ab, mit welcher subjektiven Wahrscheinlichkeit der Angreifer glaubt, daß der Gegner bestimmte Eigenschaften aufweist.

Das predatory pricing z. B. spielt die subjektive Einschätzung des Etablierten über die Kostenstruktur der Produktion des Neueindringlings die entscheidende Rolle. In Modellen kann man genau bestimmen, wie hoch die subjektive Wahrscheinlichkeit des Etablierten darüber, daß sein Gegner eine ungünstigere Kostenstruktur hat als er selbst, sein muß, damit der Etablierte den Preiskampf beginnt. Aus der umgekehrten Perspektive des Eindringlings stellt sich die Frage, ob der Etablierte den Preiskampf ohne Möglichkeiten zur Selbstbindung beginnen wird oder nicht. Dazu muß der Eindringling abschätzen, mit welcher Wahrscheinlichkeit der Etablierte, die Strategie anwenden wird, den Eintritt kampflos zuzulassen, oder in einen Preiskampf einzutreten.

Letzteres wird für den Etablierten, wie in Abschnitt 5.2 ausgeführt wurde, um so lukrativer, je stärker er in bezug auf seine Kostensituation im Vergleich mit dem Eindringling ist.

Dies weiß auch der Eindringling, und so kann der Etablierte ein weiteres Mittel anwenden, um die Entscheidung seines Gegners in seinem Sinne zu beeinflussen: Er kann Signale setzen, die etwas vortäuschen, was nicht der Wahrheit entspricht, aber ihm nützen können. Ein solches „Signalisieren" (signalling) kann z. B. die limit price-Strategie doch zu einer sinnvollen Strategieoption für den Etablierten machen, nämlich dann, wenn der Eindringling aus dem noch vor dem Herabsetzen auf das Niveau $p_L$ des Limit-Preises herrschenden Monopol-Marktpreis schließt, daß es sich bei dem Etablierten um eine kostengünstige Unternehmung handeln muß. Denn auch in der allgemeinen Monopollösung wird der Monopolpreis um so geringer ausfallen (vgl. Beitrag „Märkte" Abschnitt 3.2), je niedriger die Grenzkosten des Monopolisten sind.

## 6 Forschung und Entwicklung, technischer Fortschritt

Unternehmen und Märkte können sich, wie wir in den vorhergehenden Abschnitten gesehen haben, auf unterschiedliche Art strategisch verhalten und dadurch auch Veränderungsprozessen ausgesetzt sein. Eine besonders wichtige und folgenreiche Strategie, der die Handlungsmöglichkeiten von Unternehmen und damit die Unternehmen selbst und auch die Märkte verändert, wurde bisher noch nicht ausführlich behandelt: Forschung und Entwicklung, abgekürzt F & E (engl. R & D, research and development). F & E kann zu Verfahrens- oder Prozeßinnovationen (d. h., niedrigere Grenz- und damit Durchschnittskosten bei der Produktion) oder zu Produktinnovationen (d. h., neuer Markt oder Marktsegment) führen und wird zugleich auf mehreren Ebenen wirksam: Zum einen ist F & E eine strategische und unsichere Investition eines Unternehmens in seine zukünftige unternehmensinterne und marktbezogene Entwicklung, zum zweiten ist es ein sofort wirkendes strategisches Instrument im Sinne eines self-commitments (vgl. Abschnitt 5.3) und drittens bewirkt F & E auf den aggregierten Ebenen der Branche oder der ganzen Volkswirtschaft den technischen Fortschritt. Der technische Fortschritt, der in zahlreichen wichtigen Theorieansätzen der Wirtschaftswissenschaften eine Rolle spielt (vgl. den Beitrag „Wachstum"), kann auf diese Weise in seinen mikroökonomischen Entstehungsbedingungen analysiert, oder wie man auch sagt, „mikrofundiert" werden.

Genauer versucht die moderne Innovationsökonomik, die Anfang der 60er Jahre durch bahnbrechende Arbeiten von K. Arrow und anderen entstand, durch mikroökonomische Modellanalysen u. a. Antworten auf die folgenden Fragen zu geben (vgl. z. B. [3], Kapitel 18, [2] und [4]):

(1) Welche dynamischen Innovationsanreize ( = Anreize für F & E-Ausgaben) bestehen in unterschiedlichen Marktformen jeweils für die Unternehmen,

und wie verhalten sich die jeweils realisierten Innovationshöhen zur sozial optimalen Innovationshöhe?

(2) Wie sieht der Wettbewerb um eine Innovation zwischen Unternehmen aus, wenn die Innovation patentiert werden kann, und wie, wenn dies nicht möglich ist?

(3) Welche Auswirkungen haben Patente auf die F & E-Intensität der Unternehmen?

(4) Welche Kooperationsstrategien im Bereich F & E haben Unternehmen, und welchen Auswirkungen haben diese auf den Markt?

Dies ist eine Auswahl der wichtigsten Problemfelder, die die Innovationsökonomik analysiert. Was sind nun die Antworten der Innovationsökonomik auf diese Fragen? Eine erste generelle Antwort ist: Die Antwort auf jede dieser Fragen hängt von der konkreten Modellierung ab, also von der Modellstruktur und der Festlegung der Parametergrößen. Das mag vielleicht im ersten Moment enttäuschend wirken, ist aber kein spezielles Defizit dieser Theorie, sondern eine grundsätzliches Phänomen bei theoretischem Arbeiten. So wird sich z. B. auch bei einer Planung, wo genau eine neue Bahntrasse verlaufen soll, das Resultat nach Berücksichtigung von immer mehr Aspekten ständig wieder ändern (Verkehrsanbindung bestimmter Ortschaften, geologische Beschaffenheit des Untergrunds, Kostenhöhe durch Tunnelbauten, ökologische Gesichtspunkte usw.) Es gibt aber in unserem Fall zusätzlich den weiteren Trost, daß zu den oben aufgezählten Fragen inzwischen doch ein weitgehender Konsens in der Literatur besteht, über den im folgenden berichtet wird. Wir betrachten bei den folgenden Antworten immer Verfahrensinnovationen, aus Platzgründen kann hier allerdings leider nicht auf die ausführliche Modellierung eingegangen werden.

(1) Ein *Monopolist* hat einen - im Verhältnis zur Pareto-optimalen Innovationshöhe, mit der das soziale Wohlfahrtsoptimum realisiert werden kann - zu geringen Innovationsanreiz. D. h., die Innovationshöhe des Monopolisten ist geringer als die Pareto-optimale Innovationshöhe, wie auch die Produktionsmengenentscheidung zu gering ist im Vergleich mit der Pareto-optimalen Menge.

Auf einem *vollkommenen Konkurrenzmarkt* kann es nur einen erfolgreichen Innovator geben, der ein Patent erhalten muß, da er sonst wegen der Kosten, die eventuelle Imitatoren nicht haben, einen Wettbewerbsnachteil hätte. Man unterscheidet drastische und nicht-drastische Innovationen. Eine Innovation ist eine drastische Innovation, wenn der Monopolpreis des innovierenden Unternehmens unter den ursprünglichen Grenzkosten der Produktion liegt. Bei drastischen und bei nicht-drastischen Innovationen ist der Innovationsanreiz auf dem vollkommenen Konkurrenzmarkt unter den beschriebenen Voraussetzungen niedriger als im Pareto-Optimum. Aber bei drastischen Innovationen ist der Innovationsanreiz hier gleich groß bzw. - unter bestimmten Bedingungen - sogar größer als im Monopol.

Im *Oligopol* liegen die Dinge komplizierter, weil hier strategisch interdependentes Verhalten der einzelnen Akteure vorliegt. Dadurch entsteht für jeden Oligopolisten außer dem direkten Innovationsanreiz wie in den Marktformen zuvor auch ein sogenannter „strategischer Innovationsanreiz" infolge der erwarteten Reaktion der anderen Konkurrenten auf seine eigene Innovation. Dieser strategische Innovationsanreiz für den potentiellen Innovator im Oligopol hängt in seinem Vorzeichen ab von der Art der Oligopolkonkurrenz (Preis- oder Mengenstrategie, vgl. Abschnitte 3.1 und 3.2) und davon, ob die Innovation von den anderen Oligopolisten als aggressive oder friedliche Innovation gesehen wird: Bei einer als aggressiv empfundenen Innovation ist der strategische Innovationsanreiz positiv im Mengenwettbewerb, und negativ im Preiswettbewerb. Bei einer friedlichen Innovation ist es umgekehrt.

(2) Wenn eine Innovation patentiert werden kann, kommt es zu einem „Patentrennen", falls sich mehrere Unternehmen um dieselbe Innovation bemühen, weil die Verlierer die Innovation per „Lizenz" vom Patentinhaber kaufen müssen. Viele Modelle beschäftigen sich mit der Frage, wie sich die Anzahl der um die Innovation konkurrierenden Unternehmen auf den Innovationsanreiz für den einzelnen auswirkt und wann die Innovation realisiert wird. Wenn wir wieder Prozeßinnovationen betrachten, zeigt es sich, daß bei steigender Konkurrentenzahl von jedem Unternehmen zwar die Chance als geringer angesehen wird, das Patentrennen zu gewinnen, aber insgesamt nehmen unter nicht restriktiven Modellannahmen die gesamten F & E-Ausgaben sogar zu, weil die steigende Zahl von Konkurrenten die geringeren individuellen F & E-Ausgaben überkompensieren. Entsprechend liegt der Erfolgszeitpunkt einer geplanten Innovation unter plausiblen Modellannahmen bei einer steigenden Anzahl von Konkurrenten früher.

Falls ein Monopolist ein Patentrennen beginnt mit einem potentiellen Eindringling, vergrößert dies bei den meisten Modellrechnungen den Innovationsanreiz des Monopolisten.

Gibt es keine Patentierungsmöglichkeit, weil sogenannte spillover-Effekte im Markt die Innovation für jeden Konkurrenten leicht zugänglich und damit eine Privatisierung der Innovation durch Patente unmöglich machen, dann sinkt der individuelle Innovationsanreiz möglicherweise gegen Null.

(3) Unter plausiblen Modellannahmen zeigt sich, daß Unternehmen ihre (optimalen) F & E-Ausgaben mit steigender Patentlaufzeit erhöhen. Unter wohlfahrtsökonomischen Gesichtspunkten ist unter plausiblen Modellannahmen eine endliche Patentlaufzeit einer unendlichen vorzuziehen.

(4) Auch im Bereich von F & E können konkurrierende Unternehmen kooperieren. Es zeigt sich durch vergleichende Modellrechnungen z. B. im Duopolfall, daß der Vorteil einer F & E-Kooperation der beiden Konkurrenten um so größer ist und damit eine Kooperation um so lukrativer macht, je stärker die spillover-Effekte im betreffenden Markt bei der betrachteten Innovation sind. Spillover-Effekte bedeuten in diesem Fall, daß die F &

E-Ausgaben eines Unternehmens die Durchschnittskosten der Produktion des anderen Unternehmens positiv korreliert beeinflussen.

## 7 Zusammenfassung

In diesem Kapitel wurde dem Leser ein Querschnitt durch verschiedene zentrale Themen der modernen Industrieökonomik präsentiert. Auf die Darstellung der speziellen, aber wichtigen Marktform eines natürlichen Monopols und den Wettbewerb um einen Markt in Kapitel 2 folgt in Kapitel 3 eine Beschreibung der an das Cournot-Oligopolmodell des Kapitels „Märkte" inhaltlich anschließenden Oligopolmodelle von Stackelberg und Bertrand. Ein wichtiges Thema der Industrieökonomik ist die Analyse kollusiven, also kooperativen, Verhaltens von Konkurrenten zur Verringerung des Wettbewerbsdrucks. In Abschnitt 4.1 findet der Leser eine Analyse der zentralen Kollusionsform der Preisführerschaft, Abschnitt 4.2 setzt die im Beitrag „Märkte" begonnene Untersuchung eines Kartells fort mit dem Fokus auf die Frage, was Kartelle instabil macht. Die Kapitel 5 und 6 stellen dem Leser zentrale Themen der Industrieökonomik vor, die die strategischen Optionen von Unternehmen betreffen: Strategien von Anbietern zur Verdrängung von Konkurrenten oder zur Behinderung potentieller Konkurrenten sowie Forschungs- und Entwicklungsaktivitäten von Unternehmen. Während die in Kapitel 5 behandelten strategischen Optionen die Handlungsmöglichkeiten unter den gegebene Bedingungen für Unternehmen beschreiben, vergrößern Forschungs- und Entwicklungsaktivitäten durch die daraus entstehenden Innovationen den Handlungsraum der betreffenden Unternehmen. Ohne auf die inzwischen große Vielfalt der Modellansätze der Innovationsökonomik im einzelnen eingehen zu können, stellt Kapitel 6 die zentralen theoretischen Resultate zu Fragen nach Innovationsanreizen, Patentrennen und Innovationsanreizen von Patenten sowie zur profitablen Kooperation von Konkurrenten im F & E-Bereich vor.

## Literaturverzeichnis

1. Audretsch DB (1996) Industrieökonomik. In: Springers Handbuch der Volkswirtschaftslehre 1, Grundlagen, S. 177–227. Springer-Verlag, Berlin Heidelberg New York
2. Bester H (2000) Industrieökonomik. Springer-Verlag, Berlin Heidelberg New York
3. Feess E (2002) Mikroökonomie. Eine spieltheoretisch- und anwendungsorientierte Einführung. Metropolis-Verlag, Marburg
4. Grupp H (1997) Messung und Erklärung des Technischen Wandels. Grundzüge einer empirischen Innovationsökonomik. Springer-Verlag Berlin Heidelberg New York
5. Martin S (2002) Advanced industrial economics, 2nd ed. Blackwell Publishers, Malden, Oxford

6. Wied-Nebbeling S (1997) Markt und Preistheorie, 3. Auflage. Springer-Verlag, Berlin Heidelberg New York

# Grundlagen der Institutionenökonomie

Bernhard Wieland

Technische Universität Dresden, Fakultät Verkehrswissenschaften „Friedrich List",
Professor für Verkehrswirtschaft und internationale Verkehrspolitik
(Bernhard.Wieland@mailbox.tu-dresden.de)

## 1 Einführung

Als Ende der 80er Jahre die Zentralverwaltungswirtschaften in Osteuropa zusammenbrachen, wurde dies von vielen als Beweis der Überlegenheit von „Marktwirtschaften" gegenüber „Planwirtschaften" angesehen. Das ist sicherlich richtig. Es ist jedoch gleichzeitig zu einfach.

Keine moderne Marktwirtschaft funktioniert heute ausschließlich auf der Basis von Märkten. In vielen Bereichen marktwirtschaftlich orientierter Volkswirtschaften spielt Planung eine wichtige Rolle, so etwa im Verkehr oder im Bildungswesen. Ebenso gab es in den Zentralverwaltungswirtschaften eine Fülle von Märkten, wenn auch teilweise inoffizieller Natur oder stillschweigend geduldet.

Alle modernen Volkswirtschaften sind Mischsysteme, in denen Planung und Markt nebeneinander existieren. Die entscheidende Frage ist lediglich, welche der beiden Koordinationsformen wirtschaftlicher Aktivitäten überwiegt.

Bei näherem Hinsehen erkennt man, daß Planung und Markt sogar auf eine sehr viel grundlegendere Art und Weise ineinander verwoben sind als ihre schablonenhafte Gegenüberstellung zunächst offenbart. Planung und hierarchische Organisationsstrukturen sind keineswegs nur staatlichen Bürokratien vorbehalten. Beide sind vielmehr untrennbar mit einer der entscheidenden Triebfedern moderner Marktwirtschaften verbunden, der Unternehmung. Moderne Großunternehmen sind um nichts weniger hierarchisch strukturiert als staatliche Bürokratien und ihre Planungsabläufe nicht weniger komplex. Die Unternehmen einer Marktwirtschaft sind planwirtschaftliche Inseln in einer ansonsten von Marktkräften gesteuerten Umwelt.

Diese Beobachtung mag zunächst trivial erscheinen. Sie eröffnet aber den Blick auf eine sehr viel tiefergehende, für das Verständnis volkswirtschaftlicher Zusammenhänge fundamentale Frage. Die Frage lautet: Welche ökonomischen Zusammenhänge bestimmen die Grenze zwischen Planung und Markt? Welche wirtschaftlichen Aktivitäten werden besser über den Markt koordiniert und welche über hierarchisch strukturierte Organisationsformen? Was bedeutet an dieser Stelle das Wort „besser"?

Diese Frage ist keineswegs von rein akademischem Interesse. Wenn ein Automobilhersteller heute überlegt, ob er eine bestimmte Komponente selber herstellen oder sie von einem unabhängigen Zulieferer beziehen soll (make or buy), stellt er genau diese Frage. Er fragt, ob er sich darauf verlassen kann, daß ihm der Markt die betreffende Komponente in der von ihm gewünschten Qualität und mit der gleichen Pünktlichkeit zur Verfügung stellen kann wie eine im eigenen Unternehmen angesiedelte Abteilung, über die er volle Kontrolle hat. Die gleiche Frage stellt sich eine multinationale Bank, die erwägt, ob sie in einem anderen Land eine Filiale gründen soll oder ob für den beabsichtigten Geschäftszweck auch eine Korrespondenzbankbeziehung ausreicht. Auch bei der Frage, inwieweit beispielsweise die Bereitstellung der Verkehrsinfrastruktur eines Landes privaten Unternehmen überlassen werden könne, steht letztlich die Entscheidung zwischen Markt und Hierarchie im Hintergrund.

Im ersten Teil dieses Beitrags werden wir die Grundelemente einer Theorie skizzieren, mit deren Hilfe man Fragen wie die eben gestellten zumindest in Ansätzen beantworten kann. Es handelt sich dabei um die sogenannte Transaktionskostentheorie, die im vorigen Jahrhundert von den beiden Volkswirten Ronald Coase und Oliver Williamson begründet worden ist. Die Transaktionskostentheorie ist ihrerseits ein zentraler Bestandteil der Neuen Institutionenökonomik, die als weitere Elemente die Theorie der Verfügungsrechte (property rights) und die Vertragstheorie enthält. (Die „Neue" Institutionenökonomik ist von der älteren Institutionenökonomik zu unterscheiden, die in der ersten Hälfte des 20. Jahrhunderts in den USA entwickelt wurde. Ihre bedeutendsten Vertreter waren Veblen, Commons und Mitchell.) Eine umfassende Übersicht über die Neue Institutionenökonomik gibt [3], ein weiteres Standardwerk ist [2]. Die beiden Hauptwerke Williamsons sind [6] und [7].

Gegen Ende des Beitrags werden wir sehen, daß sich mit Hilfe der Transaktionskostentheorie auch die Frage beantworten läßt, wann und wie der Staat in das Marktgeschehen eingreifen sollte, um unerwünschte Marktergebnisse zu korrigieren.

## 2 Transaktionskosten

Theoretisches Grundelement der folgenden Analyse ist der Begriff der Transaktion.

Eine Transaktion ist ein Vorgang, bei dem zwei oder mehr Wirtschaftsobjekte sogenannte Verfügungsrechte erwerben bzw. verkaufen. Der Begriff des Verfügungsrechts wird in der Literatur unterschiedlich definiert, Einigkeit besteht jedoch darin, daß ein Verfügungsrecht zumindest folgende Teilaspekte umfasst:

(1) das Recht, den Gebrauch eines Gutes zu bestimmen

(2) den Anspruch auf den Marktwert des Gutes und
(3) das Übertragungsrecht zu (1) und (2).

Ein Beispiel mag diese etwas abstrakte Definition erläutern. Kauft eine Person ein Konsumgut, etwa ein Stück Kuchen, erwirbt sie alle drei genannten Rechte, bis hin zur physischen Vernichtung des Gutes. Ein Arbeitnehmer hingegen überträgt seinem Arbeitgeber nur bestimmte, in einem Arbeitsvertrag wohldefinierte Verfügungsrechte über seine Dienste. So erwirbt der Arbeitgeber mit der Unterzeichnung des Arbeitsvertrags zwar das Recht, die Arbeitskraft des Arbeitnehmers für Zwecke seiner Wahl einzusetzen (im vertragsmäßig definierten Rahmen), hinsichtlich der Transferierbarkeit dieser Rechte gibt es jedoch im allgemeinen arbeitsrechtliche Einschränkungen.

Eine Transaktion ist also ein Vorgang, bei dem Verfügungsrechte übertragen werden. Dies kann auf entsprechenden Märkten geschehen, es kann jedoch auch im Rahmen anderer Institutionen stattfinden. So werden etwa in einer freiwilligen Kooperation zur Erreichung eines gemeinsamen Ziels Verfügungsrechte ohne direkte Gegenleistung übertragen. Ein anderes Beispiel bildet das Militär, dessen Verfügungsrechte über Leib und Leben der Soldaten auf Zwang (dem physischen Machtmonopol des Staates) beruhen.

Wenn wir zunächst einmal nur solche Transaktionen betrachten, die über den Markt stattfinden, stellen wir fest, daß Markttransaktionen Kosten verursachen. Märkte funktionieren nicht kostenlos, es müssen vielmehr volkswirtschaftliche Ressourcen eingesetzt werden, um Transaktionen abzuwickeln. „There is a cost of using the price system" ([1], S. 390). Dies war 1937 die entscheidende und neue Einsicht des Begründers der Transaktionskostentheorie, Ronald Coase. Die Kosten können in vielen Fällen so hoch sein, daß es volks- und einzelwirtschaftlich vorteilhafter ist, eine andere Koordinationsform als den Markt einzusetzen. Sie können auch dazu führen, daß Märkte ihre Koordinationsfunktion nur schlecht erfüllen. Wie wir noch sehen werden, kann in einer solchen Situation eventuell der Staat eingreifen und die Funktionsfähigkeit von Märkten verbessern, indem er durch sein Handeln dazu beiträgt, Transaktionskosten zu senken.

Wenn Sie sich vor Augen halten, was Sie bisher in diesem Buch gelesen haben, so werden Sie feststellen, daß bisher implizit immer angenommen wurde, daß Märkte kostenlos funktionieren. Um einen beliebten Vergleich mit der Physik zu bemühen: Die Art von Wirtschaftstheorie, die Sie bisher kennengelernt haben, gleicht einer Physik ohne Berücksichtigung der Reibung. In diesem Beitrag führen wir gewissermaßen das Phänomen der Reibung in die volkswirtschaftliche Theorie ein. Wie wir noch sehen werden, hat dies weitreichende Konsequenzen, auch für die praktische Wirtschaftspolitik.

Fragen wir uns nun genauer, wodurch eigentlich Transaktionskosten entstehen! Zunächst einmal ist klar, daß sich zwei Transaktionspartner überhaupt erst einmal finden müssen, bevor die von ihnen angestrebte Transaktion stattfinden kann. Das heißt dem eigentlichen Tauschakt, in dem ein Verfügungsrecht den Besitzer wechselt, geht zunächst einmal eine Suchphase voraus, die natürlich Kosten verursacht.

Ist ein potentieller Partner gefunden, kann bei standardisierten Gütern oder Dienstleistungen unter Umständen sofort zur Phase des Tausches übergegangen werden. Häufig jedoch müssen mehr oder minder langwierige Vertragsverhandlungen stattfinden, bis schließlich ein Vertrag aufgesetzt und abgeschlossen werden kann. Dies ist typischerweise bei industriellen Großprojekten der Fall, etwa beim Bau eines Kraftwerks oder eines Autobahnteilstücks. Aber auch bei kleiner dimensionierten Transaktionsobjekten können zeit- und kostenintensive Vertragsverhandlungen erforderlich werden, so etwa, wenn ein Unternehmen mit einem Zulieferer über die Produktion eines hochkomplexen technischen Zwischenprodukts verhandelt, das außerdem noch pünktlich und verläßlich angeliefert werden soll.

Bei genauerem Hinsehen erkennt man, daß in solchen Vertragsverhandlungen im Grunde genommen über nichts anderes als die genaue Spezifizierung der zu übertragenden Verfügungsrechte verhandelt wird, sofern diese nicht schon im Rahmen des geltenden Rechtssystems festgelegt sind. In den Vertragsverhandlungen wird genau bestimmt, wer welche Rechte und Pflichten hat und wie diese Rechte und Pflichten bei sich ändernden Umständen zu modifizieren sind. Wir werden auf dieses Thema gleich noch zurückkommen.

Ist der Vertrag abgeschlossen, können im nächsten Schritt die Verfügungsrechte vom Verkäufer zum Käufer übertragen werden. Auch hierbei können wieder Kosten entstehen. Bei Verfügungsrechten über ein physisches Gut ist es meistens erforderlich, das Gut vom Verkäufer zum Käufer zu transportieren. Es entstehen also Transportkosten, eventuell Kosten der Versicherung usw.[1]

Ist der Tauschvorgang abgeschlossen, kann es dazu kommen, daß einer der Vertragspartner seine Verpflichtungen nicht vollständig erfüllt. In diesem Fall muß der geschädigte Partner seine Vertragsansprüche durchsetzen, notfalls per Gericht. Auch dafür sind wiederum Kosten aufzuwenden, etwa für Rechtsanwälte, Sachverständige etc.

Will man diese verschiedenen Kostenarten einer Markttransaktion etwas übersichtlicher gliedern, kann man unterscheiden in Kosten

- der Vertragsanbahnung
- des Vertragsabschlusses und
- der Vertragsdurchsetzung.

Zusammenfassend können wir somit definieren: Transaktionskosten sind der Verbrauch von volkswirtschaftlichen Ressourcen, die bei der Übertragung

---

[1] Einige Autoren rechnen die Transportkosten eher den Produktions- als den Transaktionskosten zu. Unter einzelwirtschaftlichem Gesichtspunkt kann dies häufig sinnvoll sein. Unter volkswirtschaftlichem Blickwinkel hingegen ist der Transport zum überwiegenden Teil Konsequenz der volkswirtschaftlichen Arbeitsteilung, also der Organisation des Wirtschaftssystems, und seine Kosten sind demnach als Transaktionskosten anzusehen. Vgl. [3], S. 276.

oder Einrichtung von Verfügungsrechten entstehen. Bei Markttransaktionen umfaßt die Durchführung einer Transaktion folgende Phasen
- die Vertragsanbahnung
- den Vertragsabschluß
- die Vertragsdurchsetzung.

Läßt man sich diese Definition der Transaktionskosten etwas durch den Kopf gehen, erkennt man, daß viele Wirtschaftszweige und viele Teile der öffentlichen Verwaltung eigentlich als „Transaktionsindustrien" auffaßbar sind. Banken, Börsen, Immobilienmakler, Rechtsanwälte, das Transportwesen oder bestimmte Bereiche der Justiz dienen alle der Durchführung von Transaktionen. Die von ihnen verursachten Kosten sind als Transaktionskosten anzusehen. Unter diesem Blickwinkel haben Wallis und North in einer vielzitierten Studie den Anteil des Transaktionssektors am amerikanischen BSP des Jahres 1970 auf über 50 % beziffert ([4]). Auch wenn solche Schätzungen stets mit Vorsicht zu genießen sind, wird daraus doch deutlich, welch große Bedeutung den Transaktionskosten in einer modernen Volkswirtschaft zukommt.

## 3 Transaktionskosten und die Funktionsfähigkeit von Märkten

Wie wirken sich nun Transaktionskosten konkret auf das Funktionieren von Märkten aus? In erster Näherung kann man sich die Wirkung von Transaktionskosten ähnlich wie die einer Steuer vorstellen (vgl. Abschnitt 6 unten zu dieser Vereinfachung). Dies zeigt Abbildung 1.

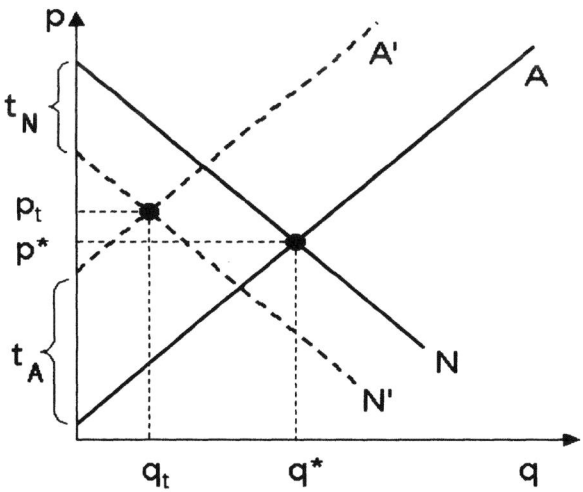

**Abb. 1.** Wirkung der Transaktionskosten - 1

Hier wird ein Markt mit vollständiger Konkurrenz unterstellt, auf dem die Angebotskurve durch $A$ und die Nachfragekurve durch $N$ gegeben ist. (Streng genommen gibt es auf einem Markt mit vollständiger Konkurrenz keine Transaktionskosten. Können Sie das begründen?) Ohne Transaktionskosten würde sich ein Marktgleichgewicht bei $(p^*, q^*)$ einstellen. Nun sei angenommen, daß pro gehandelter Einheit des zugrundeliegenden Gutes bei den Anbietern Transaktionskosten in Höhe von $t_A$ und bei den Nachfragern von $t_N$ entstünden. Der für die Kaufentscheidung des Nachfragers relevante Preis ist jetzt ein Bruttopreis, der die Transaktionskosten enthält. Das heißt folgendes: Würde der Nachfrager ohne Transaktionskosten beim Preis $p$ die Menge $q$ kaufen, wird er unter Berücksichtigung der Transaktionskosten, die er ja ebenfalls bezahlen muß, eine geringere Menge als $q$ nachfragen. Die Nachfragekurve $N$ verschiebt sich also um den Betrag $t_N$ parallel nach unten auf $N'$. Eine analoge Überlegung gilt für den Anbieter. Wenn ihm ohne Berücksichtigung von Transaktionskosten ein Preis $p$ erlaubt, die Menge $q$ kostendeckend zu produzieren, so muß der Anbieter, wenn er auch noch die Transaktionskosten $t_A$ zu bezahlen hat, einen höheren Preis als $p$ bekommen, wenn er nach wie vor die Menge $q$ produzieren soll. Seine Angebotskurve verschiebt sich also nach oben auf $A'$. Damit verlagert sich das Marktgleichgewicht von $(p^*, q^*)$ nach $(p_t, q_t)$, d. h. der Marktpreis hat sich erhöht und die gehandelte Menge verringert. Die Konsumenten können nicht mehr soviel von dem Gut kaufen, wie sie das eigentlich gern tun würden, und die Produzenten nicht soviel absetzen, wie ihnen das ohne die Existenz von Transaktionskosten möglich wäre. In diesem Sinne funktioniert der Markt als Folge von Transaktionskosten „schlechter".

Im Extremfall könnten sich die Kurven $A$ und $N$ sogar soweit verschieben, daß überhaupt kein Markt mehr entsteht. Dieser Fall ist in Abbildung 2 dargestellt.

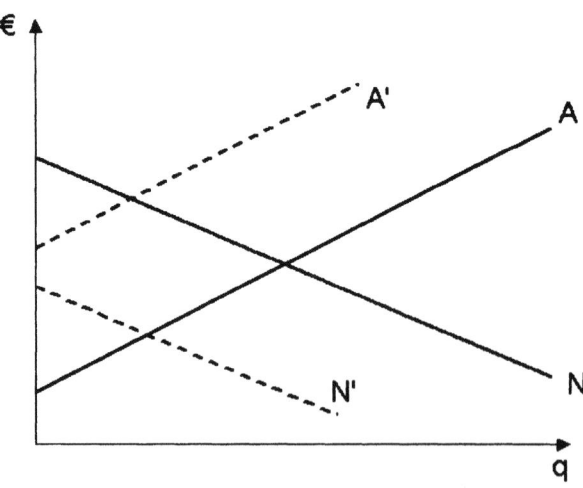

Abb. 2. Wirkung der Transaktionskosten - 2

Hier existiert kein Marktpreis mehr, bei dem sich die Angebotskurve $A'$ und die Nachfragekurve $N'$ schneiden. Das Angebot ist den Nachfragern stets zu teuer. Die Abbildung verdeutlicht im Umkehrschluß auch, wie durch die Senkung von Transaktionskosten neue Märkte entstehen können. Man denke an die dramatische Senkung der Transportkosten, die durch Eisenbahnen, Flugzeuge, Schiffe und den Kraftwagen möglich wurden, oder die Senkung der Informationskosten durch die Telekommunikation. Die Entstehung der verschiedenen neuen Märkte, die durch das Internet möglich wurden, ist hier ein besonders schlagendes Beispiel.

# 4 Markt und Hierarchie

Man stelle sich folgende (zugegebenermaßen absurde) Situation vor: Ein Chef handelt mit seiner Sekretärin für jede einzelne Tätigkeit, die sie am Tag verrichtet, einen gesonderten Preis aus. Also beispielsweise: einen Brief schreiben $x$ Euro, einen Aktenordner sortieren $y$ Euro etc. Bietet der Chef für eine bestimmte Tätigkeit einen zu niedrigen Preis, sucht sich die Sekretärin für diese Tätigkeit ein anderes Unternehmen. Verlangt umgekehrt die Sekretärin einen zu hohen Preis, ersetzt sie der Chef durch eine andere Kraft vom Markt.

Was macht diese Vorstellung so absurd? Offenbar dies, daß diese Lösung immens unpraktikabel wäre. Chef und Sekretärin kämen vor lauter Verhandeln nicht mehr zum Arbeiten. Es gäbe fortwährend Brüche im Arbeitsablauf. Eine andere Art, diese Einsicht zu formulieren, besteht darin, daß die Benutzung des Preismechanismus im Falle von Chef und Sekretärin zu hohe Transaktionskosten aufwirft. Die offenkundige Möglichkeit, diese Transaktionskosten zu senken, besteht im Abschluß eines langfristigen Vertrags. Die Sekretärin erteilt dabei dem Chef das Recht, ihr innerhalb einer festgelegten Zeit des Tages Arbeitsanweisungen zu erteilen, mit anderen Worten, sie erteilt dem Chef für diese Zeit ein Verfügungsrecht über ihre Arbeitskraft. Innerhalb der Vertragsdauer wird der Preismechanismus durch Hierarchie ersetzt.

Mit diesem Beispiel ist bereits der wesentliche Inhalt der von Coase entwickelten Theorie der Firma dargestellt. Bei genauerer Überlegung zeigt sich zunächst, daß ein Unternehmen im Grunde nichts weiter als ein Geflecht von Verträgen mit unterschiedlicher Dauer ist. Ein Unternehmen bindet nicht nur die Sekretärinnen, sondern eine Fülle weiterer Produktionsfaktoren (Maschinen, Finanzkapital, Boden) mit Verträgen an sich. Im Rahmen dieser Verträge hat das Management die Möglichkeit, Anweisungen zu erteilen. Ein Unternehmen ist also eine Form der Hierarchie, wenngleich vielleicht auch nicht eine so strikte Form wie etwa das Militär oder die Kirche.

Diese Überlegungen verdeutlichen auch, wo die Grenze zwischen einem Unternehmen und dem Markt verläuft. Bei jeder Aktivität, die in seinen Produktionsprozeß eingeht, muß ein Unternehmen überlegen, ob es kostengünstiger ist, die Aktivität innerhalb des eigenen Hauses stattfinden zu lassen oder ob die Zulieferung durch ein eigenständiges Unternehmen, also den Markt, in

Anspruch genommen werden soll. In der Literatur wird diese Entscheidung als Make-or-Buy-Entscheidung bezeichnet. Es ist diese Entscheidung, die letztlich der von Coase entworfenen Theorie der Firma zugrunde liegt.

Wenn wir uns diese Entscheidung etwas genauer ansehen, erkennen wir, daß ihr Ergebnis hauptsächlich von zwei in entgegengesetzter Richtung wirkenden Kostenarten bestimmt wird. Betrachten wir dazu das Beispiel eines Automobilherstellers, der überlegt, sich ein bestimmtes Zwischenprodukt, etwa einen Scheinwerfer, zuliefern zu lassen oder es selbst zu produzieren. Es liegt auf der Hand, daß er sich mit hoher Wahrscheinlichkeit für die Zulieferung entscheiden wird. Zum einen wird nämlich ein unabhängiger Zulieferer kostengünstiger produzieren können. Dies liegt daran, daß er mit dem relativ standardisierten Produkt Scheinwerfer gleichzeitig viele Automobilhersteller beliefern kann und deshalb in der Lage ist, in seinem Produktionsprozeß Größenvorteile auszunutzen, d. h. seine Stückkosten sinken mit der produzierten Menge. Zum anderen sind (wie wir gleich ausführlich begründen werden) die Transaktionskosten beim Bezug von standardisierten Zwischenprodukten relativ gering. Im Gegensatz dazu erhöht die Eigenfertigung womöglich den Managementaufwand im eigenen Unternehmen überproportional. Beide Kostenüberlegungen sprechen im Fall des Scheinwerfers für einen Fremdbezug.

Die gleiche Entscheidung kann ganz anders ausfallen, wenn es sich bei dem Zwischenprodukt nicht um ein relativ standardisiertes Produkt handelt, sondern um eine hochkomplexe Sonderfertigung. Wir werden auf diesen Fall sogleich zurückkommen.

Williamson hat Markt und Hierarchie als die beiden entgegengesetzten Endpunkte eines Kontinuums von wirtschaftlichen Koordinationsmechanismen dargestellt (vgl. Abbildung 3).

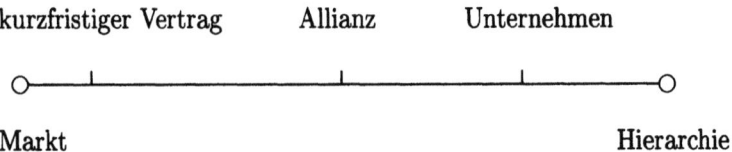

**Abb. 3.** Markt und Hierarchie

Zwischen den beiden Extremen liegt eine Fülle von anderen Koordinationsformen, die je nach festgelegter Dauer und Art der Verfügungsrechte eher dem Extrem Markt oder dem Extrem Hierarchie zuneigen.

Das **Grundprinzip der Transaktionskostentheorie** besagt nun, daß eine wirtschaftliche Transaktion immer im Rahmen desjenigen Koordinationsmechanismus stattfindet, der die geringsten Transaktionskosten aufweist. Das heißt, daß sich die Koordinationsmechanismen quasi in einem permanenten Selektionsmechanismus befinden, in dem die Wirtschaftssubjekte sich immer für den Koordinationsmechanismus entscheiden, der ihre Transaktion zu den geringsten Kosten abwickelt.

Umschreibt man Märkte, Hierarchien und alle dazwischenliegenden Koordinationsformen mit dem Begriff der Institution kann man das gerade ausgesprochene Grundprinzip der Transaktionskostentheorie auch folgendermaßen formulieren: Eine Transaktion findet immer in derjenigen Institution statt, die für diese Transaktion die niedrigsten Transaktionskosten verursacht.

Mit einer solchen Formulierung wird jedoch der dynamische Aspekt der Entwicklung von Institutionen ausgeblendet. Die Formulierung suggeriert, daß die Institutionen einer Volkswirtschaft fest vorgegeben sind und je nach Kostengünstigkeit von den Wirtschaftssubjekten frequentiert werden. Die Wirtschaftsgeschichte zeigt jedoch, daß sich Institutionen in einem steten Wandel befinden bzw. daß sich immer neue Institutionen herausbilden, um den Transaktionsbedürfnissen der Wirtschaftssubjekte zu entsprechen. Die Triebkraft des institutionellen Wandels, zu dem ebensosehr die Entstehung neuer Behörden, neuer Märkte, neuer Managementmethoden oder neuer Unternehmensformen gehört, ist das Bestreben, Transaktionskosten zu senken.

Man sieht hier, daß die Transaktionskostentheorie letztlich eine Theorie der Entstehung und des Wandels von Institutionen ist. Sie ist damit wie schon eingangs gesagt ein zentrales Element der sogenannten modernen Institutionenökonomik.

## 5 Gründe für die Entstehung von Transaktionskosten

Ein häufig erhobener Einwand gegen die Transaktionskostentheorie lautet, daß sie letztlich tautologisch sei. Der Einwand lautet folgendermaßen: Für eine bestimmte Transaktion wird die Koordinationsform $X$ gewählt, weil dies niedrigere Transaktionskosten aufwirft als die Wahl der Koordinationsform $Y$. Woran erkennt man aber, das $X$ weniger Transaktionskosten verursacht als $Y$? Antwort: daran, daß $X$ gewählt wurde.

Dieser Vorwurf ist nur dann zu entkräften, wenn in einem konkreten Fall

(1) entweder Transaktionskosten direkt meßbar sind
(2) oder aber wenn zumindest Bedingungen qualitativer Natur angegeben werden können, die gute Argumente dafür liefern, warum die Transaktionskosten in $X$ niedriger sind als in $Y$.

Leider hat sich herausgestellt, daß Transaktionskosten nur sehr schwer quantifiziert werden können. Dies liegt in erster Linie an der begrifflichen Unschärfe, die dieser Begriff beim heutigen Stand der Theorie noch aufweist. Deshalb hat insbesondere Williamson versucht, dem Tautologievorwurf auf dem zweiten Weg entgegenzuarbeiten. Auf einige wesentliche Elemente seiner Theorie soll in diesem Abschnitt eingegangen werden.

Man kann Transaktionen nach folgenden drei Dimensionen unterscheiden:

(1) Spezifität

(2) Häufigkeit
(3) Unsicherheit und Komplexität.

**Spezifität**

Sehr häufig müssen für eine Transaktion Investitionen getätigt werden, die speziell auf diese Transaktion zugeschnitten sind. So kann es etwa vorkommen, daß ein Arbeitnehmer eine umfassende Ausbildung durchlaufen muß, um eine bestimmte Tätigkeit ausüben zu können. Das gleiche gilt für einen Zulieferer, der in spezielle Maschinen investieren muß, um beispielsweise für eine Automobilfabrik ein bestimmtes Zwischenprodukt herzustellen. Wenn eine solche Investition außerhalb des geplanten Zwecks nur noch einen sehr geringen oder im Extremfall sogar gar keinen Marktwert mehr hat, spricht man von einer spezifischen Investition. Die Investitionskosten sind dann zum Teil oder im Extremfall sogar gänzlich als sogenannte versunkene Kosten (sunk cost) anzusehen. Sie sind durch keinen ökonomischen Akt rückholbar. Hat beispielsweise ein Eisenbahnunternehmen ein Schienennetz verlegt und muß nach einiger Zeit wieder aus dem Markt ausscheiden, gibt es für die Schienen keine alternative Verwendung. Die entsprechenden Investitionen stellen in vollem Umfang versunkene Kosten dar. Ein Taxiunternehmen kann hingegen die beim Marktzutritt erworbenen Automobile beim Marktaustritt auf einem gut funktionierenden Gebrauchtwagenmarkt wieder verkaufen.

Es liegt auf der Hand, daß kein Transaktionspartner bereit ist, spezifische Investitionen vorzunehmen, ohne daß ihm die Gegenseite entsprechende Sicherheiten bietet. Würde er die spezifische Investition ohne solche Sicherheiten vornehmen, würde er durch die Gegenseite erpreßbar. (In der angelsächsischen Literatur wird dieses Problem häufig als Hold-Up-Problem bezeichnet. Hold-Up ist der Ausdruck für einen bewaffneten Raubüberfall.) Deshalb kommt es bei Transaktionen, die spezifische Investitionen in großem Umfang beinhalten, sehr häufig zu langwierigen Vertragsverhandlungen, mit denen sich der Investor gegen Erpressung zu schützen versucht. Eine Möglichkeit, dies zu bewerkstelligen, besteht z. B. darin, daß sich die Gegenseite zum Teil an den spezifischen Investitionen beteiligt oder in anderer Form „eine Geisel stellt". Solche Vertragsverhandlungen können erhebliche Kosten verursachen und sind somit eine Quelle von Transaktionskosten.

Man kann hinsichtlich der spezifischen Investitionen noch genauer folgende Unterarten unterscheiden:

*Standort-Spezifität*
Man nehme etwa an, ein Eisenbahnunternehmen baut eine Bahnlinie speziell für ein bestimmtes Kohlebergwerk. Stellt das Kohlebergwerk seinen Betrieb ein, ist diese Investition verloren.

*Sachkapital-Spezifität*
Dieser Fall tritt beispielsweise ein, wenn ein Zulieferer in Spezialmaschinen

investieren muß, um ein bestimmtes Zwischenprodukt zu erzeugen, das er ausschließlich an einen einzigen Abnehmer liefern kann.

*Humankapital-Spezifität*
Hier entsteht die Spezifität durch Investitionen in den Erwerb von Wissen oder Know-how, das nur einem einzigen Arbeitgeber dient.

*Dedicated Assets*
In diesem Fall setzt ein Zulieferer zwar keine Spezialmaschinen ein, er investiert aber dennoch in einem besonders großen Umfang in Sachkapital, um die besonders große Nachfrage eines einzelnen Abnehmers erfüllen zu können. Kündigt dieser große Abnehmer die Geschäftsbeziehungen, entstehen für den Zulieferer zunächst einmal verlustbringende Überkapazitäten.

*Zeitliche Spezifität*
Diese Art der Spezifität zeigt, daß nicht nur Zulieferer erpreßbar sein können, sondern auch Abnehmer. Ein solcher Fall kann beispielsweise vorliegen, wenn der Abnehmer seine Produktion auf einen genauen zeitlichen Rhythmus orientiert hat, bei dem termingenaue Anlieferung von Zwischenprodukten unverzichtbar ist.

## Häufigkeit

Viele Transaktionen des realen Lebens ereignen sich nur einmal, wie etwa der Kauf eines Hauses. Andere, wie etwa ein Arztbesuch oder Börsentransaktionen, werden mit einem gleichbleibenden Transaktionspartner häufig wiederholt.

Bei häufiger Wiederholung einer Transaktion haben die Transaktionspartner die Möglichkeit, opportunistisches Verhalten der Gegenseite zu bestrafen, indem sie sich ihrerseits beim nächsten Aufeinandertreffen unkooperativ oder zumindest weniger kooperativ verhalten. Diese Zusammenhänge sind aus der Spieltheorie (hier speziell der Theorie wiederholter Spiele) wohlbekannt. Außerdem wird durch das Verhalten eines Partners in wiederholten Transaktionen sehr häufig eine für Außenstehende gut sichtbare Reputation aufgebaut. Für Finanzgeschäfte beispielsweise ist eine gute Reputation von entscheidender Bedeutung.

Diese Mechanismen haben zur Konsequenz, daß bei wiederholten Transaktionen oftmals auf explizite Verträge verzichtet werden kann. Dies gilt selbst für Transaktionen, die hohe Summen zum Gegenstand haben, wie etwa Börsentransaktionen oder Interbankengeschäfte. Würde hier einer der Partner seinen Verpflichtungen nicht nachkommen, wäre er sofort aus dem Markt. Häufig wiederholte Transaktionen sind deshalb zumeist mit verhältnismäßig geringen Transaktionskosten verbunden.

Häufigkeit und der damit verbundene Reputationseffekt können sogar dazu beitragen, das oben geschilderte Problem spezifischer Investitionen zu verringern. Ein Transaktionspartner, der die spezifischen Investitionen seines Ge-

genübers erpresserisch zu seinen Gunsten nutzt, erwirbt eine schlechte Reputation, die es ihm in Zukunft erschweren wird, weitere Geschäftspartner zu finden.

Weisen demnach häufig wiederholte Transaktionen geringe Transaktionskosten auf, ist dies bei einmaligen oder selten wiederholten Transaktionen genau umgekehrt. Hier greifen die Beteiligten im allgemeinen zu detaillierten Verträgen, um sich gegen opportunistisches Verhalten der Gegenseite abzusichern. Dementsprechend sind die Transaktionskosten zumeist hoch. Dennoch wird auch hier versucht, durch geeignete Institutionen Transaktionskosten zu senken, z. B. indem weitgehend standardisierte Verträge (Mietvertrag) eingesetzt oder spezielle Gerichte zur Regelung von Streitfällen geschaffen werden.

**Unsicherheit und Komplexität**

Unter einem vollständigen Vertrag versteht man einen Vertrag, der für jeden der Vertragspartner seine Leistungspflichten für alle nur denkbaren zukünftigen Zustände der Welt spezifiziert. Ist ein solcher Vertrag möglich, können die Vertragspartner also für alle Eventualitäten bindende Absprachen treffen. Im Falle einer Zulieferbeziehung zwischen einem Automobilhersteller und dem Produzenten eines Zwischenproduktes könnte sich beispielsweise der Abnehmer gegen einen konjunkturell bedingten Rückgang der Nachfrage nach Autos absichern usw.

Offenbar sind solche vollständigen Verträge nicht realistisch. Niemand kann alle Eventualitäten vorhersehen, vor allem dann nicht, wenn die Vertragsbeziehung über eine längere Zeit besteht. Dies ist das Problem der Unsicherheit, von dem alle Aktivitäten des realen Lebens betroffen sind. Selbst wenn jedoch alle Eventualitäten vorhersehbar wären, wäre in der überwiegenden Zahl der Fälle die Anzahl der möglichen Eventualitäten so hoch, daß kein Vertrag sie jemals alle berücksichtigen könnte. Dies ist das Problem der Komplexität.

Auch wenn vollständige Verträge bei hoher Komplexität und Unsicherheit in der Realität so gut wie unmöglich sind, werden die Transaktionspartner doch bestrebt sein, sich durch möglichst ausführliche Verträge gegen opportunistisches Verhalten der Gegenseite abzusichern. Besonderen Raum wird dabei die Frage einnehmen, unter welchen Umweltbedingungen einzelne Vertragsvereinbarungen neu verhandelt werden können. Hohe Unsicherheit und Komplexität führen also meistens zu langwierigen Verhandlungen und damit zu hohen Transaktionskosten. Tabelle 1 faßt die Bestimmungsgründe für die Höhe von Transaktionskosten nochmals zusammen.

## 6 Transaktionskosten und die Rolle des Staates

Wir haben in Abschnitt 3 in vereinfachter Weise dargestellt, wie Transaktionskosten das Funktionieren von Märkten beeinträchtigen können. Dabei

Grundlagen der Institutionenökonomie 95

**Tabelle 1.** Bestimmungsgründe für die Höhe von Transaktionskosten

| Merkmal | Ausprägung | |
|---|---|---|
| | hoch | gering |
| Spezifität | TK hoch | TK niedrig |
| Häufigkeit | TK niedrig | TK hoch |
| Unsicherheit, Komplexität | TK hoch | TK niedrig |

wurde die Wirkungsweise von Transaktionskosten in Analogie zur Wirkung einer Mengensteuer erläutert. Die Ausführungen des letzten und vorletzten Abschnitts dürften allerdings verdeutlicht haben, daß Transaktionskosten sehr oft eine viel komplexere Wirkungsweise haben als dies in einer einfachen Parallelverschiebung der Angebots- und Nachfragekurven zum Ausdruck gebracht werden kann. In erster Näherung war die Analogie zur Mengensteuer zum Verständnis der Wirkung von Transaktionskosten auf die Funktionsfähigkeit von Märkten jedoch hilfreich.

Wir haben früher in diesem Buch bereits andere Beeinträchtigungen des Funktionierens von Märkten kennengelernt, das natürliche Monopol, die Existenz von öffentlichen Gütern und das Vorliegen von externen Effekten. Wenn wir uns diese Formen des Marktversagens genauer ansehen, stellen wir fest, daß es sich im Grunde auch hier um Probleme hoher Transaktionskosten handelt.

Wir zeigen dies exemplarisch anhand des natürlichen Monopols. Abbildung 4 stellt noch einmal das zentrale Problem dieses Falles dar.

Das natürliche Monopol produziert hier zu konstanten Grenzkosten GK und sieht sich einer Preisabsatzfunktion $N$ gegenüber. Kann es Preis und Menge frei setzen, wird es den Monopolpreis $p_M$ und die Monopolmenge $q_M$ wählen. Dadurch werden einige Kunden vom Konsum des betreffenden Gutes ausgeschlossen, die aber im Prinzip bereit gewesen wären, einen Preis in Höhe der Grenzkosten zu bezahlen. Volkswirtschaftlich wünschenswert wäre es deshalb, wenn das Monopol stattdessen den Preis $p_{GK}$ und die Menge $q_{GK}$ wählen würde. Dadurch würde es jedoch den Geldbetrag verlieren, der in der Zeichnung dem Viereck $p_M A B p_{GK}$ entspricht (seine „Monopolrente"). Es wird deshalb nicht bereit sein, ohne eine entsprechende Kompensation auf diese volkswirtschaftlich wünschenswerte Lösung einzugehen.

Auf der anderen Seite würde die Gesamtheit der Kunden des natürlichen Monopols dadurch einen zusätzlichen Nutzen erzielen, der in Geld bewertet dem Trapez $p_M A C p_{GK}$ entspricht. Dieser Betrag ist größer als der Verlust des

Monopols. Wenn sich also die Kunden zusammenschlössen und gemeinsam den Betrag $p_M A B p_{GK}$ an das Monopol zahlten, könnten sie das natürliche Monopol für den Verlust seiner Monopolrente entschädigen und es somit dazu bringen, doch die Preis-Mengen-Kombination $(p_{GK}, q_{GK})$ zu realisieren. Das Monopol würde sich dadurch nicht schlechter stellen, die Kunden aber besser, da nun auch jene Kunden in den Genuß des Gutes kommen, denen vorher der Preis $p_M$ zu hoch erschien, die aber bereit waren, zu einem Preis von mindestens $p_G K$ zu kaufen.

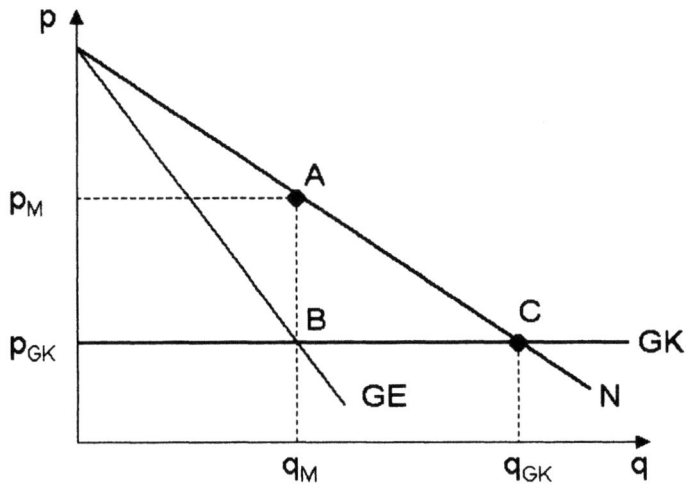

**Abb. 4.** Preissetzung im Monopol

Warum kommt es in der Realität im allgemeinen nicht zu dieser Lösung? Der wichtigste Grund besteht wohl darin, daß eine solche Lösung prohibitive Transaktionskosten aufwerfen würde. Alle Kunden des Monopols müßten sich zunächst einmal finden, dann ein Finanzierungsschema festlegen, dieses Finanzierungsschema im nächsten Schritt auch in ihrem Kreis durchsetzen (wobei alle Mitglieder einen Anreiz haben, sich vor der Zahlung ihres Beitrages zu drücken), ferner mit dem Monopol entsprechende Verhandlungen aufnehmen etc.

In der Regel wird es deshalb nur selten zu einer solchen Lösung kommen. Stattdessen greift in der Realität zumeist der Staat ein und senkt durch Regulierung des natürlichen Monopols den Preis von $p_M$ auf das Niveau von $p_{GK}$ (oder auf das Niveau des Durchschnittskostenpreises, vgl. Beitrag „Märkte") Man sieht, daß hier der Staat im Sinne einer transaktionskostensenkenden Instanz agiert. An die Stelle der vielen Kunden, die sowohl untereinander als auch mit dem Monopol langwierige Verhandlungen führen müßten, tritt er gegenüber dem Monopol als zentraler Sachwalter auf. Auch staatliche Regulierung kann deshalb als eine Institution aufgefaßt werden, mit deren Hilfe Transaktionskosten gesenkt werden. Volkswirtschaftliche Ziele, die der Bürger aufgrund hoher Transaktionskosten nicht in freiwilliger Kooperation durchsetzen kann, werden vom Staat realisiert.

Das bedeutet natürlich noch nicht, daß der Staat sich in der Realität auch tatsächlich nur auf solche transaktionskostensenkende Aktivitäten beschränkt. Die Public Choice Analyse (vgl. auch Beitrag „Politische Ökonomie") hat gezeigt, daß sich der Staat keineswegs nur auf die normativ erwünschten Tätigkeiten beschränkt. Aufgrund des Drucks von Interessengruppen oder aufgrund des Eigeninteresses von Politikern greift er häufig an Stellen in das Wirtschaftsgeschehen ein, wo im Prinzip gar kein Erfordernis besteht, wie er umgekehrt oft dort nicht eingreift, wo dies volkswirtschaftlich erwünscht wäre.

Immerhin läßt sich aus der gerade vorgenommenen Analyse folgendes normative Prinzip ableiten: Der Staat sollte immer nur dort in das Wirtschaftsgeschehen eingreifen, wo er durch Senkung der Transaktionskosten die Funktionsfähigkeit von Märkten verbessern oder zur Entstehung neuer Märkte beitragen kann. Dieses Prinzip soll nach seinem Urheber Carl Christian von Weizsäcker als Weizsäcker-Regel der Regulierungseingriffe bezeichnet werden (vgl. [5], S. 11 ff).

Wir können dieses Prinzip auch anhand eines anderen Störfaktors für die Funktionsfähigkeit von Märkten analysieren, der asymmetrischen Informationsverteilung. Diese Situation liegt vor, wenn eine der beiden Marktseiten besser über das zu handelnde Gut informiert ist als die andere. Typische Beispiele liefern Gebrauchtwagenmärkte, Finanz- und Versicherungsmärkte oder die Märkte für Dienstleistungen wie etwa Autoreparaturen oder medizinische oder juristische Leistungen. Auf allen diesen Märkten besteht die Gefahr, daß die besser informierte Seite ihren Informationsvorsprung zum Nachteil der schlechter informierten Seite ausbeutet. Die schlechter informierte Seite ist sich jedoch ihres Nachteils bewußt und versucht, unter Aufwendung von Kosten (etwa durch Heranziehung von Experten oder durch Konsultation der einschlägigen Literatur) ihre Position zu verbessern. In bestimmten Fällen kann auch umgekehrt die besser informierte Seite ein Interesse daran haben, ihrerseits Kosten aufzuwenden, um die schlechter informierte Seite von ihrer Glaubwürdigkeit zu überzeugen. Beide Male führt die Situation der asymmetrischen Informationsverteilung zu erhöhten Transaktionskosten. Dies wiederum kann zur Konsequenz haben, daß ein Markt nur sehr schlecht funktioniert oder - im Extremfall - gar nicht erst zustande kommt.

Ein gutes Beispiel liefert hier die Börse. Die Anleger sind zumeist über die wirtschaftliche Situation der Unternehmen, deren Aktien sie erwerben, schlechter informiert als die Unternehmen selbst. Ohne ein Minimum an Anlegerschutz und Börsenaufsicht wird sich deshalb eine Börse nur schwer entwickeln. Anlegerschutz und Börsenaufsicht sind jedoch als transaktionskostensenkende Institutionen zu verstehen. Dadurch, daß der Staat sie vermittels entsprechender Regulierungen vorschreibt, senkt er Transaktionskosten und verbessert die Funktionsfähigkeit von Aktienmärkten. Er handelt im Sinne der Weizsäcker-Regel.

Wir können die gerade vorgenommene Analyse noch etwas verallgemeinern. Jede wirtschaftliche Transaktion setzt ein Minimum an Verläßlichkeit und Sicherheit voraus. Ein Investor beispielsweise muß sich darauf verlassen können, daß er die Früchte seiner Investition auch ernten kann. Liegen die Verhältnisse in einem Land oder einer Branche so, daß dies nicht gewährleistet ist, werden dort nur noch sehr risikofreudige Individuen oder im Extremfall überhaupt niemand mehr investieren. In der Sprache der Transaktionskostentheorie heißt dies, daß die Kosten der Vertragsdurchsetzung prohibitiv sind. Der Staat kann diese Transaktionskosten senken, indem er für ein stabiles ordnungspolitisches Umfeld sorgt. Leider zeigt sich in der Realität sehr häufig, daß der Staat selbst einen Unsicherheitsfaktor darstellt, indem er Rahmenbedingungen abrupt ändert oder sich beispielsweise unter Berufung auf das Vorliegen einer „Sondersituation" nicht daran hält. Die Gefahr ist vor allem in Entwicklungs- oder Transformationsländern gegeben, aber keineswegs auf sie beschränkt. Diese Beobachtungen ändern nichts an der Erkenntnis, daß die Ordnungspolitik des Staates einer der maßgeblichen Faktoren für die Höhe der volkswirtschaftlichen Transaktionskosten ist.

Über die Gestaltung des ordnungspolitischen Rahmens kann der Staat die volkswirtschaftlichen Transaktionskosten und damit die Funktionsfähigkeit von Märkten gestalten.[2] Er beeinflußt damit auch Wachstum und Allokation.

## 7 Zusammenfassung

Dieser Beitrag brachte eine Einführung in die moderne Institutionenökonomik. Institutionen im Sinne dieser Theorie sind Regeln oder Organisationen. Es wurde dargelegt, daß Institutionen zum großen Teil der Senkung von Transaktionskosten dienen. Transaktionskosten sind Kosten, die bei der Übertragung von Verfügungsrechten entstehen. Sie gliedern sich in Kosten der Vertragsanbahnung, des Vertragsabschlusses und der Vertragsd urchsetzung. Ihre Höhe hängt ab von der Spezifität, der Häufigkeit sowie der Unsicherheit und Komplexität einer Transaktion.

Man kann unterschiedliche Koordinationsformen von wirtschaftlichen Aktivitäten unterscheiden, deren beide Extrempunkte der Markt und die Hierarchie bilden. In welcher dieser Koordinationsformen eine bestimmte Transaktion organisiert wird, hängt von den jeweils entstehenden Transaktionskosten ab. Das Grundprinzip der Transaktionskostentheorie besagt, daß eine Transaktion immer in derjenigen Institution stattfindet, die für diese Transaktion die geringsten Transaktionskosten aufweist. Institutionen befinden sich

---

[2] Diese Erkenntnis ist keineswegs neu. Sie war bereits eine der zentralen Einsichten der sogenannten Freiburger Schule.

in einem ständigen Wandel. Es bilden sich immer neue Institutionen heraus, um die Transaktionsbedürfnisse der Wirtschaftssubjekte zu befriedigen. Man kann zeigen, daß die bekannten Formen des Marktversagens letztlich Probleme prohibitiver Transaktionskosten sind. Aus dieser Erkenntnis wurde die Weizsäcker-Regel der Regulierungseingriffe abgeleitet, die besagt, daß der Staat nur dort in das Wirtschaftsgeschehen eingreifen sollte, wo er durch eine Senkung der Transaktionskosten die Funktionsfähigkeit von Märkten verbessern oder zur Entstehung neuer Märkte beitragen kann. Ins Allgemeine gewendet liefert dieses Prinzip einmal mehr einen Beleg für die besondere Rolle der Ordnungspolitik.

## Literaturverzeichnis

1. Coase RH (1937) The nature of the firm. Economica 4:386-405
2. Furubotn E, Richter R (1999) Neue Institutionenökonomik. J.C.B. Mohr (Paul Siebeck), Tübingen
3. Martiensen J (2000) Institutionenökonomik. Franz Vahlen, München
4. North D, Wallis J (1986) Measuring the transaction sector in the American economy, 1870-1970. In: Engerman S, Gellman R (Hrsg.) Long-term factors in American economic growth. Chicago University Press, Chicago
5. Weizsäcker CC von (1988) Deregulierung und Privatisierung als Ziel und Instrument der Ordnungspolitik. In: Vogel O (Hrsg.) Deregulierung und Privatisierung. Deutscher Instituts-Verlag, Köln
6. Williamson O (1979) Markets and hierarchies. The Free Press, New York
7. Williamson O (1985) The institutions of capitalism. The Free Press, New York

# Politische Ökonomie

Marcel Thum

Technische Universität Dresden, Fakultät Wirtschaftswissenschaften, Professor für VWL, insbes. Finanzwissenschaft
(Marcel.Thum@mailbox.tu-dresden.de)

## 1 Zwei Sichtweisen des Staates: Public Finance vs. Public Choice

In ökonomischen Lehrbüchern – wie diesem hier – erfahren Sie zunächst meist einiges über Unternehmen, die Güter produzieren, und Haushalte, die diese Güter konsumieren. Ein wichtiger Akteur bleibt hier weitgehend ausgeblendet: der Staat. Dabei spielt der Staat in unserem Wirtschaftsleben eine zentrale Rolle; die Staatsquote – der Anteil der Staatsausgaben am Bruttoinlandsprodukt – beträgt in Deutschland nahezu 50 %.

In welcher Rolle sind Sie in den bisherigen Beiträgen dem Staat begegnet? In Kapitel 5 des Beitrags „Mikroökonomische Grundlagen" haben Sie mit externen Effekten und öffentlichen Gütern zwei Gründe für Marktversagen kennengelernt, bei denen der Staat durch korrigierende Eingriffe – z. B. Pigousteuern bei externen Effekten – die Effizienz von Märkten verbessern kann. Im Fall des Monopols (vgl. Beitrag „Märkte", Abschnitt 3.2) resultiert ebenfalls eine ineffiziente Marktlösung, die der Staat z. B. durch Preisregulierungen korrigieren kann.

All diesen Beispielen für Staatseingriffe ist gemeinsam, daß die Wirtschaftspolitik Situationen identifiziert, in denen der Markt mit seinen dezentralen Akteuren nicht das „richtige" Ergebnis hervorbringt. Will man wirtschaftspolitische Empfehlungen abgeben, muß man das tatsächliche Marktergebnis (Ist) mit der effizienten Allokation (Soll) vergleichen. Weicht die tatsächliche Lösung von der Norm ab (Ist $\neq$ Soll), sucht man nach einer geeigneten wirtschaftspolitischen Maßnahme zur Korrektur. Gelingt die Korrektur des Marktfehlers, lassen sich Wohlfahrtsgewinne realisieren, d. h., man kann – zumindest bei geeigneter Umverteilung – durch den wirtschaftspolitischen Eingriff einige Gesellschaftsmitglieder besser stellen, ohne daß andere dabei verlieren (Pareto-Kriterium).

Welche Sicht der Politik steckt hinter diesem Ansatz? Wenn wir unterstellen, daß die Politik mögliche Marktfehler identifiziert und perfekt korrigiert, nehmen wir implizit an, daß Politiker benevolent – also im Interesse der Bürger – agieren. Wirtschaftspolitiker sind in dieser Sicht des Staates gleichsam neutrale Akteure, die nur das Gemeinwohl im Sinn haben und objektiv die (im Sinne des Pareto-Kriteriums) beste Politik implementieren. Dies ist die klassische Sicht der Finanzwissenschaft (Public Finance).[1] Die Fiktion des benevolenten politischen Planers ist für Ökonomen äußerst nützlich, um in der wirtschaftspolitischen Beratung ideale Politikmaßnahmen zur Korrektur von Marktfehlern empfehlen zu können. Will man aber reale politische Prozesse beschreiben oder verstehen, warum ökonomisch unsinnige Eingriffe von der Wirtschaftspolitik vorgenommen werden, greift dieser Ansatz zu kurz.

Ein Beispiel: Die Landwirtschaft wird in der EU massiv subventioniert und der gesamte Markt für Agrarprodukte ist hochgradig reguliert. Aus Sicht der klassischen Finanzwissenschaft gibt es keinen Grund, in diesen Markt mit staatlichen Mitteln überhaupt einzugreifen. Die Märkte für Getreide, Molkereiprodukte oder Schweinefleisch würden ohne Eingriffe problemlos funktionieren. Durch die staatlichen Interventionen werden die Preise für Agrarprodukte zum Schaden der europäischen Konsumenten in die Höhe getrieben. Außerdem führt die Subventionierung der Landwirtschaft zu ineffizienten Überschüssen in der europäischen Agrarproduktion. Mit Effizienzüberlegungen, wie sie die klassische Finanzwissenschaft anstellt, kann man die Eingriffe in den Agrarmarkt jedenfalls nicht erklären.

Ein anderes Beispiel: Bei Umweltproblemen ist recht unstrittig, daß negative externe Effekte zu einer Übernutzung der Umwelt führen. Korrigierende Eingriffe durch die Wirtschaftspolitik sind hier also durchaus angebracht. Die Maßnahmen, die letztendlich ergriffen werden, sind aus ökonomischer Sicht jedoch meist unbefriedigend. So wurde die Umweltpolitik in Deutschland lange Zeit ausschließlich über Auflagen für emittierende Unternehmen durchgeführt, obwohl eine solche Politik zu ineffizient hohen Kosten führt. Und auch als die Ökosteuer, die einer ökonomisch sinnvollen Lösung des Umweltproblems schon näher kommt, eingeführt wurde, ließ man so viele Ausnahmen, Sonderregelungen, differenzierte Steuersätze zu, daß die mögliche Vorteilhaftigkeit der Ökosteuer konterkariert wurde.

Manchmal greift der Staat ein, obwohl – wie im ersten Beispiel des Agrarmarktes – überhaupt kein Marktfehler vorliegt. Und manchmal beobachten wir Eingriffe, die zwar ökonomisch gerechtfertigt sind – wie im zweiten Beispiel des Umweltproblems –, die aber den Marktfehler nur unzureichend korrigieren. Worin liegt dieses Staatsversagen begründet? Entgegen der Sicht der klassischen Finanzwissenschaft sind Politiker eben keine neutralen, objektiven Entscheider, sondern Individuen mit eigenen Interessen und Zielen. Außerdem läuft der politische Prozeß nicht in einem isolierten, gleichsam sterilen Bereich ab, sondern Politiker sind bei ihren Entscheidungen ständig externen Einflüssen von Parteien, Verwaltung, Interessengruppen usw. ausgesetzt.

---

[1] Als Begründer der modernen finanzwissenschaftlichen Diszplin gilt Richard Musgrave (*1910) (siehe [6]).

Um Wirtschaftspolitik besser verstehen zu können und auch um politische Institutionen effizienter zu gestalten, müssen wir uns daher folgende Fragen stellen: Welche Gruppen sind am politischen Prozeß beteiligt? Wer verfolgt welche Interessen? Über welche Kanäle können die verschiedenen Gruppen Einfluß nehmen? Wie ist die Einflußnahme unter Effizienzgesichtspunkten zu bewerten? Der entscheidende Punkt bei all diesen Fragen ist, daß Politik letztendlich von Individuen mit eigenen Interessen gemacht wird. Dies ist die Sichtweise, die die Public Choice Schule – die zweite wichtige Strömung innerhalb der Finanzwissenschaft – popularisiert hat.[2]

Um die oben genannten Fragen beantworten zu können, wenden wir das ökonomische Instrumentarium, das wir bisher für die Analyse von Märkten verwandt haben, nun auf politische Institutionen an. Im nächsten Abschnitt betrachten wir zunächst die politischen Parteien. Ein zentraler Punkt ist dabei, ob sich durch Wahlen der Willen der Bevölkerung geeignet in politische Entscheidungen transformieren läßt. Da Wirtschaftspolitik nicht nur von gewählten Politikern, sondern zum großen Teil von der Administration ausgeführt wird, analysieren wir danach bürokratische Institutionen. Schließlich wenden wir uns noch den Interessengruppen zu, die durch Lobbying, Öffentlichkeitsarbeit und politischen Druck versuchen, Einfluß auf das wirtschaftspolitische Geschehen zu nehmen.

## 2 Politiker, Parteien, Wahlen

Politiker und Parteien konkurrieren um die Gunst der Wähler – im wesentlichen mit dem Ziel, die politische Macht zu erlangen. Diesen Konkurrenzkampf der Politiker um die Gunst der Wähler wollen wir nun etwas näher untersuchen. So wie es bei Gütern ein Marktgleichgewicht gibt, wenn Angebot und Nachfrage aufeinandertreffen, so gibt es auch ein politisches Gleichgewicht. Politiker machen ein Angebot an die Wähler, indem sie bestimmte Politikmaßnahmen im Wahlprogramm versprechen. Die Wähler sind in gewisser Weise Nachfrager, da sie sich mit ihrer Wahlstimme am Ende für einen Kandidaten oder eine Partei aussprechen. Das politische Gleichgewicht, das sich in diesem Konkurrenzkampf herausbildet, wollen wir nun analysieren.

Genauer gesagt interessieren uns zwei Fragestellungen: (1) Welches politische Programm setzt sich im demokratischen Wettbewerb durch? Dies ist das Thema des folgenden Unterabschnitts zum *Medianwählertheorem*. (2) Ist diese Lösung, die im demokratischen Wettbewerb erreicht wird, effizient? Die

---
[2] Als Doyen der Public Choice Schule gilt James M. Buchanan (*1919), der 1986 den Nobelpreis in Ökonomie „for his development of the contractual and constitutional bases for the theory of economic and political decision-making" erhielt. In dem Streitgespräch zwischen Buchanan und Musgrave ([1]) können Sie mehr über die verschiedenen Sichtweisen des Staates in der *Public Finance*- und der *Public Choice*-Schule erfahren.

Wähler bestimmen über den demokratischen Prozeß zwar selbst, welche Leistungen vom Staat bereitgestellt werden. A priori ist aber keineswegs klar, ob diese Vielzahl der individuellen Wahlentscheidungen auch kollektiv zur besten Bereitstellung staatlicher Leistungen führt. Das ist das Thema des Abschnitts zur *Optimalität des demokratischen Prozesses*.

**Medianwählertheorem**

Politiker treten bei Wahlen an, um letztendlich ein politisches Amt und die damit verbundene Macht zu erlangen. Was den einzelnen Politiker motiviert, in die Politik zu gehen, wissen wir nicht. Ein Politiker mag das Wohlergehen der Gesellschaft oder seiner Wählerklientel verbessern wollen. Oder er mag ganz eigennützige Motive wie Macht oder Medienpräsenz verfolgen. Für die Frage nach dem politischen Gleichgewicht, der wir hier nachgehen wollen, ist das Motiv des Politikers aber zunächst unerheblich. Denn egal ob echtes Interesse am Wohlergehen der Bürger oder Eigennutz den Politiker antreibt: Um sein Ziel zu erreichen, muß er erst einmal gewählt werden. Zu diesem Zweck muß der Politiker die Mehrheit der Stimmen auf sich vereinigen. Man sagt daher auch, das Ziel des Politikers sei Stimmenmaximierung.

Was bestimmt die Entscheidung der Wähler, die mit ihrer Stimme für einen Kandidaten votieren? Die Wähler wollen ihren eigenen Nutzen maximieren und werden für den Kandidaten stimmen, dessen Politik ihnen den größten Vorteil verspricht. Dieser Vorteil muß nicht unbedingt in individuellen monetären Gewinnen bestehen. Wem soziale Gerechtigkeit wichtig ist, wird unter Umständen auch für eine Partei stimmen, die zu seinen Ungunsten umverteilt. Gerechtigkeit oder Einkommensgleichheit sind dann Argumente in der Nutzenfunktion des Wählers.

Nun gibt es im Wahlkampf natürlich nicht „die" Politik, über die entschieden wird. Sondern es geht vielmehr um eine Fülle von Themen. Eine Partei muß also ein ganzes Paket von geplanten Politikmaßnahmen schnüren, das sie den Wählern verkaufen will. Zu einem solchen Paket gehört nicht nur das Wahlprogramm oder mögliche Wahlversprechen, sondern auch die Festlegung auf einen Spitzenkandidaten, die Auswahl des Schattenkabinetts etc. Mit solchen Entscheidungen positioniert sich eine Partei im politischen Spektrum.

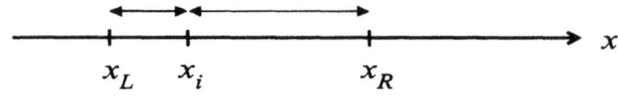

**Abb. 1.** Politikspektrum

Um die Frage des politischen Wettbewerbs zwischen Kandidaten (oder Parteien besser analysieren zu können, übertragen wir diese Fülle an wahlentscheidenden Aspekten in ein eindimensionales Politikspektrum (Hotelling-Downs-

Modell).³ Jeder Kandidat oder jede Partei siedelt die eigene Politikplattform in einem einfachen Links-Rechts-Spektrum an. Die Position in einem solchen Links-Rechts-Spektrum wollen wir mit $x$ bezeichnen. Je höher $x$, desto weiter rechts ist die Politikposition. In Abbildung 1 ist das Politikspektrum mit den Politikplattformen zweier Parteien – bezeichnet mit den Indizes $L$ und $R$ – abgetragen.

Auch die politischen Präferenzen der Wähler lassen sich in ein solches Links-Rechts-Spektrum einordnen. Jeder Wähler hat eine bevorzugte Politik $x_i$, sozusagen die ideologische Position der Person. Jede Abweichung von dieser idealen Politik verursacht dem Wähler einen Nutzenverlust. Wenn er zwischen den Politikangeboten der Parteien zu wählen hat, wird er derjenigen Partei seine Stimme geben, deren Politikplattform im Links-Rechts-Spektrum den absolut geringsten Abstand zu seiner eigenen ideologischen Position aufweist. In Abbildung 1 ist exemplarisch die ideologische Position des Wählers $i$ eingezeichnet. Da seine ideologische Position der $L$-Partei näher steht als der $R$-Partei, wird er für $L$ stimmen. Ehe wir zur Wahlentscheidung kommen, führen wir noch einmal die bisher getroffenen Annahmen explizit auf:

- Alle politischen Positionen lassen sich in einem eindimensionalen Politikspektrum (Links – Rechts) darstellen.
- Jeder Wähler hat in diesem Politikspektrum eine präferierte Politik. Je weiter die Politik einer Partei von diesem Ideal entfernt ist, desto geringer schätzt ein Wähler diese Politik.
- Alle Wähler stimmen für einen der beiden Kandidaten.

Mit Hilfe dieser einfachen Annahmen können wir nun eine recht starke und präzise Aussage über das Gleichgewicht im politischen Wettbewerb treffen. Wir behalten die Annahme von nur zwei Kandidaten bei und unterstellen, daß die Entscheidung durch Mehrheitswahl fällt, d. h., der Kandidat, der die Mehrzahl der Stimmen auf sich vereint, ist ins Amt gewählt.

Abbildung 2 zeigt nun nicht nur die (beliebig gewählte) ursprüngliche Positionierung der Parteien $x_L$ und $x_R$, sondern auch die (kumulierte) Verteilung der ideologischen Positionen unter den Wählern $F(x)$, die den Anteil der Wähler mit einer Ideologie links von $x$ angibt. Was würde geschehen, wenn sich die Parteien auf die eingezeichneten Politikplattformen $x_L$ und $x_R$ festlegen würden? Alle Wähler, die ideologisch näher bei Partei $L$ angesiedelt sind, würden $L$ wählen, alle anderen $R$. Der Wähler, der gerade indifferent zwischen $L$ und $R$ ist, ist genau in der Mitte zwischen den beiden Politikplattformen – bei $\bar{x}$ – angesiedelt.

Kann dies ein Gleichgewicht im politischen Prozeß sein? Betrachten Sie dazu die kumulierte Verteilung der Wähler $F(x)$. Da alle Wähler links von $\bar{x}$

---

³ Harold Hotelling (*1895, †1973) befasste sich in seinem – zwar fehlerhaften, aber dennoch fundamentalen – Beitrag mit der räumlichen Ansiedlungsentscheidung von Firmen, z. B. die Standortwahl von Geschäften an einer Straße, wenn Transportkosten für die Kunden eine Rolle spielen ([3]). Anthony Downs (*1930) übertrug die Idee auf die Ansiedlung der Parteien im politischen Spektrum ([2]).

für Partei $L$ votieren, erreicht Partei $L$ einen Stimmenanteil von $F(\bar{x})$. Das ist weniger als 50%; der Kandidat der Partei $L$ würde die Wahl verlieren. Es lohnt sich für ihn, eine etwas moderatere politische Position einzunehmen. Dabei muß er sich so weit zur Mitte hinbewegen, daß er die Mehrheit der Wähler hinter sich bringt. Das gelingt, wenn er sich bei gegebener Position der Rechts-Partei mindestens so nahe an $x_M$ positioniert wie der rechte Kandidat. Denn $x_M$ gibt die ideologische Position an, die die Wählerschaft genau in zwei gleich große Gruppen teilt: 50 % der Wähler sehen sich links von $x_M$, 50 % rechts davon.

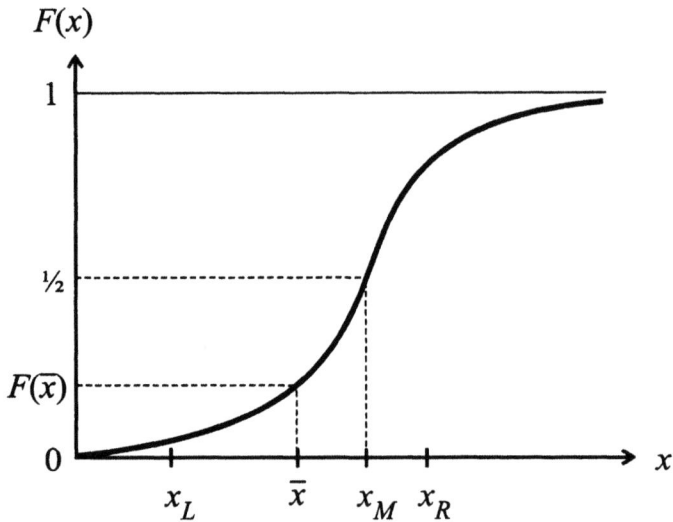

**Abb. 2.** Konvergenz zur Medianwählerposition

Bisher haben wir nur untersucht, wie sich der linke Kandidat verhält bei gegebener Positionierung des rechten Kandidaten. Der wird aber die Neupositionierung seines Gegners, die diesem den Wahlsieg bescheren würde, nicht tatenlos hinnehmen. Auch er wird seine politische Position revidieren und eine etwas moderatere Position einnehmen. Wann endet dieser Anpassungsprozeß im politischen Wettbewerb? Wie aus dem obigen Argument bereits deutlich geworden ist, lohnt es sich stets etwas näher an $x_M$ heranzurücken als der politische Gegner. Der Anpassungsprozeß stoppt daher erst, wenn sich beide Kandidaten gleichermaßen in $x_M$ plaziert haben. Man bezeichnet $x_M$ als die Medianwählerposition. Im Gleichgewicht bieten beide Kandidaten dieselbe Politik an und – egal welcher Kandidat gewinnt – entspricht die Politik den Präferenzen des Medianwählers .

**Ergebnis:**
*Im politischen Wettbewerb kommt es zu einer Konvergenz in den politischen Positionen der Parteien. Im Gleichgewicht setzt sich stets die Präferenz des Medianwählers durch.*

Mit dem Hotelling-Downs-Modell ist nun besser verständlich, warum wir oft eine Angleichung der politischen Positionen von großen Volksparteien oder von aussichtsreichen Kandidaten in Präsidentschaftsrennen beobachten. Im US Präsidentschaftswahlkampf zwischen George W. Bush und Al Gore orientierten sich beide Kandidaten stark an den moderaten Wählern. Bush vermied es beispielsweise, zu eng mit christlich fundamentalistischen Kreisen in Verbindung gebracht zu werden (wohl wissend, daß diese ohnehin eher Republikaner wählen). Und Al Gore blendete Themen wie Umverteilung, Regulierung der Wirtschaft und höhere Steuern, die mit eher linken Positionen der Demokraten in Verbindung gebracht werden, weitgehend aus.

Auch in Deutschland, das weit weniger dem skizzierten Modell der Mehrheitswahl entspricht, läßt sich eine Konvergenz der beiden großen Volksparteien in vielen wichtigen Politikfragen beobachten. So betonte Edmund Stoiber im Bundestagswahlkampf 2002 beispielsweise die Notwendigkeit einer Familienpolitik, welche die Alternative „Familie oder Beruf" überwindet, was der konservativen Parteibasis sicher weniger entgegenkommt als den potentiellen Wechselwählern in der Mitte. Umgekehrt wurden bei der SPD „typisch linke Themen" wie die Spekulationssteuer oder die Besteuerung von Kapitaleinkommen in den Hintergrund gedrängt und dafür der eher rechten Domäne „Innenpolitik" (Kriminalitäts- und Terrorismusbekämpfung) mehr Platz eingeräumt. Die Konvergenz der Parteien läßt sich auch daran ablesen, daß die Wähler kaum noch Unterschiede in den Politikpositionen feststellen können; in einer Umfrage von Infratest dimap (Mai 2002) hielten zwei Drittel der Befragten die Unterschiede zwischen SPD und Union für klein oder nicht vorhanden. (Die Frage, ob sich die Parteien nach der Wahl auch an ihre Wahlversprechen halten, haben wir hier völlig ausgeblendet. Wie das Problem der Glaubwürdigkeit überwunden werden kann (z. B. durch Reputation), läßt sich in Erweiterungen unseres einfachen Grundmodells analysieren.)

**Optimalität des demokratischen Prozesses**

Das Medianwählertheorem liefert ein fundamentales Resultat. Denn unter recht allgemeinen Annahmen können wir damit vorhersagen, welches Ergebnis sich im politischen Gleichgewicht einstellen wird. Neben der reinen Beschreibung des politischen Prozesses interessiert den Ökonomen aber natürlich auch die Bewertung: Wie gut funktioniert der politische Prozeß? Führt ein Wahlverfahren, bei dem jeder einzelne nach seinen individuellen Präferenzen abstimmt, auch kollektiv zum besten Ergebnis? Wie wir sehen werden, ist das keineswegs garantiert. Eine Politik, die für den Medianwähler ideal ist, ist normalerweise nicht identisch mit der Politik, die das Wohlergehen der gesamten Gesellschaft maximiert.

Um die Analyse etwas zu vereinfachen, verwenden wir statt des allgemeinen Links-Rechts-Spektrums der Politik nun ein konkretes Beispiel. Stellen Sie sich vor, die Frage des Autobahnausbaus stehe zur Debatte. Wie dicht soll das Netz an Bundesautobahnen geknüpft werden? Aus Sicht der Wähler ist das Autobahnnetz ein öffentliches Gut, das alle gleichermaßen nutzen können (Nicht-Rivalität) und von dem auch kein Nutzer ausgeschlossen wird (Nicht-Ausschließbarkeit).

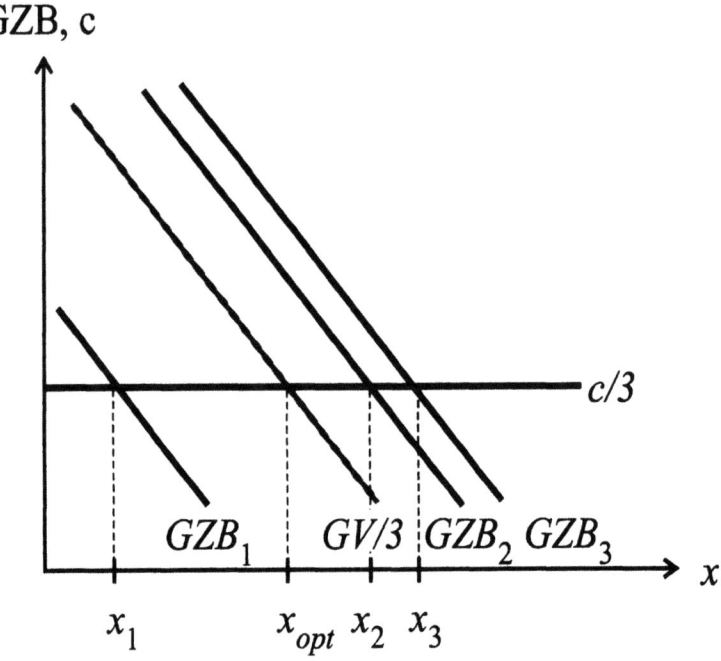

Abb. 3. Mehrheitswahl und optimale Bereitstellung

Aber auch wenn alle das Gut gleichermaßen nutzen können, heißt das noch lange nicht, daß sich alle Wähler über den erwünschten Ausbau des Straßennetzes einig sind. Einigen Wählern ist das Gut „Autobahnnutzung" eben wichtiger als anderen. Ökonomisch bedeutet dies, daß die Wähler unterschiedliche Zahlungsbereitschaften für den weiteren Autobahnausbau aufweisen. Sei $x$ die Länge des Autobahnnetzes. Abbildung 3 zeigt die Grenzzahlungsbereitschaften – salopp gesprochen: die Zahlungsbereitschaften für einen weiteren Autobahnkilometer – für drei Wähler.[4] Wähler 1 hat die geringste Zahlungsbereitschaft für den Ausbau der Autobahnen ($GZB_1$), Wähler 3 ist das Straßennetz am wichtigsten ($GZB_3$).

Den Vorteilen eines größeren Autobahnnetzes stehen die Kosten des Ausbaus gegenüber. Die Grenzkosten des Autobahnbaus – sozusagen die Kosten für einen weiteren Autobahnkilometer – betragen $c$ und werden über Steu-

---

[4] Diese Annahme treffen wir nur zur Vereinfachung. Sie können sich im Folgenden leicht selbst überlegen, daß sich das Ergebnis bei mehr Wählern nicht ändern würde.

ern gleichmäßig auf alle Wähler umgelegt. Jeder Wähler weiß daher, daß eine (marginale) Vergrößerung des Autobahnnetzes für ihn eine zusätzliche Belastung von $c/3$ bedeutet. Diese Grenzkosten des Autobahnbaus sind durch die horizontale Gerade $c/3$ in der Graphik dargestellt.

Jeder einzelne Wähler würde nun gerne das Autobahnnetz vergrößern, so lange seine individuelle Grenzzahlungsbereitschaft ($GZB_i$) über den Grenzkosten liegt. Die individuell präferierten Größen sind daher $x_1$, $x_2$ und $x_3$. Da es sich beim Autobahnnetz jedoch um ein öffentliches Gut handelt, kann nicht jeder der drei Wähler seine eigene Größe des Autobahnnetzes realisieren. Das Autobahnnetz kann allen nur in einer einheitlichen Größe zur Verfügung stehen.

Wie groß wird das Autobahnnetz, wenn die Wähler darüber abstimmen? Führt man jeweils paarweise Abstimmungen zwischen beliebigen Alternativen durch, wird sich stets die Lösung $x_2$ durchsetzen – die vom Medianwähler präferierte Größe des Autobahnnetzes. Denn egal welche Alternative gegen $x_2$ zur Wahl gestellt wird, es werden mindestens zwei der drei Wähler für $x_2$ votieren. Wähler 2 kann seine Präferenz stets durchsetzen, solange er der Medianwähler ist, d. h., solange seine präferierte Größe zwischen den gewünschten Mengen von Wähler 1 und 3 liegt. Beachten Sie, daß es für die Beantwortung der Frage keine Rolle spielt, ob die Wähler direkt abstimmen oder sich Parteien in ihren Programmen für eine bestimmte Größe des Autobahnnetzes aussprechen. Denn aus dem letzten Abschnitt wissen wir bereits, daß sich im politischen Wettbewerb die Parteien im Konkurrenzkampf auf der Position des Medianwählers ansiedeln werden.

Die Lösung $x_2$, die sich durch Wahlen aus dem politischen Prozeß ergibt, müssen wir nun mit der optimalen Größe des Autobahnnetzes vergleichen, wie sie durch einen – zugegebenermaßen allwissenden – Politiker gewählt würde, der die Wohlfahrt der Gesellschaft maximiert. Die Maximierung der Wohlfahrt verlangt, daß wir das Autobahnnetz vergrößern, solange die Vorteile des Ausbaus die Kosten übersteigen. Die Kosten für eine marginale Ausdehnung des Straßennetzes betragen $c$. Da es sich um ein öffentliches Gut handelt, das alle gleichermaßen nutzen können, ergibt sich der gesamtwirtschaftliche Vorteil einer marginalen Ausdehnung aus der Summe der individuellen Vorteile: $GV \equiv \sum_{i=1}^{3} GZB_i$. Die optimale Größe des Autobahnnetzes ist erreicht, wenn die Grenzkosten dem Grenzvorteil entsprechen: $\sum_{i=1}^{3} GZB_i = c$. Dies ist die Samuelson-Regel für die optimale Bereitstellung öffentlicher Güter. Für die graphische Darstellung bietet es sich an, auf beiden Seiten durch die Zahl der Wähler zu teilen, so daß wir $GV/3 = c/3$ erhalten. Der Schnittpunkt der beiden Kurven ergibt in Abbildung 3 einen optimalen Umfang des Autobahnnetzes von $x_{opt}$.

Wie Sie an der Graphik leicht erkennen können, fallen die optimale und die über die demokratische Abstimmung erzielte Lösung auseinander. In dem hier dargestellten Fall ist das Autobahnnetz größer als optimal. Was ist der Grund für die Divergenz? Für das Wahlergebnis ist ausschließlich die Position des Medianwählers ausschlaggebend, d. h., die Höhe von $GZB_2$. Die extremeren Präferenzen von Wähler 1 und 3 spielen keine Rolle. Daß Wähler 1 ein sehr kleines Autobahnnetz wünscht und Wähler 3 nur wenig mehr Autobahnen bauen möchte als Wähler 2, muß dagegen in der Berechnung der optimalen Lösung berücksichtigt werden. Die wahre durchschnittliche (Grenz-) Zahlungsbereitschaft $GV/3$ fällt daher niedriger aus als die wahlentscheidende Zahlungsbereitschaft von Wähler 2. Dies führt zu der Verzerrung hin zu einem zu großen Autobahnnetz.

Das Ergebnis kann natürlich auch umgekehrt ausfallen: Das Autobahnnetz kann im demokratischen Prozeß zu klein gewählt werden. Dazu müssen Sie in Gedanken nur die Verteilung der Präferenzen ändern, indem Sie die Grenzzahlungsbereitschaft von Wähler 3 erhöhen. Die Medianposition $x_2$ verändert sich dadurch nicht, aber der für die Optimallösung relevante Grenzvorteil erhöht sich. Ist die Grenzzahlungsbereitschaft von Wähler 3 hinreichend hoch, liegt die $GV/3$-Kurve rechts der Grenzzahlungsbereitschaft des Medianwählers 2 und das Autobahnnetz wird bei Wahlprozessen zu klein ausfallen.

Ob der demokratische Prozeß zu einer übermäßigen oder zu geringen Bereitstellung eines öffentlichen Gutes führt, hängt von Verteilung der Zahlungsbereitschaften ab. Der entscheidende Punkt ist, daß das Wahlverfahren eine optimale Bereitstellung öffentlicher Güter nicht garantieren kann. Wenn durch Wahlen über die Bereitstellung von öffentlichen Gütern entschieden wird, setzt sich der Medianwähler mit seinen Wünschen durch. Für das Ergebnis kommt es nur darauf an, daß jeweils die Hälfte der Wähler mehr bzw. weniger von dem Gut präferiert. Um wieviel mehr oder weniger sie von dem Gut wollen als der Medianwähler, spielt jedoch keine Rolle. Allenfalls zufällig stimmen optimale Lösung und Medianwählerlösung überein.

**Ergebnis:**
*Die Entscheidung über öffentliche Güter durch Mehrheitswahl führt im Normalfall nicht zu einer pareto-optimalen Lösung.*

Nun greift die bisherige Analyse natürlich in einem wichtigen Aspekt, dem Informationsproblem, viel zu kurz. Würden Politiker genau wissen, was optimal ist, könnten sie die optimale Lösung direkt implementieren. Und wenn alle, also auch die Wähler, für jede staatliche Aktivität die optimale Qualität kennen würden, bräuchte man keine Wahlen, sondern könnte stets die erstbeste Lösung durch eine effiziente Verwaltung implementieren lassen. Aber Wahlen werden ja gerade deshalb abgehalten, um Informationen über die Wünsche der Bürger zu sammeln und an die Politik weiter zu geben. Wie wir eben gesehen haben, funktioniert diese Informationsaggregation durch Wahlen jedoch nur unvollkommen. Daher haben Ökonomen nach Möglichkeiten gesucht, die relevanten Informationen über die Wünsche der Bevölkerung zu aggregieren und in Politikmaßnahmen umzusetzen. Dazu sind allerdings etwas kompliziertere Verfahren (z. B. Clarke-Groves-Ledyard-Mechanismus, siehe [5]) als die einfache Mehrheitswahl notwendig.

## 3 Bürokraten

Bisher haben wir Politik als Ergebnis von Wahlen betrachtet. Politiker werden von den Bürgern gewählt und versuchen daher, deren Wünsche – zumindest die des Medianwählers – in ihrem Handeln möglichst gut zu treffen. Nun werden zwar viele wichtige Politikmaßnahmen im Wahlkampf thematisiert und die gewählten Politiker treffen die grundlegenden Entscheidungen. Aber die Umsetzung der Politik und viele Entscheidungen über Detailmaßnahmen sind nicht bei gewählten Politikern, sondern in der Verwaltung – den Ministerien und Ämtern – angesiedelt. Wir müssen also auch verstehen, wie die Verwaltung in die Politik eingreift. Dem ökonomischen Ansatz entsprechend gilt unser Interesse dabei nicht „der" Verwaltung als abstrakter Einheit, sondern dem einzelnen handelnden Individuum in der Verwaltung. Welche Ziele verfolgt ein Bürokrat?[5] Welche Anreize haben Bürokraten für die Bereitstellung von Gütern, bei der Festlegung von Budgets etc.?

**Budgetmaximierung**

Eines der grundlegenden Modelle, das diese Fragen zu beantworten hilft, hat William Niskanen (*1933) in seinem Buch *Bureaucracy and Representative Government* vorgeschlagen ([7]). Niskanen argumentiert, daß Bürokraten die Maximierung ihrer Budgets betreiben. Denn je größer das Budget, das ein Bürokrat verwaltet, desto mehr Ansehen genießt er, desto mehr Macht und Einfluß kann er ausüben und desto besser sind die weiteren Karrierechancen. Welche Implikationen für das Funktionieren der Politik hat eine solche Budgetmaximierung in der Verwaltung?

Kehren wir zur Beantwortung dieser Frage zu unserem Beispiel des Autobahnnetzes aus dem letzten Abschnitt zurück. Nehmen wir an, der Leiter der zuständigen Abteilung des Verkehrsministeriums schlägt dem Verkehrsminister ein Budget vor, das für den Ausbau des Autobahnnetzes verwandt werden soll. Welchen Umfang des Autobahnausbaus (und damit: welches Budget) wird er dem Minister vorschlagen? In Abbildung 4 sehen Sie an der Abszisse wieder die Größe des Autobahnnetzes $x$ abgetragen. Die Kurve $V$ gibt den Vorteil der Bevölkerung aus dem Autobahnnetz in Geldeinheiten an. Je größer das Autobahnnetz, desto höher ist der Vorteil für die Bevölkerung. Allerdings wird jeder weitere Autobahnkilometer weniger hoch eingeschätzt als der vorherige; die Vorteilskurve ist daher konkav. Die Kurve $C$ mißt die Kosten des Autobahnbaus. Will die Behörde Autobahnen im Umfang $x$ bauen, benötigt sie daher mindestens ein Budget der Höhe $C(x)$.[6]

---

[5] Der Ausdruck „Bürokrat" ist nicht abwertend zu verstehen. In der Literatur hat es sich im Zusammenhang mit der Theorie der Bürokratie eingebürgert, von Mitarbeitern in der Verwaltung als Bürokraten zu sprechen.

[6] Beachten Sie, daß im Gegensatz zum vorherigen Abschnitt nun der gesamte Vorteil $V$ und die gesamten Kosten $C$ aus dem Autobahnnetz dargestellt sind und nicht der Grenzvorteil $GV$ und die Grenzkosten $c$.

Um sein Budget zu maximieren, will der Bürokrat einen Punkt möglichst weit rechts oben auf der $C$-Geraden wählen. Die Restriktion für einen Vorschlag zum Autobahnbau ist jedoch, daß das Budget vom Minister akzeptiert wird. Der Minister wird jedoch kein Budget genehmigen, das seinen Wählern einen negativen Nettovorteil verursacht. Projekte, bei denen die Kosten die Vorteile übersteigen ($C > V$), sind daher ausgeschlossen. Der maximale Umfang des Autobahnbaus, der vom Minister noch genehmigt wird, beträgt daher $x_{nis}$, wo die Kosten gerade dem Vorteil der Wähler entsprechen. Das Budget, das der Behörde für den Autobahnbau zugewiesen wird, ist mit $C_{nis}$ maximal. Ein volkswirtschaftlicher Gewinn aus dem Autobahnbau entsteht nicht, da der Nettovorteil der Bevölkerung Null ist [$V(x_{nis}) - C(x_{nis}) = 0$].

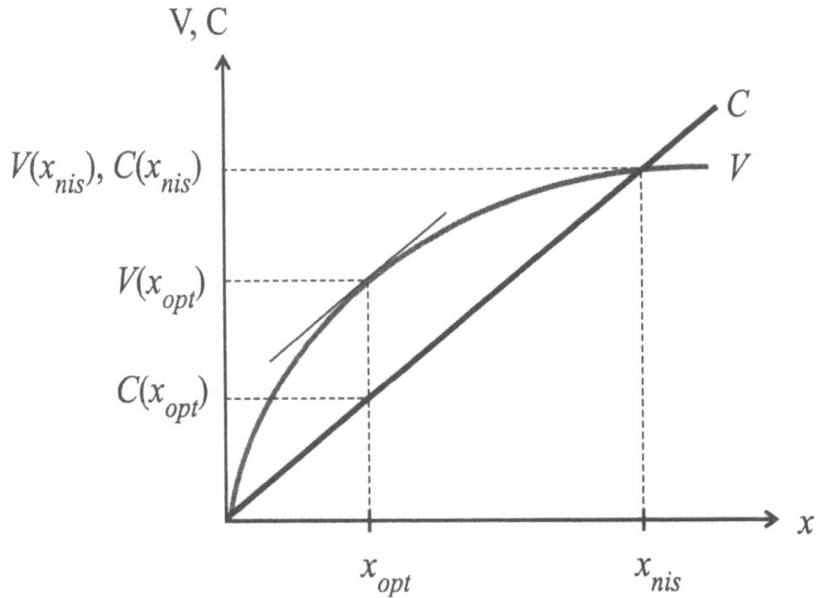

**Abb. 4.** Exzessive Bereitstellung von Gütern in Bürokratien

Wie ist dieses Verhalten des budgetmaximierenden Bürokraten unter Effizienzgesichtspunkten zu bewerten? Eine optimale Bereitstellung an Autobahnen ist – wie im letzten Abschnitt diskutiert – erreicht, wenn der Vorteil eines *zusätzlichen* Autobahnkilometers gerade den *zusätzlichen* Baukosten gleicht (Grenzvorteil = Grenzkosten). Die optimale Bereitstellung an Autobahnen ist in Abbildung 4 durch die Menge $x_{opt}$ gekennzeichnet. Bei dieser Menge entspricht der Anstieg der Vorteilskurve dem Anstieg der Kostenkurve. Bei der Bereitstellung eines Autobahnnetzes im Umfang $x_{opt}$ entsteht ein maximaler volkswirtschaftlicher Gewinn in Höhe von $V(x_{opt}) - C(x_{opt})$.

Ein Vergleich der optimalen Lösung mit dem Ergebnis, das durch eine budgetmaximierende Verwaltung erzielt wird, zeigt, daß die Bürokratielösung zu einer exzessiven Ausdehnung der staatlichen Leistungen und damit zu ineffizient großen Budgets führt. Der Anreiz der Bürokratie zur übermäßigen Ausdehnung ihrer Aktivitäten frißt die potentiellen volkswirtschaftlichen Gewinne vollständig auf. Statt eine Rente von $V(x_{opt}) - C(x_{opt})$ aus der staatlichen Aktivität zu erzielen, bleibt den Bürgern nur ein Gewinn von Null übrig.

**Ergebnis:**
*Eine Bürokratie, die die Maximierung ihres Budgets verfolgt, führt zu einer ineffizient hohen Bereitstellung staatlicher Leistungen.*

Nun muß man das Ergebnis nicht so wörtlich nehmen, daß durch bürokratische Budgetierungsprozesse stets der gesamte volkswirtschaftliche Gewinn aufgebraucht wird. Schließlich sind noch zahlreiche weitere Effekte im Budgetierungsprozeß am Werk. So muß z. B. einem Politiker, der über die Budgetvorschläge zu entscheiden hat, bewußt sein, daß der volkswirtschaftliche Gewinn auf Null gedrückt wird, denn er kennt ja sowohl den Budgetvorschlag ($C$) als auch die Wertschätzung der Bürger ($V$). Der Politiker könnte daher durch eine Kürzung des vorgeschlagenen Budgets stets die Wohlfahrt erhöhen. Und die Wähler werden gerade solche Politiker ins Amt wählen, die die Bürokratie am besten in Schach halten, um die Verschwendung ihrer Steuergelder zu minimieren.

Aber trotz dieser moderierenden Einflüsse bleibt die Tendenz zu exzessiven Budgets bestehen, wie sie durch den Niskanenschen Bürokraten erfasst wird. Um die empirische Relevanz dieses Problems auch für Deutschland zu sehen, genügt ein Blick auf den Jahresbericht des Bundesrechnungshofes, der zahlreiche Beispiele für unnötig aufgeblähte Budgets im staatlichen Sektor auflistet (http://www.bundesrechnungshof.de/). Um nur ein etwas skurill anmutendes Beispiel zu zitieren: Im Jahr 2001 moniert der Bundesrechnungshof beispielsweise, daß die Bundeswehr in einem Wehrbereich 98 t handelsübliche schwarze Schuhcreme bevorratet; die Menge reicht aus, um jeden Soldaten 6 Jahre lang mit Schuhcreme zu versorgen.

**X-Ineffizienz**

Die bisherige Analyse ging von der – etwas heroischen – Annahme aus, daß die Bürokratie technisch effizient produziert, d. h., daß alle Ressourcen, die im Budget zur Verfügung stehen, auch für die Erstellung der öffentlichen Leistung dienen. Die Ineffizienz entstand ausschließlich durch die übertriebene Größe der Projekte, nicht aber durch Mißwirtschaft. Im obigen Beispiel hat der Bundesrechnungshof z. B. nicht behauptet, jemand habe die Schuhcreme für private Zwecke abgezweigt, sondern nur die übertriebene Dimension der Beschaffung und Bevorratung angeprangert.

Allerdings beobachten wir recht häufig, daß Ausgaben getätigt werden, die nichts mit der Erstellung der staatlichen Leistungen zu tun haben, sondern dem privaten Vorteil der Beteiligten dienen. So mußte z. B. der erste Präsident der *European Bank for Reconstruction and Development* (EBRD), Jacques

Attali, 1993 seinen Hut nehmen, als publik wurde, daß die EBRD doppelt soviel für die Büroausstattung der Mitarbeiter und laufende Kosten aufwandte wie für den eigentlichen Geschäftsbereich, nämlich Investitionen und Kredite für Osteuropa.

Offensichtlich ist für Bürokraten oft nicht nur die Höhe des Budgets von Interesse, sondern auch der Umfang der Ressourcen, die zum eigenen Vorteil verausgabt werden können. Ein Bürokrat, der die freien Ressourcen (anstelle des Budgets) maximieren will, würde in Abbildung 4 das Budget wählen, bei dem der Abstand zwischen dem Vorteil $V$ und den Kosten der Erstellung $C$ maximal ist. Denn alles, was nicht zur Erstellung der Leistung verbraucht wird, kann für andere Zwecke in der Bürokratie genutzt werden. Das Maximum der freien Ressourcen ist bei $x_{opt}$ erreicht. Beantragt der Bürokrat mit Erfolg das Budget $V(x_{opt})$, muß er zur Erstellung der versprochenen Leistung nur $C(x_{opt})$ aufwenden und kann die Differenz zum eigenen Vorteil verausgaben. Diese privat genutzten Ressourcen, die für die Erstellung der staatlichen Leistung nicht nötig sind (hier im Umfang $V(x_{opt}) - C(x_{opt})$), bezeichnet man nach Harvey Leibenstein (*1922, †1994) als X-Ineffizienz ([4]).

**Ergebnis:**
*Mangelnde Kontrolle von Bürokratien kann zur X-Ineffizienz führen, bei der exzessiv hohe Ausgaben für staatliche Leistungen – zum privaten Vorteil der Bürokraten – getätigt werden.*

Wie wir gesehen haben, wird die Effizienz der Politik nicht nur von gewählten Politikern, sondern auch durch die Bürokratie wesentlich mitbestimmt. Ohne hinreichende Kontrolle und Gegenmacht durch die Politik neigen bürokratische Systeme zu einer exzessiven Ausdehnung ihrer Tätigkeit und zu einer ineffizienten Nutzung der ihnen anvertrauten Budgets.[7]

## 4 Interessengruppen

In den letzten beiden Abschnitten haben wir untersucht, welche ökonomischen Konsequenzen sich aus dem – unter Umständen eigennützigen – Verhalten der Akteure in Parteien und Verwaltungen ergeben. Die Politik wird aber nicht nur in Wahlen und administrativen Verfahren – gleichsam unabhängig vom Rest der Gesellschaft – bestimmt. In viele politische Entscheidungsprozesse greifen laufend externe Akteure ein. Unternehmen versuchen Gesetzesvorhaben zu stoppen, die ihnen zum Nachteil gereichen. Gewerkschaften versuchen Schutzklauseln für Arbeitnehmer im Arbeitsrecht zu verankern oder die Transferleistungen an die Arbeitslosen zu erhöhen. Automobilklubs drängen darauf,

---

[7] Die Argumente von Niskanen und Leibenstein lassen sich natürlich auf alle hierarchischen Organisationen, z. B. hinreichend große Unternehmen, übertragen, bei denen Budgetierungsprozesse und Kontrollprobleme eine Rolle spielen.

daß die steuerliche Belastung ihrer Klientel (Mineralölsteuer, KfZ-Steuer) verringert wird. Die Liste ließe sich beliebig verlängern. In allen Fällen nehmen Vertreter einer Interessengruppe Einfluß auf Politiker und Administration, um politische Entscheidungen in die von ihnen gewünschte Richtung zu lenken. Diese Aktivitäten von Interessengruppen bezeichnet man als Lobbying.

Der Umfang der Lobby-Aktivität ist beträchtlich. Allein beim Bundestag in Berlin sind über 1700 Verbände offiziell registriert (vgl. hierzu die URL http://dip.bundestag.de/verband.html). Und in Brüssel, schätzt man, versuchen rund 15.000 Lobbyisten auf die EU-Administration mit ihren 20.000 Beamten Einfluß zu nehmen (Handelsblatt, 29.7.2002). Angesichts dieser beträchtlichen Aufwendungen für Lobbying, stellt sich die Frage nach den Folgen: Welche Implikationen hat Lobbying für die politischen Entscheidungen? Welche Lobbies können ihre Interessen besonders effektiv durchsetzen? Was bewirkt der Wettbewerb zwischen konkurrierenden Interessenvertretern? Wie sind die Aufwendungen für Lobby-Aktivitäten aus ökonomischer Sicht zu bewerten? Den ersten beiden Fragen gehen wir im folgenden Abschnitt zur *Stärke der Interessengruppen* nach; die anderen beiden Fragen sind Thema des Abschnitts über *Rent-Seeking*.

### Die Stärke der Interessengruppen

Man könnte zunächst naiv vermuten, daß die Macht einer Interessengruppe mit ihrer Größe zunimmt. Denn je mehr Wähler hinter einer Interessengruppe stehen, desto eher wird ein Politiker ihren Lobbyisten sein Ohr leihen, desto größer ist ceteris paribus die ökonomische Bedeutung der Gruppe etc. Mancur Olson (*1932, †1998) hat jedoch darauf aufmerksam gemacht, daß gerade kleine gesellschaftliche Gruppen beim Lobbying oft sehr erfolgreich sind ([8]). So machen Bauern heutzutage nur noch einen kleinen Teil der Bevölkerung aus. Trotzdem sind sie mit ihren Lobbyaktivitäten äußerst erfolgreich; rund die Hälfte des gesamten EU-Budgets fließt in Form von Subventionen und Transfers an die Landwirte. Warum ist dies so? Woher kommt die beobachtete Asymmetrie zugunsten kleiner Interessengruppen?

Olson weist auf das Öffentliche-Guts-Problem hin, das die Organisation von Interessengruppen erschwert. Damit eine Interessengruppe erfolgreich Druck auf die Politik ausüben kann, müssen die Gruppenmitglieder möglichst an einem Strang ziehen, z. B. indem sie zu einer von ihrem Verband organisierten Demonstration gehen. Jedes einzelne Gruppenmitglied, das aktiv mitwirkt, trägt so zum öffentlichen Gut „Stärke der Interessengruppe" bei. Wie bei allen öffentlichen Gütern gibt es für den einzelnen einen Anreiz zum Trittbrettfahren. Denn auch wenn man sich nicht beteiligt, kommt man in den Genuß der Vorteile, die durch das Lobbying erreicht werden. Man spart sich aber die Kosten und Mühen, selbst aktiv werden zu müssen. Dieses Trittbrettfahrerproblem ist um so leichter zu lösen, je kleiner die Gruppe ist. Denn erstens fällt die Nicht-Beteiligung eines einzelnen Mitglieds stärker ins Gewicht. Und zweitens ist die soziale Kontrolle in kleinen Gruppen effektiver.

Welcher Landwirt wird sich zum Beispiel einen erholsamen Sonntag gönnen, während seine Kollegen im Dorf mit ihren Traktoren auf eine Demonstration fahren?

Neben dem öffentlichen-Guts-Charakter der Lobbyarbeit gibt es noch einen zweiten Grund, warum gerade kleine Gruppen erfolgreicher ihre Interessen durchsetzen: In kleinen Gruppen ist der erzielbare Pro-Kopf-Gewinn oft höher. Betrachten Sie einmal das Beispiel der Agrarprodukte. Wenn z. B. zur Debatte steht, ob der Preis für Butter um 1 Prozent erhöht werden soll, wird sich kaum ein Konsument in Lobbyarbeit engagieren. Denn der Vorteil pro Konsument, wenn die Preiserhöhung vermieden werden kann, wird kaum die Zeitkosten und die Mühen der Lobbyarbeit aufwiegen. Insgesamt erleiden natürlich viele Konsumenten einen Verlust, aber die Kosten-Nutzen-Erwägung des einzelnen führt dazu, daß keiner aktiv wird. Auf Seiten der Landwirte sieht die Situation dagegen ganz anders aus. Hier sind zwar nur wenige Haushalte betroffen. Aber jeder einzelne Landwirt hat beträchtliche Gewinne zu verzeichnen, wenn sich die einprozentige Preiserhöhung durchsetzen läßt. Hier überwiegt der Vorteil die Kosten pro Kopf.

**Ergebnis:**
*Politische Entscheidungen werden durch Lobbyarbeit zugunsten kleiner Interessengruppen verzerrt. Denn kleine Interessengruppen können das Trittbrettfahrerverhalten in der Lobbyarbeit leichter überwinden und weisen typischerweise höhere Vorteile pro Mitglied aus.*

**Rent-Seeking**

Im letzten Abschnitt haben wir uns damit befaßt, welche Interessen sich durch Lobbying in der Politik besser durchsetzen lassen. Nun wollen wir noch verstehen, wie die Lobby-Aufwendungen – egal ob von großen oder kleinen Interessengruppen – ökonomisch zu bewerten sind. Denn es handelt sich um durchaus erhebliche Summen, die für diese Zwecke aufgewandt werden. In den USA beispielsweise gaben Unternehmen im Jahr 2000 mehr als 1,5 Mrd. $ für Lobbyaktivitäten in Washington aus. Führend waren dabei die Interessengruppen aus dem Banken- und Versicherungssektor, dem Gesundheitssektor und dem Bereich Kommunikation/Elektronik mit jeweils rund 200 Mio. $ Lobbyausgaben (http://www.opensecrets.org/).

Das ökonomische Problem der Interessengruppen besteht darin, daß den Aufwendungen für Lobbying keine gesamtwirtschaftlichen Vorteile gegenüberstehen. Wenn z. B. Lizenzen für EU-Importe von Bananen verteilt werden, werden Lobbyisten versuchen, die Verteilung der Lizenzen zugunsten ihrer Interessengruppe (z. B. nationalen Importeuren) zu beeinflussen. Ökonomisch spielt es aber keine Rolle, wer diese Lizenzen erhält. Eine Firma, die Importlizenzen erhält, kann zwar Gewinne einstreichen, aber dieselben Gewinne wären auch angefallen, wenn eine andere Firma die Lizenzen bekommen hätte. Könnte man Lobbying verhindern und die Lizenzen z. B. durch Losverfahren zuweisen, wären die Lobbyingaufwendungen im Kampf um die Lizenzen gespart worden, ohne daß sich am ökonomischen Ergebnis etwas geändert hätte. Diesen ineffizienten Wettbewerb, der einen ökonomischen Gewinn (Rente, engl. *Rent*) nicht vergrößert, aber selbst Ressourcen verschlingt, bezeichnet man als *Rent-Seeking*.

Ein anderes, aktuelles Beispiel für Lobbyaktivitäten im Kampf um erhoffte Gewinne ist die Vergabe der UMTS-Lizenzen in einigen europäischen Ländern. Anders als in Deutschland wurden die UMTS-Lizenzen, z. B. in Finnland, Frankreich, Portugal und Spanien, nicht über Auktionen, sondern sogenannte *Beauty Contests* den Interessenten zugewiesen. Dabei reichen Firmen oder Konsortien Vorschläge ein, wie sie die Lizenzen nutzen wollen. Die besten Vorschläge erhalten dann vom Staat die Lizenzen zugesprochen. Es ist leicht einsichtig, daß ein solches Verfahren weit weniger transparent ist als eine öffentlich durchgeführte Auktion. Und neben dem, was Schwarz auf Weiß in den Vorschlägen der konkurrierenden Unternehmen steht, spielt natürlich auch der informelle Einfluß durch die Lobbyisten auf Minister und Bürokratie eine große Rolle. Hier entstehen wieder echte ökonomische Kosten, weil Zeit und Mittel der Lobbyisten anderweitig produktiv eingesetzt werden könnten. Nun kann man kaum erwarten, daß Politiker und Bürokraten die Gewinnaussichten der eingereichten Vorschläge besser beurteilen können als die Unternehmen selbst. Daher stehen den Kosten von *Beauty Contests* – im Vergleich zur Auktionierung[8] der UMTS-Lizenzen, wo alleine der Preis entscheidet und daher Lobbyaktivitäten relativ zwecklos sind – auch keine Vorteile gegenüber.

Wie hoch sind die Aufwendungen, die Lobbies betreiben, um ihrer Klientel einen möglichen Vorteil zu sichern? Gordon Tullock (*1922) hat ein Modell des Rent-Seeking vorgeschlagen, das eine Antwort auf diese Frage gibt ([10]). Um beim ersten Beispiel zu bleiben, nehmen wir an, daß die EU die Importlizenz für Bananen an eine einzelne Firma vergibt. Der Gewinn, der sich mit der Lizenz erzielen läßt, beträgt $R$. Zwei nationale Interessengruppen von Importeuren wollen durch Lobbyarbeit erreichen, daß die Lizenz an einen Importeur des jeweils eigenen Landes fällt. Der Lobbyaufwand, den die Interessengruppe $i$ ($i = 1, 2$) betreibt, ist mit $x_i$ bezeichnet. Die Chancen, die Lizenz ins eigene Land zu holen, hängen positiv von den eigenen Lobbyanstrengungen und negativ von den Bemühungen der Konkurrenz ab. Unterstellen wir also, die Erfolgswahrscheinlichkeit der Lobby $i$ sei durch $x_i/(x_i + x_j)$ gegeben (mit $i \neq j$). Die Interessengruppe $i$ maximiert ihren erwarteten Gewinn

$$\Pi_i = \frac{x_i}{x_i + x_j} \cdot R - x_i$$

durch Wahl von $x_i$, wobei sie die Aufwendungen der Gegenseite $x_j$ für gegeben nimmt. Die Bedingung erster Ordnung erhält man durch Ableiten nach $x_i$ und Nullsetzen:

---
[8] Bei der Auktion werden diejenigen Unternehmen mit größeren Gewinnmöglichkeiten auch mehr für die Lizenzen bieten und daher den Zuschlag erhalten.

$$\frac{x_j}{(x_i + x_j)^2} \cdot R = 1.$$

Die Ausdehnung der Lobbytätigkeit lohnt sich so lange, bis der zusätzliche Vorteil durch die gestiegenen Chancen (linke Seite der Gleichung) den Kosten des weiteren Lobbying (rechte Seite der Gleichung) entspricht.

Nun stellen beide Interessengruppen dieses Kalkül an. Da die Situation für beide Lobbies symmetrisch ist, werden sie im Gleichgewicht – d. h., wenn keiner der Beteiligten seine Pläne mehr revidieren will – auch beide Aufwand in gleicher Höhe betreiben ($x_i = x_j$). Verwenden wir diese Information in der Bedingung erster Ordnung, erhalten wir als gleichgewichtigen Lobbyingaufwand

$$x_1 = x_2 = \frac{R}{4}.$$

Jede der beiden Lobbies wendet ein Viertel der Gewinne auf, die sich durch die Lizenz erzielen lassen. Die Lobbyingaktivität bringt keinerlei volkswirtschaftliche Vorteile – einem der beiden Konkurrenten fallen die Gewinne aus der Lizenz ja ohnehin zu –, verbraucht aber Ressourcen in Höhe der Hälfte des gesamten Gewinnes $R$ (da $x_1 + x_2 = R/2$). Man kann nun zeigen, daß bei einer Erhöhung der Zahl der konkurrierenden Interessengruppen zwar der Aufwand der einzelnen Lobby sinkt, der Gesamtaufwand aller Lobbygruppen zusammen jedoch steigt. Wenn die Zahl der Lobbies sehr groß wird, nähert sich der gesamte Lobbyaufwand an $R$ an, d. h., Lobbying vernichtet den gesamten ökonomischen Gewinn.

**Ergebnis:**
*Der Versuch der Interessengruppen, Gewinne für ihre Klientel zu sichern (Rent Seeking), führt zu ineffizient hohen Lobbyingaufwendungen.*

Nun haben wir ein ausgesprochen negatives Bild der Interessengruppen gezeichnet. Nicht jede Tätigkeit von Interessengruppen dient einem solchen Nullsummenspiel um Renten. Eine wichtige Funktion von Interessengruppen besteht auch in der Übermittlung von Informationen zwischen ihrer Klientel und den staatlichen Entscheidungsträgern. Interessengruppen beobachten die politische Landschaft und sprechen gelegentlich bei Wahlen Empfehlungen (*Endorsement*) aus, welche Partei am ehesten den Interessen der Gruppe entspricht. In Deutschland haben die Gewerkschaften schon häufiger Wahlempfehlungen für die SPD abgegeben und Pfarrer der katholischen Kirche haben ihren Gemeinden die Kandidaten der Union nahegelegt. In den USA ist es auch üblich, daß sich große überregionale Zeitungen explizit für einen Präsidentschaftskandidaten aussprechen. Im Bundestagswahlkampf 2002 hat diese Form des *Endorsement* zum ersten Mal Eingang in den deutschen Wahlkampf gefunden; die *Financial Times Deutschland* sprach sich für den Unionskandidaten Edmund Stoiber aus (Süddeutsche Zeitung vom 17.9.2002).

Der Informationsfluß funktioniert aber auch in der anderen Richtung. Interessengruppen versuchen Informationen von ihrer Klientel an die Politik weiterzugeben. Allerdings tritt hier ein Glaubwürdigkeitsproblem auf. Wenn der Bauernverband Hilfen für die Landwirte für überlebensnotwendig hält oder wenn die Rüstungslobby ohne die Anschaffung neuer Panzer die Einsatzbereitschaft der Bundeswehr gefährdet sieht, wird man diesen Äußerungen nicht unbesehen glauben können. Denn ganz egal, wie die Lage wirklich ist, die Lobby wird stets zusätzliche Mittel für ihre Klientel fordern. Nur unter recht eingeschränkten Bedingungen sind daher die von Interessengruppen bereitgestellten Informationen für die Politik verwertbar.

## 5 Zusammenfassung

Natürlich konnte diese Einführung nur einen kleinen Einblick in die politische Ökonomie geben. Zahlreiche wichtige Institutionen, die man für ein fundiertes Verständnis der Wirtschaftspolitik durchleuchten muß, haben wir völlig ausgeblendet. Viele spannende Fragen der politischen Ökonomie haben wir gar nicht angesprochen: Wie wichtig ist beispielsweise die Gewaltenteilung zwischen Exekutive und Legislative – z. B. durch wechselseitige Kontrolle (Checks and Balances) – für den Erfolg der Wirtschaftspolitik? Welche Rolle spielt Korruption im staatlichen Sektor für das Funktionieren einer Volkswirtschaft? Warum geben Politiker freiwillig wichtige Entscheidungsbefugnisse aus der Hand und delegieren Aufgaben an unabhängige Institutionen (z. B. Geldpolitik an die Zentralbank)? Kann man durch mehr Wettbewerb zwischen den Gebietskörperschaften einen besser funktionierenden Staat schaffen? usw. (Diese Fragen und viele mehr finden Sie in den ausgezeichneten Lehrbüchern von Mueller ([5]) sowie Persson und Tabellini ([9]) diskutiert.)

Auch wenn wir nur einen kleinen Teil der möglichen Fragen hier diskutieren konnten, hat diese Einführung in die politische Ökonomie gezeigt, daß wir das ökonomische Instrumentarium gewinnbringend auf das Feld der Politik anwenden können. Die ökonomische Theorie hilft uns, politische Prozesse besser zu verstehen und politische Institutionen effizienter zu gestalten.

## Literaturverzeichnis

1. Buchanan JM, Musgrave RA (1999) Public finance and public choice – two contrasting visions of the state. MIT Press, Cambridge MA
2. Downs A (1957) An economic theory of democracy. Harper and Row, New York
3. Hotelling H (1929) Stability in competition. Economic Journal 39:41–57
4. Leibenstein H (1966) Allocative efficiency vs. X-efficiency. American Economic Review 56:392–415
5. Mueller DC (2003) Public choice III. Cambridge University Press, Cambridge MA
6. Musgrave RA (1959) The theory of public finance. McGraw-Hill, New York

7. Niskanen WA (1971) Bureaucracy and representative government. Aldine-Atherton, Chicago
8. Olson M (1965) The logic of collective action, public goods and the theory of groups. Harvard University Press, Cambridge MA
9. Persson T, Tabellini G (2002) Political economics – explaining economic policy. MIT Press, Cambridge MA
10. Tullock G (1967) The welfare costs of tariffs, monopolies and theft. Western Economic Journal 5:224–232

# Geldlehre

Alexander Karmann

Technische Universität Dresden, Fakultät Wirtschaftswissenschaften, Professor für VWL, insbes. Geld, Kredit und Währung
(Alexander.Karmann@mailbox.tu-dresden.de)

## 1 Einführung

Die Verwendung von Geld in einer Volkswirtschaft beeinflußt die Möglichkeiten zur individuellen Bedürfnisbefriedigung entscheidend. Geld stiftet den Individuen einen positiven Nutzen, welcher in einer Reihe wichtiger Funktionen und Eigenschaften begründet ist.

Das Kapitel „Geldlehre" soll dem Leser das Teilgebiet der monetären Makroökonomie im Kontext einer Einführung in die Wirtschaftswissenschaften näherbringen. Zur Orientierung und besseren Aneignung des Stoffes dienen folgende Fragestellungen, die im weiteren behandelt werden:

- Was ist Geld bzw. wodurch ist es definiert?
- In welcher Beziehung stehen monetärer und realer Sektor des Wirtschaftskreislaufes?
- Warum fragen die Individuen zinsloses Geld nach?
- Existiert eine gleichgewichtige Geldmenge und wann stellt sich diese ein?

Zunächst erfolgt anhand von Abbildung 1 eine graphische Einordnung der Geldlehre in die Wirtschaftswissenschaften, um anschließend in die theoretische Auseinandersetzung mit der Thematik einzusteigen. Dabei werden, nach Erläuterung der wesentlichen Grundlagen, die Quantitätstheorie sowie Geldnachfrage und Geldangebot besprochen. Abschließend werden kurz Implikationen für die Geldpolitik und die Politik der Europäischen Zentralbank (EZB) erörtert.

## 2 Gegenstand der Geldlehre

Die Geldlehre als spezielle Volkswirtschaftslehre steht gleichrangig neben anderen Forschungsgebieten der Volkswirtschaftslehre, wie z. B. der Finanzwissenschaft, der Außenwirtschaft, der Konjunktur- und Wachstumstheorie. Die

Geldlehre kann in die Geldtheorie und die Geldpolitik aufgespalten werden. Die **Geldtheorie** wiederum umfaßt zunächst die Teile

- Geldfunktionen und Geldmengen
- Geldverfassung
- Geldnachfrage und Geldangebot

Darüber hinaus beschäftigt sie sich mit der Problematik und den Auswirkungen der Inflation, also dem Anstieg eines repräsentativen Preisindexes, der zum Kaufkraftverlust des Geldes führen kann. Im Rahmen der **Geldpolitik** werden alle Maßnahmen einer mit der konkreten Durchführung dieser Politik beauftragten monetären Autorität (in der Regel eine Notenbank) und deren Auswirkungen beleuchtet.

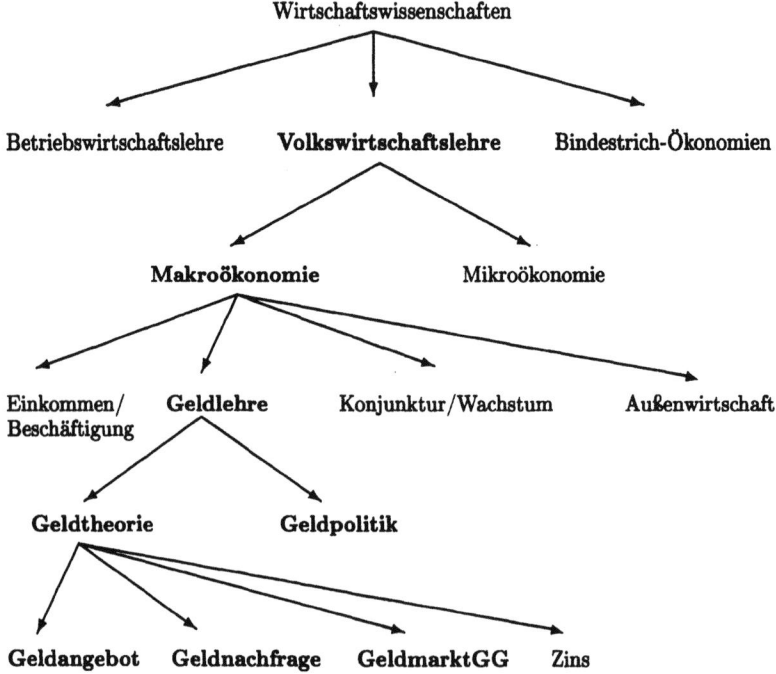

**Abb. 1.** Die Geldlehre innerhalb der Wirtschaftswissenschaften

## 3 Grundbegriffe der Geldlehre

### 3.1 Definition und Funktionen des Geldes

In Wissenschaft und Literatur besteht im wesentlichen dahingehend Konsens, daß sich der Geldbegriff über die **Geldfunktionen** definiert:

*„Alles, was Geldfunktionen ausübt, ist Geld."*

Diese Definition liefert einen weiten Spielraum für die konkrete Erscheinungsform des verwendeten Zahlungsmittels. Die Geschichte liefert viele Beispiele dafür, daß Banknoten in Phasen ausgeprägter Inflation die Funktion eines allgemein akzeptierten, nationalen Zahlungsmittels verlieren können und durch knappe Güter (z. B. Zigaretten und Edelmetalle) substituiert werden. In der Gegenwart treten vermehrt elektronisch gespeicherte Daten und „Cybermoney" an die Stelle traditionellen Geldes.

Die genannten Beispiele weisen bereits auf die wichtigste Funktion des Geldes, die sogenannte **Tauschmittelfunktion**, hin. In einer spezialisierten, durch Arbeitsteilung gekennzeichneten Volkswirtschaft produzieren die Individuen die zur Bedürfnisbefriedigung präferierten Güter nicht selbst, sondern erlangen durch ihre Beteiligung am Produktionsprozeß Ansprüche auf den Erwerb dieser Güter. In einer Tauschwirtschaft können die Individuen dann durch direkten Tausch, bei unmittelbarer Übereinstimmung der Bedürfnisse, oder über Transaktionsketten in den Besitz des gewünschten Gutes kommen. Diese Möglichkeit setzt einen sehr guten Informationsstand der Individuen voraus und ist mit hohen Transaktionskosten verbunden. Daher erscheint es sinnvoll, vom reinen Naturaltausch abzugehen und ein allgemein akzeptiertes Zahlungsmittel einzuführen. Somit läßt sich der Tauschvorgang in zwei Transaktionen aufspalten, einen Verkaufsvorgang, bei dem man Geld erhält, und einen Kaufvorgang, bei dem man Geld ausgibt. Im Gegensatz zur reinen Tauschwirtschaft müssen jetzt Käufer und Verkäufer nicht mehr ein und dieselbe Person sein. Die Verringerung der Transaktionskosten wird durch die Tausch- bzw. Zahlungsmittelfunktion des Geldes ermöglicht.

Darüber hinaus übernimmt Geld auch die Funktion der **Recheneinheit**, wodurch sich die Informationskosten in einer Volkswirtschaft reduzieren, da der Wert aller n Güter in derselben Bezugsgröße ausgedrückt und damit besser vergleichbar gemacht werden kann. Es existieren nicht mehr

$$\frac{n \cdot (n-1)}{2} = \frac{(n^2 - n)}{2}$$

Austauschverhältnisse, sondern nur noch n Preise.

Existiert ein derartiges Zahlungsmittel, das die Funktion eines allgemein akzeptierten Tauschmittels und einer Recheneinheit übernimmt, läßt sich schlußfolgern, daß dieses Zahlungsmittel auch die Funktion als **Wertaufbewahrungsmittel** übernimmt. Damit wird es den Wirtschaftssubjekten möglich, eine zeitliche Trennung zwischen Verkauf und Kauf und somit einen intertemporalen Transfer der Kaufkraft (bei stabilem Preisniveau) zwischen den Perioden vorzunehmen.

Eine wichtige Rolle spielt in diesem Zusammenhang auch die Übertragung gesparter Einkommen auf andere Wirtschaftssubjekte, die sogenannte Intermediation zwischen Sparern und Investoren.

## 3.2 Geldeigenschaften und Geldmengenbegriffe

Die konkrete Verwendung eines Zahlungsmittels als Geld innerhalb einer Volkswirtschaft ist von den Transaktions- und Lagerkosten abhängig. Diese sollen so gering wie möglich ausfallen. Daher ist es notwendig, daß ein Zahlungsmittel, das als Geld Verwendung findet, über die Geldfunktionen hinaus auch bestimmte technische Erfordernisse, die sogenannten **Geldeigenschaften**, erfüllt. Hierzu zählen:

1. *Haltbarkeit:* Die Erfordernis der Haltbarkeit soll verhindern, daß im Zeitablauf Wertverluste aufgrund der Beschaffenheit des Zahlungsmittels eintreten können.
2. *Homogenität:* Die verschiedenen Geldeinheiten sollen die gleiche Beschaffenheit aufweisen und damit vollständig gegeneinander substituierbar sein.
3. *Seltenheit:* Die Voraussetzungen der natürlichen bzw. technologischen Knappheit („gefördertes Gold") müssen erfüllt sein oder werden aufgrund administrativer Bestimmungen geschaffen („Banknoten").
4. *Teilbarkeit:* Das Zahlungsmittel soll in kleinere Untereinheiten zerlegbar sein, ohne dabei insgesamt an Wert zu verlieren.

Nach Einführung des Geldbegriffes soll nachfolgend der für gesamtwirtschaftliche Zusammenhänge zentrale Begriff der Geldmenge vorgestellt werden.

Die Einführung von Geld über Funktionen und Eigenschaften führt dazu, daß länderspezifische Unterschiede hinsichtlich der Verwendung und Akzeptanz der die Funktionen und Eigenschaften erfüllenden Zahlungsmittel bestehen. So diskutiert die EZB derzeit die Möglichkeit der Einführung eines 1 Euro-Scheines, da Euro-Münzen in Südeuropa, insbesondere in Griechenland, von der Bevölkerung nicht angenommen werden. Dennoch besteht weitgehend Einigkeit darüber, welche Größen in die jeweiligen Geldmengendefinitionen eines Währungsraumes eingehen. Im Euroraum werden derzeit die in Tabelle 1 dargestellten **Geldmengenabgrenzungen** von der EZB verwendet.

## 4 Die Quantitätstheorie

Die **Quantitätstheorie** gehört zu den ältesten bis heute diskutierten ökonomischen Theorien und liefert das monetäre Gegenstück der klassisch-neoklassischen Analyse des realen Sektors. Als Vertreter der Theorie sind zu nennen: Jean Bodin (1530-1596), David Hume (1711-1776), David Ricardo (1772-1823), Irving Fisher (1867-1947), Alfred Marshall (1842-1924), Arthur Pigou (1877-1959); heute: Milton Friedman (*1912).

Die Quantitätstheorie bedient sich zur Ableitung ihrer Aussagen der Quantitätsgleichung:

$$M \cdot V \equiv P \cdot T,$$

eine Identität, aus der ein allgemeiner Zusammenhang zwischen Geldmenge $M$ und Preisniveau $P$ der Art $P = f(M)$ ableitbar ist. Genauer bezeichnet

**M:** die im Umlauf befindliche Geldmenge,
**V:** die Geldumlaufgeschwindigkeit (velocity), hier bzgl. T,
**T:** das Transaktionsvolumen aller gehandelten Güter,
**P:** das Preisniveau des Transaktionsvolumens (der gehandelten Güter).

**Tabelle 1.** Geldmengenabgrenzungen der EZB

| | |
|---|---|
| **M0/Bargeldumlauf:** Banknoten und Münzen, die sich im Umlauf außerhalb des Bankensystems (bei Nichtbanken) befinden (also ohne Kassenbestände der Geschäftsbanken, aber mit Banknotenumlauf im Ausland) | |
| **M1:** Summe aus Bargeldhaltung der Nichtbanken (Bargeldumlauf) und Sichtguthaben der Nichtbanken bei den Geschäftsbanken (Geschäftsbankengeld) | Abgrenzung der Geldmenge nach der Zahlungsmittelfunktion des Geldes |
| **M2:** Summe aus M1 und Terminguthaben mit vereinbarter Laufzeit von bis zu 2 Jahren, sowie Spareinlagen mit vereinbarter Kündigungsfrist von bis zu 3 Monaten | |
| **M3:** Summe aus M2 + Repogeschäft + Geldmarktfondsanteile + Schuldverschreibungen mit einer Laufzeit bis zu 2 Jahren | Abgrenzung der Geldmenge nach der Funktion des Geldes als Wertaufbewahrungsmittel |

Die in einer Volkswirtschaft zirkulierende Geldmenge entspricht gemäß der Quantitätsgleichung dem mit Preisen bewerteten Transaktionsvolumen aller gehandelten Güter. Geldkreislauf und Güterkreislauf werden mittels der Quantitätsgleichung zum Ausgleich gebracht. Um konkrete Aussagen über den Zusammenhang zwischen Geldmenge und Preisniveau formulieren zu können, seien folgende Annahmen vorangestellt:

- Die Geldmenge $M$ ist eine exogen gegebene Größe.
- Die Umlaufgeschwindigkeit $V$ ist im Zeitablauf lediglich geringen Veränderungen unterworfen, hier: der Einfachheit halber konstant, und institutionell vorgegeben.

- Das Transaktionsvolumen $T$ ist nach der klassischen Neutralitätsannahme unabhängig von der Geldmenge $M$. Monetäre Größen haben keinen Einfluss auf Größen der Realwirtschaft.
- Die Preisänderungen betreffen alle Einzelpreise im gleichen Umfang und werden daher als entsprechende Veränderung des Preisniveaus ausgedrückt.

Die zentrale Aussage der klassischen Quantitätsgleichung kann dann wie folgt formuliert werden: **Einer Zunahme der Geldmenge $M$ steht ceteris paribus ein Anstieg des absoluten Preisniveaus gegenüber.**

Ausgehend von der ursprünglichen Form werden neuere Modifikationen der Quantitätsgleichung formuliert. Dabei wird das Transaktionsvolumen $T$ durch die Indikatorgröße $Y$ (reales Sozialprodukt, yield) ersetzt, und $P$ ist das Preisniveau des Volkseinkommens. Im realen Volkseinkommen findet die Erstellung von Vorleistungen und Zwischenprodukten keine Berücksichtigung, so daß jetzt in die Quantitätsgleichung nur die volkswirtschaftliche „Endnachfrage" eingeht. Somit kann $Y < T$ angenommen werden.

Zur Veranschaulichung dieses Sachverhaltes soll die quantitätstheoretische Geldmengenregel dienen, die, ähnlich wie von der Deutschen Bundesbank, nun von der Europäischen Zentralbank operationalisiert wird. Den Ausgangspunkt der Betrachtung bildet die Quantitätsgleichung für eine bestimmte Periode $t$:

$$M \cdot V = P \cdot Y \quad \text{bzw.} \quad M_t \cdot V_t = P_t \cdot Y_t \, .$$

Durch Logarithmierung und Anwendung der Logarithmengesetze ergibt sich (für eine ausführliche Darstellung kontinuierlicher Wachstumsraten und Anwendung auf die Quantitätsgleichung vgl. Kapitel 2 aus dem Beitrag „Mathematische Analyseinstrumente in den Wirtschaftswissenschaften"):

$$ln(M_t \cdot V_t) = ln(P_t \cdot Y_t) \iff ln(M_t) + ln(V_t) = ln(P_t) + ln(Y_t) \, .$$

Die Differenzierung nach der Zeit liefert die Quantitätsgleichung in Wachstumsraten:

$$w_M + w_V = w_P + w_Y \, .$$

Hieraus lassen sich Vorgaben für ein angemessenes Geldmengenwachstum ableiten. Dies soll an einem fiktiven Zahlenbeispiel verdeutlicht werden. Aus der Zielstellung eines maximalen Anstiegs des Preisniveaus, $w_p = 2\%$, und einer Prognose für die durchschnittliche Veränderung der Geldumlaufgeschwindigkeit, $w_V = -0,75\%$, sowie des realen Volkseinkommens, $w_Y = 2,25\%$, erhält man als Ergebnis für die Wachstumsrate $w_M$ der Geldmenge:

$$w_M = 2,0\% + 2,25\% + 0,75\% = 5,0\% \, .$$

Dieses Punktziel wird in der Realität jedoch häufig mit einem Zielkorridor von z. B. $\pm 1,5\%$ kombiniert, der der monetären Autorität einen gewissen Spielraum hinsichtlich der Realisierung der Zielvorgaben einräumt und somit ihre Flexibilität erhöht. Der Zielkorridor der Geldmenge $M3$ ergibt sich demnach aus $5,0\% \pm 1,5\%$ zu $3,5\%$ bis $6,5\%$.

# 5 Geldnachfrage und Geldangebot

## 5.1 Die Geldnachfrage

Nachdem im bisherigen Verlauf des Beitrags Funktionen und Eigenschaften des Geldes bzw. die Quantitätstheorie im Mittelpunkt standen, soll nun näher auf Geldnachfrage und Geldangebot eingegangen werden. Aus ökonomischer Sicht können für die **Geldnachfrage** im wesentlichen drei Gründe angeführt werden:

- Transaktionsmotiv
- Vorsichtsmotiv
- Spekulationsmotiv

Diese sollen nachfolgend detaillierter besprochen werden.

### Die Geldnachfrage aus dem Transaktionsmotiv

Die Einnahmen und Ausgaben der Individuen fallen für gewöhnlich zeitlich auseinander. Zur Synchronisation der sicheren Zahlungsströme benötigt das Individuum einen bestimmten Kassenbestand. Der kassenhaltungstheoretische Ansatz geht zurück auf Marshall und Pigou, wobei bei ihnen vor allem die Wertaufbewahrungsfunktion des Geldes im Vordergrund steht. Aus der Quantitätsgleichung lässt sich eine Geldnachfrage aus dem **Transaktionsmotiv** ableiten:

$$M \cdot V = Y^{nom} \iff M = (1/V) \cdot Y^{nom}.$$

Mit $1/V = k$ ergibt sich: $M = k \cdot Y^{nom}$, wobei $Y^{nom} = P \cdot Y$ das nominale Volkseinkommen darstellt. $k$ bezeichnet den sogenannten Kassenhaltungskoeffizienten, der in der Literatur auch als *Cambridge k* bekannt ist. Allgemein wird unterstellt, daß die Geldnachfrage aus dem Transaktionsmotiv eine lineare Funktion des nominalen Volkseinkommens der Form $M^{tr} = f(Y^{nom})$ mit $\partial f / \partial Y^{nom} > 0$ ist. Das *Cambridge k* lässt sich als durchschnittliche Kassenhaltung der Wirtschaftssubjekte interpretieren. Zur Veranschaulichung dient nachstehendes Beispiel:

Es wird eine Gehaltszahlung in $\alpha = 12$ monatlichen Teilbeträgen unterstellt. Nehmen wir weiterhin an, daß die Individuen über den Monat verteilt täglich einen gleichen Betrag für Konsumzwecke verwenden. Demzufolge nimmt ihre Kassenhaltung approximativ linear ab, bis die Individuen am Ende des Monats ihr Einkommen in vollem Umfang verausgabt haben. Offensichtlich ist damit die durchschnittliche monatliche Kassenhaltung nach dem Transaktionsmotiv $k^{tr} = 1/(2\alpha)$. Somit errechnet sich die durchschnittliche jährliche Geldnachfrage aus dem Transaktionsmotiv, bei einem Jahreseinkommen von $Y^{nom}$, wie folgt:

$$k^{tr} = \frac{1}{2\alpha} \Rightarrow M^{tr} = k^{tr} \cdot Y^{nom} = \frac{1}{2\alpha} \cdot Y^{nom} = \frac{1}{24} \cdot Y^{nom}.$$

Diese Entwicklung der Kassenhaltung wird in Abbildung 2 veranschaulicht.

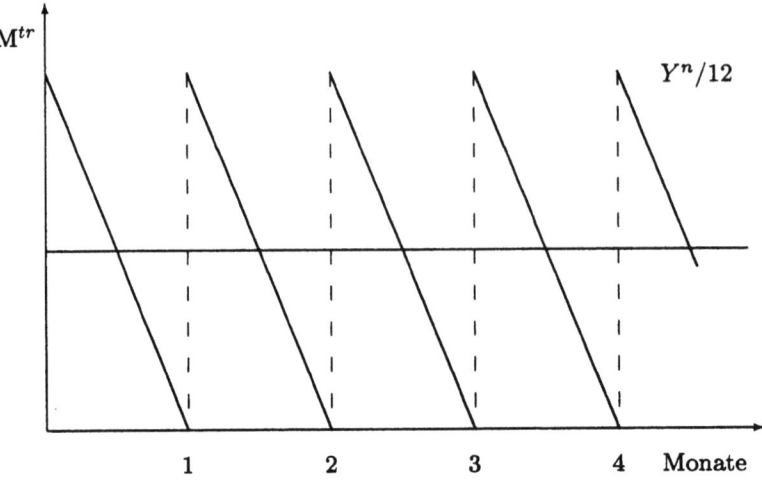

**Abb. 2.** Ableitung der durchschnittlichen Kassenhaltung

### Die Geldnachfrage aus dem Vorsichtsmotiv

Die Argumentationsstruktur der individuellen Geldnachfrage aus dem **Vorsichtsmotiv** ähnelt der des Transaktionsmotives, wobei hier die Kassenhaltung der Durchführung unerwarteter Transaktionen dient. Analog zum vorhergehenden Abschnitt ist die Kassenhaltung der Individuen aus dem Vorsichtsprinzip strikt positiv und eine lineare Funktion des nominalen Volkseinkommens, d. h., $M^V = k^V \cdot Y^{nom}$. Außerdem läßt sich die gesamte individuelle Kassenhaltung nicht nur aus Transaktions- und Vorsichtsgründen erklären, weshalb $0 < k^V < 1 - k^{tr}$ gilt. Zur Vereinfachung wird die Vorsichtskasse der Transaktionskasse zugeschlagen, wodurch sich eine Geldnachfrage für Transaktionszwecke wie folgt ergibt:

$$(M^{tr} + M^V) = (k^{tr} + k^V) \cdot Y^{nom} .$$

Es sei nun $k_T$ definiert als $k_T = k^{tr} + k^V$, sowie $M_T = M^{tr} + M^V$. Die obige Gleichung vereinfacht sich somit zu:

$$M_T = k_T \cdot Y^{nom} .$$

Nun können wir $k_T \cdot Y^{nom} = L_T(Y^{nom})$ schreiben, wobei $L_T$ die nominale Geldnachfragefunktion zu Transaktionszwecken ist.

Kritiker dieses Ansatzes weisen darauf hin, daß das Halten von Transaktionskasse in Form von Bar- oder Buchgeld Opportunitätskosten in Form entgangener Zinserträge verursacht. Für rational handelnde Individuen erscheint es daher nicht sinnvoll, über den tatsächlichen Bedarf für Transaktionszwecke hinaus Geld zu halten. Die über das Transaktionsmotiv hinausgehende zusätzliche Kassenhaltung kann jedoch durch das Spekulationsmotiv der Geldnachfrage beschrieben werden.

## Die Geldnachfrage aus dem Spekulationsmotiv

Für die Wirtschaftssubjekte kann es über den Transaktionsbedarf hinaus sinnvoll sein, Kassenhaltung zu betreiben, obwohl alternative zinsbringende Anlagemöglichkeiten existieren. Dieses geschieht aus dem **Spekulationsmotiv** heraus, welches erwartete zukünftige Zinsänderungen berücksichtigt und an welche folgende Annahmen geknüpft sind: Es existiere eine alternative Anlage in Form eines **festverzinslichen** Wertpapiers. Die Rendite des Wertpapiers setzt sich aus dem Nominalzins (resultierend aus der festen Verzinsung) und der Kursänderung des Wertpapiers zusammen. Der Kurs des Wertpapiers steige mit fallendem Marktzins $i$ und sinke mit steigendem Marktzins $i$. Die Individuen werden bei einem hohen Zins zum Zeitpunkt $t = 1$ für die Zukunft einen fallenden Zins erwarten und bei einem niedrigen Zins steigende Zinssätze. Die Kassenhaltung aus dem Spekulationsmotiv kann für die Individuen nur dann rational sein, wenn sie die Realisierung einer positiven Rendite antizipieren. Demzufolge ist:

- Geldhaltung zu Spekulationszwecken rational bei einem niedrigen Zinssatz. Die Individuen erwarten steigende Marktzinsen, wodurch die Wertpapierkurse sinken und damit die Rendite der Alternativanlage reduziert wird. Eine Anlage in Wertpapieren lohnt sich nur dann, wenn die nominale Verzinsung die erwarteten Kursverluste der festverzinslichen Wertpapiere überkompensiert.
- Geldhaltung zu Spekulationszwecken nicht rational bei einem hohen Zinssatz. Die Wertpapierkurse steigen aufgrund des von den Individuen antizipierten fallenden Marktzinses. Zusätzlich zur nominalen Verzinsung des Wertpapiers tritt eine positive Kursentwicklung ein, wodurch die Rendite steigt. Rational handelnde Individuen werden die Kassenhaltung nach dem Spekulationsmotiv reduzieren und in festverzinsliche Wertpapiere investieren.

Formal lässt sich die Geldnachfrage aus dem Spekulationsmotiv heraus wie folgt definieren:
$$M^{SP} = L_S(i) \quad mit \quad \partial L_S/\partial i < 0 \, .$$
Die gesamtwirtschaftliche nominale Geldnachfrage setzt sich aus der Summe der einzelnen Teilnachfragen zusammen. Wir schreiben:
$$L(Y^{nom}, i) = L_T(Y^{nom}) + L_S(i) \quad mit \quad \partial L/\partial Y^{nom} > 0, \, \partial L/\partial i < 0 \, .$$
In der Literatur ist es allerdings strittig, ob die Gleichung nominal oder real interpretiert werden muß. Um eine Definition in realen Größen zu erreichen, muß noch durch das Preisniveau dividiert werden:
$$\frac{L(Y^{nom}, i)}{P} = \frac{L_T(Y^{nom}) + L_S(i)}{P} = k_T \cdot Y + \frac{L_S(i)}{P} \, .$$
$Y$ ist hierbei wiederum das reale Volkseinkommen, und die Gleichung drückt demnach die Nachfrage nach Realkasse aus.

## 5.2 Das Geldangebot

Unter dem **Geldangebot** wird das vom Bankensystem geplante Geldvolumen verstanden. Die Geldangebotstheorie beschäftigt sich u. a. mit folgenden Sachverhalten:

- Elastizität des Geldangebots in bezug auf Sozialprodukt, Zinssätze etc.,
- Geldschöpfungsmultiplikatoren,
- Verhalten der beteiligten Akteure (Staat, Zentralbank, Geschäftsbanken, Nichtbanken, internationale Organisationen) im Geldschöpfungsprozeß,
- Auswirkungen der institutionellen Ausgestaltung einschließlich der Regulierung des inländischen und des internationalen Geldwesens,
- Möglichkeiten der politischen Einflußnahme auf das Geldangebot.

Im weiteren Verlauf wird unterstellt, daß die Zentralbank exogen die Höhe $M$ der volkswirtschaftlich relevanten Geldmenge bestimmt und daher das Geldangebot $M^A = M$ determiniert. Zur Plausibilisierung dieser Annahme lassen sich nachfolgende Begründungen formulieren:

- *Methodologisch:* Gemäß der Methode der schrittweisen Modellbildung durch Abstraktion wird eine exogene Geldmenge bestimmt. Problematisch dabei ist, daß durch Abstraktion vorgefaßte Meinungen (Alltagstheorie) oder Werturteile integriert werden. Daher besteht die Möglichkeit, daß das Resultat der Modellanalyse systematisch verzerrt ist. Durch Überprüfung der expliziten und impliziten Modellannahmen lassen sich aber Aussagen über die Angemessenheit in Bezug auf Fragestellung und Abstraktionsgrad treffen.
- *Dogmenhistorisch:* Die Modellannahme des exogenen Geldangebotes steht am Anfang der modernen Geldtheorie (Keynes). Die systematische Endogenisierung erfolgte erst später und findet erst in neueren Ansätzen zur Geldangebotstheorie ihren Eingang.
- *Praktisch:* Die monetaristische Schule (Friedman u. a.) hält die Kontrolle der Geldmenge durch die Zentralbank für möglich. So erklärte z. B. die Deutsche Bundesbank, die vormalige Geldmenge $M3$ (heute $M2$) zu kontrollieren. Die EZB verfolgt ein an die Geldmengensteuerung der Deutschen Bundesbank angelehntes Konzept. Der Beobachtungsschwerpunkt liegt hierbei auf der neu definierten, erweiterten Geldmenge $M3$.

## 5.3 Das Geldmarktgleichgewicht (LM-Kurve)

Das Gleichgewicht auf dem Geldmarkt stellt sich ein, wenn sich die Geldnachfrage $M^N$ und das Geldangebot $M^A$ ausgleichen, formal $L = M$. Die Geldnachfrage zu Transaktionszwecken $L_T$ ist linear in $P$, aber dies gilt nicht notwendigerweise für die Geldnachfrage zu Spekulationszwecken $L_S$. Der Fall, daß beide linear in $P$ sind, wird auch als Freiheit von Geldillusion bezeichnet und in der klassischen Theorie als für alle Wirtschaftseinheiten gültig unterstellt. Unter diesen Annahmen kann die Realkassenhaltung, die als $L/P$ definiert ist, somit wie folgt geschrieben werden:

$$\frac{L(Y^{nom}, i)}{P} = L(Y, i).$$

Demnach sind reale Größen wie Beschäftigung, Produktion und Realzins unabhängig von der Geldmenge. Verdoppelt sich beispielsweise das Preisniveau, so verdoppelt sich auch die nominale Kassenhaltung der Wirtschaftssubjekte, die reale Geldnachfrage bleibt also unverändert.

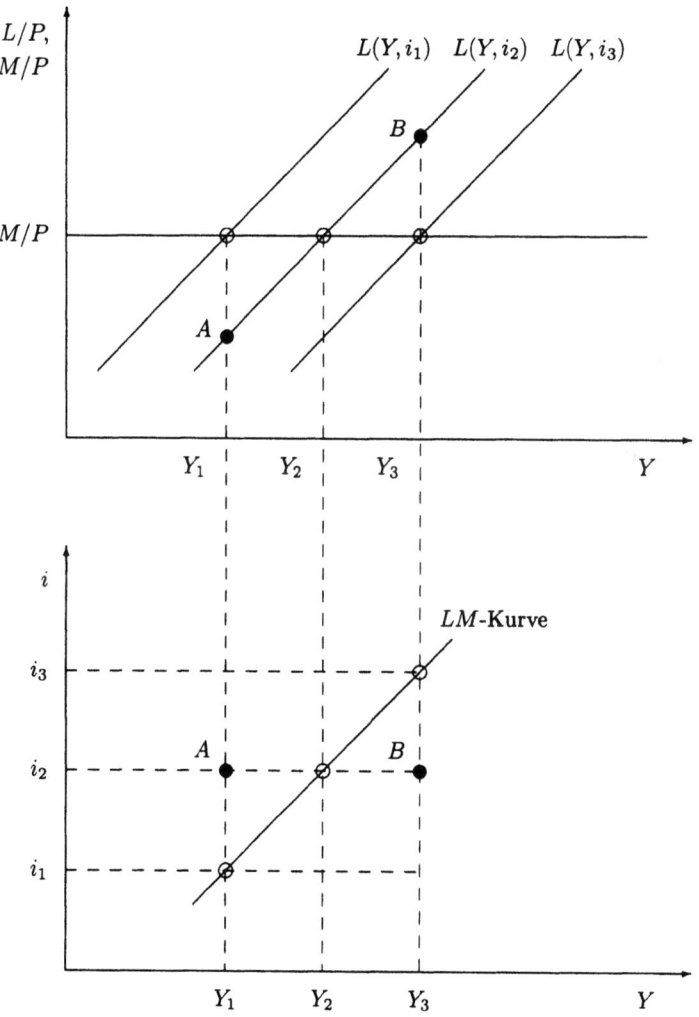

**Abb. 3.** Ableitung der LM-Kurve

Ein **Geldmarktgleichgewicht** liegt vor, sofern $L(Y^{nom},i)/P = M/P$ gilt. Dieser Zusammenhang wird als **LM** (Liquidity Money)-**Kurve** bezeichnet. Die $LM$-Kurve ist also der geometrische Ort aller Kombinationen von $i$ und $Y$, für die ein Geldmarktgleichgewicht von realer Geldnachfrage und realem Geldangebot bei gegebener Geldmenge besteht. Bei gegebenem Geldangebot $M$ ist ein Geldmarktgleichgewicht nur dann gewährleistet, wenn bei steigendem (sinkendem) Zins gleichzeitig die Geldnachfrage in Abhängigkeit vom nominalen Volkseinkommen zunimmt (abnimmt). Dieser Zusammenhang wird in Abbildung 3 verdeutlicht: Bei konstantem Preisniveau bewirkt ein Anstieg des (realen) Volkseinkommens einen höheren Transaktionsbedarf; dies führt zu einer Rechtsverschiebung der Geldnachfragekurve und einem Zinsanstieg bei Konstanz des Geldangebots.

**Stabilitätsanalyse**

**Punkt A** in Abbildung 3 repräsentiert den Fall $L/P < M/P$, da die reale Geldnachfrage im Punkt $A$ gleich $L(Y_1,i_2)/P$ ist, was wegen $i_2 > i_1$ kleiner als $L(Y_1,i_1)/P$ gilt: $L/P = L(Y_1,i_2)/P < L(Y_1,i_1)/P$. Im Punkt $A$ ist also die reale Geldnachfrage niedriger als das reale Geldangebot. Zu gegebenem Volkseinkommen ist hierbei der Zinssatz relativ hoch, was die reale Geldnachfrage dämpft, d. h., es wird relativ zum Gleichgewicht zu wenig Spekulationskasse gehalten. Die Wirtschaftssubjekte wollen daher insgesamt weniger Geld halten, als vorhanden ist. Sie bauen die überschüssige Geldhaltung durch Kauf von Wertpapieren ab. Hierdurch steigen die Kurse und sinken die Zinsen, was die Bereitschaft erhöht, zusätzlich Kasse zu halten, da die Opportunitätskosten der Geldhaltung zurückgehen. Der Prozeß setzt sich fort, bis Geldangebot und Geldnachfrage zum Ausgleich kommen. Ausgehend vom Punkt $A$ stellt sich also ein Gleichgewicht bei dem Zinssatz $i_1$ ein.

**Punkt B** repräsentiert den Fall $L/P > M/P$, da die reale Geldnachfrage im Punkt $B$ gleich $L(Y_3,i_2)/P$ ist, was wegen $i_2 < i_3$ größer als $L(Y_3,i_3)/P = M/P$ ist: $L/P = L(Y_3,i_2)/P > L(Y_3,i_3)/P = M/P$. Im Punkt $B$ ist somit die reale Geldnachfrage größer als das reale Geldangebot. Zu gegebenem Volkseinkommen ist also der Zinssatz relativ niedrig, d. h., es wird relativ zum Gleichgewicht zu viel Spekulationskasse gehalten, und diesbezüglich herrscht ein zu geringes Geldangebot. Die Wirtschaftssubjekte versuchen ihre höhere Geldnachfrage durch Wertpapierverkäufe zu befriedigen. Hierdurch fallen die Kurse und steigen die Zinsen, was die Kassenhaltung dämpft, bis Geldangebot und Geldnachfrage zum Ausgleich kommen. Ausgehend vom Punkt $B$ stellt sich also ein Gleichgewicht bei dem Zinssatz $i_3$ ein.

# 6 Geldpolitik und EZB

## 6.1 Ziele der Geldpolitik

Die Funktionsfähigkeit einer dezentral organisierten Marktwirtschaft ist an die Schaffung stabiler Rahmenbedingungen durch die Politik gebunden. Dazu gehören u. a. funktionierende rechtliche und institutionelle Rahmenbedingungen, die den Schutz privater Eigentumsrechte und des freien Wettbewerbs auf den Märkten gewährleisten. Ebenso ist es notwendig, eine eigenständige Organisation zu schaffen, die die Kontrolle über den Erhalt der Funktionen des Geldes, insbesondere als Tauschmittel und Wertaufbewahrungsmittel, hat.

Wie eingangs beschrieben wurde, können durch die Einführung von Geld aufgrund der Tauschmittelfunktion die Informations- und Transaktionskosten in einer Volkswirtschaft stark reduziert werden. Damit diese Funktion Bestand hat, ist es notwendig, daß der Wert des Geldes möglichst stabil ist. Darunter verstehen Ökonomen nicht die Fixierung der Preise einzelner Güter. Denn damit würde der einer Marktwirtschaft inhärente Preismechanismus, welcher Angebot und Nachfrage auf den einzelnen Teilmärkten zum Ausgleich bringt, seine Wirkung verlieren. Vielmehr ist unter dem geldpolitischen Ziel der Geldwertstabilität die Wahrung der Kaufkraft im Durchschnitt über alle Güter eines repräsentativen Warenkorbes zu verstehen. Derartige Durchschnitte werden in der Regel durch Preisindizes abgebildet, weshalb man auch häufig von Preisstabilität spricht.

Neben diesem wichtigsten Ziel der **Geldpolitik** lassen sich weitere Ziele wie die Vollbeschäftigung, das Zahlungsbilanzgleichgewicht und das angemessene Wirtschaftswachstum definieren. Aus diesem vielschichtigen Zielkatalog resultieren dann Probleme, wenn zwischen den einzelnen Zielstellungen Konflikte auftreten und eine Zielstellung nur auf Kosten einer oder mehrerer anderer Zielstellungen verfolgt werden kann.

Die wirtschaftspolitische Institution, die das Ziel der Geldwertstabilität unter Beachtung weiterer gesamtwirtschaftlicher Größen aus dem Zielkatalog verfolgt, ist die Zentralbank. Im europäischen Währungsraum wird diese Funktion vom Europäischen System der Zentralbanken (ESZB), bestehend aus der **Europäischen Zentralbank (EZB)** und den Nationalen Notenbanken (NZBs) der Teilnehmerstaaten wahrgenommen. Dieses System wurde vom EZB-Rat auch als „Eurosystem" eingeführt und ist für die Formulierung und Implementierung der gemeinsamen Geldpolitik verantwortlich.

## 6.2 Die Europäische Zentralbank (EZB)

Die Aufgaben und Ziele der EZB bzw. des Eurosystems, als einer unabhängigen geldpolitischen Institution, sind im EG-Vertrag geregelt und umfassen alle üblichen Zentralbankfunktionen.

## Aufgaben der EZB

Die EZB übt im Geltungsbereich des Euro die üblichen Funktionen einer Zentralbank aus. Dazu zählen folgende Aufgaben:

1. *Halten der Währungsreserven:* Die EZB hält und verwaltet die Währungsreserven der Mitgliedsstaaten.
2. *Bank der Banken:* Die EZB versorgt die Geschäftsbanken auf dem Kreditweg mit Zentralbankgeld und steht an der Spitze des Bankensystems im Euroraum.
3. *Notenemission:* Die EZB besitzt das Monopol der Emission von Banknoten.

Darüber hinaus sind im EG-Vertrag noch weitere wichtige Aufgaben des Eurosystems geregelt. Diese umfassen:

1. *Geldpolitik:* Formulierung und Ausführung.
2. *Devisengeschäfte:* Ausführung der Interventionen an den Devisenmärkten.
3. *Zahlungsverkehr:* Sicherstellung des reibungslosen Zahlungsverkehrs im Währungsraum.
4. *Beratung:* Das Eurosystem berät die staatlichen Organe der Mitgliedsstaaten und der Europäischen Union. Darüber hinaus hat es die Möglichkeit zur Abgabe von Stellungnahmen und zu Handlungen aus eigener Initiative heraus.
5. *Erhebung statistischer Daten.*
6. *Mitarbeit in internationalen Organisationen.*
7. *Aufsichtsfunktion:* Das Eurosystem unterstützt die zuständigen nationalen Behörden bei der Beaufsichtigung der Kreditinstitute und des Finanzsystems.
8. *Fiscal agent:* Es besteht die Möglichkeit der Plazierung von Staatsanleihen auf den Finanzmärkten.

## Ziele der EZB

An mehreren Stellen im EG-Vertrag (u. a. Art. 4.2, Art. 105 EG-Vertrag, Art. 2 Satzung) wird das vorrangige Ziel der **Preisstabilität**, also der Stabilität eines Preisindexes, erwähnt. Die EZB verwendet dafür den Harmonisierten Verbraucherpreisindex (HVPI). Preisstabilität ist demnach erreicht, wenn dieser Index mit jährlichen Inflationsraten von mittelfristig 0 bis 2 Prozent wächst. Die kurzfristige Überschreitung dieses Zielkorridors ist mit dem Ziel der Preisstabilität vereinbar, wenn diese nicht auf den Einfluß der Zentralbank zurückgeführt werden kann, sondern Ursache eines exogenen Schocks (z. B. starke Preisänderung von Wechselkursen und Rohstoffen) ist. Deflation, definiert als Rückgang des Preisniveaus, wird vom Eurosystem von vornherein als Zielverfehlung abgelehnt.

Ist das primäre Ziel der Preisstabilität erreicht, kann das Eurosystem die „allgemeine Wirtschaftspolitik der Gemeinschaft" (Art. 2 Satzung) als sekundäre Zielstellung verfolgen. Das Eurosystem soll unter Achtung der sonstigen Ziele der Europäischen Union im Rahmen der Wirtschaftsordnung einer „offenen Marktwirtschaft mit freiem Wettbewerb" agieren. Die Zielstellungen der EU werden in Art. 2 EG-Vertrag formuliert:

> „... eine harmonische und ausgewogene Entwicklung des Wirtschaftslebens innerhalb der Gemeinschaft, ein beständiges, nichtinflationäres und umweltverträgliches Wachstum, einen hohen Grad an Konvergenz der Wirtschaftsleistungen, ein hohes Beschäftigungsniveau, ein hohes Maß an Schutz, die Hebung der Lebenshaltung und der Lebensqualität, den wirtschaftlichen und sozialen Zusammenhalt und die Solidarität zwischen den Mitgliedsstaaten...."

Diese Verpflichtungen münden in wettbewerbsneutrale geldpolitische Maßnahmen und Instrumente des Eurosystems.

### 6.3 Geldpolitische Strategie der EZB

Zur Verfolgung ihrer geldpolitischen Zielstellungen hat die EZB ein „Zwei-Säulen-Konzept" entwickelt und implementiert. Dieses übernimmt Elemente aus bisher verwendeten Konzeptionen, stellt aber eine neue, eigenständige Strategie dar. Danach werden zwei Gruppen makroökonomischer Frühindikatoren zur Inflationsprognose systematisch überwacht. Die Indikatoren lassen sich in

- monetäre Frühindikatoren („Monetäre Säule" = „Säule 1") und
- nicht-monetäre Frühindikatoren („Inflationssäule" = „Säule 2").

untergliedern. Das Konzept der „Monetären Säule" der geldpolitischen Strategie der EZB steht in der Tradition der Geldmengensteuerung der Deutschen Bundesbank, unterscheidet sich in der konkreten Ausgestaltung jedoch wesentlich davon (vgl. [4], S. 147ff). Ähnlich der Deutschen Bundesbank geht die EZB zunächst davon aus, daß Inflation durch zu hohes Geldmengenwachstum (vgl. zur Erinnerung Kapitel 4) ausgelöst wird. Demzufolge wird der Beobachtung und Steuerung der Geldmenge eine große Bedeutung beigemessen: Nach erfolgter Quantifizierung einer Wachstumsrate der Geldmenge, die mit mittelfristiger Preisstabilität vereinbar ist, wird diese mit der aktuellen Geldmengenentwicklung verglichen, um daraus geldpolitische Aktionen ableiten zu können. Abweichend von der Idee der Deutschen Bundesbank, direkt auf die Geldmenge $M3$ einzuwirken, kommuniziert die EZB lediglich einen Referenzwert für die Geldmenge $M3$, welcher als mittelfristiger Informationsindikator dient. Darüber hinaus finden u. a. formale Methoden zur Berechnung von nominalen und realen Geldlücken und die Messung der Struktur des Geldmengenwachstums Eingang in die „Monetäre Säule" der EZB, wodurch eine differenziertere Betrachtung ermöglicht wird. Die Geldmengenentwicklung stellt für die EZB nur einen Aspekt in ihrer Gesamtstrategie dar und wird durch andere Analyseinstrumente ergänzt.

Die „Inflationssäule" des „Zwei-Säulen-Konzepts" ist an Konzepte der direkten Inflationssteuerung angelehnt, bei denen auf breiter Basis die Zielerreichung der Preisstabilität abgeschätzt werden soll. Damit werden der eher langfristigen Beziehung zwischen Geldmengenentwicklung und Preisstabilität auch kurzfristige nicht-monetäre Indikatoren an die Seite gestellt. Ihre Berücksichtigung ist aufgrund der strengen Inflationsnorm der EZB essentiell. Nicht-monetäre Indikatoren mit einem gewissen Erklärungsgehalt für die weitere Inflationsentwicklung können sein:

- Lohnentwicklung
- Wechselkursentwicklung
- Kapitalmarktzinssätze
- Zinsstrukturkurven
- Indikatoren der Fiskalpolitik
- Stimmungsindikatoren
- Inflationserwartungen aus externen Inflationsumfragen
- eigene formale Inflationsprognosen

Die Festlegung einer strengen Inflationsnorm und die Implementierung einer eigenen geldpolitischen Strategie dient sicherlich dem Abbau der Unsicherheit gegenüber einer neuen, unbekannten Institution, nicht nur an den internationalen Finanzmärkten, sondern auch in der Öffentlichkeit. Es bleibt abzuwarten, ob dadurch die bestehende Restunsicherheit über die zukünftige Ausrichtung der Geldpolitik in Europa weiter reduziert werden kann.

## 7 Zusammenfassung

Im Beitrag „Geldlehre" wurden Eigenschaften und Funktionen von Zahlungsmitteln vorgestellt sowie die Quantitätstheorie als klassisches Analyseinstrument der Inflationserklärung eingeführt. Die aus dem quantitätstheoretischen Zusammenhang zwischen Geldmengenveränderung und Preisniveauveränderung angestellten Überlegungen dienten auch zur Formulierung einer Geldnachfragefunktion. Nachdem das Geldangebot als exogene Größe definiert wurde, erfolgte die Zusammenführung von Geldnachfrage und Geldangebot auf dem Geldmarkt, dessen Gleichgewichtszustände sich als stabil erwiesen. Abschließend wurden geldpolitische Strategien am Beispiel der Vorgehensweise der EZB angesprochen.

## Literaturverzeichnis

1. Duwendag D et al. (1999) Geldtheorie und Geldpolitik in Europa, 5. Auflage. Springer-Verlag, Berlin Heidelberg New York

2. Issing O (1996) Einführung in die Geldpolitik, 6.Auflage. Verlag Franz Vahlen, München
3. Issing O (2001) Einführung in die Geldtheorie, 12.Auflage. Verlag Franz Vahlen, München
4. Junius K et al. (2002) Handbuch Europäische Zentralbank. Uhlenbruch Verlag, Bad Soden/Ts
5. Karmann A (2000) Mathematik für Wirtschaftswissenschaftler, 4.Auflage. Oldenbourg-Verlag, München

# Makroökonomisches Gleichgewicht

Alexander Karmann

Technische Universität Dresden, Fakultät Wirtschaftswissenschaften, Professor für VWL, insbes. Geld, Kredit und Währung
(Alexander.Karmann@mailbox.tu-dresden.de)

## 1 Volkswirtschaftliche Gesamtrechnung

In der **Volkswirtschaftlichen Gesamtrechnung** (VGR) werden die ökonomischen Transaktionen eines Wirtschaftssystems innerhalb einer Wirtschaftsperiode (in der Regel „1 Jahr") ex post, also im Nachhinein, erfaßt. Hierdurch soll der Einfluß der einzelnen Sektoren auf das Gesamtsystem einfach nachvollziehbar abgebildet werden.

### 1.1 Die Sektoren des Wirtschaftskreislaufs

Zunächst interessiert, wie die Sektoren der privaten Haushalte (H), Unternehmen (U) und öffentlichen Haushalten/Staat (S) in den Wirtschaftskreislauf eingebettet sind. Weiterhin ist der Zusammenhang zwischen realwirtschaftlichen Transaktionen, wie den Ausgaben für den Kauf von Konsumgütern oder für die Entlohnung von Arbeitsleistung, sowie Änderungen des Vermögens eines Sektors, der sparen oder entsparen kann, zu klären. Schließlich soll analysiert werden können, wie die Entstehung, die Verwendung und die Verteilung des Sozialproduktes durch staatliche Maßnahmen beeinflußt werden kann. Hierzu dienen zwei Definitionen, die primär auf die Verwendungs- bzw. Entstehungsseite abzielen:

- **(Netto)-Sozialprodukt:** Das Nettosozialprodukt ist der in Geld gemessene Wert, d. h., monetäre Strom, aller in einer Volkswirtschaft innerhalb einer Periode (Jahr) erzeugten Sachgüter und Dienstleistungen abzüglich der Abschreibungen.
- **(Brutto)-Produktionswert:** Der Bruttoproduktionswert ist der in Geld gemessene Wert, d. h., monetäre Strom, aller in einer Volkswirtschaft innerhalb einer Periode (Jahr) erzeugten Vorprodukte, Sachgüter und Dienstleistungen.

In Abbildung 1 wird eine geschlossene Volkswirtschaft mit zwei Sektoren dargestellt. Der linke Sektor repräsentiert die Haushalte (H), der rechte die Unternehmen (U). Die Haushalte verkaufen an die Unternehmen Faktorleistungen (z. B. Arbeit) und erhalten dafür Geldeinkommen. Die Unternehmen produzieren ausschließlich Konsumgüter und verkaufen diese an die Haushalte. Das Modell beinhaltet reale und monetäre Ströme. Reale Ströme, dargestellt durch die gestrichelten Linien, umfassen das Faktorangebot der Haushalte und die Konsumgüter der Unternehmen. Monetäre Ströme, dargestellt durch die durchgezogenen Linien, umfassen das Faktoreinkommen $F = Y_f$ (Volkseinkommen) der Haushalte und die Konsumgüterausgaben $C$. Auf Grund des Kreislaufaxioms, wonach in einem geschlossenen Kreislauf die Summe der hineinfließenden Ströme für jeden Sektor gleich der Summe der herausfließenden Ströme ist, gilt: $Y_f = C$. Das Nettosozialprodukt $Y^n$ ist von der Verwendungsseite ist gerade $Y^n = C$, von der Entstehungsseite $Y^n = Y_f$.

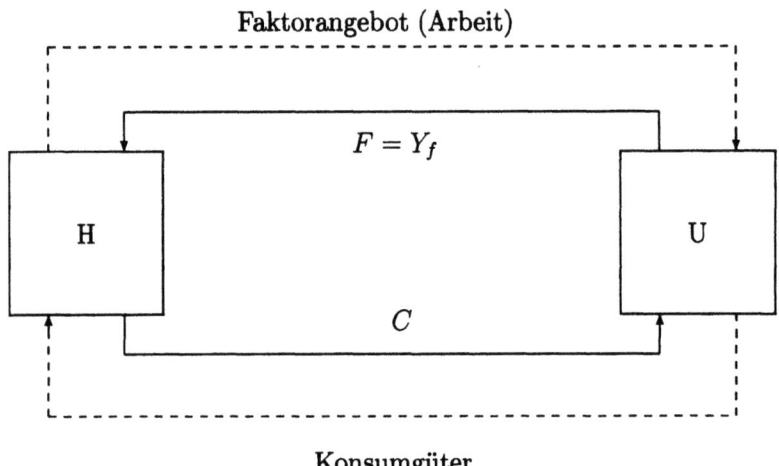

**Abb. 1.** Ein einfaches Kreislaufschema

Das Schema aus Abbildung 1 lässt sich auch in Form von laufenden Konten aus Aufwendungen und Erträgen der beiden Sektoren beschreiben (vgl. Abbildung 2): für den Sektor der Haushalte sind die Aufwendungen gleich $C$ und die Erträge gleich $F$, für den Sektor der Unternehmen ist es genau umgekehrt.

Wir wollen nun die Nettoinvestitionen $I$ und die volkswirtschaftliche Ersparnis $S$ in das Kreislaufschema einbetten. Hierzu führen wir neben den laufenden Konten für die betrachteten Sektoren ein weiteres Konto ein, das sogenannte Vermögensänderungskonto VÄ. Auf seiner Aktivseite werden die Nettoinvestitionen verbucht, da sie das sektorale Realvermögen erhöhen. Auf dem laufenden Konto des Sektors erhöhen die Nettoinvestitionen die Erträge. Die Ersparnis eines Sektors wird definiert als der Saldo des laufenden Kontos aus Erträgen abzüglich Aufwendungen. Übersteigen etwa die Erträge $F$ aus dem Faktoreinkommen des Haushaltssektors seinen Konsum $C$, so entsteht eine Restgröße $S_H = F - C$, in deren Umfang der Sektor H spart. Das nachfolgende Beispiel aus laufenden Konten für die Sektoren H und U und aus dem Vermögensänderungskonto VÄ (vgl. Abbildung 2) läßt sich unmittelbar in ein Kreislaufschema überführen. Dabei wird im Kreislaufschema der Abbildung 3 die Größe $F$ durch $Y_f - S_U$ ersetzt, da das Sozialprodukt von der Entstehungsseite gerade $Y_f = F + S_U$ ist.

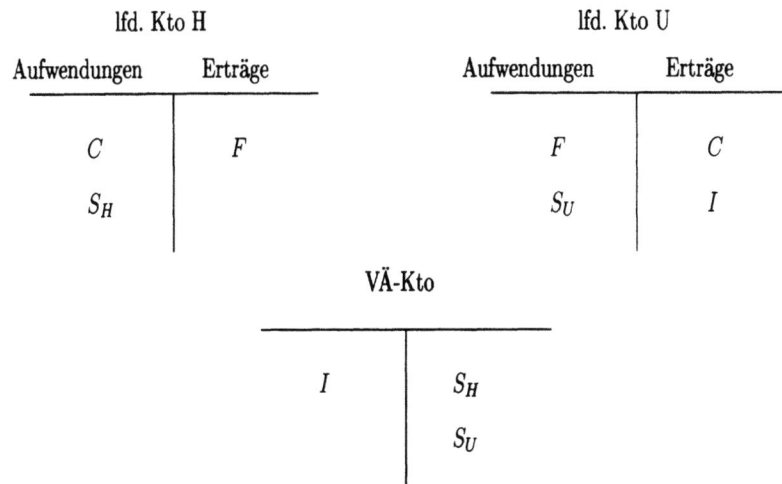

**Abb. 2.** Ein einfaches Kontenschema

Die Ersparnisbildung der Unternehmen durch Rückstellungen führt zu einer Kürzung der Faktoreinkommen in Höhe von $S_U$. Die Haushalte erhalten nicht mehr das gesamte Volkseinkommen, sondern nur noch $F = Y_f - S_U$. Sie konsumieren $C$ und sparen $S_H$. Formal läßt sich dies ausdrücken durch:

$$F = C + S_H.$$

Andererseits gilt für das Sozialprodukt von der Entstehungsseite $Y_f = F + S_U$ und wegen der Relation $F + S_U = C + I$ die Beziehung

$$Y_f = C + I,$$

welche das Sozialprodukt von der Verwendungsseite her charakterisiert.

Wenn die obige Gleichung um die Abschreibungen (Ersatzinvestitionen) $Ab$ ergänzt wird, dann ergibt sich unter Berücksichtigung von $Y^{br} = Y^n + Ab$ und $I^{br} = I + Ab$ das Bruttosozialprodukt (BSP) von seiner Verwendungsseite:

$$Y^{br} = Y_f + Ab = C + I^{br}.$$

Nun wird der Staat als dritter Sektor in den gesamtwirtschaftlichen Kreislauf der geschlossenen Volkswirtschaft einbezogen. Der Staat erhebt direkte Steuern von den Haushalten, $T_H^{dir}$, und von den Unternehmen, $T_U^{dir}$. Zu den direkten Steuern gehören z. B. die Einkommensteuer der Haushalte oder die Körperschaftssteuer der Unternehmen. Sie mindern unmittelbar das Einkommen des besteuerten Sektors. Ferner erhebt der Staat von den Unternehmen indirekte Steuern $T_U^{ind}$. Indirekte Steuern mindern nur mittelbar das Einkommen des besteuerten Sektors, da sie im Preis weitergereicht (überwälzt) werden können und nicht das Faktoreinkommen der Haushalte schmälern. Beispiele für indirekte Steuern sind die Mehrwert- oder spezielle Verbrauchssteuern.

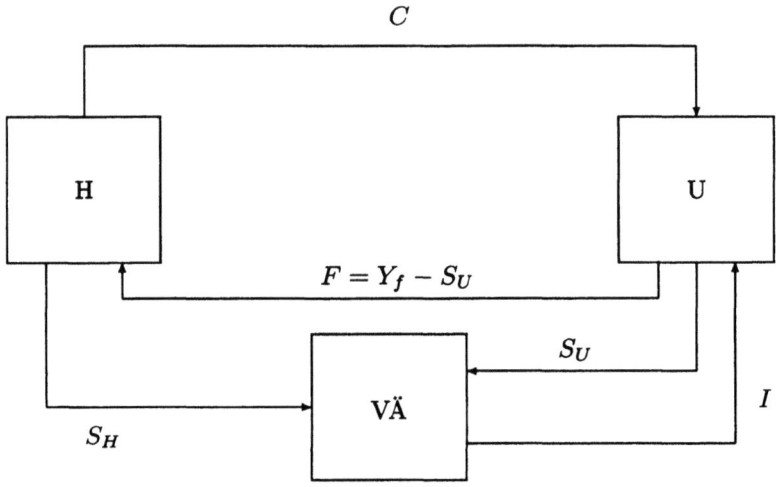

**Abb. 3.** Nettoinvestitionen und Ersparnis

Der Staat tätigt Ausgaben $G$ für die Bereitstellung von öffentlichen Gütern. Er vergibt beispielsweise Bauaufträge an private Unternehmen. Die Staatsausgaben werden neben Steuereinnahmen durch Staatsverschuldung finanziert, was ein Entsparen des Staates bedeutet: $S_{St} < 0$. Schließlich läßt der Staat den Haushalten (unentgeltliche) Transferzahlungen $Tr$ zukommen, während die Unternehmen vom Staat Subventionen $Subv$ erhalten. Damit lautet die Budgetrestriktion des Staates:

$$T_H^{dir} + T_U^{dir} + T_U^{ind} = G + Subv + Tr + S_{St}.$$

Abbildung 4 verdeutlicht den Wirtschaftskreislauf unter Berücksichtigung des Staatssektors.

Bei Integration des Staatssektors in den Wirtschaftskreislauf müssen wir berücksichtigen, daß der Staat über Subventionen und indirekte Steuern Einfluß auf die Preisgestaltung nimmt. Deswegen unterscheiden wir zwischen **Nettosozialprodukt zu Marktpreisen** (NSPM), $Y_M^n$, und **Nettosozialprodukt zu Faktorkosten** (NSPF), $Y_f^n$. Das NSPF wird auch als **Volkseinkommen** $Y_f$ bezeichnet. Der Übergang von Marktpreisen zu Faktorkosten ergibt sich durch den Saldo indirekter Steuern $T_U^{ind}$ und Subventionen:

$$Y_M^n - (T_U^{ind} - Subv) = Y_f^n = Y_f\,.$$

Diese Gleichung stellt das Sozialprodukt von der Entstehungsseite her dar.

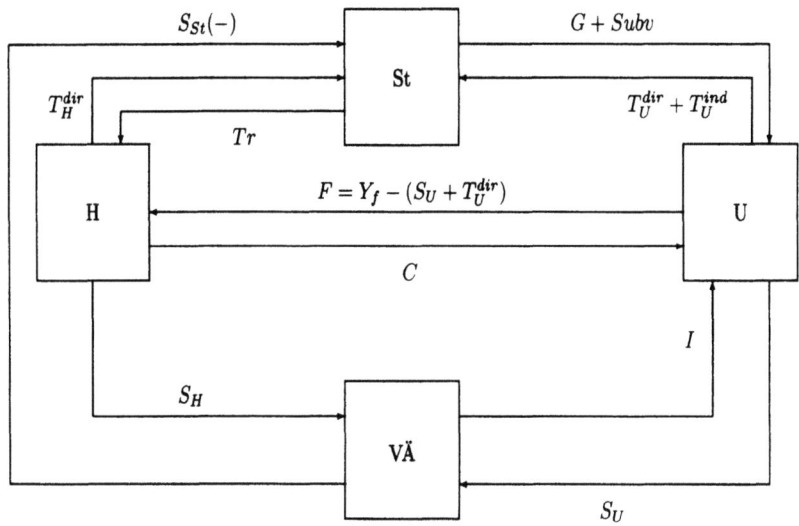

Abb. 4. Der Staat im Wirtschaftskreislauf

Für die Verwendungsrechnung des Sozialproduktes zu Marktpreisen ergibt sich, analog zur Berechnung des Sozialproduktes zu Faktorkosten,

$$Y_M^n = C + I + G.$$

Bei gegebenem Nettosozialprodukt bedeuten damit steigende Staatsausgaben Einschränkungen im Konsum- oder Investitionsbereich des privaten Sektors.

Die Verteilung des Volkseinkommens auf die drei Sektoren Haushalte, Unternehmen und Staat ist zunächst gegeben durch

$$Y_f = F + S_U + T_U^{dir}\,.$$

Allerdings muß bei der Einkommensverteilung auf die Haushalte zusätzlich beachtet werden, daß zum Faktoreinkommen $F$ der Haushalte noch Transferleistungen kommen. Damit gilt für das persönliche Einkommen der Haushalte:

$$Y_p = Y_f - (S_U + T_U^{dir}) + Tr.$$

Das (tatsächlich) verfügbare Einkommen der Haushalte $Y_p^v$ beträgt nach Abzug der direkten Steuern:

$$Y_p^v = Y_p - T_H^{dir}.$$

Der Staat kann also über Steuern, Subventionen und Transferzahlungen Einfluß auf die Verteilungsseite des Einkommens ausüben.

## 1.2 Zahlungsbilanz

Im vorangegangenen Abschnitt wurde ein einfaches Kreislaufmodell einer Volkswirtschaft vorgestellt, anhand dessen die grundlegenden realen und monetären Ströme in einer Volkswirtschaft verdeutlicht wurden. Bei dem Modell handelte es sich jedoch um eine geschlossene Volkswirtschaft. In der Regel knüpft ein Land jedoch mit anderen Ländern Handelsbeziehungen. Im folgenden soll der Begriff der Zahlungsbilanz eines Landes näher erläutert werden, der bei der Untersuchung ökonomischer Transaktionen eines Landes mit dem Ausland eine wesentliche Rolle spielt (vgl. hierzu auch den Beitrag „Monetäre Außenwirtschaftslehre").

**Zahlungsbilanz:**
*Als Zahlungsbilanz wird die systematische, in Währungseinheiten eines Landes ausgedrückte, Aufzeichnung aller ökonomischen Transaktionen eines bestimmten Zeitraumes zwischen In- und Ausländern bezeichnet.*

Sie stellt eine Stromgrößenrechnung dar und umfaßt, im Gegensatz zu anderen Bilanzen, keine auf den Zeitpunkt bezogenen Bestandsgrößen, wodurch die Zahlungsbilanz auch keine Bilanz im betriebswirtschaftlichen Sinne ist. Ein Kreislaufschema unter Berücksichtigung von Export $Ex$ und Import $Im$ zwischen Inländern und Ausländern ist in Abbildung 5 wiedergegeben.

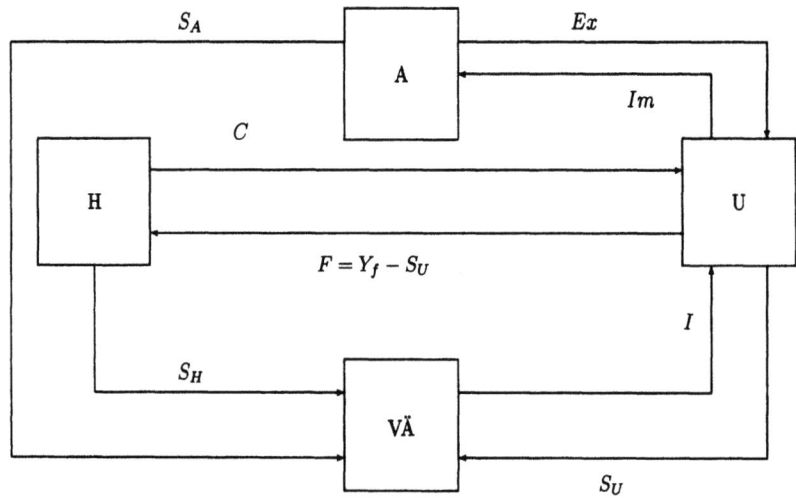

**Abb. 5.** Das Ausland im Wirtschaftskreislauf

Die Zahlungsbilanz eines Landes gliedert sich in mehrere Unterbilanzen (Teilbilanzen):

- Leistungsbilanz
  - Handelsbilanz
  - Dienstleistungsbilanz

– Übertragungsbilanz
- Kapitalbilanz
- Devisenbilanz
- Statistisch nicht aufgliederbare Transaktionen

Die **Leistungsbilanz** erfaßt alle Handels- und Dienstleistungstransaktionen sowie Übertragungen vom und in das Ausland. Die **Kapitalbilanz** spiegelt Veränderungen der Nettokapitalanlagen im Ausland wider. Ausgenommen sind allerdings Nettoauslandsaktiva der Zentralbank, die durch die gesonderte Devisenbilanz erfaßt werden. Die Posten der **Devisenbilanz** berühren alle Vorgänge, die zu einer Veränderung der Nettoauslandspositionen der Zentralbank führen, beispielsweise Veränderungen der Währungsreserven.

Die Verbuchung aller Transaktionen geschieht aus der Sicht des Auslands. Hierzu werden das laufende Konto und das Vermögensänderungskonto des Auslands zusammengefaßt. Auf der Aktivseite werden alle Transaktionen verbucht, die zu Aufwendungen für Ausländer und damit zu Zahlungseingängen für Inländer führen können, wie der Export von Gütern und Dienstleistungen, Übertragungen aus dem Ausland, der Import von Kapital und Devisenverkäufe durch die Zentralbank. Auf der Passivseite werden alle Vorgänge erfaßt, die Zahlungsausgänge für Inländer auszulösen vermögen. Hierzu zählen der Import von Gütern und Dienstleistungen, Übertragungen in das Ausland, der Export von Kapital und Devisenverkäufe durch die Zentralbank. Zu beachten ist, daß die Zahlungsbilanz eines Landes per Definition ausgeglichen ist. Als Ziel der Wirtschaftspolitik wird neben Preisniveaustabilität, der Vollbeschäftigung und einem angemessenen Wirtschaftswachstum häufig ein **außenwirtschaftliches Gleichgewicht** formuliert.

Von der Erreichung eines außenwirtschaftlichen Gleichgewichtes wird gesprochen, wenn sich Werte ausgewählter Salden der Zahlungsbilanz nicht zu stark in eine Richtung verändern. Solche Salden sind beispielsweise der Außenbeitrag, der Leistungsbilanzsaldo, der Grundbilanzsaldo und der Devisenbilanzsaldo. So wurde in Deutschland ein außenwirtschaftliches Gleichgewicht beispielsweise dann als gegeben gesehen, wenn der Anteil des Außenbeitrags am Bruttosozialprodukt einen Wert von 1 v. H. nicht überschritt.

# 2 Totales Gleichgewicht

## 2.1 Überblick

Im Mittelpunkt des folgenden Abschnitts steht ein makroökonomisches Totalmodell, welches in der Analyse und Darstellung auf Elemente der neoklassischen und der Keynesianischen Theorie zurückgreift. Das neoklassische Synthesemodell ist eine Zusammenfassung von drei Elementen:

- der Keynesianischen Theorie der gesamtwirtschaftlichen Nachfrage (IS-LM-System)

- dem neoklassischen Basismodell des gesamtwirtschaftlichen Angebots und
- der monetären Theorie von Preisänderungen, die auf ein gesamtwirtschaftliches Ungleichgewicht von Angebot und Nachfrage zurückgehen.

Beim Synthesemodell handelt sich um ein makroökonomisches, statisches Gleichgewichtsmodell, in dessen Fokus die Analyse simultaner, binnenwirtschaftlicher Gleichgewichte auf dem Arbeits-, Güter-, Kapital- und Geldmarkt stehen. An das Modell sind die folgenden grundlegenden Fragestellungen gerichtet: Wie hängen die einzelnen Teilmärkte zusammen? Welche Bedingungen führen gegebenenfalls zu einem simultanen Gleichgewicht auf allen Märkten? Sind diese Gleichgewichte stabil? Können die Marktergebnisse durch wirtschaftspolitische Maßnahmen kurz- bzw. langfristig verändert werden?

## 2.2 Begriffe und Definitionen

Ein **Gleichgewicht** auf einem Markt $X$ liegt vor, wenn die (ex ante) geplante Nachfrage $X^n$ gleich dem geplanten Angebot $X^a$ ist. Für den Fall $X^n = X^a$ liegt für den Markt $X$ Markträumung vor. Unter einem **simultanen** oder **vollständigen Gleichgewicht** wird verstanden, daß in einem System von $i$ interdependenten Teilmärkten auf allen Teilmärkten zur gleichen Zeit ein Gleichgewicht vorliegt. Dies kann durch $X_i^n = X_i^a$ ausgedrückt werden (vgl. auch die Analyse des „vollständigen Gleichgewichts" im Beitrag „Mikroökonomische Grundlagen"). Ein Gleichgewicht heißt **stabil**, wenn das System aus einem nichtgleichgewichtigen Zustand, also bei einem Nachfrageüberschuss, $X^n - X^a > 0$, oder bei einem Angebotsüberschuss, $X^n - X^a < 0$, durch endogene Mechanismen, d. h., von selbst, zum Gleichgewicht zurückkehrt.

Bei der **makroökonomischen** Betrachtung werden *aggregierte* Märkte analysiert. Auftretende Aggregationsprobleme werden durch die Annahme von Homogenität auf den Märkten von vornherein ausgeschlossen.

## 2.3 Marktgleichgewichte

### Gleichgewicht auf dem Arbeitsmarkt

Für den **Arbeitsmarkt** wird eine gesamtwirtschaftliche Arbeitsnachfragefunktion,

$$A^n = A^n(W/P),$$

sowie eine gesamtwirtschaftliche Arbeitsangebotsfunktion,

$$A^a = A^a(W/P),$$

unterstellt. $W$ bezeichnet hier den Nominallohn gemessen in Geldeinheiten je Stunde. $P$ beschreibt das Preisniveau. Der sogenannte **Reallohn** $W/P$ kann auch als anteiliges Sozialprodukt pro Arbeitszeit interpretiert werden. Dies wird durch folgende Überlegung verdeutlicht: Der Nominallohn $W$ ist, in

Geldeinheiten pro Arbeitszeit ausgedrückt, das Preisniveau des Volkseinkommens in Geldeinheiten pro Sozialprodukt; damit bedeutet die Größe $W/P$ den Anteil am Volkseinkommen, der auf eine Einheit Arbeitszeit entfällt. Anzumerken ist, daß bei einer Reallohnorientierung, wie sie in diesem Modell unterstellt wird, die Arbeitnehmer und die Arbeitgeber frei von **Geldillusion** sind. Sie orientieren sich am Reallohn und nicht am Nominallohn, wodurch Änderungen des Nominallohns bei identischer Änderung des Preisniveaus keine realen Auswirkungen auf die Arbeitsnachfrage der Unternehmen und auf das Arbeitsangebot der Arbeitnehmer haben. Die Arbeitsnachfrage $A^n$ der Unternehmen folgt aus einem Gewinnmaximierungskalkül und kann unter Einbezug der gesamtwirtschaftlichen Produktionsfunktion abgeleitet werden. Die Arbeitsnachfrage ist negativ abhängig vom Reallohn, womit der Zusammenhang formal wie folgt ausgedrückt werden kann:

$$A^n = f(W/P) \quad \text{mit} \quad \frac{\partial f}{\partial (W/P)} < 0.$$

Das Arbeitsangebot der Haushalte $A^a$ ist aufgrund des Arbeitszeit-Freizeit-Kalküls der Arbeitnehmer positiv abhängig vom Reallohn. Die Arbeitnehmer werden ihr Arbeitsangebot solange ausweiten, bis die Opportunitätskosten der Arbeit gerade dem Lohn entsprechen. Formal wird dies durch

$$A^a = f(W/P) \quad \text{mit} \quad \frac{\partial f}{\partial (W/P)} > 0$$

ausgedrückt. Den Verlauf von Arbeitsangebots- und Arbeitsnachfragekurve stellt die Abbildung 6 in vereinfachter Form dar.

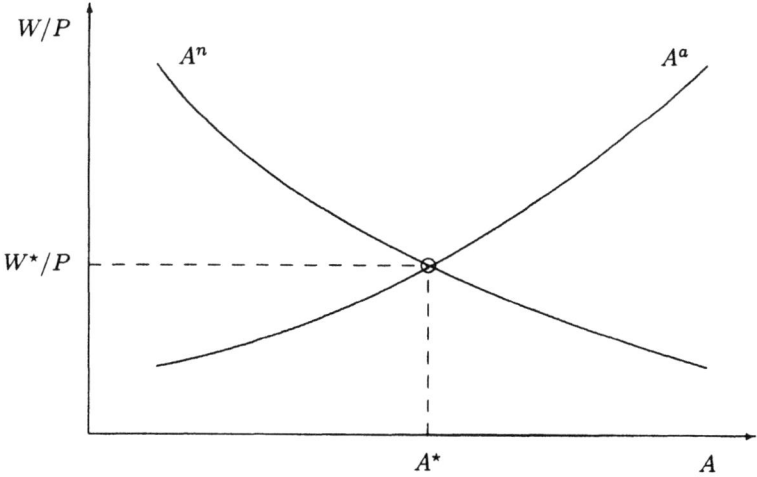

**Abb. 6.** Arbeitsmarktgleichgewicht

Ein gesamtwirtschaftliches Arbeitsmarktgleichgewicht liegt vor, wenn Arbeitsangebot $A^a$ und Arbeitsnachfrage $A^n$ zum Ausgleich kommen. In Abbildung 6 wird dies durch den Punkt $(W^*/P, A^*)$ repräsentiert. $W^*/P$ kann demnach als Gleichgewichtsreallohnsatz und $A^*$ als gleichgewichtiger Arbeitseinsatz interpretiert werden.

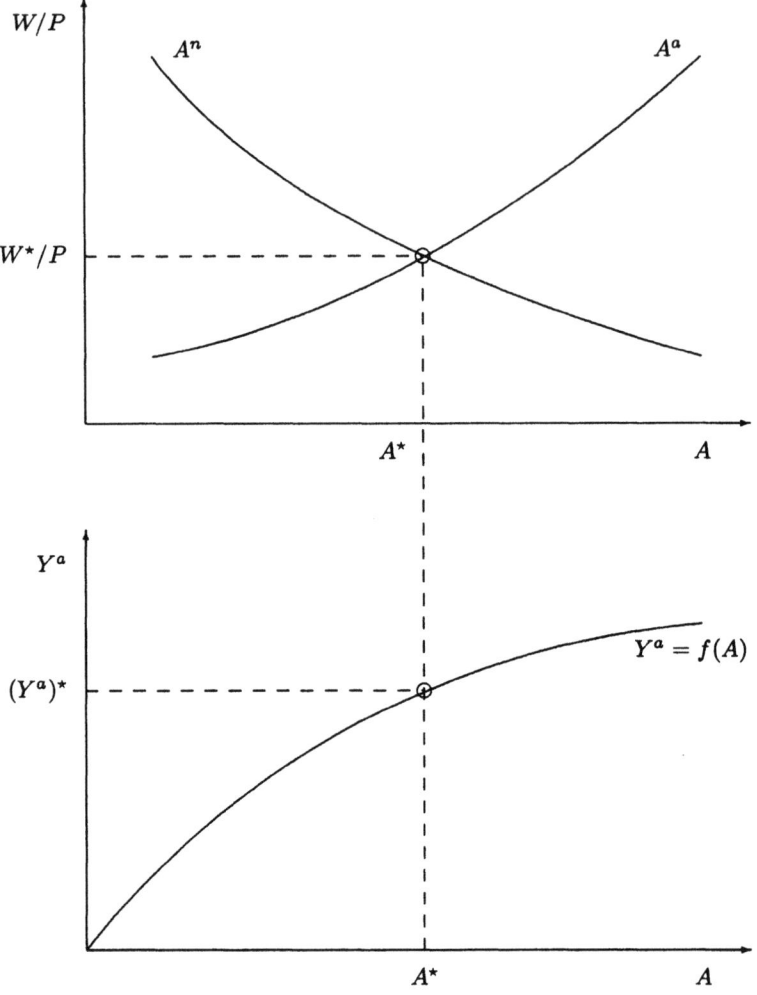

**Abb. 7.** Güterproduktion im Arbeitsmarktgleichgewicht

## Produktionsvolumen

Das Produktionsvolumen $Y^a$ wird durch den Arbeitseinsatz in der aggregierten Produktionsfunktion determiniert. Es stellt gleichzeitig das reale Volkseinkommen dar, das aufgrund des in der Produktion eingesetzten Arbeitsvolumens auf dem Gütermarkt angeboten werden kann. Die aggregierte **neoklassische Produktionsfunktion** hat dabei die Eigenschaften:

$$Y^a = F(K, A) \text{ mit } \frac{\partial F}{\partial A}, \frac{\partial F}{\partial K} > 0 \text{ und } \frac{\partial^2 F}{\partial A^2}, \frac{\partial^2 F}{\partial K^2} < 0.$$

In die Funktion gehen also die Faktoren Arbeit und Kapital mit positiven, aber abnehmenden Grenzerträgen ein. Im Grundmodell ist der Bestand an Sachkapital $K$ gegeben, so dass $Y^a$ allein durch den Arbeitseinsatz bestimmt wird. Vereinfachend kann dies folgendermaßen ausgedrückt werden:

$$Y^a = f(A) \text{ mit } \frac{\partial f}{\partial A} > 0 \text{ und } \frac{\partial^2 f}{\partial A^2} < 0.$$

**Ergebnis:**
*Das gesamtwirtschaftliche Güterangebot ergibt sich durch Einsetzen des gleichgewichtigen Arbeitseinsatzes in die Produktionsfunktion.*

Diese Situation ist in Abbildung 7 grafisch dargestellt, wobei das untere Diagramm die Güterproduktion skizziert.

**Gleichgewicht auf dem Kapitalmarkt**

Der **Kapitalmarkt** ist der Markt für Investitionsgüter, die bei der Herstellung von anderen Gütern Verwendung finden. Das Angebot auf diesem Markt wird durch die Höhe der real ersparten, d. h., nicht konsumierten Güter bestimmt. Dabei wird entsprechend dem Keynesschen „fundamentalen psychologischen Gesetz" für den Konsum $C$ an realen Gütern unterstellt, daß $C$ positiv, aber unterproportional mit dem Volkseinkommen $Y$ wächst. Damit hängt auch die Ersparnis $S$ als der nichtkonsumierte Anteil am Sozialprodukt, $S = Y - C$, positiv vom Volkseinkommen ab, d. h.,

$$S = f(Y) \text{ mit } \frac{\partial f}{\partial Y} > 0.$$

Die Nachfrage auf dem Kapitalmarkt wird durch die geplante Höhe der gesamtwirtschaftlichen Nettoinvestitionen $I$ bestimmt. Diese sind negativ vom Zinssatz $i$ abhängig, d. h.,

$$I = f(i) \text{ mit } \frac{\partial f}{\partial i} < 0.$$

Dieser Annahme liegt die Vorstellung zugrunde, daß im Arbitragegleichgewicht zwischen Investoren und deren Gläubigern der interne Zinsfuß derjenigen durchgeführten Investition mit der geringsten Rendite gleich dem Marktzinssatz für Anlagen in Wertpapieren sein muß. Mit steigendem Zins $i$ nimmt die erforderliche Mindestrendite für Investitionsvorhaben zu, was die Nachfrage nach Investitionsgütern reduziert. Ein Gleichgewicht auf dem Kapitalmarkt liegt vor, wenn $I = S$ gilt, also wenn die Höhe der gesamtwirtschaftlichen Investitionen den gesamtwirtschaftlichen Ersparnissen entspricht.

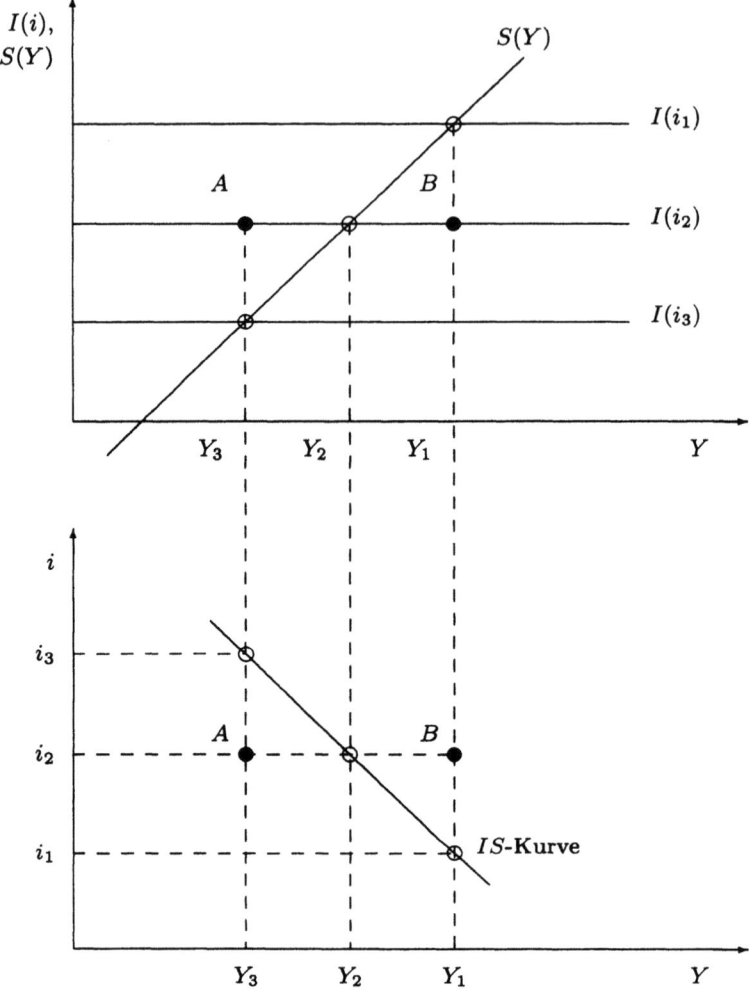

**Abb. 8.** Ableitung der IS-Kurve

Als **IS**(Investment Saving)-**Kurve** wird der geometrische Ort aller Kombinationen von $i$ und $Y$ bezeichnet, für die ein Gleichgewicht zwischen $I$ und $S$ besteht. Der Verlauf der $IS$-Kurve im $(i,Y)$-Diagramm ist in der Abbildung 8 hergeleitet. Die $IS$-Kurve kann als Konsistenzbedingung für die Nachfrage nach Gütern zu Investitions- und Konsumzwecken verstanden werden (entsprechend der Verwendungsbetrachtung des Sozialproduktes (vgl. Abschnitt 1.1).

**Stabilitätsanalyse**

**Punkt A** in Abbildung 8 repräsentiert den Fall $S < I$, da die Investitionen im Punkt $A$ gleich $I(i_2)$ sind, was wegen $i_2 < i_3$ größer als $I(i_3) = S(Y_3)$

ist: $I = I(i_2) > I(i_3) = S(Y_3) = S$. Im Punkt A ist also das Kapitalangebot niedriger als die Kapitalnachfrage. Bei gegebenem Volkseinkommen $Y$, und damit zu gegebener Ersparnis $S(Y)$, ist der Zinssatz $i$ relativ niedrig, so daß die geplanten Investitionen zu hoch ausfallen. Um die relativ hohe Kapitalnachfrage zu dämpfen, muß der Marktzins steigen, so daß die Unternehmen aufgrund der gestiegenen Renditeanforderungen schließlich weniger Investitionen planen. Der Zinssteigerungsprozeß hält solange an, bis das nachgefragte Volumen an Investitionsgütern gerade auf das Niveau der gegebenen volkswirtschaftlichen Ersparnis gefallen ist. Damit stellt sich ein neues Gleichgewicht, $I = S$, mit dem Gleichgewichtstupel $(i_3, Y_3)$ ein.

**Punkt B** repräsentiert den Fall $S > I$, da die Investitionen im Punkt B gleich $I(i_2)$ sind, was wegen $i_1 < i_2$ kleiner als $I(i_1) = S(Y_1)$ ist: $I = I(i_2) < I(i_1) = S(Y_1) = S$. Bei gegebenem Volkseinkommen $Y$, und damit zu gegebener Ersparnis $S(Y)$, ist der Zinssatz $i$ relativ hoch, so daß die geplanten Investitionen zu niedrig ausfallen. Um die relativ niedrige Kapitalnachfrage zu stimulieren, muß der Marktzins fallen, so daß die Unternehmen aufgrund der geringeren Renditeanforderungen schließlich mehr Investitionen planen. Der Zinssenkungsprozeß hält solange an, bis das nachgefragte Volumen an Investitionsgütern gerade auf das Niveau der gegebenen volkswirtschaftlichen Ersparnis gestiegen ist. Damit stellt sich ein neues Gleichgewicht, $I = S$, mit dem Gleichgewichtstupel $(i_1, Y_1)$ ein.

**Bemerkung:**
*Wie bereits im Beitrag „Geldlehre" wurde auch hier implizit unterstellt, daß sich die Zinsen kurzfristig relativ schnell anpassen können, während das Volkseinkommen als „trägere" Größe während des Anpassungsprozeßes konstant bleibt.*

### Gleichgewicht auf dem Geldmarkt (LM-Gleichgewicht)

Als kurze Zusammenfassung des Abschnitts 5.3 aus dem Beitrag „Geldlehre" soll noch einmal in Erinnerung gerufen werden, wann ein Gleichgewicht auf dem **Geldmarkt** vorliegt. Dies ist der Fall, wenn reale Geldnachfrage $M^n/P$ und reales Geldangebot $M^a/P$ übereinstimmen. Die $LM$-Kurve ist der geometrische Ort aller Kombinationen von $i$ und $Y$, für die ein Gleichgewicht zwischen $M^n/P$ und $M^a/P$ besteht.

### Simultanes Gleichgewicht auf Kapital- und Geldmarkt

Die Grundlage für die Betrachtung liefert das $IS$-$LM$-Diagramm von Hicks. Die $IS$- und die $LM$-Kurve liefern uns die jeweiligen Zins-Einkommenskombinationen, die auf den jeweiligen Märkten zum Gleichgewicht führen. Da die Darstellung der $IS$- und der $LM$-Kurven im gleichen Koordinatensystem erfolgen, läßt sich aus dem Schnittpunkt der beiden Kurven diejenige Zins-Einkommenskombination ermitteln, bei der ein simultanes Gleichgewicht auf dem Kapital- und auf dem Geldmarkt besteht. Alle anderen Punkte, die nur auf einer der beiden Kurven liegen, repräsentieren Gleichgewichte auf dem jeweiligen Markt, wohingegen der andere Markt im Ungleichgewicht ist. Einzig der Schnittpunkt der beiden Kurven liefert die Kombination aus Zins und Einkommen $(i^*, Y^*)$, für die ein simultanes Gleichgewicht auf beiden Märkten besteht, wie in Abbildung 9 veranschaulicht ist.

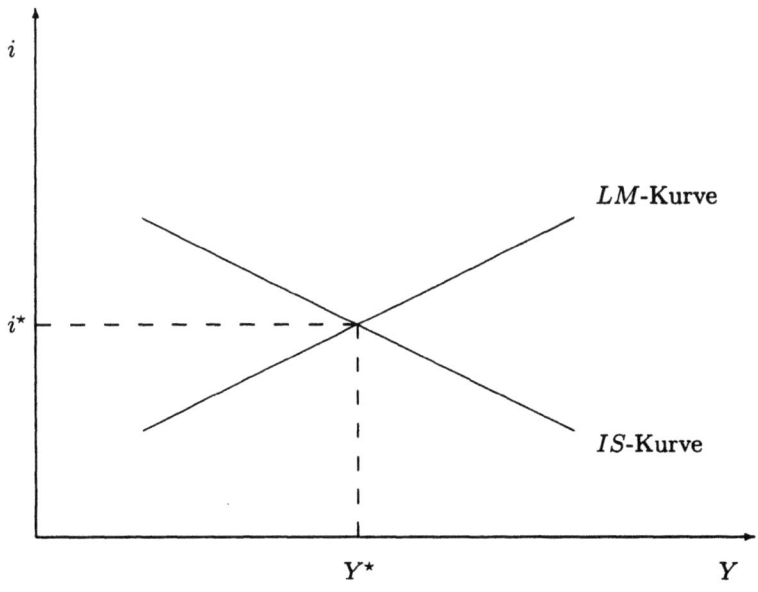

**Abb. 9.** Das IS-LM-Diagramm

### Stabilitätsanalyse

Zu den partiellen Stabilitätsanalysen für das $IS$- bzw. das $LM$-Gleichgewicht sei hier auf die einzelnen Teilabschnitte dieses Kapitels hingewiesen. Auf dem Kapital- und Geldmarkt stellt sich bei gegebener Investitions-, Spar-, Geldnachfrage- und Geldangebotsfunktion ein stabiles simultanes Gleichgewicht mit der gleichgewichtigen Zins-Einkommen-Kombination $(i^*, Y^*)$ ein. Bei fallendem bzw. steigendem Verlauf der $IS$- bzw. der $LM$-Kurve wie in obiger Abbildung stellt sich immer eine Zins-Einkommen-Kombination ein, die zum simultanen Gleichgewicht führt.

Zur Illustration des Anpassungsprozesses an ein neues Gleichgewicht kann das Beispiel der Erhöhung des Geldangebots dienen, was - wie leicht ersichtlich - zu einer Rechtsverschiebung der $LM$-Kurve führt. Der Anpassungsprozeß vom bisherigen zum neuen Gleichgewicht läßt sich inhaltlich wie folgt beschreiben: Aufgrund der Geldmengenerhöhung verfügen die Wirtschaftssubjekte jetzt über mehr Kasse, als sie eigentlich zu halten wünschen. Sie kaufen Wertpapiere, wodurch der Wertpapierkurs steigt und der Marktzins folglich abnimmt. Eine erhöhte Investitionstätigkeit, resultierend aus dem nun niedrigeren Zins, läßt das Volkseinkommen steigen. Es ergibt sich ein neuer Gleichgewichtspunkt $(\hat{i}, \hat{Y})$, wie die Abbildung 10 graphisch veranschaulicht.

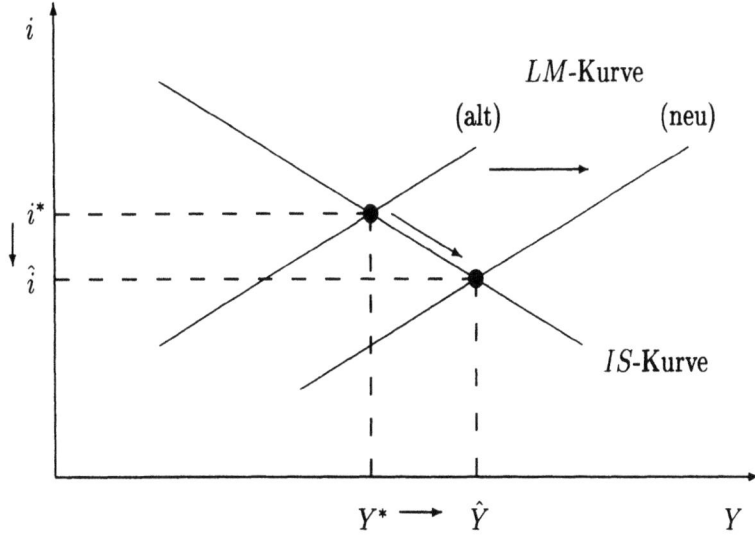

**Abb. 10.** Anpassung im IS-LM-Diagrammm

Neben einer *LM*-Kurvenverschiebung kann auch eine *IS*-Kurvenverschiebung, etwa aufgrund veränderter staatlicher Güternachfrage, diskutiert werden. Auch hier ergeben sich - analog obiger Argumentation - entsprechende Anpassungsprozesse zu einem neuen *IS-LM*-Gleichgewicht (für eine formale Diskussion vgl. Kapitel 5 im Beitrag „Mathematische Analyseinstrumente in den Wirtschaftswissenschaften").

## 2.4 Gleichgewicht im Totalmodell und Wirksamkeit der Geldpolitik

Die neoklassische und die neokeynesianische Theorie beschäftigen sich unter anderem mit Veränderungen des Preisniveaus und den daraus resultierenden Auswirkungen auf das reale Volkseinkommen. Eine direkte Darstellung des Effektes im *IS-LM*-Diagramm ist hier ungeeignet, da das Preisniveau hier nicht gesondert ausgewiesen ist. Um eine geeignete graphische Darstellung zu finden, werden die *IS*- und *LM*-Kurve in eine **gesamtwirtschaftliche Güternachfragekurve** $Y^n$ (*AD*-Kurve, Aggregated Demand Curve) transformiert. Abbildung 11 stellt dies graphisch dar.

### Interpretation

Sinkt das Preisniveaus von $P_0$ auf $P_1$, so erhöht sich bei konstanter nominaler Geldmenge $M$ die reale Geldmenge $M/P$, auch Realkasse genannt. Durch den

**Realkasseneffekt** kommt es über eine Rechtsverschiebung der $LM$-Kurve zu einem neuen $IS$-$LM$-Gleichgewicht bei niedrigerem Zins $i_1$ und höherem Einkommen $Y_1$ wie folgt: Das Mehr an Realkasse, das die geplante Liquiditätshaltung der Wirtschaftssubjekte übersteigt, führt zu Wertpapierkäufen, um das Überangebot an realer Geldmenge abzubauen. Hierdurch sinken bei steigenden Wertpapierpreisen die Zinsen bis $\hat{i}$. Dies stimmuliert die Investitionsgüternachfrage als Teil der gesamten Güternachfrage und somit letztere selbst bis auf das Niveau $\hat{Y}$ (**Liquiditätseffekt**). Die höhere Güternachfrage erfordert aber eine höhere Transaktionskasse zu Lasten der Spekulationskasse. Dies führt, bei Konstanz der Realkasse $M/P$, wieder zu einem Zinsanstieg bis $i_1$, ausgelöst durch Wertpapierverkäufe zur Beschaffung von Transaktionskasse, und zu rückläufiger Güternachfrage, bis sich das neue $IS$-$LM$-Gleichgewicht, das zur Realkasse $M/P$ gehört, einstellt: $(i_1, Y_1)$.

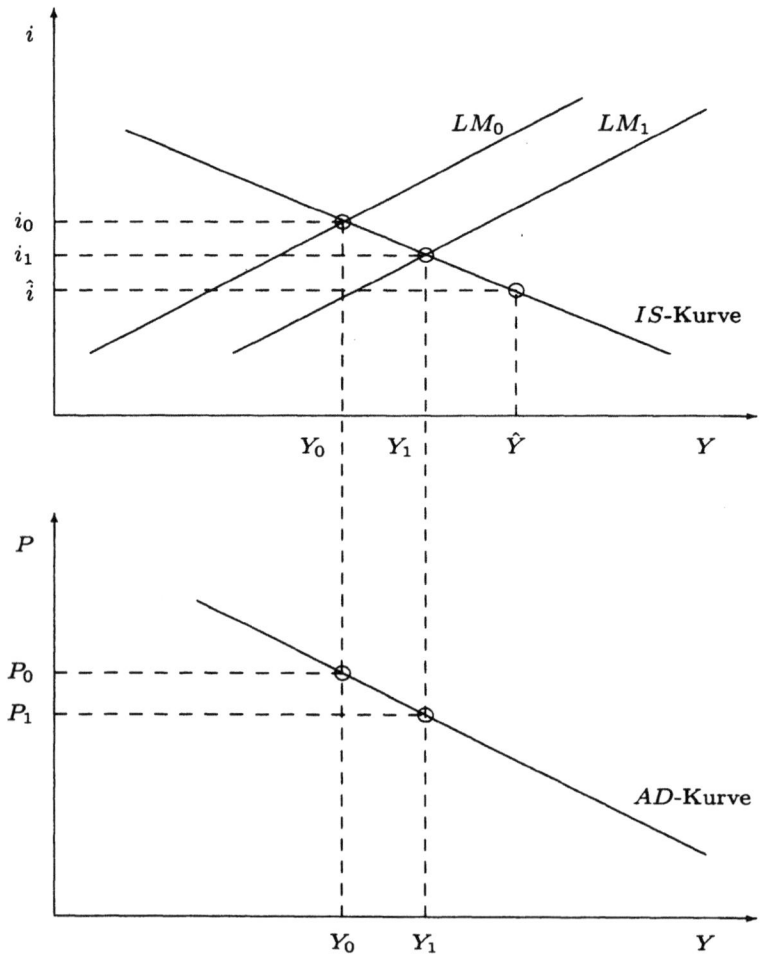

**Abb. 11.** Ableitung der $AD$-Kurve

Als Ergebnis von Preisniveausenkung und einhergehender höherer Realkasse steigt also stets die aggregierte Nachfrage. Die AD-Kurve stellt - analog zu IS- und LM-Kurven - eine Verwendung des Sozialproduktes zu Investitions- und Konsumzwecken dar, die mit den Plänen der Wirtschaftssubjekte auf Geld- und Kapitalmarkt konsistent ist.

Durch das Arbeitsmarktgleichgewicht und über die neoklassische Produktionsfunktion kann auch eine **gesamtwirtschaftliche Güterangebotsfunktion** $Y^a$ (AS-Kurve, Aggregated Supply Curve) definiert werden. Sie basiert damit auf der Güterproduktion bei Vollbeschäftigung. Gemäß der neoklassischen Theorie sind die Arbeitnehmer frei von Geldillusion, d. h., sie orientieren sich ausschließlich am Reallohn $W/P$. Eine Preisniveauänderung hat dann keinerlei Auswirkungen auf das Arbeitsangebot (vgl. Abschnitt 2.3 zur Erinnerung). Es gibt somit auch keine Auswirkung auf das reale Volkseinkommen, wodurch die aggregierte Angebotsfunktion einen senkrechten Verlauf hat. Bei Unterstellung von Geldillusion aus keynesianischer Sicht würden die Arbeitnehmer hingegen ihr Arbeitsangebot am Nominallohn ausrichten. Eine Erhöhung des Preisniveaus hat in diesem Fall reale Auswirkungen auf das Volkseinkommen. Die gesamtwirtschaftliche Angebotsfunktion weist dann einen positiven Anstieg auf. Der Fall einer monoton steigenden, jedoch nicht senkrechten gesamtwirtschaftlichen Angebotsfunktion kann, alternativ zur Annahme der Geldillusion, auch aus Lohninflexibilitäten abgeleitet werden, da sich fallende Preisniveaus in höheren Reallöhnen niederschlagen. Abbildung 12 beschreibt den möglichen Verlauf von gesamtwirtschaftlicher Angebots- und Nachfragefunktion (für diesbezügliche Aufgaben vgl. etwa [1], Kap. 15).

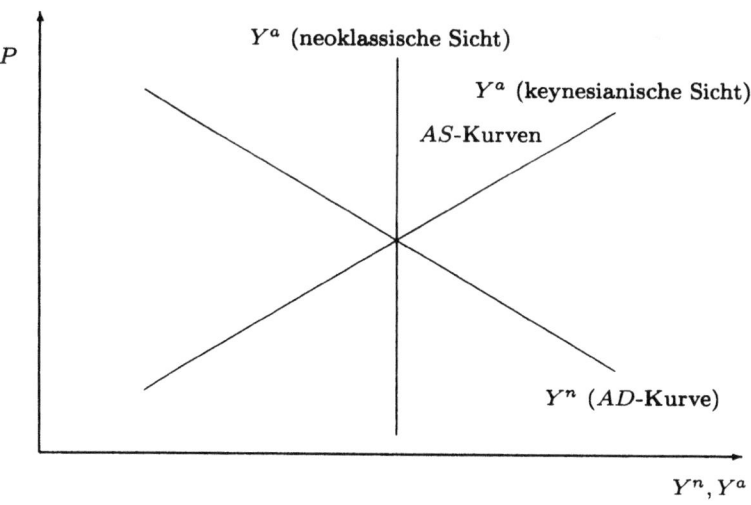

**Abb. 12.** Das AS-AD-Diagramm

Für die Wirtschaftspolitik ergeben sich aus dem **AS-AD-Modell** wichtige Implikationen, je nachdem welcher Verlauf der Kurven unterstellt wird. Im folgenden sollen drei Fälle unterschieden werden:

## Unwirksame Nachfragepolitik

Dieser Fall wird auch als **crowding out** bezeichnet. Es wird eine starre aggregierte Angebotsfunktion unterstellt, d. h., es liegt der neoklassische Fall der Vollbeschäftigung vor. Versucht der Staat durch die Ausweitung seiner Nachfrage (Staatsnachfrage) das reale Volkseinkommen zu steigern, so spiegelt sich das in einer Rechtsverschiebung der aggregierten Nachfragefunktion wieder. Aufgrund des senkrechten Verlaufs der Angebotsfunktion hat die erhöhte Staatsnachfrage allerdings keine Auswirkungen auf das reale Volkseinkommen. Daher ist der Versuch des Staates, eine nachfrageinduzierte Erhöhung des Volkseinkommens zu erreichen, unwirksam. Die Erhöhung der gesamtwirtschaftlichen Nachfrage „verpufft" in diesem Fall in einer Erhöhung des Preisniveaus, wobei keine realen Effekte erreicht werden. Die gestiegene Staatsnachfrage verdrängt im Verhältnis eins zu eins die privatwirtschaftliche Güternachfrage, was ein crowding out privater Aktivitäten bedeutet.

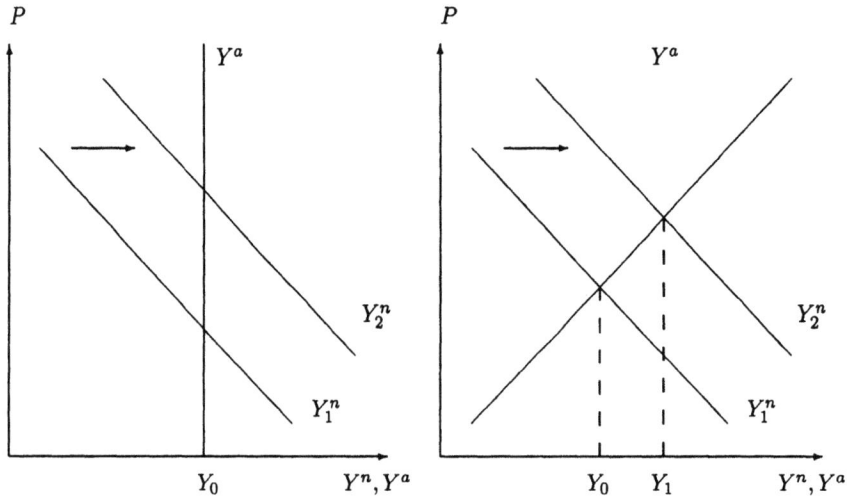

**Abb. 13.** Unwirksame und wirksame Nachfragepolitik

## Wirksame Nachfragepolitik

Der Staat versucht auch hier eine Erhöhung des Volkseinkommens durch eine Ausweitung seiner Nachfrage zu erreichen. Allerdings unterstellen wir nun, daß die aggregierte Angebotsfunktion einen steigenden Verlauf aufweist. In diesem Fall kann der Staat durch seine Nachfragepolitik einen realen Effekt auf das Volkseinkommen erzielen. Ein Teil der Ausweitung der Nachfrage fließt auch hier in eine Erhöhung des Preisniveaus. Um von einem Gleichgewichtspunkt mit niedrigerem Volkseinkommen durch Nachfrageerhöhungen zu einem Gleichgewicht mit höherem Volkseinkommen zu gelangen, müssen bei den Unternehmen freie Kapazitäten vorhanden sein.

Die beiden geschilderten Fälle sind in den zwei Teilen der Abbildung 13 graphisch dargestellt.

Der Keynesianischen Theorie einer **nachfrageorientierten Wirtschaftspolitik** steht die sogenannte **angebotsorientierte Wirtschaftspolitik** gegenüber. Ein wirtschaftspolitischer Paradigmenwechsel hin zu einer Betonung von Rahmenbedingungen, welche die Produktions- und Güterangebotsseite stärken, fand in den 70er Jahren statt. Ursache war die weltweite wirtschaftliche Entwicklung eines gleichzeitigen Auftretens von Inflation und Stagnation. Hierfür wurde eigens der Begriff der Stagflation eingeführt. Dieses Phänomen ließ sich nicht mit Mitteln einer nachfrageorientierten Politik lösen.

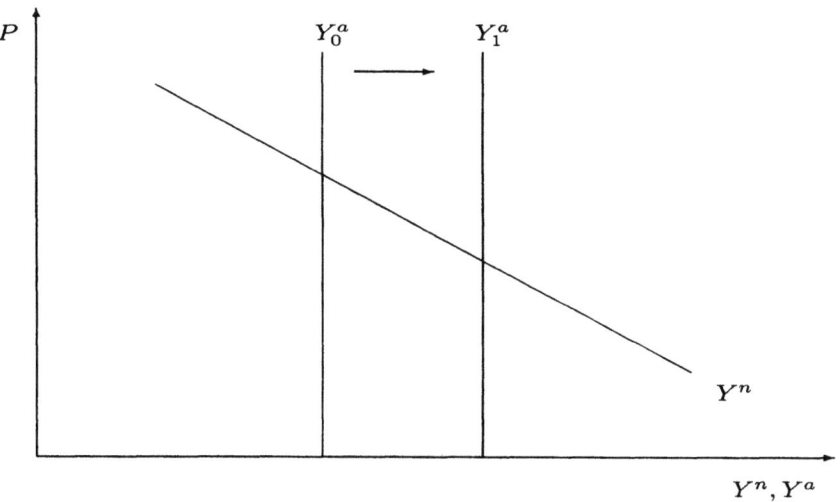

**Abb. 14.** Wirksame Angebotspolitik

Die Verfechter der angebotsorientierten Wirtschaftspolitik sehen eine zum Konjunkturverlauf antizyklisch ausgerichtete staatliche Nachfrage als wenig sinnvoll an. Primär wird auf eine Durchsetzung wirtschaftspolitischer Maßnahmen gesetzt, die die private Investitionstätigkeit fördern. Die Rolle des Staates wird vor allem in der Schaffung eines leistungsfördernden Steuersystems gesehen und der Versuch abgelehnt, das Marktgeschehen durch antizyklische Nachfragepolitik zu beeinflussen. Insgesamt wird hieraus eine Ausweitung des gesamtwirtschaftlichen Güterangebotes erwartet, die reale Effekte besitzt. Abbildung 14 veranschaulicht dies.

# 3 Zusammenfassung

Im Beitrag „Makroökonomisches Gleichgewicht" wurden zunächst die einzelnen Sektoren einer Volkswirtschaft sowie deren Beziehungen zueinander vorgestellt. Im Rahmen einer Ex-Post-Analyse wurden verschiedene Aggregate, die die Gesamtleistung einer Volkswirtschaft von ihrer Entstehungs- bzw.

Verwendungsseite beschreiben, eingeführt. Die Einbeziehung des Auslandes in den Wirtschaftskreislauf vervollständigte das Kreislaufmodell einer Volkswirtschaft. Die Positionen in der Volkswirtschaftlichen Gesamtrechnung (VGR) stellen Informationen über die tatsächliche Höhe von Wirtschaftsaktivitäten in einer Periode dar und werden empirisch, als Bestandteil nationaler Wirtschaftsaktivitäten, in den VGR-Tabellen erfaßt. Im zweiten Teilabschnitt wurden die aggregierten Sektoren als Teilmärkte einer Volkswirtschaft modellhaft in einer Ex-Ante-Analyse beschrieben. Ebenso wurden die Beziehungen der Teilmärkte untereinander aufgezeigt. Durch die Analyse der Gleichgewichte auf den Teilmärkten konnte in der Zusammenfassung zum Totalmodell ein stabiles simultanes Gleichgewicht abgeleitet werden. Wirtschaftspolitische Folgerungen ergaben sich schließlich aus den gewählten Annahmen, die der Modellbeschreibung der Teilmärkte jeweils zugrunde gelegt wurden. Die Frage, inwieweit diese Annahmen die tatsächlichen wirtschaftlichen Verhältnisse angemessen beschreiben, ist auf der empirischen Ebene zu entscheiden. Inwieweit angebotsorientierte Konzepte der Wirtschaftspolitik nachfrageorientierten Konzepten überlegen sind (oder umgekehrt), und inwieweit alternative wirtschaftspolitische Strategien bei der Umsetzung bestimmter Konzepte besonders geeignet sind, ist demnach stets fallbezogen zu beantworten.

## Literaturverzeichnis

1. Berlemann M (Hrsg.) (2001) Allgemeine Volkswirtschaftslehre. Aufgaben und Lösungen. Oldenbourg-Verlag, München
2. Bender D et al. (1995) Vahlens Kompendium der Wirtschaftstheorie und Wirtschaftspolitik, Band 1, 6.Auflage. Verlag Franz Vahlen, München
3. Bender D et al. (1995) Vahlens Kompendium der Wirtschaftstheorie und Wirtschaftspolitik, Band 2, 6.Auflage. Verlag Franz Vahlen, München
4. Burda M C und Wyplosz C (1994) Makroökonomik. Eine europäische Perspektive. Verlag Franz Vahlen, München
5. Felderer B und Homburg S (2003) Makroökonomik und neue Makroökonomik, 8. Auflage. Springer-Verlag, Berlin Heidelberg New York
6. Mankiw N G (2000) Makroökonomik, 4. Auflage. Schäffer-Poeschel Verlag, Stuttgart
7. Richter R et al. (1991) Makroökonomik - Eine Einführung, 4.Auflage, Springer-Verlag, Berlin Heidelberg New York

# Reale Außenwirtschaftslehre

Klaus Wälde

Technische Universität Dresden, Fakultät Wirtschaftswissenschaften, Professor für
VWL, insbes. Internationale Wirtschaftsbeziehungen
(waelde@iwb-dresden.de)

## 1 Einleitung

Dieser Beitrag soll zwei Fragen, die im Zusammenhang mit internationalen Wirtschaftsbeziehungen oft gestellt werden, beantworten: Warum handeln Länder und was handeln sie (Kapitel 2)? Was sind die Auswirkungen internationalen Handels? Letztere Frage wird unterteilt in Auswirkungen auf die Gesellschaft als Ganzes (Kapitel 3) und auf Auswirkungen auf Individuen (Kapitel 4).

Beide Fragen spielen in der wirtschaftspolitischen Diskussion in der Presse oder in sonstigen Medien eine große Rolle. Wenn es um die Osterweiterung der Europäischen Union geht, wenn Landwirte in Deutschland oder in den USA gegen Importe landwirtschaftlicher Güter demonstrieren, wenn es um die Tagesordnung der Verhandlungen der Welthandelsorganisation (WTO) geht, immer stehen diese Fragen im Hintergrund.

Die Antwort auf die erste Frage nach dem „Warum" und „Was" internationalen Handels bildet die Grundlage für die Antworten auf die zweite Frage und ist somit vorbereitender Natur. Die Frage nach den Auswirkungen ist jedoch von unmittelbarer wirtschaftspolitischer Relevanz: Geht es der Bundesrepublik Deutschland als Ganzes besser, wenn sie den Handel mit osteuropäischen oder südostasiatischen Ländern ausdehnt? Erzielt ein Land wie Südkorea, Ghana oder Mexiko Gewinne aus dem Handel mit industrialisierten Ländern?

Vielleicht noch wichtiger, zumindest in der tagespolitischen Diskussion, sind die Fragen nach den Verteilungseffekten internationalen Handels. Führt die Globalisierung dazu, daß es mehr Arbeitslosigkeit gibt und gleichzeitig die Aktienkurse steigen? Oder besteht eine Möglichkeit, die Effizienzgewinne internationalen Handel allen zugute kommen zu lassen?

Der Natur dieser einführenden Veranstaltung folgend, werden nur einige mögliche Antworten auf diese Frage gegeben. Wollte man diese Frage umfassend beantworten und somit viele Aspekte der Globalisierungsdebatten beleuchten, müßten zunächst alle theoretisch denkbaren Antworten dargestellt werden. Empirische Untersuchungen müßten dann (idealerweise) die für eine bestimmte Situation relevante Antwort identifizieren. Erst im Anschluß daran können wirtschaftspolitische Empfehlungen oder Forderungen bezüglich der Reaktion der Politik auf das eine oder andere Phänomen fundiert gestellt werden.

## 2 Warum und was handeln Länder?

Internationaler Handel nimmt an Bedeutung beständig zu. Während das Verhältnis von Exporten zu Bruttosozialprodukt Ende der 70er Jahre in Westdeutschland bei ca. 15% lag, lag es 2001 bei ca. 35%. Ähnliche ansteigende Tendenzen gibt es auch in anderen OECD Ländern. In der Literatur gibt es im wesentlichen vier Ansätze, die alle einen Teil des internationalen Handels erklären können. Diese Ansätze sind (i) Unterschiede in Technologien, (ii) Unterschiede in Faktorausstattungen, (iii) steigende Skalenerträge und Produktdifferenzierung und (iv) Gewinnstreben oligopolistischer Unternehmen.

Die ersten beiden Ansätze laufen darauf hinaus, daß sich Länder in relativen Produktionskosten unterscheiden. Die Grundlage für Unterschiede in Produktionskosten kann in der Technologie oder in der Faktorausstattung liegen. Die beiden anderen Ansätze erklären Handel durch eine Kombination von bestimmten Nachfragestrukturen der Haushalte und Marktstrukturen der Unternehmen. Die zwei zuerst genannten Ansätze werden im Folgenden dargestellt.

### 2.1 Technologien als Ursache von Handel

#### Die Idee

Die grundsätzliche Idee dieses Ansatzes stammt von David Ricardo (1772 - 1823): Länder, die sich in Produktionstechnologien unterscheiden, sind durch unterschiedliche Produktionskosten gekennzeichnet. Diese unterschiedlichen Produktionskosten führen bei der Möglichkeit von internationalem Handel zu einer gewissen Spezialisierung der Volkswirtschaften in der Produktion. Diese Spezialisierung impliziert dann internationalen Handel.

#### Das Ricardianische Modell mit zwei Sektoren und einem Faktor

Wir betrachten eine kleine offene Volkswirtschaft und fragen uns, warum und was (und auch wieviel) sie handelt. Diese Volkswirtschaft kann zwei Güter produzieren, ein Gut $X$ (etwa Kraftfahrzeuge) und ein Gut $Y$ (landwirtschaftliche Produkte). Eine kleine offene Volkswirtschaft ist eine Volkswirtschaft, die keinen Einfluß auf die international vorgegebenen Güterpreise hat. Somit wird im Folgenden angenommen, daß die Preise $p_X$ und $p_Y$ fix sind.

- Die Transformationsgerade

Überlegen wir zunächst, wieviel eine solche Ökonomie produzieren kann. Die dieser Volkswirtschaft zur Verfügung stehenden Technologien seien

$$X = \frac{1}{a} \cdot L_X, \quad Y = \frac{1}{b} \cdot L_Y. \tag{1}$$

Diese Produktionsfunktionen besagen, daß bei einer Arbeitsproduktivität von $1/a$ (gemessen in Stück pro Stunde) und einem Arbeitseinsatz von $L_X$ (gemessen in Arbeitsstunden pro Tag) genau $X$ Güter (gemessen in Stück pro Tag) hergestellt werden können. Analoges gilt für das Gut $Y$.

Wir nehmen an, daß alle Arbeitnehmer beschäftigt sind, d. h., es herrscht keine Arbeitslosigkeit. Dann gilt das Arbeitsmarktgleichgewicht

$$L_X + L_Y = L, \tag{2}$$

wobei die gesamte Faktorausstattung der Ökonomie durch $L$ gegeben ist. Als Zahlenbeispiel für $L$ hätte man 40 Mio. Arbeitnehmer mal 40 Stunden pro Woche mal ca. 50 Wochen pro Jahr, d. h., 80 Mrd. Stunden pro Jahr für die BRD.

Setzt man in diese Gleichung die obigen Technologien (1) ein, dann bekommt man einen Zusammenhang zwischen den produzierbaren Mengen des Gutes $X$ und des Gutes $Y$. Dieser Zusammenhang lautet $aX + bY = L$ oder, aufgelöst nach $Y$,

$$Y = \frac{L}{b} - \frac{a}{b} \cdot X. \tag{3}$$

Dies ist die Transformationsgerade oder Produktionsmöglichkeitsgerade der Ökonomie (vgl. Abbildung 1).

**Definition 1.** *Eine Produktionsmöglichkeitsgerade gibt die Menge eines Gutes an (hier $Y$), die maximal produziert werden kann, gegeben eine gewisse produzierte Menge des anderen Gutes (hier $X$).*

- Die Unternehmen

Betrachten wir im nächsten Schritt das Verhalten der Unternehmen in dieser Ökonomie. Es wird angenommen, daß Unternehmen ihren Gewinn maximieren. Dieser ist für Sektor $X$ gegeben durch $\pi_X = p_X X - w_X L_X$, d. h., durch die Differenz aus den Erlösen $p_X X$ (Preis $p_X$ mal hergestellter Menge $X$) und Kosten (Stundenlohn $w_X$ im Sektor $X$ mal eingesetzter Arbeitszeit $L_X$). Unternehmen maximieren ihren Gewinn durch die optimale Wahl des Faktoreinsatzes. Um dieses Maximierungsproblem lösen zu können, wird in der Gewinnfunktion die produzierte Menge durch das Einsetzen der Technologie ersetzt. Somit erhält man $\pi_X = p_X(1/a)L_X - w_X L_X$. Die Bedingung erster Ordnung $d\pi_X/dL_X = 0$ ist genau dann erfüllt, d. h., der Gewinn wird maximiert, wenn gilt

$$\frac{d\pi_X}{dL_X} = 0 \Leftrightarrow p_X \cdot \frac{1}{a} = w_X, \qquad (4)$$

d. h., wenn das Wertgrenzprodukt von Arbeit $p_X/a$ gleich den marginalen Kosten $w_X$ ist.[1] Firmen im Sektor $Y$ verhalten sich ebenfalls gewinnmaximierend, wodurch sich eine analoge Optimalitätsbedingung ergibt,

$$p_Y \cdot \frac{1}{b} = w_Y. \qquad (5)$$

**Spezialisierung und Handelsströme**

- Sektorale Arbeitsmobilität und Spezialisierung

Überlegen wir uns nun, wie sich Arbeitnehmer in einer solchen Ökonomie verhalten. Würden sie in Sektor $Y$ arbeiten, bekämen sie wegen (5) einen Lohn von $p_Y/b$. Im Sektor $X$ erhalten Sie einen Lohn von $p_X/a$. Nimmt man nun an, daß Arbeitnehmer (zumindest in einer langfristigen Betrachtung, die hier implizit unterstellt wird) in dem Sektor arbeiten, wo sie den höheren Lohn verdienen, dann spezialisiert sich die betrachtete Ökonomie in der Produktion von Gut $X$, wenn der Lohn dort höher ist,

$$\text{Spezialisierung in } X \Leftrightarrow w_X > w_Y \Leftrightarrow p_X \cdot \frac{1}{a} > p_Y \cdot \frac{1}{b} \Leftrightarrow \frac{p_X}{p_Y} > \frac{a}{b}. \qquad (6)$$

Der Lohn ist nach (4) und (5) höher im Sektor $X$ als im Sektor $Y$, wenn das Produkt aus dem international vorgegebenen Preis und der Arbeitsproduktivität im Sektor $X$ höher ist.[2]

- Graphische Darstellung

Wir können die bisher analytisch gezeigten Zusammenhänge auch graphisch darstellen. Trägt man zu der Transformationsgeraden in Abbildung 1 ebenfalls die internationalen Austauschverhältnisse $p_X/p_Y$ an, dann ist ersichtlich, wie der Zusammenhang von inländischen Technologien und international gegebenen Güterpreisen die Spezialisierung in einem Land bestimmt. Fällt die Transformationsgerade (3) mit $a/b$ weniger als das internationale Austauschverhältnis $p_X/p_Y$ (d. h., $p_X/p_Y > a/b$ in Bedingung (6) wäre also erfüllt), dann erfolgt eine vollständige Spezialisierung in der Produktion von Gut $X$.

---

[1] Für eine einzelne Firma muß (4) nicht notwendigerweise erfüllt sein, da sowohl Preise $p_X$ und $w_X$ als auch die Faktorproduktivität $1/a$ exogen sind. *Wenn* eine Firma im Sektor $X$ produziert, dann muß jedoch (4) erfüllt sein. Ob Produktion stattfindet, wird sich im Folgenden herausstellen.

[2] Die letzte Umformung wird im nächsten Abschnitt verwendet, um diese Bedingung mit der Produktionsmöglichkeitsgeraden zu vergleichen.

Wenn allerdings die Transformationsgerade stärker als das Verhältnis der internationalen Güterpreise fällt, also $(p_X/p_Y < a/b)$, dann erfolgt eine vollständige Spezialisierung in der Produktion des anderen Gutes $Y$, so wie hier gezeichnet:

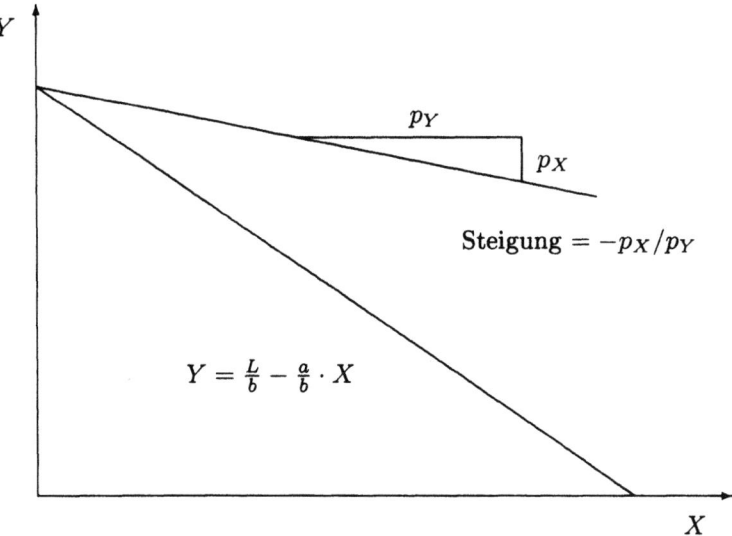

**Abb. 1.** Die Transformationsgerade mit Produktionspunkt

Man sagt dann, wenn also $p_X/p_Y < a/b$, das betrachtete Land habe einen komparativen Kostenvorteil gegenüber dem Rest der Welt in der Produktion von Gut $Y$.

- Internationaler Handel, Exporte und Importe

Wir können nun zusammenfassend verstehen, wieso manche Länder ein Gut importieren, während andere Länder genau dieses Gut exportieren. Dazu treffen wir zusätzlich zu unserem obigen Spezialisierungsergebnis auf der Angebotsseite eine Annahme bezüglich der Nachfrageseite. Konsumenten verwenden einen bestimmten Anteil ihrer gesamten Konsumausgaben für Gut $X$ und den restlichen Anteil für Gut $Y$. Dann ist klar, daß ein Land, das sich in der Produktion von Gut $X$ spezialisiert, Gut $Y$ importieren muß. Natürlich muß es dann Gut $X$ exportieren, um die Importe von $Y$ finanzieren zu können. Analog muß dann ein Land, das nur Gut $Y$ produziert, das andere Gut $X$ importieren und Gut $Y$ exportieren.

### Erweiterung auf zwei Länder

Überträgt man die soeben angestellten Überlegungen auf eine Welt mit zwei Ländern, dann ergibt sich folgendes interessantes Ergebnis: Internationaler Handel findet auch statt, wenn ein Land in *allen* Sektoren produktiver ist als das andere Land, wenn es also einen absoluten Kostenvorteil gegenüber dem anderen Land in der Produktion aller Güter hat. Ein Industrieland wie Großbritannien wird mit einem Entwicklungsland wie etwa Ghana handeln, auch wenn Großbritannien in der Produktion aller Güter eine höhere Arbeitsproduktivität besitzt (d. h., $1/a$ und $1/b$ in Großbritannien sind größer als in Ghana). Die Voraussetzung für Handel ist nur, daß die relativen Produktivitäten, d. h. das Verhältnis $b/a$ der Produktivität im Sektor $X$ zur Produktivität im Sektor $Y$, international unterschiedlich sind.

### 2.2 Faktorausstattung als Ursache von Handel

**Die Idee**

Nach dem Ansatz Ricardos wird internationaler Handel durch Technologieunterschiede verursacht, da dadurch unterschiedliche relative Kosten in der Produktion vorliegen. Eine auf Eli Filip Heckscher (1879 - 1952) und Bertil Ohlin (1899 - 1979) zurückgehende Idee besagt, daß eine unterschiedliche Faktorausstattung zwischen Ökonomien ebenfalls zu unterschiedlichen relativen Kosten führt. Die daraus resultierenden komparativen Kostenvorteile führen dann wieder bei der Möglichkeit internationalen Handels zu Spezialisierungen in der Produktion. Daraus resultiert dann internationaler Handel.

**Ein Modell mit zwei Sektoren und zwei Faktoren**

Wir betrachten eine kleine offene Volkswirtschaft in der zwei Güter mit Hilfe von zwei Produktionsfaktoren (Kapital und Arbeit) hergestellt werden. Der erste wesentliche Unterschied zu dem soeben kennengelernten Ansatz von Ricardo ist somit die Erhöhung der Anzahl der Produktionsfaktoren. Der zweite entscheidende Unterschied besteht darin, daß allen Ländern die gleichen Technologien zur Verfügung stehen. Es wird also nicht mehr angenommen, daß ein Land in der Produktion eines Gutes produktiver wäre als ein anderes Land. (Formal gesprochen sind die Technologiekoeffizienten $a$ und $b$ in den Produktionsfunktionen des letzten Abschnitts in allen Ländern die gleichen.)

Die Produktionsfunktionen für die beiden Güter sind durch

$$X = X(K_X, L_X), \quad Y = Y(K_Y, L_Y) \tag{7}$$

gegeben. Dabei bezeichnet der Kapitalbestand $K_X$ die Anzahl der Maschinen, die zur Produktion im Sektor $X$ verwendet werden. Zusammen mit den pro Tag gearbeiteten Stunden $L_X$ in diesem Sektor ergibt sich dann die pro Tag produzierte Menge an Kraftfahrzeugen $X$. Wird wieder angenommen, daß Sektor $Y$ Nahrungsmittel produziert, dann steht die Produktionsfunktion $Y(K_Y, L_Y)$ für die - mit Hilfe von $K_Y$ Maschinen und $L_Y$ Arbeitsstunden pro Tag - produzierten Nahrungsmittel pro Tag.[3]

---

[3] Es sei angenommen, daß die produzierten Mengen im Faktoreinsatz steigen, jedoch in abnehmendem Maße. Formal gesprochen seien alle partiellen ersten Ableitungen in (7) positiv, die zweiten partiellen Ableitungen negativ.

Unter der Annahme von Vollbeschäftigung beider Produktionsfaktoren gelten die folgenden zu (2) analogen Gleichgewichtsbedingungen,

$$K_X + K_Y = K, \quad L_X + L_Y = L.$$

Eine Räumung der Faktormärkte ist so in der Realität nie gegeben. Diese Bedingungen stellen somit eine (sinnvolle) Vereinfachung dar. Wenn andere Themen behandelt werden sollten (z. B. Arbeitslosigkeit oder unvollständige Kapazitätsauslastung), dann muß diese Vereinfachung natürlich beseitigt werden. Für die Analyse der momentanen Fragestellung stellt sie jedoch keine Einschränkung der Gültigkeit der Ergebnisse dar.

Die Produktionsmöglichkeiten dieser Ökonomie können analog der Transformationsgeraden (3) in einer Transformationskurve dargestellt werden. Wegen der Eigenschaften der Technologien (7) ist diese Kurve nach außen gekrümmt (siehe Abbildung 2). Genau wie im vorherigen Fall gibt die Produktionsmöglichkeitskurve an, wieviel von z. B. Gut $Y$ hergestellt werden kann (nämlich $Y_A$), wenn eine bestimmte Menge des ersten Gutes hergestellt wird (z. B. $X_A$).

**Spezialisierung und Handelsströme**

- Der Produktionspunkt

Da wir wieder eine kleine Volkswirtschaft betrachten, sind die internationalen Preise und somit das Austauschverhältnis $p_X/p_Y$ wieder exogen vorgegeben. Fügt man zu der Produktionsmöglichkeitskurve das internationale Austauschverhältnis hinzu, so erhält man am Tangentialpunkt den Produktionspunkt $P$ der Ökonomie (vgl. Abbildung 2). Es kommt also nicht zu einer vollständigen Spezialisierung der Ökonomie, wie wir das oben gesehen haben, sondern nur zu einer teilweisen. Der zugrunde liegende Mechanismus ist analog zu dem im Ricardianischen Modell: Arbeit wird so lange zwischen den Sektoren wandern, bis sich die Löhne in beiden Sektoren angeglichen haben. Ebenfalls wird Kapital dort investiert werden, wo die Renditen am höchsten sind. Somit kommt es zu einem Gleichgewicht erst dann, wenn die Renditen und Löhne zwischen den Sektoren ausgeglichen sind.

- Internationaler Handel, Exporte und Importe

Nehmen wir nun wieder genauso wie vorher an, daß Konsumenten einen bestimmten Anteil ihrer Ausgaben für den Konsum des Gutes $X$ verwenden und den anderen Anteil für Gut $Y$. Dann ist klar, daß die konsumierten Mengen in einem Land bei international vorgegebenen Güterpreisen nicht unbedingt gleich den produzierten Mengen sein müssen. Somit muß ein Land wieder ein Gut exportieren und ein anderes Gut importieren. Welches Gut es exportiert und welches es importiert wird vom Heckscher-Ohlin-Theorem beschrieben, einem der bekanntesten Theoreme in der Außenwirtschaftslehre.

## Das Heckscher-Ohlin-Theorem

Das Heckscher-Ohlin-Theorem macht eine Aussage darüber, welches Land welches Gut exportiert oder importiert. Diese Aussage wird in Abhängigkeit von einer Eigenschaft der Produktionstechnologien und einer Eigenschaft des betrachteten Landes gemacht. Die erste Eigenschaft bezieht sich auf die Faktorintensitäten.

**Definition 2.** *Die Faktorintensität ist definiert als das Verhältnis von eingesetzter Kapitalmenge zu eingesetzter Arbeitsmenge,*

$$\rho_i = \frac{K_i}{L_i}, \quad i = X, Y.$$

Es wird im Folgenden davon ausgegangen werden, daß Gut $X$ immer kapitalintensiver ist als Gut $Y$,

$$\rho_X > \rho_Y.$$

Als Beispiel kann man die Automobilindustrie anführen. Dort werden immer mehr Maschinen (d. h., Kapital $K$) eingesetzt pro Arbeitnehmer (oder geleisteter Arbeitsstunden) als z. B. in der Landwirtschaft. Somit ist

$$\rho_{\text{Automobilindustrie}} > \rho_{\text{Landwirtschaft}}$$

und man sagt, die Automobilindustrie nutze Kapital intensiver als die Landwirtschaft.

Die zweite Eigenschaft bezieht sich auf die Faktorausstattung der betrachteten Ökonomie. Dabei wird die Faktorausstattung erfasst durch die Kapitalausstattung pro Kopf, $K/L$.

**Definition 3.** *Ein Produktionsfaktor ist in einem Land reichlich vorhanden, wenn das Verhältnis dieses Faktors zum andern groß ist relativ zu den Handelspartnern dieses Landes.*

Ein Land ist somit kapitalreich, wenn dessen Verhältnis $K/L$ höher ist als dies seiner Handelspartner.

Dies erlaubt uns nun, das folgende Theorem zu formulieren.

**Theorem 1.** *Jedes Land exportiert das Gut, das den relativ reichlich vorhandenen Produktionsfaktor relativ intensiv nutzt.*

Veranschaulicht man sich dieses Theorem an der BRD, dann besagt dies, daß die BRD Automobile exportiert (und landwirtschaftliche Güter importiert), wenn die BRD relativ zu ihren Handelspartnern kapitalreich ist und Automobile kapitalintensiv sind.

Das Theorem kann mit Hilfe von Abbildung 2 veranschaulicht werden. Diese Abbildung zeigt Produktionsmöglichkeitskurven für zwei Länder. Beide Länder verwenden die gleichen Produktionsfunktionen (7), sind aber mit unterschiedlichem Kapitalreichtum gekennzeichnet. Wenn wir annehmen, daß das Land A kapitalreicher ist als das Land B, dann hat die Produktionsmöglichkeitskurve dieses Landes A diese nach rechts und unten verschobene Form.

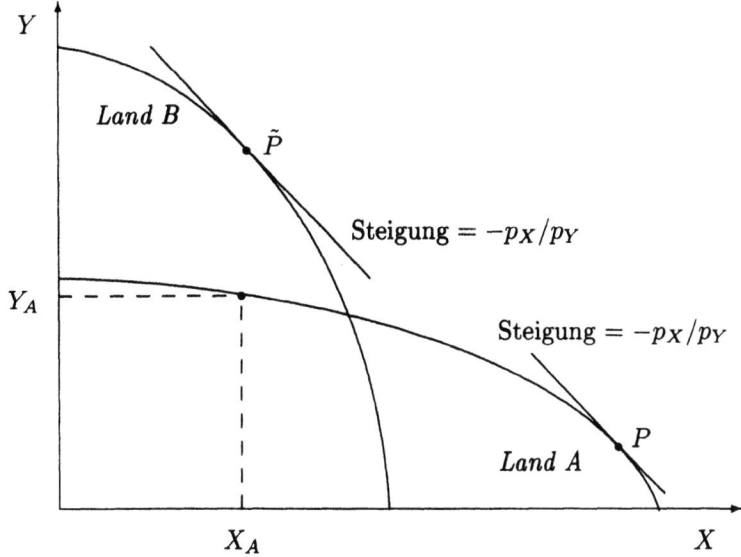

**Abb. 2.** Illustration des Heckscher-Ohlin-Theorems

Zeichnet man in diese Graphik die internationalen Austauschverhältnisse ein, dann sieht man an den Produktionspunkten $P$ und $\tilde{P}$, daß das kapitalreichere Land relativ mehr des kapitalintensiven Gutes produziert: Das Verhältnis $X$ zu $Y$ ist in Land A höher als in Land B.

Geht man nun weiterhin davon aus, daß die Nachfragestruktur in beiden Ländern dieselbe ist (etwa durch Annahme gleicher Präferenzen), dann ist das Verhältnis der konsumierten Mengen von $X$ zu $Y$ in beiden Ländern das gleiche. Da das Verhältnis der produzierten Mengen in Land A höher ist, als in Land B, die Verhältnisse der konsumierten Mengen aber die gleichen, dann muß, wenn beide Länder nur miteinander handeln, das Land A das kapitalintensive Gut $X$ exportieren und das arbeitsintensive Gut $Y$ importieren.

## 3 Was bewirkt Handel? (Effizienzeffekte)

Eine der am meisten diskutierten Frage dreht sich um Auswirkungen von Handel. Führt nun Handel zu Arbeitslosigkeit oder führt Handel zu mehr Wohlstand? Führt Handel dazu, daß gewisse Regionen oder Bevölkerungsgruppen weniger verdienen als vorher? Diese Fragen nach den Auswirkungen von Handel werden in diesem und im nächsten Kapitel behandelt. Wir wenden uns zunächst der Frage der Effizienz zu, um dann im nächsten Kapitel die Frage der Verteilungseffekte zu untersuchen. Analyserahmen sind dafür die beiden im letzten Kapitel vorgestellten Modelle.

## 3.1 Gewinne aus Handel

Es läßt sich relativ einfach zeigen, daß die Aufnahme von internationalem Handel im Ricardianischen Modell zu einem Anstieg sowohl des Bruttosozialprodukts, als auch vor allem des sozialen Wohlfahrtsniveaus führt. Ähnliches läßt sich für das Heckscher-Ohlin-Modell zeigen.

Gewinne aus Handel kommen aus zwei Quellen: Zum einen ist es die Möglichkeit, inländisch relativ reichlich vorhandene Güter gegen inländisch relativ knapp vorhandene Güter einzutauschen. Dieser Austausch an sich führt bereits zu Gewinnen. Zum anderen führt internationaler Handel zu einer relativen Spezialisierung der Ökonomie, was in Verbindung mit der ersten Ursache zu einem weiteren Anstieg der Gewinne aus internationalem Handel führt.

Man kann diesen Zusammenhang leicht mit Hilfe einer Tabelle darstellen. Wir betrachten das klassische Beispiel Ricardos, der den Handel zwischen England und Portugal untersuchte.

| Produktionsgüter | Produktionskosten | |
|---|---|---|
| | England | Portugal |
| Tuch | 3 | 1 |
| Wein | 2 | 4 |

Diese Tabelle gibt an, wie hoch die Kosten pro produzierter Einheit sind. (Wenn Arbeit der einzige Produktionsfaktor ist, dann geben diese Zahlen das Verhältnis von Lohn $w$ zu Güterpreisen $p_{Tuch}$ bzw. $p_{Wein}$ wieder.) Sie gibt gleichzeitig die Arbeitsproduktivität an: Eine Person kann pro Tag in England 3 Bekleidungsstücke oder 2 Liter Wein herstellen. In Portugal kann eine Person pro Tag 1 Bekleidungsstück herstellen oder 4 Liter Wein.

Wenn diese beiden Länder miteinander handeln, dann wird sich Portugal auf die Produktion von Wein und England auf die Produktion von Bekleidung spezialisieren. Nehmen wir an, daß in beiden Ländern jeweils 100 Arbeitseinheiten zur Verfügung stehen,[4] dann werden unter Freihandel 400 Liter Wein und 300 Bekleidungsstücke produziert.

Es ist dann ein Leichtes zu sehen, daß keine andere Aufteilung der Arbeitseinheiten mehr Güter produzieren kann. Wenn zum Beispiel England 50 Arbeitseinheiten für die Produktion von Wein und 50 Arbeitseinheiten für die Produktion von Bekleidung verwendet und Portugal dasselbe tut, dann sind die insgesamt produzierten Mengen $50 \cdot 2 + 50 \cdot 4 = 300$ Liter Wein und $50 \cdot 3 + 50 \cdot 1 = 200$ Bekleidungsstücke. Da unter Autarkie jedes Land

---

[4] Bei 40 Stunden pro Woche mal 50 Wochen pro Jahr mal 50 Millionen Arbeitnehmer - sowohl für England als auch für Portugal etwas zu hoch - wäre eine Arbeitseinheit eine Milliarde Stunden.

beide Güter herstellen muß, treten diese Spezialisierungsgewinne also nicht auf. Internationaler Handel führt somit zu einem höheren Nutzenniveau. Dies gilt in diesem Analyserahmen für alle am Handel beteiligten Länder. Gleiches gilt übrigens, wenn die Produktivität und damit die Kosten in England 30 und 20 sind statt 3 und 2 (vgl. Abschnitt 2.1 zur Problematik des absoluten Kostenvorteils).

## 3.2 Verluste aus Handel

Die relativ allgemeinen Ergebnisse zu Gewinnen aus Handel im Ricardianischen und im Heckscher-Ohlin-Modell wurden unter der Annahme der Abwesenheit jeglicher Unvollkommenheiten hergeleitet. Somit sind per Annahme u. a. (i) vollständige Konkurrenz auf Güter- und Faktormärkten, (ii) vollständige Märkte (keine Externalitäten, keine öffentlichen Güter, keine fehlenden Märkte, etwa für Risikoversicherung und Zukunftsgeschäfte) und (iii) vollständige Information gegeben.

Jede dieser einzelnen Annahmen ist zweifelhaft. In der Wirklichkeit wird eine Ökonomie immer durch eine Vielzahl von Unvollkommenheiten gekennzeichnet sein. Dies ist kein Vorwurf etwa der Irrelevanz der bisherigen Ergebnisse. Es muß jedoch bei der Diskussion wirtschaftspolitischer Empfehlungen berücksichtigt werden, daß die eine oder andere Annahme in der Wirklichkeit nicht erfüllt ist. Wenn dies der Fall ist, dann muß mit obigen Ergebnissen in der Tat vorsichtig umgegangen werden, da sie unter Umständen nicht mehr gelten.

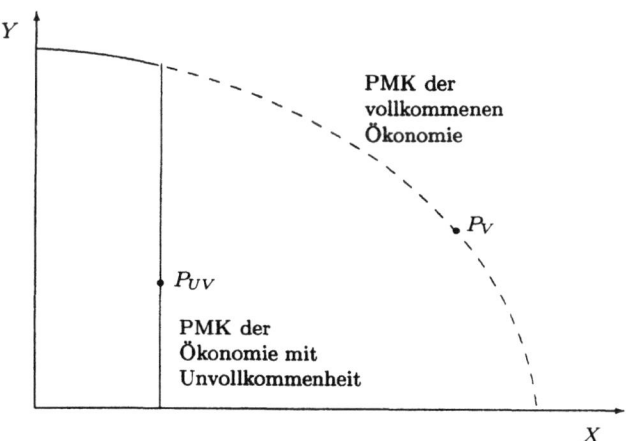

**Abb. 3.** Produktionsmöglichkeitskurve (PMK) für eine Ökonomie mit und ohne Unvollkommenheit

Wir werden nun ein Beispiel sehen, in dem die Aufnahme internationalen Handels nicht notwendigerweise zu einer Wohlfahrtsteigerung führt, da die Annahme der vollständigen Konkurrenz auf Faktormärkten nicht erfüllt ist.

Als Beispiel wird angenommen, daß auf Grund institutioneller Gegebenheiten der Arbeitslohn nicht unter ein bestimmtes Niveau sinken kann,[5]

$$w \geq w^{\min}.$$

Ansonsten sei die Ökonomie, abgesehen von sektorspezifischem Kapital, identisch zu der im Abschnitt 2.2 vorgestellten. In einer solchen Ökonomie erhalten wir die in Abbildung 3 dargestellte durchgezogene Produktionsmöglichkeitskurve.[6] Wie man sieht, bewirkt ein Minimumlohn ein Verschieben der Produktionsmöglichkeitskurve nach innen. Wenn sich ein Austauschverhältnis einstellt, das einen Lohn implizieren würde, der unter dem Minimumlohn liegt, dann greift der Minimumlohn, Arbeitslosigkeit resultiert und die Produktion geht zurück.

Wenn nun internationaler Handel möglich ist, befindet sich der Produktionspunkt in einer vollkommenen Ökonomie in Abhängigkeit von der Spezialisierung auf der gestrichelten Linie (z. B. bei $P_V$). In einer Ökonomie mit Unvollkommenheiten liegt der Produktionspunkt auf der durchgezogenen Linie. Bei internationalen Austauschverhältnissen, die zu $P_V$ in der vollkommenen Ökonomie geführt haben, erhalten wir $P_{UV}$.

Grundsätzlich gibt es nun bezüglich der Gewinne aus Handel zwei gegenläufige Tendenzen: Freihandel führt zu Gewinnen auf Grund der Austauschmöglichkeit (das ist der Effekt, der in der unverzerrten Ökonomie für die Gewinne ursächlich ist), Freihandel führt zu Verlusten auf Grund der wegen der inländischen Verzerrung niedrigeren Produktion (in $P_{UV}$ sind die produzierten Mengen von $X$ und $Y$ niedriger als bei $P_V$). Welcher dieser beiden Effekte stärker ist, läßt sich allgemein nicht sagen. Es muß also nicht zu Verlusten kommen, es kann jedoch der Fall sein.

## 4 Was bewirkt Handel? (Verteilungsaspekte)

Ein weiterer wesentlicher Aspekt internationalen Handels, wahrscheinlich der politisch viel relevantere, ist der Verteilungsaspekt. Welche Auswirkungen hat internationaler Handel auf Arbeitnehmer mit abgeschlossener Berufsausbildung, auf Akademiker, oder auf Kapitaleigentümer? Wer profitiert vom Import billiger Textilien oder der Liberalisierung des Handels mit landwirtschaftlichen Gütern? Verwendet man das Heckscher-Ohlin-Modell als Analyserahmen, erhält man für die beiden Produktionsfaktoren Kapital und Arbeit mit Hilfe des folgenden Theorems eine exakte Aussage.

---

[5] Genauso realistisch könnte man annehmen, daß oligopolistische Wettbewerbsstrukturen auf den Gütermärkten vorliegen. Ähnlich negative Ergebnisse internationalen Handels wie im hier behandelten Beispiel sind dann durch diesen unvollständigen Wettbewerb zwischen Firmen zu erwarten (vgl. z. B. [2], Seite 138).
[6] Dies ist an [1] und [3] angelehnt. Vgl. [4] für ein modernes Beispiel für mögliche Verluste aus Handel im Rahmen eines Modells endogenen Wachstums und Handel.

## 4.1 Das Stolper-Samuelson-Theorem

**Theorem 2.** *Ein relativer Anstieg des Preises des kapitalintensiven Gutes X (d. h., $p_X > p_Y$) führt zu einem realen Anstieg der Faktorentlohnung für Kapital (r) und einem realen Absinken der Faktorentlohnung für Arbeit (w),*

$$\frac{d(p_X/p_Y)}{p_X/p_Y} > 0 \Rightarrow \frac{d(r/p_X)}{r/p_X} > 0 \text{ und } \frac{d(w/p_X)}{w/p_X} < 0.$$

Der Anstieg des Relativpreises $p_X/p_Y$ auf der linken Seite dieser Gleichung bewirkt also einen realen Einkommenszuwachs für Kapitaleigentümer ($r/p_X$ steigt an) und einen realen Einkommensverlust für Arbeitnehmer ($w/p_X$ sinkt). Dabei ist es unerheblich, ob das Realeinkommen in Einheiten von Gut $X$ oder Gut $Y$ (oder eine Kombination davon) gemessen wird.

Der Grund für die Einkommensänderung liegt in der Wanderung der Produktionsfaktoren aufgrund des Anstiegs von $p_X/p_Y$. Eine Ausweitung des kapitalintensiven Sektors führt zu einem Absinken der Kapitalintensität in beiden Sektoren. Damit sinkt die Grenzproduktivität von Arbeit und somit der reale Lohn. Gleichzeitig steigt die Grenzproduktivität von Kapital und damit ihre reale Entlohnung.

## 4.2 Anwendungen

- Importe aus Billiglohnländern

Mit Hilfe des Stolper-Samuelson-Theorems kann man politischen Widerstand gegen Freihandelsabkommen (oder sonstige handelserleichternde Abkommen) mit Ländern, die als arbeitsreich betrachtet werden, besser verstehen. Typische Beispiele für solche Länder sind Entwicklungsländer, deren Kapitalausstattung pro Kopf geringer ist als von Industrieländern.

Wenn internationaler Handel mit arbeitsreichen Ländern aufgenommen wird, d. h., mit Ländern, in denen Stundenlöhne niedriger sind als in Industrieländern, dann führt dieser Handel zu einem Absinken des Preises für das aus diesen Ländern importierte arbeitsintensive Gut. Der Preis für das kapitalintensive Gut wird tendenziell steigen, da die Nachfrage aus dem Ausland mehr zunimmt als dessen zusätzliches Angebot. Somit kommt es nach obigem Theorem zu einem Absinken des inländischen Lohnniveaus.

- Der Anstieg von Aktienkursen in Zeiten der Globalisierung

Wenn Globalisierung bedeutet, daß internationaler Handel immer mehr zunimmt, und wenn davon ausgegangen wird, daß internationaler Handel in der Mehrzahl Handel mit arbeitsreichen Ländern ist, dann führt dieser Handel zu einer relativen Spezialisierung der Industrieländer in der Produktion des kapitalintensiven Gutes. Damit steigt die Nachfrage nach Kapital und somit die Aktienkurse (die Faktorentlohnung $r$ für Kapital).

### 4.3 Verteilung und Effizienz

Wir haben gesehen, daß sich ändernde Güterpreise zu Einkommensverlusten für bestimmte Produktionsfaktoren führen, gleichzeitig aber zu Einkommensgewinn für andere Produktionsfaktoren. Somit könnte erwartet werden, daß bei jeder Handelsreform politischer Widerstand auftritt.

Auf der anderen Seite haben wir ebenfalls gesehen, daß internationaler Handel bei perfekt funktionierenden Märkten zu einem sozialen Wohlfahrtsgewinn führt. Somit ist denkbar, daß Ausgleichszahlungen zwischen den gewinnenden und den verlierenden Produktionsfaktoren dazu führen, daß kein Individuum in der Ökonomie sich schlechter stellt. In diesem Falle wäre internationaler Handel paretoverbessernd gegenüber Autarkie.

In anderen Worten: Wenn es durch internationalen Handel zu gesellschaftlichen Wohlfahrtsgewinnen kommt, dann ist es auch möglich, diese gesellschaftlichen Wohlfahrtsgewinne durch geeignete Umverteilung in individuelle Wohlfahrtsgewinne zu verwandeln.

## 5 Zusammenfassung

Länder handeln auf Grund von komparativen Kostenvorteilen, die aus Unterschieden in Technologien oder Unterschieden in Faktorausstattungen resultieren können. Da Deutschland über mehr Kapital pro Arbeitnehmer verfügt als z. B. Tschechien, besagt das Heckscher-Ohlin-Theorem, daß dieser Unterschied in der Faktorausstattung zu einem Export kapitalintensiver Güter (z. B. Produktionsanlagen) nach Tschechien führt, während Deutschland aus Tschechien arbeitsintensive Güter importiert (z. B. Bier).

Potentiell führt internationaler Handel zu einer Wohlfahrtsteigerung für alle beteiligten Ökonomien. Wenn sich in allen Ländern alle Preise vollkommen anpassen und auch sonst kein Marktversagen vorliegt, kommt es zu Gewinnen aus Handel. Liegt jedoch Marktversagen vor (z. B. Wettbewerb zwischen wenigen Firmen oder rigide Löhne), kann internationaler Handel auch zu einem Wohlfahrtsverlust führen.

Verteilungseffekte sollten bei zunehmendem internationalen Handel erwartet werden. Wenn sich die Bundesrepublik Deutschland verstärkt auf die Produktion kapitalintensiver Güter spezialisiert, führt das zu einem Ansteigen der Faktorentlohnung für Kapital und einem Absinken der Faktorentlohnung für Arbeit. Wenn jedoch internationaler Handel zu gesamtgesellschaftlichen Wohlfahrtsteigerungen führt, können diese Gewinne entsprechend umverteilt werden, so daß alle Produktionsfaktoren an den Gewinnen aus Handel partizipieren.

# Literaturverzeichnis

1. Brecher RA (1974) Minimum wage rates and the pure theory of international trade. Quarterly Journal of Economics 88:98–116
2. Gandolfo G (1994) International economics I. The pure theory of international trade. Second, Revised Edition. Springer, Berlin Heidelberg New York
3. Mayer W (1978) Short-run and long-run equilibrium for a small open economy. Journal of Political Economy 82:955–967
4. Tang P, Wälde K (2001) International competition, growth and welfare. European Economic Review 45:1439– 1459

# Monetäre Außenwirtschaftslehre

Klaus Wälde

Technische Universität Dresden, Fakultät Wirtschaftswissenschaften, Professor für VWL, insbes. Internationale Wirtschaftsbeziehungen
(waelde@iwb-dresden.de)

## 1 Einleitung

Dieser Beitrag gibt einen Einblick in die monetäre Außenwirtschaft. Zwei Fragen sollen stellvertretend für viele andere zentrale Fragen dieses Gebietes beantwortet werden: Was sind die Determinanten von Wechselkursen und wie kommt es zu Wechselkurskrisen? Diese Fragen sind motiviert durch die allgemeine wirtschaftspolitische Diskussion. Woran liegt es, daß der Euro relativ zum Dollar in der ersten Hälfte der achtziger Jahre oder seit Mitte der neunziger Jahre an Wert verliert? Wieso fand ab Mitte der achtziger bis Mitte der neunziger Jahre eine Aufwertung der DM statt? Dazu wird viel in den Medien geschrieben und spekuliert. Es ist wichtig, fundierte Antworten auf diese Fragen geben zu können.

Verbunden mit der Frage nach den Determinanten von Wechselkursen ist die Analyse von Wechselkurskrisen, hier verstanden als ein plötzlicher ungewollter Verlust einer Währung relativ zu einer anderen. Beispiele dazu gibt es immer wieder, man denke nur an das Europäische Währungssystem (1992/93), an Südostasien (1997/98) und Argentinien (2001/02)[1]. Regelmäßig werden solche Wechselkurskrisen in Verbindung gebracht mit einem Rückgang der ökonomischen Aktivitäten in dem betroffenen Land (Rezession) und sozialen Unruhen. Auch hier sollte also mehr als nur eine journalistische Analyse unternommen werden.

## 2 Grundlagen der Geldtheorie

Eine fundierte Antwort auf obige Fragen verlangt nach einem formalen Analyserahmen. Nur eine mathematische Analyse erlaubt es, die Nachvollziehbarkeit eines Arguments und dessen interne Konsistenz sicherzustellen. Auch erlaubt es die Mathematik besser als jede natürliche Sprache, Konzepte eindeutig und klar auszudrücken.

---

[1] Einen Überblick bieten Bordo und Schwarz ([1]) und IWF ([4]).

## 2.1 Das Gleichgewicht auf dem Geldmarkt

Ein Analyserahmen wie soeben angesprochen wird zeigen, daß Preisniveaus einen entscheidenden Einfluß auf Wechselkurse haben. Preisniveaus ergeben sich wiederum aus dem Gleichgewicht zwischen Geldangebot und Geldnachfrage. Um obige Fragen beantworten zu können, muß also zunächst ein kleiner Ausflug in die Geldtheorie unternommen werden.

Geld hat verschiedene Eigenschaften (Recheneinheit, Transaktionsmittel und Wertaufbewahrungsmittel). Die meisten der obigen Fragen können zufriedenstellend beantwortet werden, wenn man sich auf die Rolle von Geld als Transaktionsmittel beschränkt. Die Nachfrage $M^D$ nach (Bar-) Geld, die mit dem „money-in-utility" Ansatz aus einem Optimierungskalkül von Haushalten hergeleitet werden kann, nimmt dann den folgenden einfachen Zusammenhang an (vgl. hierzu auch Abschnitt 5 im Beitrag „Geldlehre"):

$$M^D = \gamma \frac{pC}{i}. \qquad (1)$$

Umso höher die konsumierte Menge $C$, oder das allgemeine Preisniveau $p$, desto höher die Nachfrage $M^D$ nach Geld. Wenn das Halten von Bargeld zur Folge hat, daß weniger Geld zu einem Zinssatz $i$ angelegt werden kann, dann sinkt die Bargeldnachfrage natürlich, umso höher dieser Zinssatz. Der Parameter $\gamma$ ist konstant und spiegelt Präferenzen der Geldnachfrage wider.

Setzt man die Geldnachfrage gleich dem Geldangebot, $M^D = M$, dann kann dadurch in Verbindung mit den realen Größen der Ökonomie das Preisniveau bestimmt werden,

$$p = \frac{iM}{\gamma C}. \qquad (2)$$

## 2.2 Die (Nicht-) Neutralität des Geldes

Das Gleichgewicht auf dem Geldmarkt und den anderen Märkten (z. B. Gütermarkt und Arbeitsmarkt) führt zu der Identität zwischen der Änderung des Preisniveaus einer Ökonomie (d. h., seiner Inflationsrate $\dot{p}/p$) einerseits und dem Wachstum $\dot{M}/M$ des Geldangebotes und dem Wachstum $\dot{Y}/Y$ des realen Bruttosozialproduktes andererseits (ein Punkt über einer Variablen repräsentiert dabei die Ableitung nach der Zeit). Die Gleichung folgt aus der Ableitung von Gleichung (2) nach der Zeit nach vorherigem Logarithmieren und unter Berücksichtigung der Konstanz des Zinssatzes $i$ und des Parameters $\gamma$.[2]

$$\frac{\dot{p}}{p} = \frac{\dot{M}}{M} - \frac{\dot{Y}}{Y}. \qquad (3)$$

---

[2] Weiter gilt in dem betrachteten Zusammenhang die Gleichheit der Wachstumsrate des Bruttosozialprodukts $Y$ und des Konsumniveaus $C$.

Der Anstieg des Preisniveaus ist gegeben durch die Differenz aus dem Wachstum der Geldmenge und dem Wachstum des Bruttosozialprodukts.

Eine der größten Debatten in der Volkswirtschaftslehre geht nun um die Frage der Neutralität von Geld. Wenn die Geldmenge steigt, d. h., wenn $\dot{M}/M > 0$, ändern sich dann reale Größen in der Ökonomie? Kann zum Beispiel das Wirtschaftswachstum durch eine Ausweitung der Geldmenge angekurbelt werden? Oder hat die Geldmenge keinen Einfluß auf die produzierte Menge und damit auf andere reale Größen?

Eine unter gewissen Vorbehalten weitgehend akzeptierte und theoretisch wie empirisch relativ gut abgesicherte Antwort geht dahin, daß eine Ausweitung der Geldmenge langfristig (d. h., in einem Zeitraum von mehr als fünf Jahren) keine Auswirkungen auf reale Größen und damit auch nicht auf das Wirtschaftswachstum hat. Kurzfristig kann eine Ausweitung der Geldmenge jedoch reale Effekte haben, wenn diese Ausweitung nicht antizpiert wurde, d. h., überraschend kommt, oder wenn die Ausweitung der Geldmenge relativ klein ist (eine Ausweitung der Geldmenge um weniger als 3%).

Langfristig kann also der folgende oft zitierte Zusammenhang aus obiger Identität abgelesen werden: Wenn die Geldmenge schneller steigt als das Bruttosozialprodukt, d. h., wenn $\dot{M}/M > \dot{Y}/Y$, dann führt dies zu einem Anstieg $\dot{p}/p$ des Preisniveaus und hat auf den Anstieg des Bruttosozialprodukts keine Auswirkung.

## 3 Die Determinanten flexibler Kassakurse

Nachdem wir nun also die Grundlagen der Geldtheorie angerissen haben, können wir diese nun verwenden, um die Einflußgrößen der Entwicklung von Wechselkursen zu bestimmen. Betrachten wir jedoch zunächst einige Definitionen.

### 3.1 Definitionen

Bei Wechselkursen muß unterschieden werden zwischen realen (hier nicht betrachteten) und nominalen Wechselkursen.

**Definition 1.** *Unter nominalen Wechselkursen versteht man den Preis der jeweiligen ausländischen Währung ausgedrückt in der inländischen Währung.*

Dies ist der Wechselkurs an den man „üblicherweise" denkt, wenn man von Wechselkursen spricht. Beispiele sind

$$e_{€,\$} = 0,9 \cdot \frac{€}{\$} \quad \text{oder} \quad e_{€,¥} = 8,6 \cdot \frac{€}{1000\,¥}.$$

Weitere oft verwendete Begriffe sind die der Aufwertung oder Abwertung einer Währung.

**Definition 2.** *Von einer Aufwertung einer Währung wird gesprochen, wenn der nominale Wechselkurs sinkt. Entsprechend ist eine Abwertung definiert als ein Ansteigen des nominalen Wechselkurses.*

Am Beispiel des DM-Dollar-Wechselkurses kann man schön die Zeiten der Aufwertung (von 1970 bis 1980) und die Zeiten der Abwertung (von 1980 bis ca. 1985) der DM sehen.

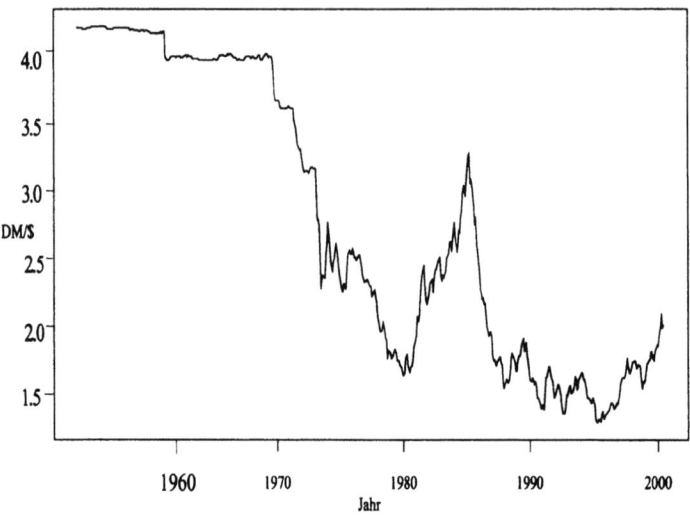

**Abb. 1.** Der Preis eines $ in DM

Man spricht also von einer Aufwertung der DM gegenüber dem Dollar, wenn der DM-Dollar-Wechselkurs sinkt, da weniger DM für einen Dollar gezahlt werden müssen, da also die DM mehr wert wird.

### 3.2 Wechselkurstheorien

Wenden wir uns nun zwei Ansätzen zur Erklärung von Wechselkursen zu.

- Absolute Kaufkraftparität

Der einfachste Ansatz zur Erklärung von Wechselkursen ist die Theorie der absoluten Kaufkraftparität. Diese Theorie besagt, daß der Wechselkurs gegeben ist durch das Verhältnis des inländischen Preisniveaus $p$ zum ausländischen Preisniveau $p^*$

$$e = \frac{p}{p^*}. \qquad (4)$$

Grundlage dieser Theorie ist eine Arbitrageüberlegung: Wenn Güter im Ausland günstiger gekauft werden können als im Inland, d. h., wenn $ep^* < p$, dann würden alle Inländer und alle Ausländer nur im Ausland kaufen. Die inländischen Güter würden nicht verkauft werden. Da dies kein Gleichgewicht sein kann, kann dieser Zusammenhang ($ep^* < p$) nicht gelten. Analog kann man überlegen, daß es kein Gleichgewicht sein kann, wenn der inländische Preis niedriger ist als der ausländische, $ep^* > p$. Somit muß der obige Zusammenhang (4) gelten.

- Relative Kaufkraftparität

Obiges Arbitrageargument funktioniert nur unter der Annahme, daß alle Güter international handelbar sind. Nun gibt es allerdings verschiedene Güter, vor allem im Dienstleistungssektor (das klassische Beispiel ist der Friseur), die international nicht gehandelt werden. Es kann dann leicht gezeigt werden, daß die absolute Kaufkraftparität (4) dann nicht erfüllt ist, wenn einige Güter nicht handelbar sind und wenn sich gleichzeitig Länder in relativen Produktivitäten des Sektors für handelbare und nicht handelbare Güter unterscheiden. In diesem Fall ist jedoch die relative Kaufkraftparität gültig, d. h., die Änderung des Wechselkurses ist gegeben durch die Änderung der Preisniveaus - sprich die Differenz der Inflationsraten im In- und Ausland,

$$\frac{\dot{e}}{e} = \frac{\dot{p}}{p} - \frac{\dot{p}^*}{p^*}. \qquad (5)$$

- Berücksichtigung des Geldmarktgleichgewichts

Wir haben oben gesehen, daß das Preisniveau eines Landes bestimmt wird durch das Geldangebot und die Geldnachfrage (1). Die Inflationsrate (3) eines Landes konnte dann aus dem Gleichgewicht auf dem Geldmarkt hergeleitet werden. Setzt man dieses Ergebnis in den Ausdruck (5) für die relative Kaufkraftparität ein, erhält man die Abwertungsrate eines Landes als die Differenz aus dem relativen Wachstum der Geldmenge und dem relativen Wachstum des Bruttosozialprodukts,

$$\frac{\dot{e}}{e} = \frac{\dot{M}}{M} - \frac{\dot{Y}}{Y} - \left(\frac{\dot{M}^*}{M^*} - \frac{\dot{Y}^*}{Y^*}\right) = \frac{\dot{M}}{M} - \frac{\dot{M}^*}{M^*} - \left(\frac{\dot{Y}}{Y} - \frac{\dot{Y}^*}{Y^*}\right). \qquad (6)$$

Stellt man wieder, wie oben, eine langfristige Betrachtung an, erfolgt eine Abwertung der inländischen Währung, wenn die Differenz aus der Wachstumsrate der inländischen zur ausländischen Geldmenge größer ist als die Differenz der Wachstumsraten des Bruttosozialprodukts.

Als Antwort auf unsere erste Frage kann also festgehalten werden:

**Ergebnis 1** *Wechselkurse sind nach den hier betrachteten Theorien bestimmt durch inländische und ausländische Preisniveaus. Diese sind wiederum bestimmt durch das jeweilige Geldangebot und das Bruttosozialprodukt.*

Eine Änderung von Wechselkursen kann also erklärt werden durch Änderungen der relativen Preisniveaus, die wiederum zurückgeführt werden können auf Änderungen im Geldangebot beziehungsweise auf unterschiedliche Wachstumsraten des Bruttosozialprodukts.[3]

## 4 Die Determinanten flexibler Terminkurse und zukünftiger Kassakurse

Neben den aktuellen Wechselkursen, den Kassakursen, spielen auch die zukünftigen Wechselkurse und die Terminkurse eine große Rolle. Wir werden im Folgenden zwei Ansätze kennenlernen, die gedeckte und die ungedeckte Zinsparität, die uns erlauben, zukünftige (erwartete) Wechselkurse und Terminkurse vorherzusagen.

### 4.1 Gedeckte Zinsparität - Terminkurse

**Definition 3.** *Terminkurse sind Wechselkurse, die zum heutigen Zeitpunkt, z. B. mit einer Bank, für einen zukünftigen Zeitpunkt (und üblicherweise für eine bestimmte Geldmenge) vereinbart werden.*

Ziel eines solchen Termingeschäftes ist z. B. das Absichern gegen Wechselkursrisiken: Wenn eine Firma Güter nach Japan exportiert und weiß, daß sie dafür in zwei Wochen 100 Mio Yen bekommt (ca. 860.000 € zum Wechselkurs am 30. Mai 2002), dann kann die Firma mit einer Bank vereinbaren, daß sie diesen Betrag in zwei Wochen zu einem bestimmten Wechselkurs umtauscht. Dadurch wird ihre Planungssicherheit erhöht, da sie heute schon weiß, wieviel Euro sie in zwei Wochen bekommt. Würde sie nicht ein solches Termingeschäft eingehen, müßte sie zwei Wochen warten und zu dem dann geltenden (und heute unbekannten) Wechselkurs umtauschen.

Der Terminkurs wird durch die gedeckte Zinsparität vorhergesagt. Die gedeckte Zinsparität besagt, daß der Terminkurs $f$ durch den heutigen Wechselkurs $e_t$ und die Zinssätze $i$ und $i^*$ im Inland und im Ausland eindeutig bestimmt ist,

$$f = e_t \frac{1+i}{1+i^*}. \tag{7}$$

Dieser Zusammenhang kann leicht durch ein Arbitrageargument begründet werden: Wenn ein Individuum einen Betrag von $x$ € inländisch zu einem Zinssatz $i^e$ anlegt, dann erhält es nach einer Periode $(1+i^e)\, x$ €,

$$x\,\text{€} \;\rightarrow\; (1+i^e)\, x\,\text{€}. \tag{8}$$

---

[3] Es muß bei dieser Aussage unbedingt berücksichtigt werden, daß hier nur ein sehr flüchtiger Blick auf das Gesamtgebäude der Wechselkurstheorien geworfen wurde. Detailliertere und somit fundiertere Aussagen verlangen nach einem Studium der Volkswirtschaftslehre.

Wenn dasselbe Individuum diesen Betrag am Anfang der Periode in Yen umtauscht, zu dem Zinssatz $i^{¥}$ für Yen anlegt und dann zu einem am Anfang der Periode festgelegten und vertraglich vereinbarten Terminkurs $f$ zurücktauscht, dann verfügt es am Ende der Periode über $(f/e_t) \cdot [1 + i^{¥}] \, x \, €$,

$$x \, € \to e_t^{-1} x \, ¥ \to \left(1 + i^{¥}\right) e_t^{-1} x \, ¥ \to f \left[1 + i^{¥}\right] e_t^{-1} x \, €. \qquad (9)$$

Da nun im allgemeinen vermutet werden kann, daß ein Individuum die Anlagemöglichkeit wählt, die den maximalen Ertrag verspricht, muß der Terminkurs sich so einstellen, daß die beiden Endbeträge die Gleichen sind,

$$\frac{f}{e_t} \left[1 + i^{¥}\right] x = \left(1 + i^{€}\right) x \Leftrightarrow f = e_t \frac{1 + i^{€}}{1 + i^{¥}}.$$

Als zweite Antwort auf unsere erste Frage haben wir somit

**Ergebnis 2** *Der Terminkurs einer Währung ist durch* $f = e_t \cdot (1+i)/(1+i^*)$ *gegeben.*

Eventuell international vorhandene Unterschiede in Zinssätzen werden also durch den Terminkurs so ausgeglichen, daß Investoren indifferent zwischen Geldanlagen im In- und Ausland sind.

Würden wir uns in einer Welt ohne jegliche Unsicherheit befinden, dann wäre der Terminkurs gleich dem zukünftigen Kassakurs. Der Kassakurs würde sich also so entwickeln, daß internationale Zinsunterschiede ausgeglichen werden. In einer Welt mit Unsicherheit (was der tatsächlichen Welt entspricht), ist obige Aussage nur für den Terminkurs gültig. Entscheidend bleibt jedoch, daß der Kassakurs $e_t$ und die Zinssätze $i$ und $i^*$ zum Zeitpunkt des Abschlusses des Termingeschäftes bekannt sind. Das sind sie natürlich, wenn entsprechende Verträge abgeschlossen werden. Eine Aussage zum zukünftigen Kassakurs ist für eine Welt mit Unsicherheit mit Hilfe der ungedeckten Zinsparität möglich.

### 4.2 Ungedeckte Zinsparität - Erwartete zukünftige Kassakurse

In einer Welt mit Unsicherheit sind der zukünftige Kassakurs (und viele andere Variablen) nicht bekannt. Die ungedeckte Zinsparität erlaubt es jedoch, eine Vorhersage des zukünftigen erwarteten Wechselkurses zu formulieren. Die ungedeckte Zinsparität besagt, daß der für Periode $t+1$ erwartete Wechselkurs bestimmt ist durch

$$Ee_{t+1} = e_t \frac{1+i}{1+i^*}. \qquad (10)$$

Auch dieser Zusammenhang ist wie die Begründung zu (7), der gedeckten Zinsparität, *scheinbar* leicht durch folgendes Arbitrageargument einsichtig.

Wenn ein Individuum inländisches Geld anlegt, unterliegt es keinerlei Risiko. Die Auszahlung ist dann genau dieselbe wie im vorherigen Beispiel:

$$x \, \text{€} \;\to\; \left(1 + i^{\,\text{€}}\right) x \, \text{€}. \tag{11}$$

Wenn dasselbe Individuum diesen Betrag am Anfang der Periode in Yen umtauscht, dann zu dem Zinssatz für Yen anlegt und dann zu einem am Anfang der Periode noch nicht bekannten Wechselkurs $e_{t+1}$ zurücktauscht, dann verfügt es am Ende der Periode über $(e_{t+1}/e_t) \cdot [1 + i^{\,¥}] \, x \, \text{€}$,

$$x \, \text{€} \;\to\; e_t^{-1} x \, ¥ \;\to\; \left(1 + i^{\,¥}\right) e_t^{-1} x \, ¥ \;\to\; e_{t+1} \left[1 + i^{\,¥}\right] e_t^{-1} x \, \text{€}. \tag{12}$$

Man sollte nun erwarten, daß ein Individuum die erwartete Auszahlung bei Geldanlage in Japan vergleicht mit der tatsächlichen Auszahlung bei Geldanlage im Inland. Es müßte also für den erwarteten Wechselkurs $Ee_{t+1}$ gelten:

$$Ee_{t+1} = e_t \frac{1 + i^{\,\text{€}}}{1 + i^{\,¥}}.$$

Eine weitere Antwort auf die erste Frage ist somit

**Ergebnis 3** *Der erwartete Wechselkurs ist durch $Ee_{t+1} = e_t \cdot (1+i)/(1+i^*)$ gegeben.*

Bei der Begründung dieses Zusammenhangs sollte allerdings berücksichtigt werden, daß implizit die Annahme der Risikoneutralität (ein Individuum ist indifferent zwischen einer sicheren Auszahlung und einer unsicheren Auszahlung mit einem Erwartungswert, der der Höhe der sicheren Auszahlung entspricht) getroffen wurde. Diese ist so in aller Allgemeinheit nicht erfüllt.

## 5 Wechselkursregime und Wechselkurskrisen

Wir haben uns bisher nur mit flexiblen Wechselkursen beschäftigt. Nun gibt es aber eine Reihe von Ländern, die ihre Wechselkurse zu einer bestimmten anderen Währung oder zu einem Währungskorb konstant halten. Das bekannteste Beispiel ist wohl (vor Einführung der Gemeinschaftswährung) das europäische Währungssystem (EWS). Die folgende Tabelle (vgl. [3]) gibt die Anzahl der Länder an, die 1998 ein bestimmtes Wechselkurssystem verfolgen, sowie die Währung, auf die sich der Wechselkurs bezieht. Zu anderen Zeitpunkten als 1998 gab es natürlich nicht in allen Ländern die gleichen Wechselkursregime (vgl. [2]). SZR sind Sonderziehungsrechte des Internationalen Währungsfonds.

| Fester Wechselkurs gegenüber | | Beschränkt flexibler Wechselkurs | Flexibler Wechselkurs | |
|---|---|---|---|---|
| einer Währung | mehreren Währungen | | beeinflußt „managed floating" | frei „independent floating" |
| US $ 22 | SZR 4 | 13 (EWS) | 55 | 46 |
| Franz. Franc 15 | Sonstige 14 | 4 (Sonstige) | | |
| Sonstige 11 | | | | |

Wir untersuchen im Folgenden die Funktionsweise fester Wechselkurse. Dadurch wird die Wechselkurspolitik einer großen Gruppe von Ländern abgebildet. Anschließend beschäftigen wir uns mit Wechselkurskrisen und lernen zwei Erklärungsansätze dafür kennen.

## 5.1 Feste Wechselkurse

• Theoretischer Mechanismus

Hat man die Determinanten flexibler Wechselkurse verstanden, dann ist es auch nicht schwer, den theoretischen Mechanismus zur Stabilisierung von Wechselkursen zu verstehen. Die Änderung des Wechselkurses war durch Gleichung (5) gegeben,

$$\frac{\dot{e}}{e} = \frac{\dot{p}}{p} - \frac{\dot{p}^*}{p^*}.$$

Ein Wechselkurs ist also dann stabil, $\dot{e}/e = 0$, wenn die inländische Inflationsrate gleich der ausländischen Inflationsrate ist, $\dot{p}/p = \dot{p}^*/p^*$. Dies wiederum verlangt nach (6) eine entsprechende Entwicklung der inländischen Geldmenge in Abhängigkeit von der ausländischen Geldmenge und der Differenz aus den Wachstumsraten des Bruttosozialprodukts,

$$\frac{\dot{e}}{e} = 0 \Leftrightarrow \frac{\dot{p}}{p} = \frac{\dot{p}^*}{p^*} \Leftrightarrow \frac{\dot{M}}{M} = \frac{\dot{M}^*}{M^*} + \left(\frac{\dot{Y}}{Y} - \frac{\dot{Y}^*}{Y^*}\right). \quad (13)$$

Dies ist ein wichtiges Ergebnis: Entweder kann die Geldmenge frei gewählt werden und der Wechselkurs einer Ökonomie paßt sich entsprechend an, ist also flexibel, oder der Wechselkurs kann frei gewählt werden (kann also wie hier auch fix sein) und die Geldmenge paßt sich entsprechend an. In letzterem Fall ist die Geldmenge also endogen bestimmt.

• Praktische Umsetzung

Die praktische Umsetzung der Einhaltung eines fixen Wechselkurses erfolgt auf einfachere Weise, als dies vielleicht aus obigem Zusammenhang möglich erscheint. Alles was wirklich notwendig ist, ist die Zusicherung der Zentralbank, die ausländische Währung zu dem festgesetzten Wechselkurs umzutauschen. Damit ist ausgeschlossen (auf Grund von Arbitrageüberlegungen), daß irgendein anderer Wechselkurs von einer Geschäftsbank oder jemand anderem gezahlt wird. Es ist also nicht notwendig, daß die Zentralbank jederzeit informiert ist über Wachstumsraten inländischer und ausländischer Bruttosozialprodukte oder inländischer und ausländischer Geldmengen, wie dies auf Grund von Gleichung (13) vermutet werden könnte.

**Ergebnis 4** *Aus den Determinanten flexibler Wechselkurse folgen die Bedingungen für feste Wechselkurse: Die inländische Geldmenge in (13) muß sich* *entsprechend der Entwicklung der ausländischen Geldmenge und den Entwicklungen der jeweiligen Bruttosozialprodukte anpassen.*

*Die praktische Umsetzung eines festen Wechselkurses erfolgt durch eine Garantie der Zentralbank, die inländische Währung zu dem jeweiligen festgesetzten Wechselkurs aufzukaufen.*

### 5.2 Wechselkurskrisen

Wechselkurskrisen spielen immer wieder eine große Rolle in der wirtschaftlichen Entwicklung eines Landes. Wie in der Einleitung erwähnt, ist dies nicht nur für Entwicklungsländer der Fall, sondern auch für Industrieländer.

Unter einer Wechselkurskrise soll hier verstanden werden, daß ein System fester Wechselkurse nicht aufrechterhalten werden kann und ein Land aus ökonomischen Gründen gezwungen wird, ein System flexibler Wechselkurse zu akzeptieren.

Es gibt mehrere Ansätze zur Erklärung von Wechselkurskrisen. Ein Ansatz sieht als Verursacher der Krise eine widersprüchliche Wirtschaftspolitik der Regierung (vgl. [5]). Ein anderer Ansatz betont die Fragilität und die Möglichkeit eines Zusammenbruchs von Kapitalmärkten als Auslöser einer solchen Krise.

**Widersprüche in der Wirtschaftspolitik**

Nehmen wir an, ein Land verfolgt eine Politik des festen Wechselkurses. Wie oben in (13) gesehen, verlangt dies nach einer bestimmten Entwicklung der Geldmenge. Nehmen wir der Einfachheit halber an, das inländische und ausländische Bruttosozialprodukt wachse mit den gleichen Raten und die ausländische Geldmenge sei konstant. Dann muß auch die inländische Geldmenge konstant sein, damit der Wechselkurs konstant gehalten werden kann.

Das Land verfolgt als zweite Politik eine expansive Fiskalpolitik, d. h., das Budget der Regierung weist ein Defizit auf. Dieses Defizit wird finanziert durch die Ausgabe von Wertpapieren, die von der Zentralbank aufgekauft werden (dies ist eine vereinfachende, jedoch unwesentliche Annahme).[4] Da die Zentralbank diese Wertpapiere nicht mit Geld bezahlen kann (sonst würde die Geldmenge steigen, was die Politik des festen Wechselkurses zunichte machen würde), muß sie dafür die Währungsreserven verwenden. Das Budgetdefizit der Regierung führt also zu einem beständigen Abbau der Währungsreserven.

Wird die expansive Fiskalpolitik beibehalten, führt dies zwangsläufig eines Tages zu einem Aufbrauch aller Währungsreserven. Von diesem Zeitpunkt an kann natürlich der Wechselkurs nicht mehr fixiert werden, da bei gleichbleibendem Budgetdefizit nun die Wertpapiere der Regierung von der Zentralbank durch Geld aufgekauft werden und somit die Geldmenge steigt. Es ist also bei

---
[4] In fast allen Industrieländern ist ein direkter Ankauf von Schuldverschreibungen des Staates durch die Zentralbank gesetzlich verboten.

einer solchen Widersprüchlichkeit in der Wirtschaftspolitik bereits abzusehen, daß eines Tages das System fester Wechselkurse nicht aufrechterhalten werden kann.

Interessanterweise kann nun gezeigt werden, daß der Zeitpunkt der Wechselkurskrise vor dem Zeitpunkt liegt, an dem das Budgetdefizit die Währungsreserven „aufgefressen" hat. Bevor dieser Punkt erreicht wird, werden zu einem bestimmten früheren Zeitpunkt private Investoren ihr inländisches Geld in ausländische Devisen umtauschen. Dadurch werden die Währungsreserven schlagartig auf Null reduziert. Zu diesem Zeitpunkt endet dann das System fixer Wechselkurse und der Wechselkurs ist flexibel.

Somit haben wir eine erste Antwort auf unsere zweite Frage erhalten.

### Die Fragilität von Kapitalmärkten

Ein anderer Ansatz startet von der Möglichkeit asymmetrischer Information. Geht man nicht wie in üblichen Modellen von vollständiger Information aller Marktteilnehmer aus, sondern trifft die durchaus realistische Annahme, daß Investoren (z. B. Unternehmer) besser über die Erfolgsaussicht ihres Projektes informiert sind als die Geldgeber (z. B. Banken), kann das Gleichgewicht auf dem Kreditmarkt wie folgt dargestellt werden.

- Der Kreditmarkt

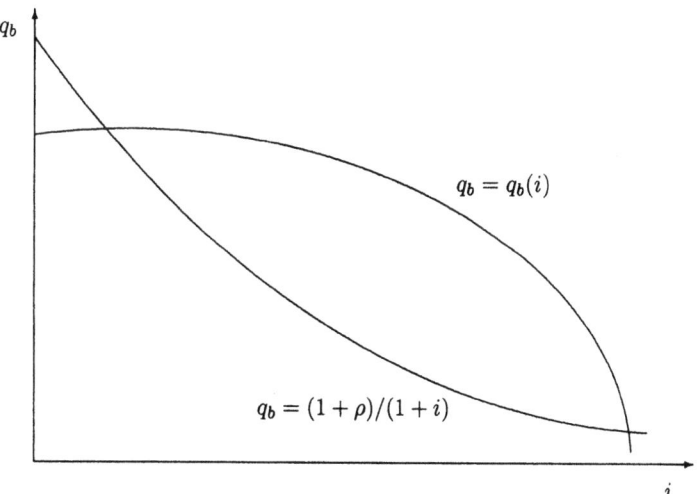

**Abb. 2.** Der Kreditmarkt

Auf der horizontalen Achse ist der Zinssatz $i$ für Kredite von Banken an Unternehmer aufgetragen. Die vertikale Achse zeigt die Wahrscheinlichkeit $q_b$, mit der Banken erwarten, daß sie einen an Unternehmer vergebenen Kredit auch tatsächlich zurückbekommen. Letzteres ist nicht selbstverständlich, da Unternehmer auch durchaus Bankrott gehen können und dann der Bank nichts zurückzahlen.

Die mit $q_b = q_b(i)$ gekennzeichnete Kurve stellt den Zusammenhang zwischen dem gleichgewichtigen Zinssatz $i$ und der (von den Banken wahrgenommen) Rückzahlungswahrscheinlichkeit $q_b$ dar. Da sich zeigen läßt, daß nur Unternehmer mit einer ausreichend *niedrigen* Erfolgswahrscheinlichkeit einen Kredit von den Banken nachfragen, sinkt die Wahrscheinlichkeit auf Rückzahlung, je höher der Kreditzins $i$ ist: Ein höherer Zins schreckt potentielle Kreditnehmer ab und zwar eben zuerst solche, die eine relativ hohe Erfolgswahrscheinlichkeit haben. Somit bleiben bei steigenden Kreditzinsen immer weniger Kreditnehmer übrig, die im Schnitt über eine immer geringere Erfolgswahrscheinlichkeit für ihre Projekte verfügen.

Die zweite Kurve spiegelt das optimale Verhalten der Banken wider: Banken, die ihr Geld entweder einem Unternehmer verleihen, oder es zu einem risikolosen Zins $\rho$ anlegen können, sind indifferent zwischen diesen zwei Möglichkeiten, wenn die wahrgenommene Wahrscheinlichkeit $q_b$ gegeben ist durch das Verhältnis der Bruttorenditen, $q_b = (1 + \rho)/(1 + i)$. Der Verlauf dieser Kurve ist leicht aus diesem funktionalen Zusammenhang erkennbar.

Auf der obigen Abbildung sind nun zwei Schnittpunkte erkennbar, d. h., zwei potentielle Gleichgewichte. Der Schnittpunkt weiter rechts kann kein Gleichgewicht sein, da es Banken im anderen Schnittpunkt möglich wäre, zu einem niedrigeren Zinssatz Kredite anzubieten, gleichzeitig aber eine höhere Aussicht auf Rückzahlung haben. Somit ist der linke Schnittpunkt das Gleichgewicht. Zu dem dazu gehörigen Zinssatz $i$ verleihen Banken Kredite an Investoren.

- Währungskrisen

Zu einer Währungskrise kommt es nun auf indirekte Weise: Wenn es Banken lukrativ erscheint, ihr Geld in die risikolose Anlage zu investieren, dann kann es sein, daß Investoren keine Kredite mehr zur Verfügung gestellt bekommen. Dies ist in obiger Abbildung nicht der Fall, ein Gleichgewicht wurde mit dem linken Schnittpunkt identifiziert. Nimmt man nun aber an, daß der risikolose Zinssatz $\rho$ steigt, dann verschiebt sich die Indifferenzkurve der Banken nach rechts oben. Irgendwann ist kein Schnittpunkt mehr vorhanden, es gibt keinen gleichgewichtigen Zinssatz auf diesem Kapitalmarkt und es kommt somit zu keiner Vergabe von Krediten - der Kreditmarkt „bricht zusammen".

Als Folge des Zusammenbruchs des Kreditmarktes kommt es dann zu einer allgemeinen Rezession in der betrachteten Ökonomie. Das Absinken der produzierten Menge führt bei unverändertem Geldangebot zu einem Anstieg des Preisniveaus und damit zu einer Abwertung der Währung. Die Wechselkurskrise hat stattgefunden.

Dies ist eine zweite mögliche Antwort auf unsere zweite Frage.

### Die Aufgaben für Volkswirte

Was tun? Wir haben nun zwei verschiedene Theorien kennengelernt, die Währungskrisen erklären können. Wozu sind diese Theorien nun gut? Diese Theorien erlauben es prinzipiell, wirtschaftspolitische Empfehlungen zu geben. Dies kann allerdings erst dann verantwortungsvoll erfolgen, wenn identifiziert wurde, welche dieser Theorien auf eine gegebene Situation anwendbar ist. Die Aufgabe von Volkswirten oder Wirtschaftspolitikern ist es deswegen, aus den möglichen Antworten auf die Ursache von Wechselkurskrisen die richtige herauszufinden. Dann kann entsprechend auf eine Wechselkurskrise reagiert werden und mögliche nachteilige Effekte wie Rezessionen können verhindert oder zumindestens abgemildert werden.

**Ergebnis 5** *Wechselkurskrisen können durch zwei verschiedene Mechanismen verursacht werden*[5]*: Entweder eine in sich nicht konsistente Wirtschaftspolitik der Regierung oder ein „Zusammenbruch" der Kapitalmärkte.*

# 6 Zusammenfassung

Dieser Beitrag hat verschiedene Determinanten von aktuellen und zukünftigen Wechselkursen vorgestellt. Ein Verständnis dieser Determinanten hat es erlaubt, den Mechanismus hinter festen Wechselkursen zu verdeutlichen. Wenn flexible Wechselkurse durch den Unterschied der inländischen und der ausländischen Inflationsrate determiniert werden, können feste Wechselkurse nur aufrechterhalten werden, wenn die inländische Inflationsrate der ausländischen gleicht.

Die Wirtschaftsgeschichte hat gezeigt, daß es immer wieder zu unbeabsichtigten starken Abwertungen einer Währung, sprich zu Wechselkurskrisen, kommt. Dies kann sowohl auf eine widersprüchliche Wirtschaftspolitik, als auch auf schnelle Kapitalabflüsse zurückgeführt werden. Aufgabe der Forschung ist es herauszufinden, welche dieser Erklärungen auf tatsächliche Vorkommnisse anwendbar sind, bzw. wie neue Erklärungen lauten könnten.

# Literaturverzeichnis

1. Bordo MD, Schwartz AJ (1996) Why clashes between internal and external stability goals end in currency crises, 1797 - 1994. Open Economies Review 7:7–38
2. Bordo MD, Schwartz AJ (1999) Policy regimes and economic performance: the historical record. Handbook of Macroeconomics 1a: ch. 3. North-Holland, Amsterdam
3. IWF (Internationaler Währungsfond) (1998) Exchange arrangements and exchange restrictions. Annual Report 1998
4. IWF (Internationaler Währungsfond) (1999) International financial contagion. World Economic Outlook, May 1999:66–87.
5. Krugman P (1979) A model of balance-of-payments crises. Journal of Money, Credit and Banking 11:311–325

---

[5] Die Literatur bietet weitere hier nicht behandelte Ansätze an.

# Wachstum

Klaus Wälde

Technische Universität Dresden, Fakultät Wirtschaftswissenschaften, Professor für VWL, insbes. Internationale Wirtschaftsbeziehungen
(waelde@iwb-dresden.de)

## 1 Armut und Reichtum in der Welt

### 1.1 Das Bruttosozialprodukt pro Kopf

Ein auffälliges Phänomen unserer Welt ist der enorme Unterschied im Bruttosozialprodukt pro Kopf zwischen einzelnen Volkswirtschaften. Es gibt einige reiche und viele arme Länder. Einen Überblick bietet das folgende Histogramm:

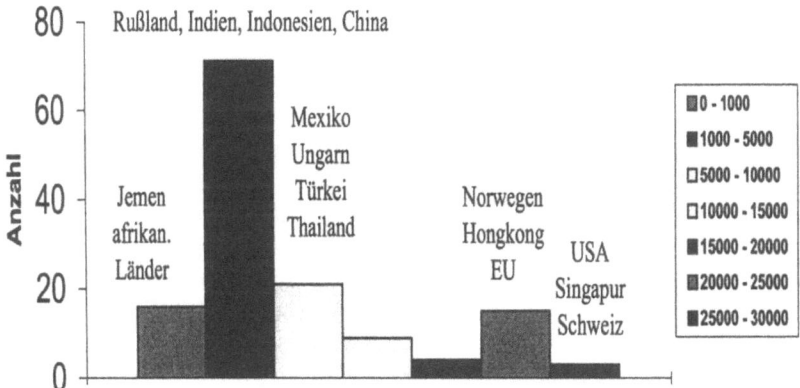

**Abb. 1.** Das Bruttoinlandsprodukt pro Kopf 1997 in US-$ (Quelle: World Development Indicators, Weltbank)

Die horizontale Achse zeigt das Bruttosozialprodukt pro Kopf im Jahr 1997 in US-$, aufgeteilt nach den Bereichen 0 bis 1000, 1001 bis 5000, etc. Auf der vertikalen Achse ist die Anzahl der Länder aufgetragen, deren Bruttosozialprodukt pro Kopf in den jeweiligen Bereich fällt. So gibt es drei Länder, deren Bruttosozialprodukt über 25.000 US-$ liegt und 71 Länder, deren Bruttosozialprodukt zwischen 1000 und 5000 US-$ liegt. Das Histogramm enthält ebenfalls Beispielländer aus den jeweiligen Gruppen.

Vergleicht man ein armes mit einem reichen Land, findet man beispielsweise, daß das jährliche Bruttosozialprodukt pro Kopf in der Bundesrepublik Deutschland 51 mal so hoch wie das jährliche Bruttosozialprodukt pro Kopf in Sierra Leone, einem westafrikanischen Land, dem ärmsten Land (in dieser Stichprobe und zu diesem Zeitpunkt). Das Bruttosozialprodukt pro Kopf der Vereinigten Staaten (dem reichsten Land in dieser und auch in anderen Stichproben) ist 1,36 mal so hoch wie das Bruttosozialprodukt pro Kopf in der Bundesrepublik.

Es sei betont, daß Abbildung 1 einen Vergleich der gemessenen Bruttosozialprodukte pro Kopf anstellt. Eine bekannte Studie der Vereinten Nationen (Human Development Report) zeigt regelmäßig, daß aus der wirtschaftlichen Aktivität nicht unbedingt individuelles Wohlergehen folgt. Betrachtet man einen Index, der Bruttosozialprodukt pro Kopf, Lebenserwartung, durchschnittliches Ausbildungsniveau und andere Größen beinhaltet, ändert sich die Reihenfolge dieser Länder.

## 1.2 Wachstumsraten des Bruttosozialprodukts pro Kopf

Ein ähnlich auffälliges Phänomen ist ein, zumindest für Industrieländer, beständig steigendes Bruttosozialprodukt. Betrachtet man das Bruttosozialprodukt der G7-Länder (England, Frankreich, Deutschland, Italien, Japan, USA und Kanada), die ökonomisch führenden Länder dieser Erde, dann beobachtet man, daß dieses von 1960 bis 1997 um zwischen 1% für Großbritannien und 2,9% für Kanada pro Jahr real gewachsen ist. Abbildung 2 zeigt die Entwicklung des Bruttosozialprodukts für die Vereinigten Staaten, Deutschland, Kanada und Großbritannien. Das Bruttosozialprodukt wurde für alle Länder 1960 auf 100 gesetzt, da dies einen Vergleich der Wachstumsraten vereinfacht.

Die Wachstumsraten der Industrieländer liegen im Mittelfeld, wenn man sie mit Wachstumsraten von Entwicklungsländern vergleicht. Während im gleichen Zeitraum die Wachstumsrate für Botswana (6,2%) und Singapur (6,1%) am höchsten war, lag sie für industrialisierte Länder zwischen 1% und 3%. Für einige Länder war sie sogar negativ (im wesentlichen für afrikanische Länder), teilweise bis zu -2%. In diesem Fall sinkt das Bruttoinlandsprodukt pro Kopf jedes Jahr.

## 1.3 Ziel des Beitrags

Dieser Beitrag soll einen Einblick geben, wie diese Phänomene untersucht werden und welche Erklärungen ausgearbeitet wurden. Auf Grund des einführenden Charakters dieses Lehrbuches kann hier nur ein minimaler Ausschnitt der Literatur dargestellt werden. Wir werden also im Folgenden fragen, wieso manche Länder reicher *sind* als andere. Die sich daran anschließende Frage lautet, wieso manche Länder schneller wachsen, also reicher *werden* als andere.

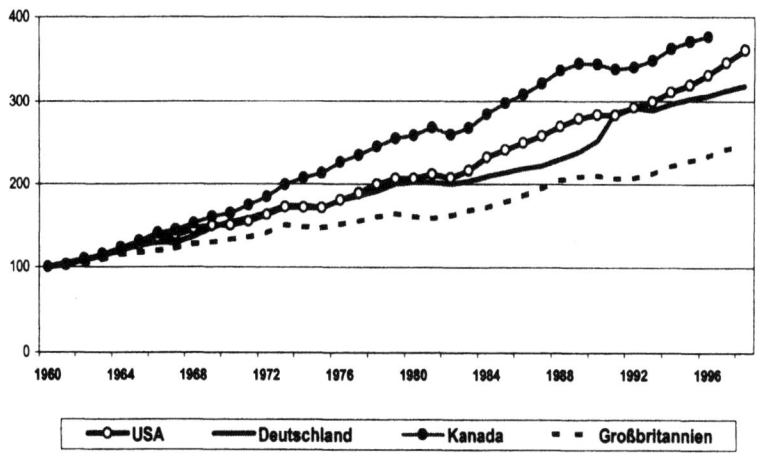

**Abb. 2.** Das Bruttosozialprodukt in konstanten Preisen (1960=100) in Landeswährung (Quelle: National Accounts, OECD)

## 2 Warum sind manche Länder reicher als andere?

### 2.1 Ausgangspunkt

Ausgangspunkt aller Überlegungen ist der Produktionsprozeß von Gütern. Es wird angenommen, daß die Menge $Y$ aller (pro Zeiteinheit, z. B. pro Jahr) produzierten Güter und Dienstleistungen bestimmt wird durch eine Produktionsfunktion

$$Y = Y(K, hL).$$

Diese gibt an, wieviel in einem Land hergestellt wird, wenn die zur Verfügung stehenden Produktionsfaktoren einem Kapitalbestand von $K$ und einem effektiven Arbeitsbestand von $hL$ entsprechen. Dabei wird unter dem Kapitalbestand entweder die Anzahl von Produktionseinheiten (Maschinen) verstanden, oder der Wert aller Produktionseinheiten. Der effektive Arbeitsbestand ergibt sich aus dem Produkt der Anzahl der Arbeitnehmer $L$ und der Produktivität $h$. Hinter dieser Produktivität steht die Überlegung, daß ein Arbeitnehmer umso produktiver ist, umso mehr er in der Schule, als Lehrling, auf der Universität, oder während des Arbeitslebens gelernt hat.

Im Gegensatz zu den Beiträgen „Reale Außenwirtschaft" und „Monetäre Außenwirtschaft" wird hier der Arbeitseinsatz nicht in gearbeiteten Stunden pro Tag sondern in Anzahl der beschäftigten Arbeitnehmer pro Tag erfaßt.

Dies ist äquivalent und verlangt nur nach einer anderen Messung der Faktorproduktivität $A$.

Das einfachste Beispiel für eine solche Produktionsfunktion ist die Produktionsfunktion von Cobb und Douglas:

$$Y = AK^\alpha (hL)^{1-\alpha}. \qquad (1)$$

Hier gibt der konstante Parameter $0 < \alpha < 1$ die Produktionselastizität von Kapital an: Wenn der Bestand an Kapital um 1% steigt, dann steigt die produzierte Menge $Y$ um $\alpha$%. Weiter gibt die Konstante $A$ die totale Faktorproduktivität an. Diese Größe läßt sich am einfachsten anhand einer noch einfacheren Produktionsfunktion veranschaulichen (diese Produktionsfunktion ergibt sich als Spezialfall von (1) für $\alpha = 0$ und $h = 1$)

$$Y = AL. \qquad (2)$$

Wenn $Y$ gemessen wird in Stück pro Jahr und der Arbeitseinsatz in Anzahl der beschäftigten Arbeitnehmer pro Jahr, dann ist die Produktivität definiert als Stück pro Arbeitnehmer. Im allgemeinen Fall (1) gibt die totale Faktorproduktivität an, wieviel Stück pro insgesamt eingesetzten Produktionsfaktoren produziert werden. Man kann mit ihr technologische, wie auch institutionelle Aspekte (etwa Rechtssicherheit) verbinden.

## 2.2 Das Bruttosozialprodukt pro Kopf

Mit dem Hilfsmittel der Produktionsfunktion (1) kann nun eine erste Antwort gegeben werden auf die Frage, wieso manche Länder reicher sind als andere. Berechnet man das Bruttosozialprodukt pro Kopf, erhält man

$$\frac{Y}{L} = \frac{AK^\alpha (hL)^{1-\alpha}}{L} = \frac{AK^\alpha h^{1-\alpha}}{L^\alpha}. \qquad (3)$$

Ein Land, das über eine hohe Faktorproduktivität $A$, viel Kapital $K$, oder gut ausgebildete Arbeitnehmer verfügt (hohes $h$), hat *ceteris paribus* ein hohes Pro-Kopf-Einkommen. Die Anzahl der Arbeitnehmer wird hier der Anzahl der Einwohner gleichgesetzt.

In gewisser Weise sind diese Ergebnisse trivial, werden hier aber dennoch als erstes Ergebnis zusammengefaßt:

**Ergebnis 1** *Wenn ein Land über viele Produktionsanlagen verfügt, oder wenn die Arbeitnehmer sehr produktiv sind, oder wenn insgesamt die Faktorproduktivität hoch ist, dann verfügt ein solches Land über ein hohes Pro-Kopf-Einkommen.*

Das Pro-Kopf-Einkommen (3) sinkt, wenn bei gleichem Faktoreinsatz (konstantes $A$, $K$ und $h$) die Anzahl der Arbeitnehmer steigt. Dies ist eine Folge der abnehmenden Grenzerträge von Arbeit ($1 - \alpha < 1$): Die produzierte Menge (1) steigt unterproportional, die Anzahl von Individuen allerdings linear.

## 2.3 Neue Fragen

Würde man die obige Antwort tatsächlich als Antwort auf die Frage dieses Beitrags akzeptieren, käme dies einer Tautologie sehr nahe: Das Pro-Kopf-Einkommen eines Landes ist niedrig, weil es über wenig Kapital verfügt; es „kommt wenig heraus", weil wenig „reingesteckt" wird.

Um einer zufriedenstellenden Antwort näher zu kommen, ist es also notwendig, sich Gedanken zu machen, warum einige Länder über mehr Kapital, eine bessere Technologie, oder besser ausgebildete Individuen verfügen. Man muß sich also überlegen, wie z. B. Kapital entsteht oder wo bessere Technologien herkommen und die Determinanten dieser Prozesse verstehen. Da es sich bei diesen Prozessen um Investitionsprozesse handelt, geht es nicht mehr darum, Aspekte einer Ökonomie zu einem bestimmten Zeitpunkt zu verstehen, sondern die Entwicklung einer Ökonomie über die Zeit zu analysieren. Die ursprüngliche statische Frage, warum es arme und reiche Länder gibt, muß also ersetzt werden durch eine dynamische Frage, warum manche Länder schneller oder länger wachsen und mehr investieren als andere.

# 3 Warum werden manche Länder reicher als andere?

Ausgangspunkt aller Überlegungen zur Erklärung dieser Unterschiede ist auch hier eine Produktionsfunktion. Nehmen wir die obige Produktionsfunktion (1), dann impliziert diese[1]

$$\frac{\dot{Y}}{Y} = \frac{\dot{A}}{A} + \alpha \frac{\dot{K}}{K} + (1-\alpha)\left(\frac{\dot{h}}{h} + \frac{\dot{L}}{L}\right).$$

Die Wachstumsrate $\dot{Y}/Y$ des Bruttosozialprodukts ist die (gewichtete) Summe des technologischen Fortschritts, d. h., der Wachstumsrate $\dot{A}/A$ der totalen Faktorproduktivität, der Wachstumsrate $\dot{K}/K$ des Kapitalbestandes, d. h., der Nettoinvestitionen zu diesem Zeitpunkt, der Wachstumsrate $\dot{h}/h$ der individuellen Produktivität und des Wachstums $\dot{L}/L$ der Anzahl der Arbeitnehmer. Um also verstehen zu können, warum sich die Wachstumsraten $\dot{Y}/Y$ international unterscheiden, muß verstanden werden, wieso sich die Wachstumsraten auf der rechten Seite dieser Identität unterscheiden.

## 3.1 Ein einfaches Modell

Die einfachste Ursache für unterschiedliche Wachstumsraten läßt sich bereits veranschaulichen, wenn nur der Kapitalbestand sich ändern kann. Nehmen

---

[1] Wenden Sie auf beiden Seiten von (1) den Logarithmus an und differenzieren Sie nach der Zeit. Der Punkt über einer Variablen repräsentiert die Ableitung nach der Zeit, $\dot{x} = dx/dt$. Diese Gleichung ist am einfachsten lesbar, wenn man sich unter einer Größe $\dot{A}/A$ einfach die Wachstumsrate von $A$ vorstellt und genauso für andere Variablen.

wir also im Folgenden an, daß das Technologieniveau $A$, die individuelle Produktivität $h$ und auch die Anzahl der Arbeitnehmer $L$ konstant sind. Dies ist eine vereinfachte Version des Modells von Solow (vgl. [3]), dem Begründer der modernen Wachstumstheorie.

Die Änderung $\dot{K}$ des Kapitalbestandes ist abhängig von den Investitionen $I$ und dem Verschleiß $\delta K$:

$$\dot{K} = I - \delta K. \tag{4}$$

Wenn die Investitionen hoch sind, steigt auch der Kapitalbestand schnell an. Gleichzeitig sinkt der Kapitalbestand durch den Verschleiß, da pro Periode ein bestimmter Anteil der verwendeten Produktionsmaschinen auf Grund von Alterungsprozessen ausgesondert werden muß. (Die Festplatte eines 486er Rechners bricht zusammen unter Windows NT und der Rechner wandert in den Müll, $-\delta K$. Gleichzeitig erhöhte sich der Kapitalbestand durch Ankauf $I$ eines neuen Pentium Rechners.)

Nehmen wir der Einfachheit halber an, daß in einer Volkswirtschaft immer ein konstanter Anteil $s$ des Bruttosozialprodukts gespart wird. Dieser Anteil wird als Sparquote der Ökonomie bezeichnet.[2] Da sich in einer geschlossenen Ökonomie Investitionen und Ersparnis gleichen (vgl. auch Abschnitt 1.1 des Beitrags „Makroökonomisches Gleichgewicht"), sind die Investitionen aus Gleichung (4) bestimmt durch

$$I = sY.$$

Somit ändert sich der Kapitalbestand in der Ökonomie dann wie

$$\dot{K} = sY - \delta K. \tag{5}$$

Nimmt man nun die Produktionsfunktion (1), vereinfacht diese aber durch Setzen von $A = 1$ und $h = 1$ zu $Y = K^\alpha L^{1-\alpha}$, dann erhält man für die Entwicklung von Kapital

$$\dot{K} = sK^\alpha L^{1-\alpha} - \delta K. \tag{6}$$

Mit dieser Gleichung kann man nun Aussagen treffen, wieso manche Länder schneller wachsen als andere, aber auch, wieso manche Länder reicher sind als andere.

### 3.2 Eine graphische Analyse der kurzen Frist

Schreibt man die Bewegungsgleichung für Kapital so um, daß man Wachstumsraten für Kapital bekommt (Teilen von Gleichung (6) durch $K$):

$$\frac{\dot{K}}{K} = s \left( \frac{L}{K} \right)^{1-\alpha} - \delta, \tag{7}$$

---

[2] Die Sparquoten liegen in der BRD zwischen 1960 und 2001 bei 20 - 25 %. International liegen sie zwischen 5 % und bis zu 40 %.

so läßt sich die Geschwindigkeit des Wachstums einer Ökonomie graphisch veranschaulichen (vgl. Abbildung 3).

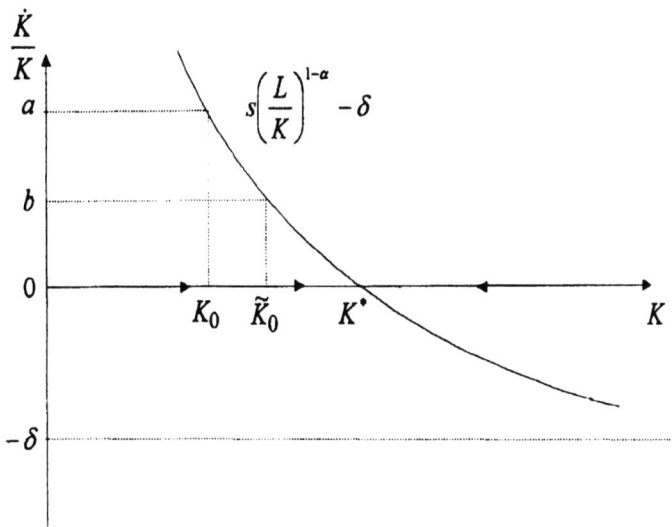

**Abb. 3.** Die Wachstumsrate $\dot{K}/K$ des Kapitalbestandes in Abhängigkeit vom Kapitalbestand $K$

Die horizontale Achse in Abbildung 3 zeigt den Kapitalbestand $K$ der Ökonomie. Auf der vertikalen Achse ist dessen Wachstumsrate aufgetragen. Diese Wachstumsrate ist wegen Gleichung (7) eine fallende Funktion des Kapitalbestandes. Wird der Kapitalbestand zu groß, wird der erste Term in (7) relativ klein, so daß die Kurve im Negativen verläuft. Für ein immer größer werdendes $K$ nähert sich die Kurve $-\delta$ an.

Wenn eine Ökonomie über relativ wenig Kapital $K_0$ verfügt, dann ist die Wachstumsrate von Kapital und damit des Bruttosozialprodukts hoch (Punkt $a$ in Abbildung 3). Der Kapitalbestand steigt also, $K$ auf der Achse bewegt sich nach rechts, wie durch die Pfeile angedeutet. Verfügt sie über etwas mehr Kapital $\tilde{K}_0$, dann ist die Wachstumsrate mit $b$ niedriger. Läge der Kapitalbestand rechts von $K^*$, wäre die Wachstumsrate negativ und der Kapitalbestand würde sinken, wie durch den Pfeil gekennzeichnet. Das führt soweit, daß eine Ökonomie, die über einen Kapitalbestand von $K^*$ verfügt, gar nicht mehr wächst. Dies ergibt:

**Ergebnis 2** *Eine Investition eines konstanten Anteils $s$ des Bruttosozialprodukts $Y$ führt zu einem schnellen Anstieg des Kapitalbestandes, wenn der Kapitalbestand niedrig ist und zu einem langsamen Anstieg, wenn der Kapitalbestand höher ist.*

Was bedeutet dieser Zusammenhang? Die Ökonomie produziert unter abnehmenden Grenzerträgen des akkumulierbaren Faktors Kapital ($\alpha < 1$), d. h., eine zusätzliche Einheit an Kapital führt zwar zu einem Anstieg der produzierten Menge, aber nur zu einem unterproportionalen: Eine Erhöhung des Faktoreinsatzes von Kapital um 1% führt zu einer Erhöhung der produzierten Menge um $\alpha$%, d. h., weniger als ein Prozent. Ökonomisch ausgedrückt heißt das, daß es bei einem geringen Kapitalbestand und somit hoher Grenzproduktivität zu einem schnellen Anstieg und bei hohem Kapitalbestand und damit geringerem Grenzprodukt zu einem langsamen Anstieg kommt. Somit konnte also eine Antwort auf die Frage gegeben werden, wieso Länder unterschiedlich schnell wachsen.

Die Bewegung hin zu diesem identischen Verhältnis (vertreten durch $K^*$ in der obigen Abbildung) wird als Konvergenzprozeß bezeichnet. Dies wird als das kurzfristige Verhalten der Ökonomie bezeichnet, da der Konvergenzprozeß nach „relativ kurzer Zeit" abgeschlossen sein sollte. Das langfristige Verhalten der Ökonomie ist gekennzeichnet durch einen konstanten Kapitalbestand $K^*$.[3]

## 3.3 Bedingte und unbedingte Konvergenz in der langen Frist

**Konvergenz**

Abbildung 3 zeigt, daß es einen Punkt gibt, ab dem unsere Modellökonomie nicht mehr wächst. Dieser Punkt folgt aus (7) und ist formal gegeben durch

$$\frac{\dot{K}}{K} = 0 \Leftrightarrow s\left(\frac{L}{K}\right)^{1-\alpha} = \delta.$$

Diese Gleichheit bedeutet nichts anderes, als daß die Investitionen pro Zeitpunkt genau so hoch sind wie die Abschreibungen. Es werden also nur Ersatzinvestitionen getätigt. Damit ist der Kapitalbestand der Ökonomie konstant und somit ebenfalls das Bruttosozialprodukt. Er läßt sich durch einfaches Umformen der obigen Gleichung bestimmen als

$$\frac{K^*}{L} = \left(\frac{s}{\delta}\right)^{1/(1-\alpha)}. \tag{8}$$

Dieses Ergebnis impliziert, daß alle Ökonomien mit identischer Struktur (gleiche Sparquote $s$, Verschleißrate $\delta$ und Technologieparameter $\alpha$) langfristig über ein identisches Verhältnis $K/L$ von Kapital zu Arbeitnehmer und somit gleiches Bruttosozialprodukt pro Kopf verfügen. Oder anders ausgedrückt:

**Ergebnis 3** *Der Reichtum $K$ pro Arbeitnehmer $L$ ist bei gleichen technologischen und institutionellen Rahmenbedingungen (u. a. gleiche Sparquote $s$) langfristig international identisch. Jeder Arbeitnehmer arbeitet mit gleich vielen „Maschinen" $K$, das Bruttosozialprodukt pro Kopf gleicht sich an.*

---

[3] Man sollte die quantitative Bedeutung von „kurzer Frist" im Auge behalten: Schätzungen der sogenannten Halbwertszeit der Konvergenz ergeben üblicherweise, daß diese zwischen 15 und 20 Jahre liegt. Eine Halbierung des Abstandes des Kapitalbestandes $K$ vom langfristigen Niveau $K^*$ dauert im Schnitt also gut eine halbe Generation.

**Bedingte Konvergenz**

Das Konzept der bedingten Konvergenz besagt, daß doch nicht alle Länder zum gleichen Kapitalbestand pro Kopf und damit Bruttosozialprodukt pro Kopf kommen, einfach weil die in (8) ersichtlichen Determinanten dieser Größe sich international unterscheiden:

**Ergebnis 4** *Wenn ein Land einen hohen Anteil seines Bruttosozialprodukts für Ersparnisse verwendet, d. h., wenn s hoch ist, dann ist das Land, nachdem es den Konvergenzprozeß vollendet hat, durch einen höheren Kapitalbestand pro Kopf gekennzeichnet als ein Land mit einer niedrigeren Sparquote.*

## 3.4 Zusammenfassung

Wir haben uns gefragt, wieso manche Länder einen höheren Kapitalstock und somit ein höheres Bruttosozialprodukt pro Kopf haben als andere. Wir haben gesehen, wie Kapital durch Investitionen aufgebaut wird und konnten dadurch verstehen, wieso manche Länder schneller wachsen als andere.

Vielleicht überraschenderweise zeigt dieser Ansatz jedoch, daß es gerade die armen Länder sind, die schneller wachsen als die reichen. Investitionen in armen Ländern führen zu einem höheren Wachstum, eben gerade weil sie arm sind.

Diesem Ansatz zufolge sind Länder also arm, weil sie noch nicht genügend Kapital aufgebaut haben. Diese Antwort ist der Antwort aus Kapitel 2 sehr ähnlich. Die etwas zynische Aussage bezüglich Entwicklungspolitik würde lauten, daß Entwicklungsländer, um also auf ein Lebensniveau wie in industrialisierten Ländern zu kommen, noch länger Kapital akkumulieren müssen als bisher. „Alles ist eine Frage der Zeit."

**Ergebnis 5** *Nach diesem Ansatz hätte also der Industrialisierungsprozeß noch nicht lange genug angedauert und der Konvergenzprozeß zu einem internationalen identischen K/L ist noch nicht abgeschlossen. Da Länder allerdings schneller wachsen, wenn sie arm sind, werden sie nach diesem Modell mit den Industrieländern aufholen und schließlich auf einem gleichen Entwicklungsniveau beenden (vorausgesetzt u. a. identische Sparquoten s).*

Wir haben ebenfalls in einer langfristigen Perspektive gesehen, daß Länder, die einen Anpassungsprozeß bereits durchgeführt haben, sich in ihren Einkommensniveaus unterscheiden, wenn sie sich in der Sparquote unterscheiden. Auch dies ist unmittelbar einsichtig: Wenn in einem Land mehr gespart wird als in einem anderen Land, dann sollte man erwarten, daß in dem Land mit mehr Ersparnis mehr Kapital akumuliert wird und somit mehr produziert werden kann. Dies bietet also eine Alternative zur Antwort aus Kapitel 2; es wird durch diesen Ansatz erklärt, wieso ein Land über wenig Kapital verfügt.

## 4 Empirische Überprüfung und theoretische Erweiterungen

### 4.1 Empirische Relevanz

Wir werden uns im Folgenden mit der empirischen Relevanz der zwei zentralen Aussagen des oben vorgestellten Modells auseinander setzen.

Zunächst die relativ unstrittige Vorhersage: Die Höhe der Sparquote hat in der Tat einen hohen Einfluß auf das Bruttosozialprodukt pro Kopf. Mehrere Studien haben herausgefunden (vgl. z. B. [1]), daß, je nach Schätzung, ca. 10 - 20% der Unterschiede im Pro-Kopf-Einkommen erklärt werden können durch unterschiedliche Sparquoten. Dieser Prozentsatz zeigt natürlich auch, daß andere Aspekte ebenfalls eine große Rolle spielen. (Zu diesen gehören unter anderem die Produktivität $h$ der Arbeitnehmer, die ganz am Anfang erwähnt wurde.)

Die strittige Vorhersage des obigen Modells ist die Angleichung des Bruttosozialproduktes pro Kopf nach einer gewissen Anpassungsperiode. Zwar gibt es ebenfalls überzeugende empirische Evidenz für einen Anpassungsprozeß, d. h., arme Länder wachsen *im Schnitt* tatsächlich schneller als reiche Länder, jedoch führt dies nicht unbedingt zu einem Angleich der Pro-Kopf-Einkommen. Weiterhin haben die Zahlen in Kapitel 1 belegt, daß nicht alle armen Länder schneller wachsen als reiche Länder. Wir kommen also zu dem

**Ergebnis 6** *Insgesamt herrscht Einigkeit darüber, daß das obige Modell eine zu einfache Beschreibung der Realität ist. Die Hypothese der automatischen Konvergenz muß, zumindest für einzelne Länder, abgelehnt werden.*

### 4.2 Theoretische Erweiterungen

Wir haben also einen Ansatz kennen gelernt, der einen Teil der Wirklichkeit erklären kann. Andere Aspekte bleiben aber noch unverstanden. Es ist nun Aufgabe der Theorie, obige Erklärungen zu erweitern. Wieso gibt es also arme Länder, die langsamer wachsen als reiche Länder?

Der Grund dafür kann entweder darin liegen, daß die Rate des technologischen Fortschritts $\dot{A}/A$ die im obigen Beispiel gleich Null angenommen wurde, sich international unterscheidet. In diesem Falle würden sich die Wachstumsraten international unterscheiden. Dies ist z. B. dann der Fall, wenn von einem zu einem anderen Land Unterschiede in institutionellen Rahmenbedingungen (etwa die Qualität der Schulausbildung oder die Rechtssicherheit) oder auch Präferenzen bestehen.

Ebenfalls ist ein negativer Einfluß internationalen Handels auf Entwicklung vorstellbar. Wenn sich Entwicklungsländer auf Güter spezialisieren (z. B. Landwirtschaft), für die der technologische Fortschritt nicht so schnell vonstatten geht, wie für Güter, auf die sich Industrieländer spezialisieren, führt dies zu einem durchschnittlich niedrigeren Wachstum in Entwicklungsländern. Für diese Theorie gibt es Anhaltspunkte, jedoch auch Widerspruch.

Weiterhin kann die internationale Verschuldung (Schuldenkrise) eine Rolle spielen, oder auch oligopolistische Nachfragestrukturen nach vielen Rohstoffen. Die tatsächlichen Gründe für ein langsames Wirtschaftswachstum eines Entwicklungslandes scheinen also oft auf der Hand zu liegen, sind aber genauso oft schwierig, tatsächlich überprüft zu werden. Manchmal sind die Gründe auch trivial, z. B. Bürgerkrieg. Anspruchsvoll ist dann die Untersuchung der Ursachen von Krieg.

Allgemeine Antworten zu geben wird nicht möglich sein, letztendlich muß eine detaillierte Analyse eines bestimmten Landes in seiner bestimmten historischen Situation vorgenommen werden. Manche der hier erwähnten Aspekte können jedoch besser mit dem Modell des folgenden Abschnitts verstanden werden.

## 4.3 Ein alternatives Modell

Dieser Abschnitt präsentiert ein Modell, das zum einen erlaubt zu verstehen, wieso es nicht zu einer automatischen Konvergenz des Bruttosozialproduktes pro Kopf kommen muß. Somit erklärt es also manche empirische Phänomene besser als das oben vorgestellte Modell. Zum anderen ist es möglich, langfristig positive Wachstumsraten des Bruttosozialproduktes pro Kopf zu erklären. Auch dies war mit obigem Modell nicht möglich.

### Die zentrale Idee

Die zentrale Überlegung geht auf Romer (vgl. [2]) zurück. In seinem Modell kann unter Kapital nicht nur eine physische Produktionsanlage verstanden werden, sondern zusätzlich auch das zum Betreiben der Anlage notwendige Wissen. Dieses Wissen ist jedoch nicht nur in den jeweiligen Firmen vorhanden, die eine entsprechende Produktionsanlage betreiben. Auch außerhalb dieser Firmen steht dieses Wissen zur Verfügung, z. B. bei den Herstellern der Produktionsanlage, oder bei potentiellen Kunden dieser Hersteller, die sich dann aber doch nicht für diese Anlage entschieden haben. Dieses Wissen ist weiterhin auch deswegen allgemein vorhanden, da manche Kenntnisse nicht spezifisch auf eine Produktionsanlage anwendbar sind, sondern auf viele Produktionsanlage ähnlichen Typs übertragen werden können. Wissen, das in Firmen verwendet wird, hat also teilweise den Charakter eines öffentlichen Gutes. Dies erzeugt einen positiven externen Effekt.

Wenn also eine neue Produktionsanlage installiert wird, d. h., wenn Kapital akkumuliert wird, dann steigt nicht nur der Kapitalbestand $k$ in einer Firma, sondern auch das Wissen $f(K)$ in dieser Firma und, hier viel wichtiger, das insgesamt in der Ökonomie zur Verfügung stehende Wissen $f(K)$. Diese Idee kann abgebildet werden durch die Technologie

$$y = Ak^\alpha l^{1-\alpha} f(K), \quad \text{mit } K = \Sigma k.$$

Das Konsum- und Investitionsgut $y$ wird hergestellt mit Hilfe von Kapital $k$ und Arbeit $l$, wobei die totale Faktorproduktivität gegeben ist durch $A$. Die Technologie hat die aus (1) bekannte Cobb-Douglas-Form, wobei nun noch ein zusätzlicher Ausdruck $f(K)$ hinzukommt, der diese Externalität des Kapitals abbildet. Es sei angenommen, Kapital übe eine positive Externalität aus, $f(K) > 1$ und $f'(K) > 0$. Mehr privates Kapital $k$ in einer Firma erhöht also das Wissen $K$ in allen Firmen.

Für jede einzelne Firma ist der Effekt, der durch den firmeneigenen Kapitalbestand ausgeht, vernachlässigbar klein. Deswegen betrachtet eine Firma den Wissensstand als exogen und wird damit $f(K)$ genauso behandeln wie die totale Faktorproduktivität $A$. Somit ist der Produktionsprozeß in jeder einzelnen Firma weiterhin durch konstante Skalenerträge gekennzeichnet und Firmen operieren weiterhin unter vollständiger Konkurrenz.

Aggregiert man über alle Firmen, erhält man eine ökonomieweite Produktionsfunktion der Gestalt

$$Y = AK^\alpha L^{1-\alpha} f(K). \tag{9}$$

Das Modell kann vervollständigt werden durch die bekannte Kapitalakkumulationsgleichung

$$\dot{K} = sY - \delta K. \tag{10}$$

Wie hoch ist nun die Wachstumsrate für Kapital, das Bruttosozialprodukt und das Bruttosozialprodukt pro Kopf für eine solche durch (9) und (10) beschriebene Ökonomie?

### Eine vereinfachte Modellierung

Um nun analytische Aspekte nicht überhand nehmen zu lassen, wählen wir eine einfache Form für die Externalität,

$$f(K) = K^\beta, \ \beta > 0. \tag{11}$$

Setzt man diesen Ausdruck in die Technologie (9) und diese dann in die Kapitalakkumulationsgleichung (10), lautet diese $\dot{K} = sAK^{\alpha+\beta}L^{1-\alpha} - \delta K$ und die Wachstumsrate des Kapitals beträgt somit

$$\frac{\dot{K}}{K} = sAK^{\alpha+\beta-1}L^{1-\alpha} - \delta.$$

Je nachdem, wie stark die Externalität ist, d. h., wie groß der Parameter $\beta$ ist, umso schneller steigt oder sinkt die Wachstumsrate. Für den Spezialfall $\beta = 1 - \alpha$ ist die Wachstumsrate konstant und gegeben durch $sAL^{1-\alpha} - \delta$.

**Unterschiede zum Solowschen Modell**

Im Vergleich zum Modell von Solow (vgl. [3]) ist diese Endogenität der Wachstumsrate der erste wesentliche Unterschied. Trotz konstanter totaler Faktorproduktivität und konstanter Bevölkerungsgröße steigt der Kapitalbestand langfristig an, vorausgesetzt natürlich, die Externalität $\beta$ ist ausreichend groß, d. h.,

$$\beta \geq 1 - \alpha.$$

Im neoklassischen Wachstumsmodell von Solow kann ohne die Annahme technologischen Fortschritts keine positive langfristige Wachstumsrate des Bruttosozialproduktes pro Kopf verstanden werden. Betrachtet man die Akkumulationsgleichung (6), stellen sich die abnehmenden Grenzerträge für Kapital als Ursache für das Fehlen langfristigen Wachstums heraus. Im Fall $\beta = 1 - \alpha$ sind gesamtwirtschaftlich die Grenzerträge konstant und Kapital wird mit einer konstanten Rate akkumuliert.

Der zweite wesentliche Unterschied besteht in der nicht notwendigerweise stattfindenden Konvergenz zwischen zwei Ländern. Da Kapital Externalitäten erzeugt, werden gesamtökonomisch abnehmende Grenzerträge für Kapital vermieden, obwohl jede einzelne Firma mit abnehmenden Grenzerträgen produziert. Da für den Fall $\beta = 1 - \alpha$ alle Länder mit der gleichen Wachstumsrate wachsen, unabhängig von ihrem Kapitalbestand, bleiben relative Unterschiede im Bruttosozialprodukt pro Kopf erhalten. Es findet keine automatische Konvergenz statt.

## 5 Zusammenfassung

Ausgangspunkt waren zwei Fragen: Warum sind manche Länder reicher als andere, und wieso werden manche Länder reicher als andere?

In der kurzen Frist ist ein Land reicher als ein anderes, da es über mehr Produktionsfaktoren pro Kopf verfügt. Das einfachste Modell, das allerdings als unrealistisch beurteilt wurde, macht die Vorhersage, daß sich diese kurzfristigen Unterschiede langfristig ausgleichen sollten. In der langen Frist, d. h., nach einem Anpassungsprozeß, sollten diese Unterschiede in der Kapitalausstattung pro Arbeitnehmer verschwinden.

Langfristig können Unterschiede im Reichtum einer Nation (in der Kapitalausstattung pro Arbeitnehmer) aber auch bestehen bleiben, wenn sich die Sparquoten zwischen den Ländern unterscheiden. Das Land mit der höheren Sparquote ist langfristig durch mehr Reichtum gekennzeichnet als ein Land mit einer niedrigeren Sparquote.

Empirische Überprüfungen haben gezeigt, daß dieses einfache Modell zwar gewisse Aspekte der Wirklichkeit gut abbildet, daß jedoch die wesentlichen Unterschiede zwischen Ländern in Wachstumsraten und Einkommensniveaus noch auf andere Ursachen zurückzuführen sind. Wesentlich erscheinen internationale Unterschiede in Technologien, der Ausbildung von Arbeitnehmern und institutionelle Rahmenbedingungen (funktionierender Rechtsstaat). Internationale Austauschverhältnisse, die sich teilweise zu Ungunsten von Entwicklungsländern entwickeln, können ebenfalls eine Rolle spielen.

# Literaturverzeichnis

1. Mankiw NG, Romer D, Weil DN (1992) A contribution to the empirics of economic growth. Quarterly Journal of Economics 107:407–437
2. Romer PM (1986) Increasing returns and long-run growth. Journal of Political Economy 94:1002–1037
3. Solow RM (1956) A contribution to the theory of economic growth. Quarterly Journal of Economics 70:65–94

# Innovation und Evolution

Ulrich Blum[1] und Marco Lehmann-Waffenschmidt[2]

[1] Technische Universität Dresden, Fakultät Wirtschaftswissenschaften, Professor für VWL, insbes. Wirtschaftspolitik und Wirtschaftsforschung
(Blum@wipo.wiwi.tu-dresden.de)
[2] Technische Universität Dresden, Fakultät Wirtschaftswissenschaften, Professor für VWL, insbes. Managerial Economics
(lw@rcs.urz.tu-dresden.de)

Innovation und Evolution bilden Kernelemente des Wirtschaftsprozesses und sind mit dem für marktwirtschaftliche Ordnungen konstituierenden Prinzip des Wettbewerbs aufs engste verbunden. Sie stellen daher auch zentrale Themen der Wirtschaftspolitik und der Wirtschaftstheorie dar. Wettbewerb wird durch Innovations- und Transferprozesse konstituiert, also der Schaffung neuer Märkte oder Marktsegmente bzw. der Einführung neuer Produktionsverfahren durch die eigentlichen „Unternehmer", die kreativen und risikobereiten Entrepreneure, und dem anschließenden Prozeß der Umschichtung von Marktanteilen von den Entrepreneuren zu den Imitatoren, den „Unterlassern".[3] Sowohl bei der Einführung von innovativen Technologien und der Schaffung neuer Märkte als auch bei der Ausbreitung von Innovationen durch Imitationsprozesse spielt Wissen eine zentrale Rolle - als neu entdecktes (Invention) und/oder zum ersten Mal zur wirtschaftlichen Nutzung angewendetes Wissen. Wissen ist ein zentraler Faktor von (technologischen) Innovationen, und Innovationen und der durch sie ermöglichte technische Fortschritt tragen wiederum maßgeblich zur Evolution von Wirtschaftssystemen bei, d. h., zu deren Wandel durch Selbsttransformation. Wissen ist also ein zentraler Erklärungsfaktor des Wandels ökonomischer Systeme.

Innovationen und ihre Bedeutung für die Evolution von Volkswirtschaften sind das Thema dieses Beitrags, der damit an Kapitel 6 des Beitrags „Industrieökonomik" anschließt. Die Entstehungs- und Verbreitungsbedingungen von Wissen als wesentliche Determinante von Innovationen sowie die Bedeutung von Wissen für eine Volkswirtschaft werden im ersten Abschnitt dieses Kapitels analysiert. Der zweite Abschnitt stellt einige zentrale Theorieansätze der modernen Innovationsökonomik vor. Wie die evolutorische Innovationsökonomik bei der Analyse vorgeht und welche Resultate dabei erzielt werden, wird im dritten Abschnitt an zwei Grundmodellen gezeigt: das „Räuber-Beute-Modell" zur Beschreibung des dynamischen Zusammenhangs von Ge-

---

[3] Zum Begriff des Entrepreneurs siehe z. B. [4].

winnen und Innovations- und Imitationsaktivitäten in einer Branche und das „Replikatordynamik-Modell" zur Analyse des Selektionsprozesses verschiedener Konkurrenten auf einem Markt. Diese beiden Modelle repräsentieren die Grundidee der evolutionsökonomischen Erklärung der Entstehung und Verbreitung von technologischen Innovationen und ihrer ökonomischen Auswirkungen. Der entscheidende Unterschied zur herkömmlichen „neoklassischen" Innovationsökonomik, die im Beitrag „Industrieökonomik" (vgl. dort Kap. 6) beschrieben wird, besteht darin, daß die evolutorischen Modelle den modellierten Subjekten nicht unterstellen, daß sie stets die optimalen Entscheidungen treffen. Dies dürfte dem Verhalten der Akteure im realen Wirtschaftsleben deutlich näher kommen, als die idealisierende Optimierungsannahme der herkömmlichen Innovationsökonomik.

# 1 Humankapital als strategischer Erfolgsfaktor einer Volkswirtschaft

Zu den strategischen Erfolgsfaktoren einer Volkswirtschaft im internationalen Wettbewerb zählt ihr Wissensstand. Friedrich List (1848), der als Begründer der modernen Humankapitaltheorie gelten kann (vgl. [17]), machte deutlich, was Deutschland tun müsse, um als Wirtschaftsstandort gegenüber England aufzuholen bzw. es zu überholen (vgl. [3]):

1. Ausweitung des Humankapitals, insbesondere Schaffen einer differenzierten Qualifikationsstruktur, mit Hilfe einer intensiven Ausbildung; vor allem der Ausbildung am Arbeitsplatz komme eine zentrale Bedeutung für die Entwicklung zu.
2. Import der besten verfügbaren Technologien dorthin, wo sie im Land nicht zur Verfügung stehen.
3. Integration von Humankapital und investiertem Kapital: Die Fähigkeit, Wohlstand zu erzeugen, sei wichtiger als der Wohlstand selbst.
4. Die Bedeutung des verarbeitenden Gewerbes für die Entwicklung der Wirtschaft, weil diese die Entwicklungen der übrigen Sektoren begünstige.
5. Die Bedeutung eines Ordnungs- und Institutionenrahmens; nur hierdurch sei eine konstante nationale Wirtschaftspolitik zu gewährleisten. Zugleich wirke dieser Transaktionskosten senkend.

Schumpeter (1912) (vgl. [22]) machte deutlich, daß die durch die Wissensproduktion angeregten Innovationen auf fünf Feldern angesiedelt sind, nämlich bei

1. neuen Produkten,
2. neuen Verfahren,
3. neuen Beschaffungsmärkten,
4. neuen Absatzmärkten,
5. neuen Organisationsformen.

Vor allem Basisinnovationen führen zu lang anhaltenden Wirtschaftsaufschwüngen, bis die zugrundeliegende Basistechnologie ausgebeutet ist (Kondratieff-Zyklen) (siehe auch [15] und [16]). Der Gehalt von Verbesserungsinnovationen ist hingegen wegen ihrer kürzeren Zykluszeit schneller verbraucht. Basisinnovationen wirken gerade deshalb, weil ihr Potential zunächst unbekannt ist und sie im Gegensatz zu Verbesserungsinnovationen stark gesellschaftsverändernd wirken.

Innovation als das erfolgreiche Durchsetzen „neuer Kombinationen" am Markt besitzt eine Vielzahl von Facetten, die teilweise auch durch entsprechende Förderprogramme der öffentlichen Hand begleitet werden. Der erste Punkte betrifft sogenannte vertikale Programme, bei denen ein Unternehmen in seiner stark marktorientierten Innovationsstrategie durch ein Forschungsinstitut begleitet wird; F & E ist hier weitgehend ein privates Gut. Der zweite Punkt berührt die sogenannten horizontalen Programme, die eine Plattformtechnologie weiter entwickeln, die als Clubgut der beteiligten Unternehmen und Forschungsinstitute aufzufassen ist. Die beiden Folgepunkte weisen auf Vermarktungs- und Messehilfen hin. Der letzte, fünfte Punkt betont einen immer wichtiger werdenden Aspekt der Wettbewerbswirtschaft: Zunehmend stehen nämlich Unternehmen nicht mehr allein mit differenzierten Produkten und den zugehörigen Qualitäten im Wettbewerb, sondern auch mit ihrer Organisationsstruktur (einschließlich „corporate identity").

Der Wissensgehalt einer Gesellschaft oder einer Wirtschaft wird in der modernen Wachstumstheorie über das Konstrukt des Humankapitals erfaßt und als der zentrale Faktor der wirtschaftlichen Entwicklung von Gesellschaften angesehen. Die Verbesserung des Wissensgehalts auf dezentraler (betrieblicher bzw. unternehmerischer) Ebene würde immer einen Vorteil für die Allgemeinheit erzeugen, da vor allem Forschungs- und Entwicklungsprozesse öffentliche Güter bereitstellen, deren Erträge der gesamten Wirtschaft als externe Vorteile zuflössen (vgl. [21]).

Der Wissensgehalt einer Wirtschaft wird auf Unternehmensebene zunehmend zu einer zentralen Bestimmungsgröße des Unternehmenswerts. Tobin (vgl. [25]) wies nach, daß Marktwert und Wiederbeschaffungswert eines Unternehmens - das Verhältnis von Marktwert und Wiederbeschaffungswert wird auch als Tobin-q bezeichnet - langfristig übereinstimmen müssen. Liegt dieser Quotient über eins, dann müsste dies starke Investitionen auslösen, weil diese Unternehmen im Vergleich zu ihrer Rendite am Markt preiswert sind.[4] Zunehmend wird aber vermutet, daß stabile q-Werte über eins auf intangibles und intellectual property rights (IPRs), die nicht im Anlagevermögen der Unternehmen verbucht sind, zurückzuführen sind (vgl. [23]). Der Programmtyp VK hat in diesem Sinne die Aufgabe, Marktwerte von Unternehmen zu steigern.

---

[4] Bekanntermaßen kann aber auch eine Kurskorrektur am Aktienmarkt geschehen.

## 2 Zentrale Innovationstheorien

### 2.1 Sektorale Innovationstheorien und technischer Fortschritt

Tidd, Bessant und Pavitt (vgl. [24]) haben die Branchen nach den wesentlichen technologischen Pfaden (Trajektorien) geordnet; diese Gliederung erscheint für die hier vorgetragene Analyse als sehr hilfreich. Sie unterscheiden:

1. **Zuliefererdominierte Sektoren:** Diese umfassen die Land- und Forstwirtschaft sowie die traditionelle gewerbliche Wirtschaft, die vor allem externe Technologien, oft von Zulieferern, nutzen, um ihren Wettbewerbsposition zu stärken. Interne Effizienzsteigerung erfolgt vor allem über Lernkurveneffekte.

**Tabelle 1.** Fünf wesentliche technologische Entwicklungspfade (übersetzt aus [24])

| Trajektorie | Typische Sektoren | Hauptquelle der Technologie | Hauptaufgaben einer Technologiestrategie |
|---|---|---|---|
| Zulieferdominierte Sektoren | Landwirtschaft, Dienstleistung, traditionelles verarbeitendes Gewerbe | Zulieferer; Lernkurveneffekte | Nutzen auswärtiger Technologie, um Wettbewerbsvorteile zu verstärken |
| Sektoren mit Massenproduktionsvorteilen | Massengüter; Fahrzeuge; Bauwirtschaft | Produktionsengineering; Lernkurveneffekte; Entwicklungsbüros; spezialisierte Lieferanten | Inkrementelle Integration des Wandels in komplexen Systemen; Diffusion von best design und best in der Produktion |
| Informationsintensive Sektoren | Finanzsektor; Handel; Reisebüros; Verlagsgewerbe | Software- und Systemspezialisierte Anbieter | Design und Bedienung komplexer Informationsverarbeitungssysteme verwandter Produkte |
| Wissenschaftsbasierte Sektoren | Elektronik; Chemie | Forschung und Entwicklung; Grundlagenforschung | Ausbeuten der Grundlagenforschung; Entwicklung verwandter Produkte; Schaffen komplementärer Werte; Neuausrichtung der Organisation |
| Spezialisierte Anbieter | Maschinenbau; Feinmechanik; Software | Design; fortgeschrittener Anwender; | Monitoring der Bedürfnisse fortgeschrittener Anwender; Integration von neuen Technologien in kleinen Schritten |

2. **Sektoren mit Massenproduktionsvorteilen:** Vor allem die Automobilwirtschaft und die Bauwirtschaft sind hier zu nennen, bei denen sich die Technologien durch Produktionsengineering, Lernkurveneffekte, das Design und hochspezialisierte Lieferanten ändern. Der technische Fortschritt findet hier in kleinen inkrementellen Schritten in einem komplexen Umfeld statt, und ein Schwerpunkt liegt dabei im „best practice" der Produktion und „best design" der Erzeugnisse.
3. **Informationsintensive Sektoren:** Typischerweise werden hier der Finanzsektor, der Einzelhandel, Reisebüros und das Verlagswesen erwähnt. Neue Technologien stammen meist von Softwareherstellern und Systemhäusern sowie hochspezialisierten Anbietern. Die Bewältigung der Informationskomplexität und die stetige Bereitstellung neuer Systemprodukte stellt damit die wesentliche Herausforderung dar.
4. **Wissenschaftsbasierte Sektoren:** Hier sind die life sciences und die elektronische Industrie zu nennen, die Grundlagenforschung schnell umsetzen, so daß sich die Unternehmen in einer ständigen Neudefinition ihrer Märkte befinden.
5. **Hochspezialisierte Anbieter:** Sie sind vor allem im Maschinenbau, im Komponentenbau und in der Softwareindustrie zu finden. Ihre Aufgabe besteht darin, in Rückkopplung mit führenden Nutzern neue Technologien bereitzustellen.

Die fünfte Gruppe stellt den interessantesten originären Treiber des technischen Fortschritts dar, der mittels neuer Informationstechnologien aufgewertet wird, da technologische Kenntnisse und kundenspezifische Rückkopplungen hier besonders relevant sind. Dies gilt zu einem geringeren Grad für die vierte Gruppe, da ein erheblicher Teil des Wissens hier als Wettbewerbselement der Geheimhaltung unterliegt. In der dritten Gruppe ist der unmittelbare Struktureffekt infolge eines hohen Reorganisationsdrucks bei verbesserten Informationstechnologien besonders deutlich. Die ersten beiden Sektoren werden entweder indirekt über ihre Lieferanten oder durch kleine Prozeßschritte betroffen sein. Die Einordnung eines Sektors in diese Struktur kann sich ändern - das Verlagswesen wäre früher eher in der zweiten Kategorie zuzuordnen gewesen.

**2.2 Regionale Innovationstheorien**

Auch die moderne Innovationstheorie stützt Überlegungen zur Bedeutung des Wissensgehalts einer Wirtschaft. Dabei wird in Anlehnung an die schwedische Schule der Regionalökonomie (vgl. [9]), welche die Bedeutung der face-to-face-groups betonte, insbesondere auf die Bedeutung der Informationsnetzwerke hingewiesen. Dadurch besteht die Möglichkeit zu sich selbstverstärkenden kumulativen Prozessen, die sich dann zu Wachstumspolen entwickeln (vgl. [5] und [20]) und heute gerne als Leuchttürme bezeichnet werden (vgl. [6]). Ob derartige Leuchttürme das Umland eher fördern oder „auswaschen", ist offen (vgl. [13] und [18]). In jedem Fall werden über derartige Prozesse des räumlichen und auch sektoral ungleichgewichtigen Wachstums die regionalen Standortqualitäten verändert, was oft den Staat auf die Tagesordnung ruft, einerseits agglomerationsverstärkend, andererseits kompensatorisch einzugreifen (siehe [2] für einen Überblick).

Bereits bei der Betrachtung des Humankapitalansatzes wurde deutlich, daß das räumliche Umfeld einen erheblichen Beitrag zum Erfolg staatlicher Forschungshilfen spielen kann, weil es verstärkend oder abschwächend wirken kann. Insbesondere stellt sich die Frage, ob die FuE-Förderung ein geeignetes Instrument ist, wirtschaftlich zurückliegende Regionen in ihrem Aufholprozeß zu unterstützen.

Oft ist die Benachteiligung von Regionen eine direkte Folge der Bevorteilung anderer Regionen, wodurch Abwanderungsprozesse unterstützt werden; insbesondere sind hier die agglomerationsverstärkenden Wirkungen von Subventionen anzuführen, die den Ballungsräumen überproportional zugute kommen (sozialer Wohnungsbau, Straßenbau, Nahverkehrssysteme) und die dann wieder zu kompensierenden Regionalhilfen führen. Diese ordnungsökonomische Diskussion soll hier nicht geführt werden.

Weit wichtiger erscheint der Ansatz, ob die wirtschaftliche Entwicklung zurückliegender Regionen grundsätzlich durch vermehrte Innovationen beschleunigt werden kann. Die räumliche Version des Produktlebenszyklus (vgl. [26]) postuliert, daß mit zunehmender Marktreife Produktionen sukzessive von den Zentren in die Peripherie verlagert werden. Dies kann auch als Chance begriffen werden, zwar nicht die aktuellsten, aber doch tragfähige Technologien anzusiedeln. Grundsätzlich erfordern alle innovationsfördernden Regionalpolitiken ein standörtliches Umfeld, das die entsprechende Absorptionsfähigkeit besitzt. Dies setzt aber entsprechend handlungsfähige Kommunen voraus. Gerade letzteres ist in Ostdeutschland unterentwickelt.

Zu fragen ist auch, ob die Förderung eines Leuchtturms das Umland eher auslaugt oder fördert. Dies hängt in erheblichem Maße ab von der vorherrschenden räumlichen Arbeitsteilung und den Fähigkeiten, die Konkurrenz um (qualifizierte) Arbeit durch Einsatz entsprechender Technologien bestehen zu können. Durch die zunehmende Mobilität der Arbeit ist dieses Phänomen inzwischen nicht nur für Stadt-Umland-Probleme relevant, es trifft auch für die Konkurrenz der Regionen um qualifiziertes Personal zu. Neben der regionalen Konkurrenz entsteht immer mehr ein Wettbewerb der Großen mit den KMU, den letztere finanziell oft nicht bestehen können. Unter diesen Umständen wird eine Bereitstellung hinreichender Mengen an Qualifizierten zur Überlebensfrage der Wirtschaft.

Für unterentwickelte Regionen, denen mittels Förderprogrammen geholfen werden soll, sind schließlich noch zwei Konzepte bedeutsam, nämlich der Exportbasisansatz und das Transferproblem. Eine unterentwickelt Region ist oft dadurch gekennzeichnet, daß sie mehr konsumiert als produziert, weil der Gesamtstaat Fördermittel und Transfers zur Verfügung stellt, um die Lebensverhältnisse anzugleichen. Primäres Ziel einer Förderung muss es dann sein, einer Region überregionales Einkommen durch Export nach außerhalb der

Region zuzuführen, um das Leistungsbilanzdefizit zu verringern. Dieser Export führt über den Exportmultiplikator zu entsprechenden Zuwächsen, die wiederum Importe auslösen und über den Importmultiplikator eine Kontraktion auslösen. Per Saldo bleibt aber ein positiver Einkommenseffekt, da die Importströme langfristig im allgemeinen nicht größer sein können, als es die auslösenden Exportströme waren.

Der Primäreffekt und das Primäreffektkriterium bedeuten dann:

- Exportiert eine Region, so vergrößert sich damit tendenziell ihr Leistungsbilanzüberschuß (bzw. vermindert sich das Leistungsbilanzdefizit). Sie finanziert damit ihre Importe, behält aber einen Überschuß (bzw. ein verringertes Defizit) in der Leistungsbilanz.
- Da das damit verfügbare Einkommen (Kapitalimport) in gleicher Währung gezahlt wird, ist es auch Zahlungsmittel der Region.
- Lägen verschiedene Währungen vor, müßte sich eigentlich durch eine derartige Situation eine Aufwertungstendenz ergeben. Dies ist aber in einem Währungsraum nicht möglich, und auch die Kaufkraftparitäten können sich nur begrenzt verschieben. Damit ergibt sich ein Überschuß, der zusätzlich verwendbar ist.
- Um überhaupt exportieren zu können, muss die Produktion wettbewerbsfähig gegenüber den Mitbewerbern sein. Damit werden die außerregionalen Leistungsmaßstäbe in die Region hereingetragen und führen über die Lohnkonkurrenz dazu, daß auch Branchen, die nur lokale Güter herstellen, ihre Produktivität anheben müssen.

In der Regel werden aber nicht nur investive Mittel zur Verfügung gestellt, die weitgehend neutral sind, weil sie zum Großteil in Investitionsmittel fließen, die importiert werden. Durch öffentliche Transfers steigt die Nachfrage nach Gütern in der Region, bei handelbaren Gütern besteht kein Preisspielraum wegen der Möglichkeit zur internationalen Nachbeschaffung; bei lokalen Gütern besteht ein begrenztes Angebot, weshalb erst Preise, dann Löhne ansteigen. Der Exportsektor gerät hierdurch doppelt unter Druck - einmal durch ungünstige Preise vor Ort, zum anderen durch die Lohnstruktur. Dadurch entsteht eine endogene Deindustrialisierung. Durch die Absorptionsgrenze einer (regionalen) Wirtschaft werden folglich Grenzen der Fördermöglichkeit vorgegeben, die, wenn sie überschritten werden, kontraproduktive Entwicklungen auslösen.

## 2.3 Pfadabhängigkeit und Produktlebenszyklen

### Die Bedeutung von Irreversibilität

Die moderne Evolutionsökonomik (auch: Evolutorische Ökonomik) ist der Auffassung, daß sich der Wissensgehalt einer Volkswirtschaft durch Versuch und Irrtum ändert, also nicht einfach einem deterministischen Zielkalkül unterliegt, sondern vielmehr von heuristischen Entscheidungen und begrenzter

Information bestimmt wird (vgl. [19]). Damit entstehen Innovationen, die zu technologischen Entwicklungslinien (Trajektorien) führen, die wiederum die Freiheitsgrade der weiteren Entwicklung einschränken. Diese Trajektorien werden durch das Versenken von Kosten in institutionelle Arrangements stabilisiert.

Die moderne Wachstumstheorie postuliert, daß gesamtwirtschaftlich verfügbares Wissen mit hohem Öffentlichkeitsgrad und damit Fähigkeit zu positiven Externalitäten (bzw. „spill-overs") zu den zentralen Wachstumstreibern einer Ökonomie zählt. Diese Art von Wissen wird vor allem durch das Bildungssystem und die Grundlagenforschung bereitgestellt.

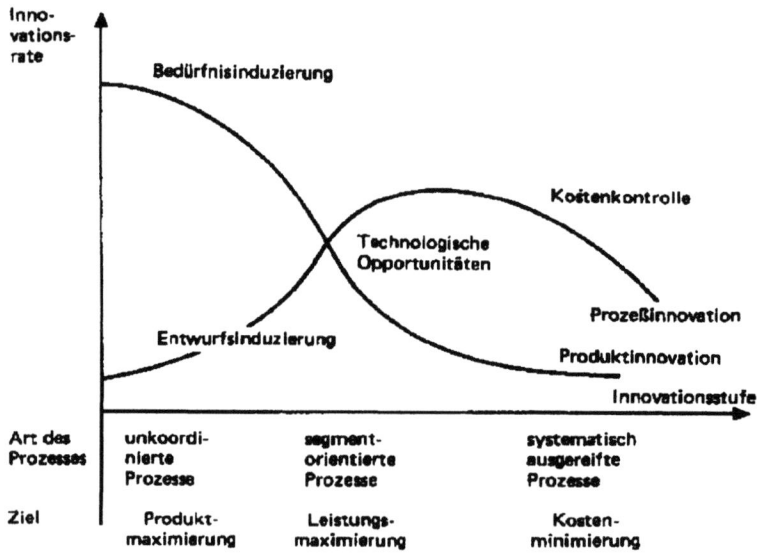

**Abb. 1.** Innovationsmodell von Abernathy und Utterback

## Marktphasen

Die Fähigkeit zu Innovationen ist auch von den Unternehmern abhängig, wie dies die Marktphasentheorie von Heuss (vgl. [12]) postuliert. Es sind die Pionierunternehmer (die „Entrepreneure"), vielleicht auch die unter Druck spontan imitierenden Unternehmer, die „den Markt machen", nicht die Unterlasser, die sich im Preiswettbewerb verzehren und den Markt durch kollusives Verhalten vermachten. Diese herauszufiltern, kann daher einen Erfolgsfaktor darstellen.

Schließlich ist zu beachten, daß die frühen Phasen des Produktlebenszyklus mit erheblichen Verlusten belastet sind, weshalb nicht diversifizierte Unternehmen ein erhebliches Risiko eingehen, das für größer und breiter aufgestellte ±ᵽernehmen so nicht existiert. Damit gewinnt die Rahmenordnung der Wirtschaft, insbesondere die Fähigkeit des Staats, Risiko abzufangen, Relevanz für die Gruppenstruktur.

## Das Wechselspiel von Produkt- und Verfahrensinnovationen

Von Abernathy und Utterback (vgl. [1]) stammt eine interessante These zum Wechselspiel zwischen Produkt- und Verfahrensinnovation. Sie unterstellen, daß Verfahrensverbesserungen einen erhöhten Kapitaleinsatz nötig machen, womit aber tendenziell die Produktionsflexibilität sinkt und der Grad der Standardisierung steigt. Die verbesserten Preisspielräume gehen zu Lasten der Fähigkeit, den sich ändernden Marktanforderungen gerecht zu werden. Daraus folgt unmittelbar, daß die Ausrüstungsindustrien eindeutigen Nachfrageschübe ausgesetzt sind. Darüber hinaus sind strukturkrisenähnlichen Entwicklungen in einzelnen Branchen vor allem bei Schrumpfung möglich, wenn infolge ähnlicher Technologien (aufgrund von hoch korrelierten Investitionszyklen, wie dies beispielsweise für Ostdeutschland gilt) ein Ausscheiden aus dem Markt in der Abfolge des Alters des Kapitalstocks in einzelnen Unternehmen der Branche nicht geschieht.

## 3 Zwei evolutorische Modelle zur Entstehung und Verbreitung von Innovationen in einer Volkswirtschaft

In diesem Kapitel soll die folgende Fragen behandelt werden, die zum Gegenstandsbereich des neuen Wissenschaftszweigs der Evolutorischen Ökonomik gehören (zur allgemeinen Information über den Ansatz der Evolutorischen Ökonomik vgl. z. B. [8], oder auch http://www.evolutionsoekonomik.de): Wie vollzieht sich die Entwicklung, oder Evolution, eines Marktes bzw. der ganzen Volkswirtschaft nach einer technologischen Innovation? Oder anders gesagt, wie diffundiert also eine Innovation im Zeitverlauf innerhalb einer Branche oder einer Volkswirtschaft, und welche Innovation oder welche Firma setzt sich am Markt durch, falls mehrere um die wirtschaftliche Nutzung einer Innovation konkurrieren? Zwei evolutorische Grundmodelle geben auf diese Fragen Antworten. In Abschnitt 3.1 wird im sogenannten „Räuber-Beute-Modell" gezeigt, wie es zur Diffusion einer technologischen Innovation auf einem Markt kommt und anschließend zu einer neuen Innovation. Wie der Technologiewettbewerb zwischen mehreren Konkurrenten als Selektionsprozeß modelliert werden kann und welcher Zustand sich durch solche Prozesse einstellt, erfährt der Leser in Abschnitt 3.2 anhand des „Replikator-Modells".

### 3.1 Imitatoren jagen Pioniere: Das Räuber-Beute-Modell zur Innovationsdynamik

Schafft ein einzelner Innovator als Pionier einen neuen Markt oder ein neues Marktsegment durch eine Produktinnovation, so ist er per definitionem auf diesem Markt(segment) zunächst ein Monopolist (vgl. auch den Beitrag „Märkte", insbesondere Abschnitt 3.2 zum Monopolmodell). Der Innovator kann auf seinem Markt also den Monopolpreis durchsetzen und so eine Innovatorenrente verdienen. Da der Monopolpreis höher ist als der Marktpreis bei vollkommener Konkurrenz, führt die Differenz zu einem „Übergewinn" über die „normale Unternehmerentlohnung" bei vollkommener Konkurrenz hinaus und lockt so neue Anbieter auf den Markt. Der Markteintritt neuer Konkurrenten wird allerdings nur für solche Neueintretende möglich sein, die sich hinsichtlich der Qualität des Produkts und der Kosten des verwendeten Herstellungsverfahrens auch wirklich am Markt halten können. Dabei werden im allgemeinen verschieden hohe Gewinne bei den in den Markt eintretenden konkurrierenden Firmen infolge von Unterschieden bei den verwendeten Produktionstechnologien zu einer Gewinnstreuung führen.

Man kann sich zwar grundsätzlich vorstellen, daß ein „closing-up" eines neuen Mitkonkurrenten zum Innovator bei der Produktqualität und den Herstellungskosten dadurch möglich wird, daß der Neueintretende selbständig dieselbe Innovation realisiert wie zuvor der Innovator und damit ökonomisch dieselben Charakteristika aufweist wie der Innovator. Allerdings stellt dies in der Praxis die Ausnahme dar (z. B. bei „Parallelforschung und -entwicklung"). In der Regel imitieren neu in einen Markt eintretende Konkurrenten die Innovation, so daß also Innovationen innerhalb einer Branche der Volkswirtschaft in der Regel durch Imitationsprozesse diffundieren. Um die Imitationsprozesse für einen Markteintritt zu betreiben, muß ein Anreiz für potentielle Mitkonkurrenten bestehen, und dies ist genau solange der Fall, wie Übergewinne im Vergleich mit dem Fall vollkommener Konkurrenz bestehen. Da neu in den Markt eintretende Mitkonkurrenten nicht sofort die Gewinnhöhe des Innovators bzw. der bereits am Markt aktiven Anbieter erreichen werden, stellt sich, wie bereits oben erwähnt, eine Gewinnstreuung durch ein „Gewinngefälle", oder „Gewinndifferential", zwischen den Anbietern auf dem Markt ein.

Das Gewinndifferential bzw. Gewinngefälle[5] mißt also die Heterogenität der Verteilung der Gewinne unter den Anbietern auf dem Markt.[6] Treten immer mehr Anbieter auf den Markt, dann verschwinden die gesamten Übergewinne der Anbieter allmählich, und das Gewinndifferential flacht ab bis zum Nullniveau, bei dem kein Anbieter mehr einen Übergewinn erzielt. Damit verschwindet auch der Anreiz zur Imitation, und der Diffusionsprozeß kommt zum Erliegen. Eine neue Runde mit der beschriebenen Dynamik kann jetzt nur noch durch das Schaffen einer neuen Innovation durch einen (neuen oder denselben) Innovator beginnen, die wiederum ein initiales Gewinndifferential erzeugt, das dann durch Marktneuzutritte allmählich abgebaut wird.

Für die formale und systematische Beschreibung dieses dynamischen Prozesses eignet sich ein Modellansatz, der eigentlich aus der Populationsdyna-

---

[5] Solange der Innovator Monopolist ist am Markt, gibt es eigentlich kein Gewinngefälle. Man definiert aber dann das Gewinngefälle mit einem maximalen Wert der Logik entsprechend, daß der nächste Konkurrent einen Nullgewinn hat.

[6] Man spricht auch von der Barone-Kurve, die das Gewinndifferential darstellt, zu Ehren ihres Erfinders Enrico Barone.

mik stammt, nämlich das sogenannte „Räuber-Beute-Modell" (engl. predator-prey-model). Die ursprüngliche Idee des Räuber-Beute-Modells war es, die Evolution der Populationsgrößen zweier Spezies zu analysieren, die in einer „Räuber-Beute-Interaktion" miteinander stehen (wie z. B. Hasen und Füchse, Pinguine und Robben oder Beutefische und Raubfische jeweils in einer bestimmten Region). Es ist offensichtlich, daß die Räuberpopulation um so bessere Wachstumschancen hat, je größer der Bestand der Beutepopulation ist, und die Beutepopulation um so besser wachsen kann, je kleiner der Bestand der Räuberpopulation ist. Daraus kann man schließen, daß sich beide Populationen in ihrem Wachstum gegenseitig begrenzen und letztlich zyklische Wachstumspfade entstehen. Aber ob dies in einem konkreten Fall wirklich so geschieht und welche Wachstumspfade die beiden Populationen genau einschlagen, ist damit keineswegs klar. Hierzu bedarf es einer formalen Analyse, auf die wir gleich eingehen werden.

Übertragen auf die Situation der Innovationsdynamik bedeutet die „Beute" die Übergewinne auf dem Markt, die durch die anfängliche Innovatorenrente erzeugt werden und die sich im Gewinndifferential zwischen den in den Markt eingetretenen Anbietern manifestieren. Die „Räuber" sind die Imitatoren, die in den Markt neu eintreten wollen. Bei einem hohen Beutebestand (großes Gewinngefälle unter den Anbietern) wird die Zahl der Imitatoren und Neueintretenden wachsen, bis das Gewinndifferential als Anreiz für dieses Wachstum schließlich erodiert ist und folglich die Imitatorenzahl schrumpft - so lange, bis eine neue Innovation wieder ein Anwachsen der „Beute" durch eine neue Innovatorenrente und ein nachfolgendes Gewinndifferential erzeugt.[7]

Die Grundversion der formalen Analyse des Räuber-Beute-Modells lautet folgendermaßen: Es bezeichne $x$ die Anzahl der Beutetiere und $y$ die Anzahl der Raubtiere. Die Wachstumsrate der Beutetiere

$$\frac{\dot{x}(t)}{x(t)} \text{ wobei } \dot{x}(t) := \frac{dx(t)}{dt},$$

wird durch eine Konstante $a$ ohne die Anwesenheit von Räubern beschrieben charakterisiert, und ist negativ linear korreliert zum Bestand der Räuberpopulation $y$, d. h.,

$$\frac{\dot{x}(t)}{x(t)} = a - by, \quad a \text{ und } b \text{ sind konstant und positiv.}$$

---

[7] Man könnte auch vorschlagen, für die „Beute" $x$ alternativ zum Gewinngefälle unter den Anbietern direkt die Höhe des gesamten Übergewinns aller Anbieter am Markt im Vergleich mit dem Fall vollkommener Konkurrenz zu verwenden, der im Lauf der Marktevolution gleichzeitig abnimmt und unter immer mehr Anbietern aufgeteilt wird. Streng genommen liegt dann insofern eine andere Situation vor als bei der Räuber-Beute-Modellierung mit zwei Spezies, als ein Innovator hier nicht die Beute wieder vergrößert durch ein steigendes Gewinngefälle, sondern eine ganz neue Beute $x_1$ erzeugt, wenn die ursprüngliche Beute $x_o$ erodiert ist. Da aber die „Beute" Innovatorenrente immer in Geldeinheiten gemessen wird, könnte man auch diese Vorgehensweise als gerechtfertigt ansehen.

Entsprechend gilt für die Wachstumsrate der Räuberpopulation

$$\frac{\dot{y}(t)}{y(t)} = -c + dy,$$

mit den konstanten und positiven Koeffizienten $c$ und $d$, d. h., die Population der Räuber schrumpft mit der Rate $c$, wenn keine Beutetiere da sind, und ist positiv korreliert mit dem Bestand an Beutetieren. Übersetzt auf die Situation der Innovationsdynamik bedeutet $x$ also die Höhe der Innovatorenrente und $y$ die Anzahl der Imitatoren, die auf den Markt drängen. Wenn $x$ groß ist, drängen viele Imitatoren auf den Markt. Dadurch wird $x$ kleiner, was aber zur Folge hat, daß die Anzahl der Imitatoren wieder abnimmt, bis schließlich $x$ so klein geworden ist, daß ein neuer Innovator aktiv wird und eine „neue Beute" erzeugt, also ein wachsendes $x$.

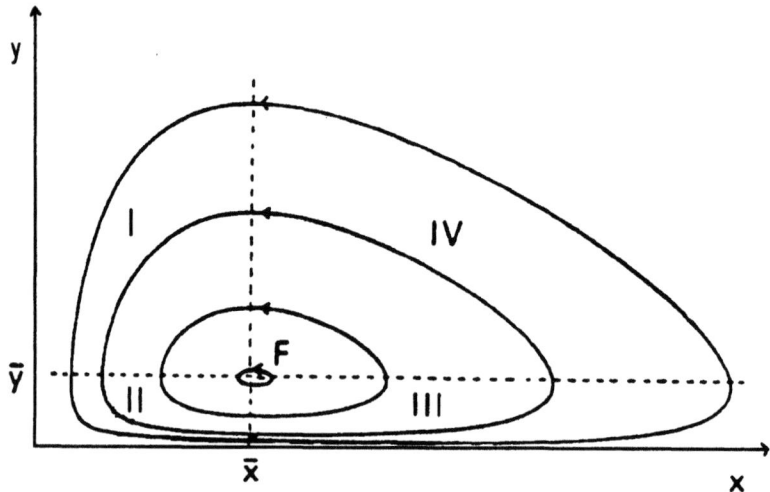

**Abb. 2.** Zyklische Trajektorien im Räuber-Beute-Modell (aus [14])

Die mathematische Analyse, auf die wir hier nicht im Detail eingehen wollen, zeigt, daß es nur einen „Fixpunkt" für dieses „gekoppelte Differentialgleichungssystem" gibt, nämlich $F = (x, y)$ mit $x = c/d$ und $y = a/b$. Nur in diesem Punkt $F$ des positiven Quadranten der $x - y$-Ebene verändern sich also die $x$- und die $y$-Werte über die Zeit nicht mehr. Startet man an einem anderen Punkt des positiven Quadranten, der verschieden von $F$ ist, entsteht eine Bewegung in der Ebene in Form einer geschlossenen Kurve („Trajektorie", „Pfad") um $F$ im Gegenuhrzeigersinn. Diese zyklischen Trajektorien müssen nicht kreisförmig oder elliptisch sein, durchlaufen aber immer alle vier Unterquadranten I, II, III und IV der Zeichenebene mit Ursprung in Punkt $F$. Abbildung 2 illustriert dies an einem Beispiel.

## 3.2 Je mehr, desto schneller: Das Replikatordynamik-Modell zur Erklärung des Selektionsprozesses bei mehreren konkurrierenden Innovationen

Im vorhergehenden Abschnitt 3.1 wurde mit dem Räuber-Beute-Modell ein Modellansatz zur Klärung des Entstehungs- und Verbreitungszusammenhangs von Innovationen vorgestellt. Damit wird eine Antwort auf die Fragen gegeben, welche Dynamik auf einem Markt entsteht, nachdem eine Produkt- oder Verfahrensinnovation realisiert wurde, und wie es wieder zu einer neuen Innovation kommt. In diesem Abschnitt soll nun der Frage nachgegangen werden, welche Marktstrukturen entstehen, wenn mehrere Konkurrenten um die wirtschaftliche Nutzung derselben Innovation kämpfen oder verschiedene Innovationen zur selben Problemlösung, also z. B. verschiedene neue Technologien, oder Verfahrensinnovationen, zur Herstellung desselben Produkts, auf einem Markt konkurrieren. Diesen Technologiewettbewerb zwischen mehreren Konkurrenten werden wir mit Hilfe des sogenannten Replikatormodells als Selektionsprozeß modellieren. Damit kann erklärt werden, ob und wie sich im Lauf des Prozesses eine Marktstruktur entwickeln kann, bei der am Ende des Prozesses nur noch ein Monopolist übrigbleibt (monomorpher Fall) oder aber mehrere Wettbewerber (polymorpher Fall).

Im folgenden wird eine vereinfachte Version des Replikatormodells für den Spezialfall mehrerer unterschiedlicher Verfahrensinnovationen zur Herstellung desselben Produkts vorgestellt (vgl. [7]). Ein Replikator ist in dieser Version also eine neue Produktionstechnologie. Zur Modellformulierung nehmen wir an, es gebe $n$ Firmen, die auf einem homogenen Produktmarkt mit dem (gleich noch näher zu bestimmenden) allgemeinen Marktpreis $p$ um die Nachfrager konkurrieren. Jede Firma $i$, $i = 1, \ldots, n$ wendet genau eine firmenspezifische Produktionstechnologie mit der Stückkostenfunktion $c_i$ an, ist also durch die Stückkostenfunktion $c_i$ vollständig gekennzeichnet. Der Produktmarktpreis $p$ sei gegeben als die durchschnittlichen und mit dem Marktanteil der jeweiligen Firma gewichteten Stückkosten, d. h. also,

$$p(t) = \sum_{i=1}^{n} s_i(t) \cdot c_i(t) =: \bar{c}(t),$$

wobei $s_i(t)$ den Marktanteil (auch: relative Häufigkeit oder Frequenz) von Firma $i$ zum Zeitpunkt $t$ angibt und $\bar{c}(t)$ die durchschnittlichen und mit dem Marktanteil der jeweiligen Firma gewichteten (mittleren) Stückkosten bezeichnet. Im folgenden wird das Zeitargument $t$ zur besseren Übersichtlichkeit der formalen Terme teilweise weggelassen. Firma $i$ produziert zum Zeitpunkt $t$ die Menge $x_i(t)$ des Produkts, die von der Produktionskapazität der Firma $i$ abhängt. Macht Firma $i$ einen Profit, so kann sie ihre Produktionskapazität erweitern gemäß der Funktion

$$g_i(t) = \alpha \cdot (p(t) - c_i(t)).$$

$g_i$ ist die Veränderungsrate der Kapazität von Firma $i$, $\alpha$ ist ein für alle Firmen gleicher Reaktionskoeffizient.

$$\bar{g}(t) = \sum_{i=1}^{n} s_i(t) \cdot g_i(t)$$

bezeichnet die durchschnittliche gewichtete, oder mittlere, Kapazitätsveränderungsrate. Die Replikatordynamik beschreibt die Änderungsdynamik des Marktanteils jeder der $n$ Firmen zunächst in Abhängigkeit von der Differenz der firmenspezifischen Kapazitätsänderungsrate $g_i$ und der mittleren Kapazitätsänderungsrate:

$$\frac{ds_i(t)}{dt} = s_i(t) \cdot (g_i(t) - \bar{g}(t)).$$

Durch Einsetzen erhält man unmittelbar die eigentliche Replikatordynamikgleichung, die eine Abhängigkeit der Änderungsdynamik des Marktanteils jeder der $n$ Firmen von ihrer Profitabilität, also der Differenz der firmenspezifischen Stückkosten und der mittleren Stückkosten, beschreibt:

$$\frac{ds_i(t)}{dt} = \alpha s_i(t) \cdot (\bar{c}(t) - c_i(t)).$$

Offensichtlich gilt auch

$$\frac{ds_i(t)}{dt} = \alpha s_i(t) \cdot (p(t) - c_i(t)).$$

so daß Firma $i$ gemäß der Replikatordynamik genau dann Marktanteile verliert, wenn $c_i > p$, und Marktanteile gewinnt, wenn $c_i < p$.

Nach dieser allgemeinen Modellierung der Strukturbildungsdynamik durch Technologiewettbewerb sollen in der weiteren Analyse konkrete Beispielfälle behandelt werden.

Im *ersten Fall* seien für alle Firmen konstante Skalenerträge, also konstante Stückkosten für alle Marktanteilswerte, angenommen. Wir können dann unter Verwendung obiger Gleichungen und der einfachen Tatsache $\sum_i s_i = 1$ die folgende Gleichungskette bilden

$$\frac{d\bar{c}(t)}{dt} = \sum_{i=1}^{n} c_i \cdot \frac{ds_i(t)}{dt} = \sum_{i=1}^{n} c_i \alpha s_i(t) \cdot (\bar{c} - c_i) =$$

$$= \alpha \cdot \sum_{i=1}^{n} s_i c_i \bar{c} - \alpha \cdot \sum_{i=1}^{n} c_i s_i c_i = \alpha \bar{c} \cdot \sum_{i=1}^{n} s_i c_i - \alpha \cdot \sum_{i=1}^{n} s_i c_i^2 =$$

$$= \alpha \bar{c}^2 - \alpha \cdot \left(\sum_{i=1}^{n} s_i\right) \cdot c_i^2 = \alpha \cdot \left(\sum_{i=1}^{n} s_i\right) \cdot \bar{c}^2 - \alpha \cdot \left(\sum_{i=1}^{n} s_i\right) \cdot c_i^2 =$$

$$= \alpha \cdot \sum_{i=1}^{n} s_i \cdot (\bar{c}^2 - c_i^2) = -\alpha \sigma^2(c_i),$$

wobei $\sigma^2(c_i)$ die statistische Varianz der Grundgesamtheit aller firmenspezifischen Kostenfunktionen bezeichnet.

Gilt nun als weitere Voraussetzung $-\alpha\sigma^2(c_i) < 0$, d. h., $\sigma^2(c_i) > 0$ und $d\bar{c}(t)/dt < 0$, d. h., die mittleren Kosten nehmen im Zeitverlauf proportional zur Varianz der Grundgesamtheit aller firmenspezifischen Kostenfunktionen ab, dann kann man in der Sprache der Evolutionstheorie davon sprechen, daß „die Fitness der Firmenpopulation im Zeitverlauf steigt". Diese Voraussetzung nennt man nach ihrem Schöpfer das Fischersche Fundamentaltheorem. Man spricht dann auch von progressiver Selektionsdynamik.

Für den *Spezialfall* $n = 2$ mit zwei Firmen $A$ und $B$ mit $c_A < c_B$ und $s_A + s_B = 1$ erhält man die folgende Marktdynamik:

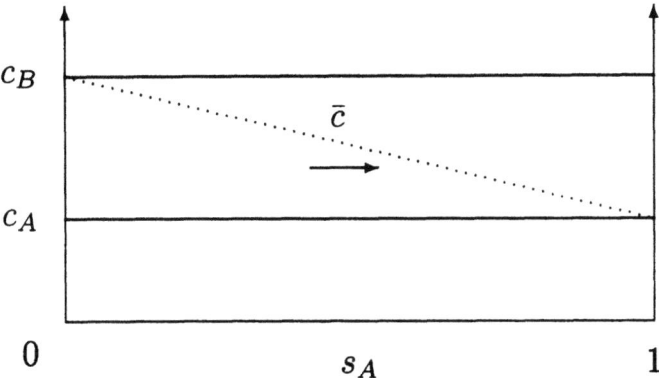

**Abb. 3.** Replikatordynamik im Fall $n = 2$ bei konstanten Skalenerträgen

Der Marktanteil von $s_A$ von Firma $A$ steigt im Strukturbildungsprozeß über die Zeit an, bis zum Schluß $A$ als Monopolist übrigbleibt. (Da im Diagramm keine Zeitachse eingezeichnet ist, wird der Prozeß durch Pfeile dargestellt.) Der Grund hierfür liegt in der Replikatordynamik, die wegen der konstanten Stückkosten von $A$, die über das gesamte Marktanteilintervall $s_A = 0$ bis 1 unter den mittleren Stückkosten liegen, $s_A$ ständig bis zum Wert 1 ausweitet.

Das *zweite Fallbeispiel* können wir aus Platzgründen nur kurz behandeln. Während im ersten Fallbeispiel die Stückkostenfunktionen der Firmen, also ihre „individuelle Fitneß", nicht vom eigenen Marktanteil abhängen, nehmen wir jetzt für beide Firmen $A$ und $B$ steigende Skalenerträge an, also für jede Firma linear fallende Stückkosten mit steigendem eigenen Marktanteil: $dc(s_i)/ds_i < 0$. Man sagt auch, „die Fitneß der Replikatoren (der Firmen) ist häufigkeits- oder frequenzabhängig", und bezeichnet diesen Fall als Feedback-Loop von der Makroebene (die relativen Häufigkeiten der Marktanteile) der aus den beiden Firmen bestehenden Modellökonomie zur Mikroebene (individuelle Fitneß). Abbildung 4 illustriert, daß jetzt die mittlere Stückkostenfunktion oder Fitneß der Firmenpopulation nicht mehr linear ist, obwohl die individuellen Stückkostenfunktionen linear sind.

Der Schnittpunkt $S$ beider individuellen Stückkostenfunktionen $c_A$ und $c_B$ ist ein Gleichgewicht (oder Fixpunkt) in dem Sinn, daß hier gemäß der obigen

Replikatordynamikgleichung keine Veränderungen in den Firmenmarktanteilen mehr stattfinden. $S$ ist zugleich aber ein instabiler Gleichgewichtspunkt bzw. ein Repellor, da jede (beliebig kleine) Abweichung von $s^*$ nach rechts gemäß der Replikatordynamikgleichung zum Marktanteil 1 für $A$ und jede (beliebig kleine) Abweichung von $s^*$ nach links gemäß der Replikatordynamikgleichung zum Marktanteil 1 für $B$ führt. Anders gesagt stellt $s^*$ einen Bifurkationspunkt dar. Auch hier kommt es also im Ergebnis des Strukturbildungsprozesses zu einem stabilen Monopol (monomorphe Lösung).

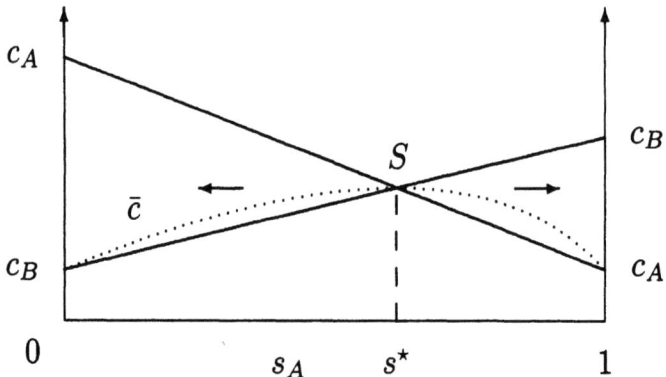

**Abb. 4.** Replikatordynamik im Fall $n = 2$ bei steigenden Skalenerträgen

Bei diesem Ergebnis fällt eine wichtige Besonderheit auf, die zwar empirischen Befunden entspricht, aber von den gängigen ökonomischen Optimierungsmodellen nicht nachvollzogen und erklärt werden kann: Der durch die Replikatordynamikgleichung bewirkte Strukturbildungsprozeß führt keineswegs immer zur gesamtwirtschaftlich effizienten Lösung, die durch das Monopol von $A$ (also $s_A = 1$) gegeben ist, weil $A$ als Monopolist wegen $c_A(1) < c_B(1)$ kostengünstiger produziert als $B$ als Monopolist. Weicht man nämlich von $s^*$ nach links ab, kommt es, wie gesagt, zum Monopol von $B$, obwohl $A$ als Monopolist zu geringeren Stückkosten produzieren würde, also „fitter" ist als $B$.

Der *dritte Fall* einer polymorphen Marktstruktur mit einer stabilen Koexistenz beider Konkurrenten am Markt in einem stationären Gleichgewicht (also $s_A > 0$ und $s_B > 0$) entsteht im Fall fallender Skalenerträge beider Firmen, wenn also mit zunehmendem eigenen Marktanteil die eigenen Stückkosten steigen. Dieser Fall kann hier aber nicht mehr ausführlich behandelt werden.

## 4 Zusammenfassung

Die Entwicklung, oder Evolution, einer Volkswirtschaft, oder allgemeiner gesagt, eines ökonomischen Systems, stellt den Hauptuntersuchungsgegenstand des neuen Zweigs der Evolutorischen Ökonomik dar. Technologische und andere Innovationen mit ökonomischen Auswirkungen treiben als zentraler Motor die ökonomische Evolution an. Da Innovationen auf neuem Wissen beruhen, oder auf einer neuen Anwendung bekannten Wissens, kommt dem Wissensstand der Akteure für die Evolution einer Volkswirtschaft eine zentrale Rolle zu. Worin die Bedeutung von Wissen für die Entwicklung einer Volkswirtschaft genau liegt, und welchen Entstehungs- und Verbreitungsbedingungen Wissen unterliegt, wird im ersten Abschnitt dieses Kapitels analysiert. Im zweiten Abschnitt lernt der Leser einige zentrale Theorieansätze der modernen Innovationsökonomik kennen, die im dritten Abschnitt durch zwei Grundmodelle der Evolutionsökonomik ergänzt werden, die zeigen, wie technologische Innovationen entstehen und sich ausbreiten und wie sie sich ökonomisch auswirken. Genauer beschreibt das „Räuber-Beute-Modell" den dynamischen Zusammenhang von Gewinnen und Innovations- und Imitationsaktivitäten in einer Branche, während das „Replikatordynamik-Modell" den Selektionsprozeß verschiedener Konkurrenten auf einem Markt analysiert. Der Verzicht auf die Unterstellung, alle Akteure handelten stets nach einem Optimierungskalkül, zahlt sich hier sichtbar aus: Die Modelle können Prozesse beschreiben, die zu nicht optimalen Zuständen führen, wie es auch in der Realität zu beobachten ist.

## Literaturverzeichnis

1. Abernathy WJ, Utterback JM (1978) Patterns of industrial innovation. Technology Review 80:40–47.
2. Blum U (1986) Growth poles and regional evolution. Jahrbuch für Sozialwissenschaft 37:325–353
3. Blum U (2003) Volkswirtschaftslehre, 4. Auflage. Oldenbourg-Verlag München
4. Blum U, Leibbrand F (Hrsg.) (2001) Entrepreneurship und Unternehmertum: Denkstrukturen für eine neue Zeit. Gabler, Wiesbaden
5. Boudeville JR (1972) Aménagement du territoire et polarisation. Paris
6. Brouwer E, Budil-Nadvornikova H, Kleinknecht A (1999) Are urban agglomerations a better breeding place for product innovation? An analysis of new product announcements. Regional Studies 33:541–549
7. Cantner U, Hanusch H (1997) Evolutorische Ökonomik - Konzeption und Analytik. WISU 8/9:776–785
8. Erlei M, Lehmann-Waffenschmidt M (2002) Curriculum Evolutorische Ökonomik. Lehrkonzepte zur Evolutorischen Ökonomik, Metropolis-Verlag, Marburg
9. Hägerstrand R (1952) The propagation of innovation waves. Lund Studies in Geography B
10. Hayek FA von (1969) Der Wettbewerb als Entdeckungsverfahren in: Freiburger Studien : 249–265.
11. Hayek FA von (1945) Die Verwertung des Wissens in der Gesellschaft, Englisch: The use of knowledge in society, American Economic Review 35:519–530
12. Heuss E (1965), Allgemeine Markttheorie. J.C.B. Mohr (Paul Siebeck), Tübingen

13. Hirschman AO (1958) The strategy of economic development. New Haven London
14. Hofbauer J, Sigmund K (1984) Evolutionstheorie und dynamische Systeme. Parey-Verlag Berlin Hamburg
15. Kleinknecht A (1990) Are there Schumpeterian waves of innovations?. Cambridge Journal of Economics 14:81–92
16. Kleinknecht A (2001) Kondratieff cycles. In: Michie J (ed) A readers guide to the social sciences. Fitzroy Dearborn Publishers, London
17. List F (1928) Das nationale System der politischen Ökonomie. Jena
18. Myrdal G (1964) Economic theory and under-developed regions. London
19. Nelson R, Winter S (1982) An evolutionary theory of economic change. The Belknap Press of Harvard University Press, Cambridge MA London
20. Perroux F (1964) L'économie du XXème siècle. Paris
21. Romer PM (1986) Increasing returns and long-run growth. Journal of Political Economy 94:1002–1037
22. Schumpeter J (1952) Theorie der wirtschaftlichen Entwicklung. August Rabe, Berlin
23. Smithers A, Wright S (2000) Valuing Wall Street: protecting wealth in turbulant markets. McGraw Hill, New York
24. Tidd J, Bessant J, Pavitt K (1997) Managing innovation. J. Wiley, Chichester
25. Tobin J (1969) A general equilibrium approach to monetary theory. Journal of Money, Credit and Banking
26. Vernon R (1966) International investment and international trade in the product life cycle. Quarterly Journal of Economics LXXX:190–207

# Mathematische Analyseinstrumente in den Wirtschaftswissenschaften

Alexander Karmann

Technische Universität Dresden, Fakultät Wirtschaftswissenschaften, Professor für VWL, insbes. Geld, Kredit und Währung
(Alexander.Karmann@mailbox.tu-dresden.de)

In diesem Beitrag werden einige grundlegende mathematische Verfahren vorgestellt, die häufig für die formalanalytische Behandlung ökonomischer Sachverhalte benötigt werden. Für eine ausführlichere Darstellung der jeweiligen Themengebiete sei auf [1] verwiesen.

## 1 Marginalbegriff und Elastizität

In der ökonomischen Diskussion kommt dem Marginalbegriff (Differentialbegriff), der einen funktionalen Zusammenhang $f$ zwischen exogenen Größen $x$ und endogenen Größen $y = f(x)$ näher charakterisiert, eine besondere Bedeutung zu. Der Marginalwert, auch das **Differential** genannt, gibt an, um wie viele Einheiten $df$ sich eine endogene Variable (nährungsweise) ändert, wenn eine exogene Variable $x$ an der Stelle $x = x_0$ um $dx$ Einheiten geändert wird. Formal lässt sich dieser Zusammenhang wie folgt ausdrücken:

$$df(x_0) \approx f'(x_0) \cdot dx.$$

Basierend auf dem Marginalbegriff baut der Elastizitätsbegriff auf. Die **Elastizität** $\varepsilon_{f,x_0}$ gibt an, um wie viele Prozent sich eine endogene Variable $y = f(x)$ bei einer einprozentigen Veränderung einer exogenen Variablen $x$ an der Stelle $x = x_0$ ändert. Es kann zwischen Bogen- und Punkt-Elastizität unterschieden werden, deren formale Darstellung folgende Gestalt hat:

- Bogen-Elastizität

$$\varepsilon_{f,x} := \frac{\Delta f(x)/f(x)}{\Delta x/x} := \frac{(f(\xi) - f(x))/f(x)}{(\xi - x)/x},$$

- Punkt-Elastizität

$$\varepsilon_{f,x} := \frac{df(x)/f(x)}{dx/x} := \frac{f'(x)}{f(x)} \cdot x.$$

Für $\Delta x = 1$ gibt die Bogenelastizität an, um wie viele Einheiten sich $f(x)$ ändert, wenn $x$ um eine Einheit variiert wird. Werden marginale Änderungen der Art $df(x)/dx$ betrachtet, so daß sich $\Delta x$ dem Grenzwert 0 nähert, kann die Bogen-Elastizität in die Punkt-Elastizität überführt werden. Aus der Definition ist weiterhin erkennbar, daß die Elastizität eine dimensionslose Größe ist. In Abhängigkeit des Betrages der Elastizität unterscheidet man zwischen verschiedenen Formen wie folgt:

| Betrag von $\varepsilon_{f,x}$ | $f(x)$ ist |
|---|---|
| $|\varepsilon_{f,x}| \to \infty$ | vollkommen elastisch |
| $|\varepsilon_{f,x}| > 1$ | elastisch |
| $|\varepsilon_{f,x}| = 1$ | proportional elastisch |
| $|\varepsilon_{f,x}| < 1$ | unelastisch |
| $|\varepsilon_{f,x}| = 0$ | vollkommen unelastisch (starr) |

Zur beispielhaften **Anwendung** des Elastizitätsbegriffs sei folgende Stückkostenfunktion gegeben:

$$k(x) = \frac{\ln(x+1) + 10}{x}.$$

Daraus folgt für die Grenzstückkosten

$$k' = \frac{[1/(x+1)] - k(x)}{x}$$

bzw. für die Elastizität

$$\varepsilon_{k,x} = \frac{1}{[(x+1)/x] \cdot [\ln(x+1) + 10]} - 1.$$

Auf Grund von $-1 < \varepsilon_{k,x} < 0$ ist die Stückkostenfunktion $k(x)$ im ökonomischen Sinne unelastisch.

## 2 Wachstumsraten

Es sei $X_t = X(t)$ eine von der Zeit $t \in \mathbb{R}_+$ abhängige endogene Variable, deren Werte zu diskreten Zeitpunkten $t \in \mathbb{N}_0$ beobachtet werden. Die **diskrete Wachstumsrate** wird dann wie folgt definiert:

$$w_1^d := \frac{X_t - X_{t-1}}{X_{t-1}}.$$

Der beobachtete Wachstumsprozeß von $X_t$ kann durch eine Differenzengleichung 1. Ordnung dargestellt werden:

$$X_t = X_{t-1}(1 + w_1^d).$$

Im Teilintervall $[t-\frac{1}{n}, t]$ wächst die Variable $X_{t-(1/n)}$ mit der diskreten Wachstumsrate

$$w_n^d := n \cdot \frac{X_t - X_{t-(1/n)}}{X_{t-(1/n)}}.$$

Es resultiert wieder eine Differenzengleichung 1. Ordnung:

$$X_t = X_{t-(1/n)} \left(1 + \frac{w_n^d}{n}\right).$$

Für das Intervall $[t-1, t]$ ergibt sich nach diesem Iterationsschritt folgende Differenzengleichung 1. Ordnung:

$$X_t = X_{t-1} \left(1 + \frac{w_n^d}{n}\right)^n.$$

Wird eine detailliertere Unterteilung vorgenommen und ist die Wachstumsrate auf den jeweiligen $n$ Teilintervallen stets konstant, so ergibt sich für $X_t$ ein exponentieller Wachstumsprozess:

$$X_t = X_0 \cdot e^{w_t^c} \quad \text{für alle } t \in \mathbb{R}_+$$

mit der **kontinuierlichen Wachstumsrate**

$$w^c = \frac{\dot{X}_t}{X_t},$$

wobei die Ableitung einer Größe $X_t$ nach der Zeit, $dX(t)/dt$, üblicherweise als $\dot{X}_t$ geschrieben wird. In vielen Bereichen der Güterproduktion stehen nur jährliche Beobachtungen der Folge $(X_t^d)_{t \in \mathbb{N}}$ zur Verfügung. Wie leicht zu zeigen ist, lassen sich approximativ für praktische Belange Fortschreibungen von $X_t$ auf Monatsbasis wie folgt konstruieren:

$$X_{t-(i/12)}^{mtl} := \left(1 + \frac{w_1^d}{12}\right)^{12-i} \cdot X_{t-1}, \quad i = 0, \ldots, 11.$$

Dabei ergibt sich jedoch eine Überschätzung des tatsächlichen Wachstumsverlaufs, d. h., $X_t^{mtl} > X_t$, die bei einer feineren Zeiteinteilung $n > 12$ noch stärker zunimmt.

Die exakten Beziehungen zwischen kontinuierlichen und diskreten Wachstumsraten eines Prozesses, bezogen auf eine Periode, lauten:

$$w_n^d = n \left(e^{\frac{w^c}{n}} - 1\right), \quad w_n^d > w^c.$$

## Ökonomische Anwendung: Loglineare Modelle

Um ein als Gleichgewichtssystem vorgegebenes ökonomisches Modell analytisch besser handhaben zu können, wird dieses häufig logarithmiert. Die vormals multiplikativen Zusammenhänge gehen dann in additive Verknüpfungen über. Die Ableitung einer **loglinearen Größe** nach der Zeit kann als Wachstumsrate interpretiert werden, da nach der Kettenregel gilt:

$$\frac{d\ln(X_t)}{dt} = \frac{d\ln(X_t)}{dX_t} \cdot \frac{dX_t}{dt} = \frac{\dot{X}_t}{X_t}.$$

Ein typisches Anwendungsbeispiel aus der Makroökonomik bildet die Quantitätsgleichung

$$M_t \cdot V_t = P_t \cdot Y_t,$$

die die Variablen $M$ (nominale Geldmenge), $V$ (Umlaufgeschwindigkeit des Geldes), $P$ (Preisniveau) und $Y$ (Realeinkommen) zueinander in Relation setzt. Das Logarithmieren dieser Gleichung liefert den additiven Zusammenhang

$$\ln(M_t) + \ln(V_t) = \ln(P_t) + \ln(Y_t).$$

Durch Differenzierung nach der Zeit ist es möglich, den aus der Quantitätsgleichung bekannten Zusammenhang unmittelbar in Wachstumsraten auszudrücken:

$$w_m^c(t) + w_v^c(t) = w_p^c(t) + w_y^c(t).$$

Nunmehr entspricht die Summe der Wachstumsraten von Geldmenge und Geldumlaufgeschwindigkeit der Summe der Wachstumsraten von Preisniveau und Realeinkommen. Dieser formale Zusammenhang wird unter anderem für die Geldmengensteuerung durch Zentralbanken genutzt. Unter Beachtung bestehender Prognosen für die Veränderung von Umlaufgeschwindigkeit und Realeinkommen, läßt sich aus dieser Gleichung ein inflationsneutrales Geldmengenwachstum berechnen (vgl. Abschnitt 4 aus dem Beitrag „Geldlehre").

## 3 Lagrange-Methode

In der ökonomischen Theorie werden häufig nichtlineare Optimierungsaufgaben unter Nebenbedingungen untersucht. Ein typisches Beispiel aus der Haushaltstheorie, in dem eine optimale Güterallokation gesucht wird, lautet wie folgt: Ein Haushalt mit einem Einkommen $m$ konsumiere zwei Güter $x_1$ und $x_2$, für die der Preisvektor $\mathbf{p} = (p_1, p_2)$ gelte. Der Nutzen des Haushaltes werde durch die Nutzenfunktion $U : \mathbb{R}_+^2 \to \mathbb{R}$:

$$U(x_1, x_2) = x_1^\alpha x_2^{1-\alpha}, \quad 0 < \alpha < 1$$

beschrieben. Unter der Budgetrestriktion

$$g(x_1, x_2) = p_1 x_1 + p_2 x_2 - m = 0$$

soll der Nutzen des Haushaltes maximiert werden. Dazu stellt man die sogenannte **Lagrangefunktion** $L$ auf, die sich aus der Summe der zu maximierenden Zielfunktion (hier die Nutzenfunktion) und der mit einem Lagrangemultiplikator $\lambda$ gewichteten Nebenbedingung(en) zusammensetzt:

$$L(x_1, x_2, \lambda) = x_1^\alpha x_2^{1-\alpha} + \lambda(p_1 x_1 + p_2 x_2 - m)$$

Die notwendigen Bedingungen (Bedingungen erster Ordnung) eines Optimums unter der gegebenen Restriktion sind durch die partiellen ersten Ableitungen der Lagrangefunktion nach $x_1$, $x_2$ und $\lambda$ der Form

$$\frac{\partial L}{\partial x_1} = 0, \quad \frac{\partial L}{\partial x_2} = 0, \quad \text{und} \quad \frac{\partial L}{\partial \lambda} = 0$$

ermittelbar. Es resultiert ein Gleichungssystem mit 3 Unbekannten und 3 Gleichungen. Die Auflösung dieses Systems liefert die optimale Konsumgüterkombination $(x_1^*, x_2^*)$, auch Marshallsche Nachfragefunktionen genannt:

$$x_1^* = x_1^*(p_1, p_2, m) = \frac{\alpha \cdot m}{p_1} \quad \text{und} \quad x_2^* = x_2^*(p_1, p_2, m) = \frac{(1-\alpha) \cdot m}{p_2}.$$

Für den Lagrange-Multiplikator folgt:

$$\lambda^* = -\frac{\alpha^\alpha \cdot (1-\alpha)^{1-\alpha}}{p_1^\alpha \cdot p_2^{1-\alpha}}.$$

Der Rechenweg kann bei Optimierungsproblemen der obigen Form durch Anwendung der monotonen Transformation $T := \ln$ auf die Nutzenfunktion stark vereinfacht werden.

Die hinreichende Bedingung für ein globales Optimum kann mit Hilfe des Satzes von Kuhn-Tucker überprüft werden. Auf eine weitergehende Darstellung wird an dieser Stelle verzichtet (vgl. [1], Abschnitt 12.3).

Der Lagrange-Multiplikator kann unter Nutzung des Einhüllendensatzes ökonomisch interpretiert werden. Der Wert des Lagrange-Multiplikators im Haushaltsoptimum $-\lambda^*$ misst (näherungsweise), um wie viele Einheiten sich der Wert der Nutzenfunktion $U$ an der Stelle $(x_1^*, x_2^*)$ ändert, wenn sich Einkommen $m$ um eine Einheit verändert wird (vgl. [1], Abschnitt 12.2). Mit anderen Worten gibt $-\lambda^*$ den Grenzzuwachs des Nutzenwertes $U$ an, wenn sich das Einkommen um eine Einheit erhöht („Grenznutzen des Einkommens").

## 4 Erwartungsnutzen und das Prinzipal-Agent-Modell

Das im letzten Abschnitt vorgestellte Beispiel basierte auf Konsumentenentscheidungen unter Sicherheit und vollständiger Information. Jedoch können die Konsumenten den Eintritt zukünftiger Umweltzustände zum Zeitpunkt ihrer Entscheidung nicht immer als sicher ansehen; so besteht zum Beispiel beim Kauf eines gebrauchten Autos über die Qualität *ex-ante* Unsicherheit bzw. liegt diesbezüglich Informationsasymmetrie zwischen Verkäufer und Käufer vor.

In der von Neumann-Morgensternschen Erwartungsnutzentheorie werden die unsicheren Erwartungen über zukünftige Ereignisse durch Wahrscheinlichkeitsverteilungen abgebildet, indem die Wirtschaftssubjekte unterschiedlichen Ereignissen eine bestimmte Eintrittswahrscheinlichkeit zuweisen. Im Fall des Autokaufes bedeutet dies, daß ein repräsentativer Haushalt mit einer Wahrscheinlichkeit von z. B. $p = 1/4$ erwartet, ein Auto schlechter Qualität zu erwerben, und mit der Gegenwahrscheinlichkeit $1 - p = 3/4$, ein Auto guter Qualität. Durch Bewertung der beiden Umweltzustände mit der Wahrscheinlichkeit ihres Eintrittes erhält der Haushalt seinen erwarteten Nutzen, auch **Erwartungsnutzen** genannt, aus dem Autokauf.

In der ökonomischen Theorie werden risikoliebende, risikoneutrale und risikoaverse Individuen unterschieden, deren Nutzenfunktion $U$ streng konvex, linear bzw. streng konkav ist. Für eine weitergehende Auseinandersetzung mit dieser Problematik sei auf [3] verwiesen.

Eine ökonomische Anwendung der Lagrange-Methode und des Erwartungsnutzens, das **Prinzipal-Agent-Modell**, soll nachfolgend ausführlich vorgestellt werden. In der Prinzipal-Agent-Theorie werden zwei Parteien mit unterschiedlichem Informationsstand betrachtet, wobei der - schlechter informierte - Prinzipal den - besser informierten - Agenten mit der Durchführung wirtschaftlicher Aktivitäten beauftragt. Die Entlohnung erfolgt über vertraglich festgelegte Zahlungen. Als Beispiele solcher Prinzipal-Agent-Verbindungen können die Beziehung von Unternehmen und Angestellten bzgl. der Arbeitsintensität, von Landbesitzer und Pächter bzgl. des Umgangs mit dem Pachtgegenstand, von Gläubiger und Schuldner bzgl. der Kreditverwendung und von Arzt und Patient bzgl. des Sorgfaltsniveaus bei der Behandlung angesehen werden.

Gemeinsames Merkmal dieser Prinzipal-Agent-Beziehungen ist, daß der Agent durch seinen Arbeitseinsatz $a$, wobei $0 \leq a \leq 1$ gilt, den monetären Ertrag $x$, mit $x \geq 0$, der Aktivität steuern kann. Die realisierte Höhe von $x$ ist gemäß einer Dichtefunktion $f(x,a)$ zufällig verteilt, wobei bei höherem Arbeitseinsatz $a$ ein höherer *Erwartungswert* des Ertrages realisiert wird, also:

$$\mu(a) := \int_0^\infty x \cdot f(x,a) \, dx \quad \text{mit} \quad \frac{d\mu(a)}{da} > 0 \quad \text{und} \quad \frac{d^2\mu(a)}{da^2} < 0.$$

Dabei bleibe die Varianz $\sigma^2$ von $a$ unbeeinflußt, d. h.,

$$\sigma^2 := \int_0^\infty (x - \mu(a))^2 \cdot f(x,a) \, dx \quad \text{für alle} \quad a.$$

Der Agent, der die Kosten $c(a)$ seines Arbeitseinsatzes, $dc(a)/da > 0$ und $d^2c(a)/da^2 \geq 0$, selbst trägt, wird nur dann in die Beziehung einwilligen, wenn sein Erwartungsnutzen $U^A$ seinem Mindestanspruch $u_0$, $u_0 \geq 0$, genügt, d. h., wenn $U^A \geq u_0$ erfüllt ist.

Im Fall symmetrischer Informationen (*first-best case*) kann der Prinzipal den Arbeitseinsatz $a$ des Agenten beobachten. Die vertraglich festgelegten Zahlungen des Prinzipals an den Agenten seien mit

$$S(x) := s \cdot x + F$$

gegeben, wobei $s$, mit $0 \leq s \leq 1$, die Beteiligung am Ertrag $x$ angibt und $F$ ein Fixum darstellt. Der Prinzipal wird diese Zahlungen so wählen, daß sein Erwartungsnutzen $U^P$ aus dem verbleibenden Ertrag $x - S(x)$ maximal wird. Darüber hinaus sieht der Vertrag nur Zahlungen an den Agenten vor, wenn dieser den für den Prinzipal optimalen Arbeitseinsatz $a^*$ gewählt hat. Für die Erwartungsnutzen $U^A$ und $U^P$ von Agent und Prinzipal wird nun folgende Abhängigkeit von den endogenen Größen $s$, $F$ des Vertrages und des Arbeitseinsatzes $a$ unterstellt:

$$U^A(s, F, a) := s \cdot \mu(a) + F - \sigma^2 \cdot \frac{\pi^A}{2} \cdot s^2 - c(a),$$

$$U^P(s, F, a) := (1-s) \cdot \mu(a) - F - \sigma^2 \cdot \frac{\pi^P}{2} \cdot (1-s)^2.$$

Auf eine eingehende Darstellung zur Ableitung von $U^A$ und $U^P$ aus einem Erwartungsnutzen-Ansatz werde an dieser Stelle verzichtet.

Wie unmittelbar ersichtlich, sind die Erwartungsnutzen $U^A$ und $U^P$, die für jeden Akteuer den individuellen Anteil am Ertrag $x$ zuzüglich bzw. abzüglich des gewährten Fixums beinhalten, durch einen *trade-off* zwischen Erwartungswert des Ertrages $\mu$ und Varianz $\sigma^2$ gekennzeichnet: $\mu$ wirkt erhöhend auf den Wert des Erwartungsnutzens, umgekehrtes gilt für $\sigma^2$. Dies gilt jedoch nur für den Fall $\pi^i > 0$, $i = A, P$, da für $\pi^i = 0$ kein Einfluss von $\sigma^2$ auf den Erwartungsnutzen $U^i$ des Akteures $i$ besteht. Daher wird das Verhalten der Partei $i$ auch **risikoneutral** genannt, wenn $\pi^i = 0$ ist, und **risikoavers**, wenn $\pi^i > 0$ ist. Darüber hinaus sind vom Agenten die Kosten seines Arbeitseinsatzes $c(a)$ aufzuwenden.

Der Prinzipal maximiert seine Erwartungsnutzenfunktion $U^P$ unter Beachtung der Teilnahmerestriktion $U^A \geq u_0$ des Agenten. Eine Berechnung der expliziten Lösung erlaubt die Lagrange-Methode. Die zugehörige Lagrange-Funktion lautet:

$$L(s, F, a, \lambda) = U^P(s, F, a) + \lambda \cdot (U^A(s, F, a) - u_0).$$

Damit lässt sich die *first-best*-Lösung $(s^*, F^*, a^*)$ durch partielle Differentiation von $L(s, F, a, \lambda)$ wie folgt ermitteln:

$$L_F := \frac{\partial L(s, F, a, \lambda)}{\partial F} = \frac{\partial U^P(s, F, a)}{\partial F} + \lambda \cdot \frac{\partial U^A(s, F, a)}{\partial F} = 0,$$

$$L_s := \frac{\partial L(s,F,a,\lambda)}{\partial s} = \frac{\partial U^P(s,F,a)}{\partial s} + \lambda \cdot \frac{\partial U^A(s,F,a)}{\partial s} = 0,$$

$$L_a := \frac{\partial L(s,F,a,\lambda)}{\partial a} = \frac{\partial U^P(s,F,a)}{\partial a} + \lambda \cdot \frac{\partial U^A(s,F,a)}{\partial a} = 0,$$

$$L_\lambda := \frac{\partial L(s,F,a,\lambda)}{\partial \lambda} = U^A(s,F,a) - u_0 = 0.$$

Aus der ersten Gleichung folgt unmittelbar $\lambda^* = 1$, da die partielle Differentiation von $U^P$ und $U^A$ ergibt:

$$\frac{\partial U^P(s,F,a)}{\partial F} = -\frac{\partial U^A(s,F,a)}{\partial F}.$$

Damit liefert die dritte Gleichung eine Charakterisierung des optimalen Arbeitseinsatzes $a^*$ der Art

$$\frac{d\mu(a^*)}{da} = \frac{dc(a^*)}{da}.$$

Die optimale vertragliche Ertragsbeteiligung $s^*$ errechnet sich aus der zweiten Gleichung

$$-\mu(a^*) + \pi^P \cdot \sigma^2 \cdot (1-s^*) + \mu(a^*) - \pi^A \cdot \sigma^2 \cdot s^* = 0,$$

also

$$s^* = \frac{\pi^P}{\pi^P + \pi^A}.$$

Die vierte Gleichung liefert nunmehr jenes $F^*$, das dem Agenten gerade das Mindestnutzenniveau $u_0$ garantiert. Ist der Prinzipal risikoneutral ($\pi^P = 0$), so ist $s^* = 0$. Damit trägt der Prinzipal das gesamte Risiko des zufallsbehafteten Einkommens $x$ und zahlt dem Agenten einen Festbetrag $F^*$. Ist im Gegenzug der Agent risikoneutral ($\pi^A = 0$), so ist $s^* = 1$. In diesem Fall trägt der Agent das Einkommensrisiko, während der Prinzipal vollständig abgesichert ist und einen festen Betrag als Anteil aus der Vertragsbeziehung einbehält. Sind Prinzipal und Agent risikoavers, wird das Einkommensrisiko gemäß $s^*$, $0 < s^* < 1$, auf beide Akteure aufgeteilt; $s^*$ für den Agenten und $1-s^*$ für den Prinzipal.

Im Fall asymmetrischer Informationen (*second-best case*) ist der Arbeitseinsatz des Agenten für den Prinzipal nicht beobachtbar. Der Agent wird dann jenen Arbeitseinsatz $a$ wählen, der bei gegebenem Vertrag, charakterisiert durch $s$ und $F$, seinen Erwartungsnutzen $U^A(s,F,a)$ maximiert:

$$\frac{\partial U^A(s,F,a)}{\partial a} = 0.$$

Dies kann direkt zu

$$s \cdot \frac{d\mu(a)}{da} = \frac{dc(a)}{da}$$

als Charakterisierung von $a(s)$ umgeformt werden. Die funktionale Abhängigkeit $a(s)$ wird auch als Reaktionsfunktion des Agenten bezeichnet.

Zur Ermittlung der (second-best-) Lösung $(s^\circ, F^\circ, a(s^\circ))$ der Prinzipal-Agent-Beziehung wird die Reaktionsfunktion $a(s)$ in die Lagrange-Funktion $L(s, F, a(s), \lambda)$ eingesetzt. Die Lagrange-Funktion lautet nun:

$$L^\circ(s, F, \lambda) := L(s, F, a(s), \lambda) = U^P(s, F, a(s)) + \lambda \cdot (U^A(s, F, a(s)) - u_0).$$

Analoges Vorgehen liefert mit

$$L_F^\circ := \frac{\partial L(s, F, a(s), \lambda)}{\partial F} = \frac{\partial U^P(s, F, a(s))}{\partial F} + \lambda \cdot \frac{\partial U^A(s, F, a(s))}{\partial F} = 0,$$

$$L_s^\circ := \frac{\partial L(s, F, a(s), \lambda)}{\partial s} = \frac{\partial U^P(s, F, a(s))}{\partial s} + \lambda \cdot \frac{\partial U^A(s, F, a(s))}{\partial s} = 0,$$

$$L\lambda^\circ := \frac{\partial L(s, F, a(s), \lambda)}{\partial \lambda} = U^A(s, F, a(s)) - u_0 = 0.$$

wiederum $\lambda^\circ = 1$ aus der ersten Gleichung. Aus der zweiten folgt unmittelbar

$$\frac{d\mu(a)}{da} \cdot \frac{da(s)}{ds} - \frac{dc(a)}{da} \cdot \frac{da(s)}{ds} - \sigma^2 \cdot ((\pi^P + \pi^A) \cdot s - \pi^P) = 0$$

bzw. nach Einsetzen der Reaktionsfunktion und Auflösen nach $s^\circ$:

$$s^\circ = \left[\pi^P + \frac{(d\mu(a)/da) \cdot (da(s)/ds)}{\sigma^2}\right] / \left[\pi^P + \pi^A + \frac{(d\mu(a)/da) \cdot (da(s)/ds)}{\sigma^2}\right].$$

Der optimale Arbeitseinsatz $a$ ist damit gleich $a(s^\circ)$, während sich $F^\circ$ wieder aus der letzten Gleichung herleiten lässt.

Ein Vergleich zwischen First- und Second-best-Lösung zeigt, daß aufgrund der Positivität der Konstanten gilt:

$$s^\circ \geq s^*.$$

Der Prinzipal versucht bei Vorhandensein asymmetrischer Informationen, durch höhere Entlohnungsanreize $s^\circ$ den Arbeitseinsatz des Agenten tendentiell zu erhöhen. Ist dieser risikoavers ($\pi^A > 0$), so folgt wegen $d\mu(a)/da < 0$, daß $s^\circ > s^*$ gilt. Aus den Charakterisierungen des First- bzw. Second-best-Arbeitseinsatzes $a^*$ bzw. $a(s^\circ)$ folgt schließlich zusammen mit den Vorzeichen der Ableitung von $\mu$ und $c$ bzgl. $a$:

$$a(s^\circ) < a^*.$$

Der risikoaverse Agent wird also bei asymmetrischer Information trotz höherer Erfolgsbeteiligung einen geringeren Arbeitseinsatz $a$ leisten, als wenn der Prinzipal den Arbeitseinsatz direkt beobachten kann (symmetrische Information). Ist der Agent jedoch risikoneutral ($\pi^A = 0$), folgt $s^\circ = s^* = 1$. Es kann ferner gezeigt werden, daß dann auch die Arbeitseinsätze übereinstimmen, so daß Second-best- und First-best-Lösung identisch sind.

## 5 Implizites Funktionentheorem und komparative Statik

Eine Vielzahl ökonomischer Modelle wird durch Gleichungssysteme beschrieben, deren Lösungen Gleichgewichtswerte heißen:

$$F_i(x_1, \ldots, x_n, y_1, \ldots, y_m) = 0, \quad i = 1, \ldots, m$$

oder vereinfacht

$$F(\mathbf{x}, \mathbf{y}) = 0,$$

wobei der Vektor $\mathbf{x} = (x_1, \ldots, x_n)$ gewisse Modellparameter enthält. Die Gleichgewichtswerte werden auch mit $\mathbf{y}^* = (y_1^*, \ldots, y_m^*)$ bezeichnet. Insbesondere ist die funktionale Abhängigkeit der Lösung vom Parametervektor $x$

$$\mathbf{y}^* = f(\mathbf{x})$$

von Interesse. Der durch $f$ *explizit* gegebene Zusammenhang zwischen Parametern und Gleichgewichtswerten wird durch $F$ *implizit* beschrieben. Er gibt gerade den Effekt an, den eine Veränderung eines oder mehrerer Shiftparameter $x_1, \ldots, x_n$ auf Gleichgewichtswerte von $\mathbf{y}$ hat; etwa die Veränderung von $y_k$ bezüglich einer Parameteränderung $x_j$, also $\partial y_k / \partial x_j$. Die Analyse dieses Effektes wird in der Ökonomie auch als **komparative Statik** bezeichnet.

Zunächst soll dieses Problem für reelle Variablen $x, y \in \mathbb{R}$ untersucht und anschließend auf den mehrdimensionalen Fall verallgemeinert werden.

Sei $F : X \times Y \to \mathbb{R}$ stetig differenzierbar mit der offenen Teilmenge $X \times Y \in \mathbb{R}^2$. Kann die implizite Beziehung $F(x, y) = 0$ von $x$ nach $y$ explizit nach einer differenzierbaren Funktion $f : X \to \mathbb{R}$ aufgelöst werden,

$$F(x, f(x)) = 0,$$

und wird noch die Funktion $g = (g_1, g_2) := (x, f(x))$ definiert, dann gilt nach der mehrdimensionalen Kettenregel (vgl. [1], Satz 11.4) für alle $x$:

$$(D(F \circ g))(x) = \left(\frac{\partial F}{\partial x}(x, y), \frac{\partial F}{\partial y}(x, y)\right) \circ \begin{pmatrix} 1 \\ \frac{df}{dx}(x) \end{pmatrix} =$$
$$= \frac{\partial F}{\partial x}(x, y) + \frac{\partial F}{\partial y}(x, y) \cdot \frac{df}{dx}(x) = 0.$$

Die Funktion $f$ kann also durch die Gleichung

$$\frac{df}{dx} = -\frac{\partial F / \partial x}{\partial F / \partial y} = -\left(\frac{\partial F}{\partial y}\right)^{-1} \cdot \left(\frac{\partial F}{\partial x}\right)$$

charakterisiert werden. Die eben unterstellte Existenz einer derartigen Funktion $f$ ist unter gewissen Bedingungen gesichert, wie im nachfolgenden Satz ausgeführt wird. Dieser Satz verallgemeinert die Fragestellung von Existenz und Charakterisierung einer Lösung $f$ auf den mehrdimensionalen Fall. Eine solche Lösung ist allerdings nur lokal bestimmt.

**Satz (Implizites Funktionentheorem):**
*Es seien $X \subseteq \mathbb{R}^n$ und $Y \subseteq \mathbb{R}^m$ offene Mengen und $F : X \times Y \to \mathbb{R}^m$ eine total differenzierbare Funktion mit $F(x^*, y^*) = 0$ für einen Punkt $(x^*, y^*) \in X \times Y$. Ferner sei die Matrix der partiellen ersten Ableitungen von $F$ invertierbar. Weiter existieren offene Kugeln $U \subseteq X$ um $x^*$ und $V \subseteq Y$ um $y^*$ und eine stetige Funktion $f : U \to V$ mit $f(x^*) = y^*$ und $F(x, f(x)) = 0$ für alle $x \in U$. Dann ist $f$ in $x^*$ differenzierbar, und für die Matrix ihrer partiellen ersten Ableitungen gilt folgende Berechnungsvorschrift:*

$$(Df)(x^*) = \left(\frac{\partial f_k}{\partial x_j}(x^*)\right)_{\substack{1 \leq k \leq m \\ 1 \leq j \leq n}} =$$

$$= -\left(\frac{\partial F_i}{\partial y_k}(x^*, y^*)\right)^{-1}_{\substack{1 \leq i \leq m \\ 1 \leq k \leq m}} \circ \left(\frac{\partial F_i}{\partial x_j}(x^*, y^*)\right)_{\substack{1 \leq i \leq m \\ 1 \leq j \leq n}}.$$

Eine typische **Anwendung** bietet das Keynessche **IS-LM-Modell** (vgl. Abschnitt 2.3 im Beitrag „Makroökonomisches Gleichgewicht"). Dazu werde angenommen, daß sich an Geld- und Gütermarkt jeweils ein Gleichgewicht, also eine Übereinstimmung von Angebot und Nachfrage, bei einer bestimmten Kombination von Zinssatz $i$ und realem Volkseinkommen $Y$ einstellt, wobei es genau eine Kombination von $i$ und $Y$ gibt, bei der sich beide Märkte simultan im Gleichgewicht befinden. Durch die Veränderung der betrachteten Parameter Geldmenge $M$, Staatsausgaben $G$ und Preisniveau $P$ wird auch die Gleichgewichtskombination $(i^*, Y^*)$ variiert. Um eine Zunahme des gleichgewichtigen realen Volkseinkommens zu erreichen, ist für den politischen Entscheidungsträger nunmehr die konkrete Steuerung der Variablen von Interesse. Zu diesem Zweck kann das implizite Funktionentheorem angewendet werden. Dabei werden die Gleichgewichtswerte von Marktzinssatz $i$ und realem Volkseinkommen $Y$ durch die Gleichgewichtsbedingungen an Gütermarkt

$$F_1(G, M, Y, i) := S(Y) - I(i) - G = 0$$

und Geldmarkt

$$F_2(G, M, Y, i) := L(Y, i) - \frac{M}{P} = 0$$

beschrieben, wobei $S(Y)$ die Sparfunktion, $I(i)$ die Investitionsfunktion und $L(Y, i)$ die Geldnachfragefunktion bezeichnen. Die Werte der exogenen Variablen $G$, $M$ und $P$ sind fest vorgegeben. Das reale Volkseinkommen $Y$ übt einen positiven Einfluß auf Ersparnis $S$ bzw. Geldnachfrage $L$, und der Zinssatz $i$ einen negativen Einfluß auf Investitionen $I$ bzw. Geldnachfrage $L$ aus, d. h.,

$$\frac{dS}{dY}(Y) > 0, \quad \frac{dI}{di}(i) < 0, \quad \frac{\partial L}{\partial Y}(Y, i) > 0, \quad \frac{\partial L}{\partial i}(Y, i) < 0.$$

Anhand des impliziten Funktionentheorems kann die Wirksamkeit wirtschaftspolitischer Maßnahmen wie folgt abgeleitet werden. In der Fiskalpolitik wird u. a. der Einfluß der Staatsausgaben $G$ auf das Gleichgewicht $(i^*, Y^*)$ und in der Geldpolitik analog der Einfluß von $M$ auf $(i^*, Y^*)$ untersucht. Es gilt:

$$\begin{pmatrix} \partial Y/\partial G & \partial Y/\partial M \\ \partial i/\partial G & \partial i/\partial M \end{pmatrix} = - \begin{pmatrix} \partial F_1/\partial Y & \partial F_1/\partial i \\ \partial F_2/\partial Y & \partial F_2/\partial i \end{pmatrix}^{-1} \circ \begin{pmatrix} \partial F_1/\partial G & \partial F_1/\partial M \\ \partial F_2/\partial G & \partial F_2/\partial M \end{pmatrix} =$$

$$= -\frac{1}{\Delta} \cdot \begin{pmatrix} -\partial L(Y,i)/\partial i & -(1/p) \cdot dI(i)/di \\ \partial L(Y,i)/\partial Y & -(1/p) \cdot dS(Y)/dY \end{pmatrix}.$$

Die Determinante der zu invertierenden Matrix lautet:

$$\Delta := \frac{dS}{dY}(Y) \cdot \frac{\partial L}{\partial i}(Y,i) + \frac{dI}{di}(i) \cdot \frac{\partial L}{\partial Y}(Y,i),$$

womit also $\Delta < 0$ gilt. Die Wirkung der exogenen Größen $G$ und $M$ auf die endogenen Variablen $Y$ und $i$ lassen sich anhand dieser Überlegungen wie folgt charakterisieren:

$$\frac{\partial Y}{\partial G}(G,M) > 0, \quad \frac{\partial Y}{\partial M}(G,M) > 0, \quad \frac{\partial i}{\partial G}(G,M) > 0, \quad \frac{\partial i}{\partial M}(G,M) < 0.$$

## Literaturverzeichnis

1. Karmann A (2000) Mathematik für Wirtschaftswissenschaftler, 4.Auflage. Oldenbourg-Verlag, München
2. Karmann A (1992) Prinzipal-Agent-Modelle und Risikoallokation, Wirtschaftswissenschaftliches Studium, Heft 21: 557–562
3. Kreps DM (1994) Mikroökonomische Theorie, Verlag Moderne Industrie, Landsberg/Lech und Harvester Wheatsheaf, Hemel Hempstead

# Index

Abwertung, 178, 179, 186, 187
Agrarprodukte, 102, 116
Allokation, 8, 23–25, 38, 41–43, 51
   Allokationsproblem, 22, 24, 40
   Gleichgewichtsallokation, 25, 37, 40–42
   Verfahren, 8, 23, 24, 43
   Verteilungsproblem, 22, 25, 40, 42
Angebotsfunktion, 35–36, 39
   Marktangebot, 36–37, 49
   partielle, 37
Arbeitsproduktivität, 161, 162, 164, 168
Arbitrage, 178–181, 183
Arrow, Kenneth, 77
Aufwertung, 175, 178, 209
Auktionen, 117
Austauschverhältnis
   international, 162, 165, 167, 170

Bain, J., 61
Barone, Enrico, 212
Beauty Contest, 117
Bedürfnis, 5, 8
Bertrand, Joseph, 62, 68
Bertrand-Gleichgewicht, 68
Bodin, Jean, 124
Bruttosozialprodukt, 190, 194–197, 200
   pro Kopf, 189, 190, 192–193, 196–199, 201
   Wachstum, 190, 191, 193, 195
Buchanan, James M., 103
Budgetmaximierung, 111–113
Budgetmenge, 25–28, 30, 31
Bürokraten, 111–114, 117

Bundesrechnungshof, 113

Chamberlin, Edward H., 61, 62
Clarke-Mechanismus, 110
Coase, Ronald, 84, 85
Cournot, Augustin, 61, 62
Cournot-Nash-Gleichgewicht, 57–60, 68
Cournot-Nash-Reaktionshypothese, 56–58
   Reaktionskurve, 57–59
Cournot-Punkt, 54, 55

Deduktion, 16–18
Demokratie, 103, 104, 107, 109, 110
Differential, 221
Diversifikation, 50
Downs, Anthony, 105

Elastizität
   Einkommenselastizität, 33
   Kreuzpreiselastizität, 34, 47
   Preiselastizität, 33, 37, 47
Empirismus, 14
Entrepreneur, 203, 210
Ethik, 11–12
Europäische Zentralbank, 121, 126, 133–136
   Aufgaben, 133–134
   Ziele, 134–135
   Zwei-Säulen-Konzept, 135, 136
Evolution, 63, 203, 211, 213, 217, 218
   Evolutionsökonomik, 62, 203, 209, 219
   Evolutorischer Prozeß, 49, 60

Irreversibilität, 209
Exportmultiplikator, 209
Externalität, 9, 42, 44, 101, 102, 169, 199–201, 205, 210

Faktorausstattung, 160, 161, 164–167, 172
Faktorintensität, 166
Finanzwissenschaft, 102, 103
Fisher, Irving, 124
Freihandelsabkommen, 171
Friedman, Milton, 124, 130
Fusion, 46–47, 50–51, 60, 70

G7-Länder, 190
Geld
  Angebot, 176, 179, 180, 186
  Geldillusion, 155
  Geldpolitik, 121, 122, 133–136
  Geldtheorie, 122, 130
  Nachfrage, 176, 179
  Neutralität, 176–177
Geldangebot, 121, 122, 127, 129–130, 132, 136
Geldeigenschaften, 124
Geldfunktionen, 122–124
  Recheneinheit, 123
  Tauschmittelfunktion, 123, 133
  Wertaufbewahrungsmittel, 123, 125, 127, 133
Geldmarkt, 146, 151–153, 155
Geldmarktgleichgewicht, 136
  LM-Kurve, 130–132
Geldmenge, 121, 122, 124–126, 130–132, 135, 136
  Geldmengenabgrenzungen, 124, 125
Geldnachfrage, 121, 122, 126–132, 136
  Spekulationsmotiv, 127–130, 132
  Transaktionsmotiv, 127–128, 130
  Vorsichtsmotiv, 127–128
Gewaltenteilung, 119
Gewinn
  Gewinndifferential, 212
  Gewinngefälle, 212
  Gewinnmaximierung, 34–36, 43, 51, 54–58, 66, 67
  Gewinnstreuung, 212
Gleichgewicht, 21, 24, 37, 38, 40, 41, 65, 145–157

Arbeitsmarkt, 146–148, 155
Arbeitsmarktgleichgewicht, 161
AS-AD-Modell, 155
  crowding out, 156
  außenwirtschaftliches, 145
Bertrand-Gleichgewicht, 68
Cournot-Nash-Gleichgewicht, 57–60, 68
Geldmarkt, 130–132, 136, 151–153
Geldmarktgleichgewicht, 176
Gleichgewichtsallokation, 25, 37, 40–42, 53
IS-LM-Modell, 231
Kapitalmarkt, 151–153
kompetitives, 36–43, 53
simultanes, 146, 152, 158
Stabilitätseigenschaft, 59
Vollbeschäftigung, 165
vollständiges, 146
Globalisierung, 159, 171
Gossen, Hermann H., 14
Grenzrate der Substitution, 28, 29
Gut, 5–7
  Clubgut, 7, 205
  freies, 49
  meritorisches, 7
  normales, 31–33
  öffentliches, 7, 43, 44, 101, 108–110, 115, 116, 169, 199, 205
  privates, 7
  Umweltgut, 4, 23, 43
Güterangebot
  gesamtwirtschaftlich, 149, 155, 157
Güternachfrage, 153, 156
  gesamtwirtschaftlich, 153, 154

Häufigkeit, 93–94
Hayek, Friedrich v., 15, 45
Heckscher, Eli F., 164
Heckscher-Ohlin-Modell, 168–170
Heckscher-Ohlin-Theorem, 165–167, 172
Hotelling, Harold, 62, 105
Hume, David, 124

Imitator, 203, 204, 210–214, 219
Indifferenzkurve, 27–30
Induktion, 16, 17
Industrieökonomik, 61–80
  alte, 62

neue, 62, 66
Inflationsrate, 176, 179, 183, 187
Information
  asymmetrische, 97
  unvollkommene, 76-77
  unvollständige, 76-77
Innovation, 63, 78-80, 203-219
  Basisinnovation, 205
  Innovationstheorie, 207-209
  Innovationsökonomik, 203, 219
  Produktinnovation, 49, 77, 211
  Prozeßinnovation, 77
  Verbesserungsinnovation, 205
  Verfahrensinnovation, 78, 211
Institutionenökonomik
  Neue, 84, 91, 98
Interessengruppen, 102, 103, 114-119
Investition, 193-197, 200
  Verschleiß, 194, 196

Jevons, William S., 14

Kapitalmarkt, 149-152, 155
  Gleichgewicht, 149-151
  IS-Kurve, 150
Kartellbildung, 45, 46, 50-52, 60, 70-73
Kaufkraftparität
  absolute, 178, 179
  relative, 179
Knappheit, 5, 6, 11, 22, 28
Kollusion, 70-73
Komparative Statik, 230
Komplexität, 94
Korruption, 119
Kosten
  versunkene, 65, 76
Kostenfunktion, 34-37, 42, 43
  Durchschnittskosten, 35, 36, 63-65, 74, 77, 80, 215-218
  Fixkosten, 35, 36, 63
  Grenzkosten, 35, 36, 40, 41, 61, 64, 65, 67, 69, 71, 73, 75, 77, 78
Kostenvorteil
  absolut, 164, 169
  komparativ, 163, 164, 172

Lagrange-Methode, 224, 226, 227
  Lagrangefunktion, 225, 229
  Lagrangemultiplikator, 225

Leibenstein, Harvey, 114
Lernkurveneffekt, 206, 207
Limit Pricing-Modell, 73-75
Liquiditätseffekt, 154
List, Friedrich, 204
Lizenz, 79, 116-118
  UMTS-Lizenz, 117
Lobbying, 103, 114-119

Marktformen, 46-48, 79
  angreifbare, 64
  Monopol, 53-56
  monopolistische Konkurrenz, 61
  Oligopol, 56-60
  vollkommener Wettbewerb, 53, 78
Marktobjekte, 46-47
Marktphasen, 210
Marktstruktur, 61, 62, 65, 70, 215
  Änderungen, 48-53
  monomorphe, 215, 218
  polymorphe, 215, 218
Marktversagen, 101
Marshall, Alfred, 14, 124, 127
Marx, Karl, 13
Medianwähler, 106, 107, 109-111
Medianwählertheorem, 103-107
Mindestbedarf, 5
Mises, Ludwig v., 15
Monopol, 48, 51, 53-56, 63, 78, 101
  natürliches, 53, 63-66
Monopson, 49
Moral, 11-12
Morgenstern, Oskar, 62
Musgrave, Richard, 102

Nachfragefunktion, 31-34, 39
  Marktnachfrage, 36-37, 39, 49, 54
  partielle, 32, 37
Nash, John, 62
Nelson, Richard, 62
Neumann, John v., 62
Nicht-Ausschließbarkeit, 108
Nicht-Rivalität, 108
Niskanen, William, 111
Nutzenfunktion, 27-31, 33, 37, 38, 42, 43
  Erwartungsnutzen, 225-229
  risikoavers, 227-229
  risikoneutral, 227-229

Ohlin, Bertil, 164
Oligopol, 48, 51–53, 56–60, 66–70, 79
  Bertrand-Modell, 68–70
  Preisführerschaft, 52
  Stackelberg-Modell, 66–68
Olson, Mancur, 115
Opportunitätskosten, 2
Optimierung, 2

Pareto, Vilfredo, 14
Pareto-Effizienz, 8, 53, 65, 66, 78
Pareto-Kriterium, 101, 102, 110
  Effizienz, 168, 172
  Effizienzgewinne, 159, 167–170
  Pareto-Verbesserung, 172
Parteien, 102–107, 109, 114, 118
Patentrennen, 79
Pigou, Arthur, 14, 124, 127
Predatory Pricing-Strategie, 75
Preis-Absatz-Funktion, 54
Preisführerschaft, 70–71
  barometrische, 71
Preisniveau, 176–179, 186
Prinzipal-Agent-Modell, 225–229
Produktionsfunktion, 191–194, 200
  Cobb-Douglas, 192, 200
  Elastizität, 192
  Faktor, 7, 8, 191, 192, 196, 201
    Arbeit, 191–194, 196, 200
    Kapital, 191–197, 199–201
    Produktivität, 191–194, 198, 200, 201
  gesamtwirtschaftlich, 147–149
  neoklassisch, 148, 155
  Skalenerträge, 200
Produktionsmöglichkeitskurve, 161, 162, 165, 166, 169, 170
Produktlebenszyklus, 208–211
Public Choice, 101, 103

Quantitätstheorie, 121, 124–127, 136
Quesnay, Francois, 13

Räuber-Beute-Modell, 203, 211–214, 219
Rationalismus, 14
  kritischer, 15
Rationalitätsprinzip, 8
Realkasseneffekt, 154

Reallohn, 146–148, 155
Rent-Seeking, 115–119
Replikatordynamik-Modell, 204, 211, 214–219
  Repellor, 218
  Replikatordynamik, 216–218
  Selektionsdynamik, 217
Ricardianisches Modell, 160–162, 165, 168, 169
Ricardo, David, 13, 42, 124, 160, 164, 168
Risiko
  Risikoaversion, 227–229
  Risikoneutralität, 182, 227–229

Samuelson-Regel, 109
Say, Jean B., 13
Schmoller, Gustav F., 15
Schumpeter, Joseph, 204
Self-commitment, 75–76
Smith, Adam, 13, 25
Sozialprodukt, 139, 141, 143, 145–147, 149, 150, 155
  Nettosozialprodukt, 139, 140, 143
  zu Faktorkosten, 142
  zu Marktpreisen, 142
  Volkseinkommen, 140–143, 147–149, 151, 153, 155, 156
Spezialisierung
  teilweise, 165
  vollständige, 162, 163, 165
Spezifität, 91–93
  Dedicated Assets, 93
  Humankapital-Spezifität, 93
  Sachkapital-Spezifität, 92
  Standort-Spezifität, 92
  Zeitliche Spezifität, 93
Staatsversagen, 102
Stackelberg, Heinrich v., 66
Stolper-Samuelson-Theorem, 171
Strategische Allianz, 50, 52–53, 60
Subadditivität, 63, 65
  schwache, 64
  strenge, 64

Technologie, 160–162, 164–166, 172, 193, 199–201, 203–208, 211, 212, 215
  Basistechnologie, 205

Thünen, Johann H. v., 14
Tobin, James, 205
Transaktionskosten, 11, 83–99
Transformationsgerade, 161–163, 165
Trittbrettfahrerproblem, 52, 115, 116
Tullock, Gordon, 117

Überflußgesellschaft, 5
Übernahme
  feindliche, 50, 51
  freundliche, 50, 51
Umweltpolitik, 102
Unsicherheit, 94

Verfügungsrechte, 84–87, 89, 90, 98
Verteilungseffekte, 159, 168, 170–172
Verwaltung, 102, 110–112, 114
Volkswirtschaftliche Gesamtrechnung, 139–145, 158

Wachstumsrate, 222–224
  diskrete, 222
  kontinuierliche, 223
Wahlen, 103–110
  Mehrheitswahl, 105, 107, 108, 110
  Wahlempfehlung, 118
Walras, Leon, 14
Wettbewerb, 45–46, 51, 53, 203–208, 210, 211, 215, 216
  Mengenwettbewerb, 79
  Preiswettbewerb, 79
  vollkommener bzw. vollständiger, 21, 36, 39, 40, 42, 44, 45, 48, 53–54, 78, 169
Wettbewerbsrecht, 46, 50, 63, 70
Williamson, Oliver, 84, 90, 91
Winter, Sidney, 62
Wirtschaftsordnung, 9, 10, 12, 13, 203
  Marktwirtschaft, 9–12, 45
  Merkantilismus, 13
  Soziale Marktwirtschaft, 10
  Zentralverwaltungswirtschaft, 9, 10
Wirtschaftspolitik, 9, 10, 15, 18, 145, 146, 155, 158, 203, 204
  angebotsorientiert, 157
  nachfrageorientiert, 157
Wirtschaftssystem, 8–10
Wissen, 203–205, 207, 209, 210, 219
  dezentrales, 45
  Humankapital, 62, 204, 205, 208
  Informationsnetzwerke, 207

X-Ineffizienz, 113–114

Zahlungsbilanz, 143–145
  Devisenbilanz, 145
  Kapitalbilanz, 145
  Leistungsbilanz, 144, 145, 209
Zinsparität
  gedeckt, 180–181
  ungedeckt, 181–182

# VWL-Lehrbücher bei Springer

**G. Dieckheuer**, Universität Münster

## Makroökonomik
Theorie und Politik

5., vollst. überarb. Aufl. 2003. XIX, 457 S. 160 Abb. Brosch. **€ 24,95**; sFr 40,- ISBN 3-540-00564-1

Eine Vertiefung der wichtigen Teilgebiete von makroökonomischer Theorie und Politik

**W. Franz**, ZEW, Mannheim

## Arbeitsmarktökonomik

5., vollständig überarb. Auflage 2003. XVII, 479 S. 94 Abb. Brosch. **€ 29,95**; sFr 48,- ISBN 3-540-00359-2

Die umfassende Darstellung des Arbeitsmarktgeschehens für den deutschsprachigen Raum.

**P. Zweifel**, Universität Zürich; **R. Eisen**, Universität Frankfurt

## Versicherungsökonomie

2., verb. Aufl. 2003. XII, 491 S. 136 Abb. Brosch. **€ 34,95**; sFr 56,- ISBN 3-540-44106-9

Beiträge zur Nachfrage nach Versicherung, zum Angebot an Versicherung und der Versicherungsregulierung.

**L. von Auer**, Universität Magdeburg

## Ökonometrie
Eine Einführung

2., erw. Aufl. 2003. Etwa 550 S. Brosch. **€ 34,95**; sFr 56,- ISBN 3-540-00593-5

Eine praxisorientiete Einführung in die Methoden der Ökonometrie.

**J. Janssen; W. Laatz**, Hamburger Universität für Wirtschaft für Politik

## Statistische Datenanalyse mit SPSS für Windows

Eine anwendungsorientierte Einführung in das Basissystem und das Modul Exakte Tests

4., neubearb. u. erw. Aufl. 2003. XV, 722 S. 550 Abb. Brosch. **€ 36,95**; sFr 59,50 ISBN 3-540-44002-X

Bestellen Sie jetzt bei Ihrer Buchhandlung!
Weitere Infos unter:
**www.springer.de/economics-de**

009360_sf1x_1c

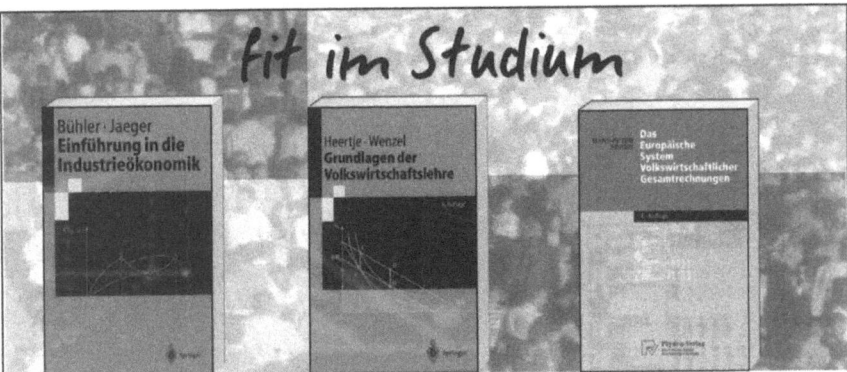

## fit im Studium

**S. Bühler, F. Jaeger**

### Einführung in die Industrieökonomik

Dieses Lehrbuch vermittelt eine umfassende Einführung in die theoretischen und empirischen Grundlagen der Industrieökonomik. Auf dieser Basis werden alternative Formen der Kooperation analysiert. Es wurde darauf geachtet, dass die verwendete Mathematik möglichst einfach und leicht nachvollziehbar bleibt. Zur besseren Lesbarkeit werden anspruchsvollere Argumente in Anhängen diskutiert.

2002. X, 259 S. (Springer-Lehrbuch) Brosch. € **22,95**; sFr 35,50
ISBN 3-540-42758-9

**A. Heertje, H.-D. Wenzel**

### Grundlagen der Volkswirtschaftslehre

Dieses einführende Lehrbuch bietet eine systematische Darstellung der relevanten Gebiete der Volkswirtschaftslehre. Besonderes Gewicht legen die Autoren auf die Rolle des Staates in der Marktwirtschaft und die zunehmende Bedeutung der internationalen Wirtschaft. Ein ausführliches Sachregister und ein Verzeichnis nützlicher Internetadressen erleichtern die Arbeit mit dem Text.

6., überarb. Aufl. 2002. XIII, 648 S. 123 Abb., 37 Tab. (Springer-Lehrbuch) Brosch. € **29,95**; sFr 46,50
ISBN 3-540-42436-9

**H.-P. Nissen**

### Das Europäische System Volkswirtschaftlicher Gesamtrechnungen

Die Europäische Union hat die Mitgliedsländer auf ein einheitliches volkswirtschaftliches Rechnungswesen festgelegt. Das Buch informiert über die neuen Begrifflichkeiten und definitorischen Abgrenzungen. Ferner wird die Zahlungsbilanz in der neuen EU-gültigen Fassung strukturiert, die Input-Output-Tabelle nach EU-Standard entwickelt und die Weiterentwicklung der VGR zu einer Ökobilanz nach den Vorgaben des deutschen Statistischen Bundesamtes vorgestellt.

4., vollst. überarb. Aufl. 2002. XVII, 360 S. 51 Abb., 7 Tab. (Physica-Lehrbuch) Brosch. € **24,95**; sFr 39,-
ISBN 3-7908-1444-X

Springer · Kundenservice
Haberstr. 7 · 69126 Heidelberg
Tel.: (0 62 21) 345 - 0
Fax: (0 62 21) 345 - 4229
e-mail: orders@springer.de

## www.springer.de/economics

Die €-Preise für Bücher sind gültig in Deutschland und enthalten 7% MwSt.
Preisänderungen und Irrtümer vorbehalten. d&p · BA 00862-4

MIX
Papier aus verantwortungsvollen Quellen
Paper from responsible sources
FSC® C105338

If you have any concerns about our products,
you can contact us on
**ProductSafety@springernature.com**

In case Publisher is established outside the EU,
the EU authorized representative is:
**Springer Nature Customer Service Center GmbH
Europaplatz 3, 69115 Heidelberg, Germany**

Printed by Libri Plureos GmbH
in Hamburg, Germany